21世纪市场营销立体化系列教材 编委会

主　任：万后芬（中南财经政法大学）

编　委：（以姓氏笔画排序）

丁桂兰（中南财经政法大学）　　田志龙（华中科技大学）

汤定娜（中南财经政法大学）　　张广玲（武汉大学）

杜兰英（华中科技大学）　　　　余序洲（中南民族大学）

陈志浩（中南财经政法大学）　　陈　涛（武汉科技大学）

周　玫（江西财经大学）　　　　黄　静（武汉大学）

景奉杰（华东理工大学）

21世纪市场营销立体化系列教材

Brand Management

品牌管理

（第二版）

⊙ 主　编　丁桂兰　陈　敏
　副主编　田启涛　白朋飞

图书在版编目(CIP)数据

品牌管理/丁桂兰,陈敏主编. —2版. —武汉:华中科技大学出版社,2014.8(2022.1重印)
ISBN 978-7-5609-9644-8

Ⅰ.①品… Ⅱ.①丁… ②陈… Ⅲ.①品牌-企业管理-质量管理-高等学校-教材 Ⅳ.①F273.2

中国版本图书馆 CIP 数据核字(2014)第 185375 号

品牌管理(第二版)

丁桂兰 陈 敏 主编

策划编辑：陈培斌　周小方
责任编辑：殷　茵
封面设计：刘　卉
责任校对：张　琳
责任监印：周治超
出版发行：华中科技大学出版社(中国·武汉)　　电话：(027)81321913
　　　　　武汉市东湖新技术开发区华工科技园　　邮编：430223
录　　排：华中科技大学惠友文印中心
印　　刷：武汉邮科印务有限公司
开　　本：787mm×1092mm　1/16
印　　张：23.25　插页:2
字　　数：620 千字
版　　次：2008 年 10 月第 1 版　2022 年 1 月第 2 版第 5 次印刷
定　　价：58.00 元

本书若有印装质量问题,请向出版社营销中心调换
全国免费服务热线：400-6679-118　竭诚为您服务
版权所有　侵权必究

内容简介

本书是一本关于品牌管理理论与实践的教材，其内容共5篇18章。

本书阐述了品牌管理的基本概念、特征、种类，以及品牌管理作为一门新兴学科所要研究的对象、内容及品牌发展简史，阐述了品牌管理从品牌的定位、设计及品牌形象目标的确立到品牌个性的打造和传播的全过程，阐述了品牌文化与品牌战略，论述了品牌管理机构；回答了什么是品牌资产，如何建立品牌知名度、品牌品质认知、品牌联想和品牌忠诚度等问题，探讨了评估品牌资产的方法和模型；论述了品牌资产的保护手段、品牌危机管理的理论和知识，以及在实践中处理危机的技能。本书还对品牌未来的发展趋势做出了预测：从时间上预测了未来品牌的发展趋势，即只有在不断的变革中才能成就强势品牌，并从空间角度预测了品牌国际化所面临的问题，进一步阐明国际化与本土化的统一是未来强势品牌的特征。

本书对品牌管理的全过程进行了较为全面、系统的研究和探讨。书中不仅介绍了大量国内外品牌管理的成功案例，还分析了一些品牌管理失败的教训。

本书在体例上有所创新：每章开篇有引例，中间穿插以理论为支撑的营销视点；每章结尾有分析精辟的案例、深邃的思考题、简练的关键词和内容精练的小结，为读者学习和掌握每章的主要内容提供了简便易行的途径和独到的方法。

本书第一版于2008年9月由华中科技大学出版社出版。

本书适合作为高等学校经济管理类本科生和研究生（包括MBA）教材或参考教材，也适合工商企业的管理层阅读和参考。

总　　序

　　在经济全球化背景下，随着市场经济的发展，一切面向市场的组织都必须投身于市场经济大潮之中，按照市场经济的规律，搞好自身的经营和管理。社会经济的这一发展趋势，使得会经营、懂管理、善策划的市场营销专业人才成为了市场的宠儿，社会对市场营销专业人才的需求逐年递增。

　　市场营销专业是随着市场经济的发展而建立和不断发展起来的新兴专业，迄今为止，还不到100年的历史。随着营销实践的发展，市场营销的内涵及其对与之相关联的营销人才知识体系的要求也在不断发展和变更：市场营销已由单纯的销售产品实施过程发展到营销的战略和策划过程，由单纯的产品营销发展到品牌营销，由单纯的实物产品营销发展到服务产品营销，由单纯的交易性营销发展到交易与关系相结合的全面营销，由单纯的微观营销发展到宏观与微观相结合的全方位营销。

　　从我国的情况来看，1978年开始引进市场营销课程，1992年才正式将市场营销专业列入本科招生目录。十几年来，随着社会对市场营销专业人才需求的增长，开设市场营销专业的院校已从最初的一部分综合大学、财经院校，发展到理、工、医、农、艺、体等各类院校，以及各类职业技术院校；人才培养的层次也由原来的本科、专科，发展到硕士、博士（重点院校自主招生或作为专业方向招生）层次。由此，我们根据学科的发展及社会对市场营销专业人才的需要来重新规划营销人才培养体系，设计市场营销专业系列教材，为新型的市场营销专业人才的培养提供工具，编著出版"21世纪市场营销立体化系列教材"。

　　本系列教材的编著力求凸现如下特点。

　　第一，按照社会对营销人才知识体系新的要求设计系列教材。既包括交易营销方面的理论和知识，又包括关系营销、服务营销、品牌营销、营销策划等方面的理论和知识。

　　第二，引进营销方面的最新的理论和成果。系列教材的作者在编著过程中，都力求吸收国内外的最新成果，体现营销发展的最新动向，力求教材内容上的创新。

　　第三，加强案例分析。教材的每章都以小案例导入，并配备了大量的本土案例加以说明，力求理论联系实际，学以致用。

　　第四，创新教材形式。本套教材拟以现代教育技术为支撑，为读者提供一套"纸质教材与电子课件、课程网络"相结合的新型的立体化教材。

　　本套教材由从事多年本学科教学、在本学科领域内具有比较丰富的教学经验的教师担任各本教材的主编,并由他们组成本套教材的编委会,为读者提供以《市场营销学》、《国际营销学》、《市场研究理论与方法》、《消费者行为学》、《销售管理》、《广告管理》、《新产品管理》、《渠道管理》、《营销策划》、《品牌管理》、《服务营销》、《网络营销》、《商务沟通》为主体的系列教材。

在系列教材的写作过程中参考了大量的国内外最新研究和实践成果,各位编著者已尽可能在参考文献中列出,在此对这些研究者和实践者表示真诚的感谢。因为多方面的原因,如果有疏漏之处,作者表示万分歉意,并愿意在得知具体情况后予以纠正,在此先表示衷心的谢意。

编撰一套教材是一项艰巨的工作,由于作者的水平有限,本套书难免会有疏漏之处,真诚希望广大读者批评指正,不吝赐教。

2013 年 7 月 10 日

目 录

第1篇 品牌管理导论

第1章 品牌管理概述 ... 3
- 1.1 品牌的内涵 ... 4
- 1.2 品牌的特征 ... 9
- 1.3 品牌的种类 ... 15
- 1.4 品牌管理的研究对象与体系 ... 18
- 本章小结 ... 23
- 关键术语 ... 23
- 思考题 ... 24
- 参考文献 ... 24

第2章 品牌发展简史 ... 25
- 2.1 品牌发展史：西方国家 ... 26
- 2.2 品牌发展史：中国 ... 34
- 2.3 品牌理论研究史 ... 42
- 2.4 品牌发展的前景与趋势 ... 44
- 本章小结 ... 50
- 关键术语 ... 51
- 思考题 ... 51
- 参考文献 ... 51

第2篇 品牌的管理过程

第3章 品牌定位 ... 55
- 3.1 品牌定位概述 ... 56
- 3.2 品牌定位的误区、原则、类型及意义 ... 58
- 3.3 品牌定位的程序 ... 62
- 3.4 品牌定位的策略 ... 64
- 3.5 品牌定位的技术 ... 67
- 本章小结 ... 72

关键术语 72
　　思考题 72
　　参考文献 73

第 4 章　品牌设计 74
　　4.1　品牌名称设计 75
　　4.2　品牌标志设计 78
　　4.3　品牌理念设计 83
　　本章小结 86
　　关键术语 87
　　思考题 87
　　参考文献 87

第 5 章　品牌形象 88
　　5.1　品牌形象概述 89
　　5.2　品牌形象的构成 91
　　5.3　品牌形象的塑造 93
　　本章小结 100
　　关键术语 100
　　思考题 101
　　参考文献 101

第 6 章　品牌个性 102
　　6.1　品牌个性概述 103
　　6.2　品牌个性维度 107
　　6.3　品牌个性的塑造 113
　　本章小结 121
　　关键术语 122
　　思考题 122
　　参考文献 122

第 7 章　品牌传播 123
　　7.1　品牌传播概述 125
　　7.2　品牌的广告传播 128
　　7.3　品牌的公共关系传播 135
　　7.4　品牌的销售促进传播 141
　　7.5　品牌的整合营销传播 146
　　本章小结 156
　　关键术语 157
　　思考题 157
　　参考文献 157

第8章 品牌文化 159
8.1 品牌文化概述 160
8.2 品牌文化与企业文化、民族文化的关系 164
8.3 品牌文化的培育 167
本章小结 171
关键术语 171
思考题 172
参考文献 172

第3篇 品牌战略部署

第9章 品牌组合战略 175
9.1 单一品牌战略 175
9.2 多品牌战略 177
9.3 主副品牌战略 179
9.4 联合品牌战略 180
9.5 自有品牌战略 184
本章小结 188
关键术语 188
思考题 188
参考文献 188

第10章 品牌延伸战略 189
10.1 品牌延伸概述 190
10.2 品牌延伸分析 191
10.3 品牌延伸决策 199
本章小结 206
关键术语 207
思考题 207
参考文献 207

第11章 品牌管理模式 208
11.1 传统的品牌管理模式 209
11.2 品牌经理制 210
11.3 品牌管理的变革 216
本章小结 220
关键术语 221
思考题 221
参考文献 221

第4篇 品牌资产管理

第12章 品牌资产概述 225
- 12.1 品牌资产的概念 227
- 12.2 品牌资产的有形构成要素 228
- 12.3 品牌资产的无形构成要素 230
- 12.4 品牌资产的基本特征 238
- 本章小结 240
- 关键术语 241
- 思考题 241
- 参考文献 241

第13章 品牌资产的建立 242
- 13.1 创建品牌知名度 243
- 13.2 创建品牌品质认知 246
- 13.3 创建品牌联想 250
- 13.4 创建品牌忠诚度 254
- 本章小结 259
- 关键术语 259
- 思考题 259
- 参考文献 259

第14章 品牌资产评估 260
- 14.1 品牌资产评估概述 260
- 14.2 品牌资产评估指标和模型 262
- 14.3 品牌资产评估方法 266
- 本章小结 271
- 关键术语 272
- 思考题 272
- 参考文献 272

第15章 品牌资产的保护 273
- 15.1 品牌保护概述 274
- 15.2 品牌资产的法律保护 277
- 15.3 品牌的经营保护 285
- 15.4 品牌资产的自我保护 287
- 本章小结 295
- 关键术语 296
- 思考题 296
- 参考文献 296

第 16 章　品牌危机管理 ... 297
16.1　品牌危机概述 ... 297
16.2　品牌危机概述 ... 300
16.3　品牌危机管理的策略 ... 306
本章小结 ... 314
关键术语 ... 315
思考题 ... 315
参考文献 ... 315

第 5 篇　品牌的发展趋势

第 17 章　建立强势品牌 ... 319
17.1　强势品牌概述 ... 320
17.2　强势品牌的创新 ... 325
本章小结 ... 334
关键术语 ... 334
思考题 ... 334
参考文献 ... 334

第 18 章　品牌国际化 ... 335
18.1　品牌国际化的背景 ... 336
18.2　品牌国际化与本土化 ... 338
18.3　品牌国际化的法律与协定 ... 346
本章小结 ... 352
关键术语 ... 353
思考题 ... 353
参考文献 ... 353

参考文献 ... 354
后记 ... 357

第 1 篇

品牌管理导论

第 1 篇　品牌管理导论

第 2 篇　品牌的管理过程

第 3 篇　品牌战略部署

第 4 篇　品牌资产管理

第 5 篇　品牌的发展趋势

第 1 章　品牌管理概述
第 2 章　品牌发展简史

第1章　品牌管理概述

本章提要：本章是全书的开篇，主要阐述了品牌管理的基本概念、特征和种类，以及品牌管理作为一门新兴学科所要研究的对象和主要内容。本章的重点是掌握品牌的概念以及该概念与其他概念的区别和联系。本章的难点在于正确理解品牌概念的内涵、品牌的核心价值以及由此产生的品牌管理问题。

引　　例

销售部刘经理整日忙着工作，节假日常常加班，无暇像正常人那样逛商场，悠然自得地购物。

于是他把所喜欢的服装品牌、颜色和尺码告诉女朋友，让其代为购买，并说不用考虑价格，只要是他喜欢的品牌，价格高点儿也无关紧要。在他看来，购买品牌产品实在是物有所值，可以节省时间成本、心理成本和体力成本。

近几年，随着互联网技术的发展，刘经理的消费模式与网购联系起来了。

在购买商品之前，他会嘱咐女朋友上淘宝或京东商城，看看同类商品有多少个品牌；对相中的品牌要比较各个网站间的购物安全、支付便捷、送货时间以及送货成本，然后决定在哪个网站购买。

对刘经理来说，服装意味着第一层沟通。只有穿上名牌服装才会令他在与客户的接触中体会到自信和尊重——顾客对他的尊重以及他对顾客的尊重，这些元素都从名牌西装的穿着中表露无遗。

而在难得的休闲时间里，他会穿上名牌运动装与女友去网球俱乐部打网球。网球拍和网球也极其讲究，都是"王子"牌的，运动鞋则是耐克网球鞋。

品牌服装和品牌休闲产品给刘经理带来了快乐和自信，也使他更加体会到工作的乐趣及成功的喜悦，那种欲达到自我实现的境界的动力，促使他将工作场所当成实现人生价值的舞台。

1.1 品牌的内涵

在经济全球化时代，品牌作为一个国家综合实力的体现得到国际社会广泛的认同。西方发达国家以其强大的品牌实力在全球经济中占据越来越重要的地位，而发展中国家只是在近几年才认识到品牌的巨大作用，并纷纷制定品牌战略以期在国际经济社会中取得更多的话语权。企业品牌战略是国家增强其经济实力的发动机和助推器。纵观国际市场竞争现状，无不看到品牌的身影，国与国之间的较量、企业与企业之间的较量，无不反映出品牌的较量和竞争。当今世界活跃在经济社会和占据市场主导地位的无一不是著名品牌：零售业中的"大哥大"沃尔玛、"世界饮料之王"可口可乐、奔驰在高速公路上的BMW、翱翔在蓝天的波音飞机……凡此种种，使企业品牌的竞争表露无遗。可以毫不夸张地说，谁拥有著名品牌，谁就拥有市场。任何一个试图长久生存并发展的企业都离不开品牌和品牌战略。

那么，什么是品牌？如何实施品牌战略？如何创建强势品牌？如何管理品牌？要回答这些问题，首先要了解品牌的概念。

1.1.1 品牌的界定

1. 品牌的由来

品牌的英文单词brand，源自古挪威文brandr，意思是"烧灼"。人们用这种方式来标记家畜等需要与其他人相区别的私有财产。到了中世纪的欧洲，手工艺匠人用这种打烙印的方法在自己的手工艺品上烙下标记，以便顾客识别产品的产地和生产者，这就是最初的商标。生产者以此为消费者提供担保，同时，此做法也为生产者提供了法律保护。16世纪早期，蒸馏威士忌酒的生产商将威士忌装入烙有生产者名字的木桶中，以防不法商人偷梁换柱。到了1835年，苏格兰的酿酒者使用了"Old Smuggler"这一品牌，以维护采用特殊蒸馏程序酿制的酒的质量和声誉。

到了20世纪50年代，美国奥美广告公司的创办人大卫·奥格威（David Ogilvy）第一次提出了现代意义上的品牌概念。从那以后有关品牌是什么的争论一直不绝于耳。20世纪90年代以来，"品牌"更成为营销界的热门话题。各国政府也充分利用"看得见的手"插足市场，制定政策，鼓励企业创建品牌发展战略。

2. 品牌的定义

有关品牌的定义众说纷纭。国内外研究者从不同的角度给出了无数个定义。本书从中摘取一二，以为论述奠定基础。

1）大卫·奥格威的定义

品牌概念的提出者大卫·奥格威说，品牌是一种错综复杂的象征，它是品牌属性、名称、包装、价格、历史、经营、广告方式的无形总和。品牌同时也因消费者对其使用的印象，以及自身的经验而有所界定。

2）美国市场营销协会的定义

美国市场营销协会（American Marketing Association，AMA）将品牌定义为："一个名称、术语、标记或设计，或是它们的组合运用，其目的是借以辨认某个销售者或某群销售者的产品或劳务，并使之同竞争对手的产品和劳务区别开来。"

3）英国营销专家的定义

英国营销专家麦可·梅尔德伦（Mike Meldrum）和马尔科姆·麦当诺（Malcolm McDonald）认为，品牌是感官、理性和感性这三种诉求要素混杂而成的结果。感官诉求是产品或服务外在的展现方式，是可直接感觉到的方式。理性诉求则是品牌提供的心理报偿，以及品牌所激起的心境、所引发的联想等。品牌就是一个名称、术语、标记、象征或设计，或者它们的联合体，目的在于确定一个卖方或一群卖方的产品或服务，并将其与竞争者的产品或服务区分开来。品牌的概念源自两个方面：产品或服务提供给消费者满意的使用价值；消费者则通过耳闻目睹、接触、使用等途径，形成对产品或服务的认识、情感和行动，这样就完成了品牌的概念。

4）《牛津大辞典》的定义

在《牛津大辞典》里，品牌被解释为用来证明所有权、作为质量的标志或其他用途，即用以区别和证明品质。

另外，美国著名的品牌学家大卫·艾克（David Aaker）认为，品牌像人一样具有个性，而且具有感情效果和资产价值；品牌是产品、企业、人和社会文化象征的综合。

诸多定义、解释从不同角度和方面触及了品牌的实质，但没有给品牌一个完整的定义。无论如何，一个具体的品牌至少包含三个方面的内容：

第一，品牌是以一定的产品和服务的功能质量为基础的；

第二，品牌能给消费者带来额外的情感满足；

第三，品牌具有特定的名称、文字、符号、图案和语音等特征。

本书对品牌的定义是：品牌是指企业为满足消费者需要、维护与消费者的良好关系、培养消费者忠诚、参与市场竞争而为其生产的产品（若无特别说明或指出，本书所指"产品"涵盖产品和服务）确定的名称、图案、文字、象征、设计或其互相协调的组合。这个定义扩展了品牌的内涵，突出了品牌在现代市场营销中的新发展，即品牌的发展是按消费者需求而发展的产物，品牌发展的目的是维系与消费者的良好关系、培养消费者忠诚和参与市场竞争。通过对品牌的重新定义，品牌营销成为现代市场营销的焦点有了一定的理论依据。

1.1.2 品牌的内涵与外延

1. 品牌的内涵

品牌能给企业带来高于平均利润的收益，它也使越来越多的企业开始重视品牌。中国的 CEO 们对"品牌"这个名词耳熟能详，但是仍有一些人未必能真正理解它的内涵。他们中的一些人将菲利普·科特勒（Philip Kotler）的营销理论当成圣经，但运用于企业实践时却往往水土不服。因此许多人恳请营销大师编写一本如何在中国市场做营销的书，以使他们免去"少年维特式"的烦恼。世界上哪有真正能放之四海而皆准的真理呢？面对中国 CEO 们热切期待的目光，菲利普·科特勒博士一脸的无奈。他说，他正在中国寻找合作伙伴，写一本有关在中国营销的书。

品牌是一个复杂的现象。有关研究表明，品牌是多面性的概念，它包含丰富的内涵。因此，要成功创建品牌，必须了解它的内涵。

中山大学卢泰宏教授对品牌的内涵有其独到的见解：品牌不仅仅是一个区分的名称，更是一个综合的象征；品牌不仅仅掌握在企业手中，更取决于消费者的认同和接受；品牌不仅仅是符号，更要赋予形象、个性和生命；品牌不仅仅是短期营销工具，更是长远的竞争优势和具有潜在价值的无形资产。品牌的目标是整体的、战略的，品牌的内涵是综合的，它包含许多要素，广泛意义上的品牌包括四个层面的内涵。

1）品牌是一种商标

这是从其法律意义上说的，强调的是品牌的法律内涵，表现为品牌的商标注册、使用权、所有权、转让权等。现代品牌产品的一个基本特征就是商标化。因此，非常有必要给产品注册商标。注册商标具有区别产品来源的基本功能，可以让消费者辨别其产地、内在质量，也便于消费者购买产品，实现优质优价，也为企业扩大产品市场占有率和实现由稀缺性带来的较高价值提供保证。

2）品牌是一个牌子，是金字招牌

这是从其经济或市场的意义上说的。此时，人们所注意的是这个牌子所代表的某一产品，即这个产品的品质、性能、满足效用的程度，以及品牌本身所代表的产品的市场定位，消费者对品牌的认知程度，等等。这时品牌所表征的是产品的市场含义。

3）品牌是一种口碑，是一种品位，是一种格调

这是从其文化或心理的意义上说的，强调的是品牌的档次、名声、美誉度等。这是对品牌理念和价值更进一步的表达。这个层面通常用形象和传媒来传递，传播时编码（传播学中的专有术语，指用文字、音符、乐曲、图像、数字、身体动作、面部表情和色彩等表达某种意义的过程）必须反映品牌的独特品格，从视觉上让受众感受到其人格性，想象出品牌的人格化形象。如西门子家电（SIEMENS）代表实用、可靠和信任，看见它，人们就能想象到一丝不苟、兢兢业业的德国工人；通用电气（GE）代表实用、方便，就像一位老朋友一样和蔼可亲。品牌的人格性产生于品牌的战略构想和对消费者的人文关怀，是品牌名下产品的共有特性，只要粘贴上该品牌标志，就具有这些特征。

4）品牌是消费者与产品有关的全部体验

品牌不仅仅是产品，产品只是其中的一个方面。树立品牌不是为消费者做事情，而是和他们一起做事情。消费者通常以自己特有的方式理解品牌，但有时这种理解不同于商家的主观愿望。品牌使消费者能够扮演不同的角色，使人们的生活变得更有意义。如果消费者对于产品的认识、情感和行动是正面的、积极的、友好的和愿意接近的，品牌就有可能转化为一种无形资产，体现出品牌的价值。

菲利普·科特勒博士在《营销管理》一书中指出："品牌的要点，是销售者向购买者长期提供一组特定的特点、利益和服务。最好的品牌传达了质量的保证。然而，品牌还是一个更为复杂的符号标志。"一个品牌能表达出六层意思：

（1）属性，一个品牌首先给人带来特定的属性；

（2）利益，属性需要转换成功能和情感利益；

（3）价值，品牌还体现了该制造商的某些价值感；

（4）文化，品牌可能象征一定的文化；

（5）个性，品牌代表了一定的个性；

（6）使用者，品牌还体现了购买或使用这种产品的是哪一种消费者。

在阐述上述观点时，科特勒博士多次以奔驰为例，说明品牌六层含义之间的关系，

即它们之间的关系可以归结为三个层次。

一是从消费者的认知过程来看，往往是从品牌的利益、属性体验到品牌的功能定位，之后才意识到品牌在文化、个性上的独特和对消费者的影响，最后才领悟到品牌的核心价值。例如，消费者总是在体会到奔驰汽车的高性能之后才认同它的市场定位，对它产生文化和个性的联想，而且通过长期大量的积累才能相信奔驰公司做出的价值承诺——"世界上工艺最佳的汽车"。

二是从企业对品牌的塑造过程来看，应该以其做出的价值承诺为核心，建立品牌文化，树立品牌个性，定位目标市场，并从这几个方面出发，去设计品牌的属性和品牌为消费者提供的利益。以品牌的核心价值统率品牌的塑造过程，这样才能保证品牌管理的成功。

科特勒博士指出，营销人员常犯的错误之一是只促销品牌的属性。而消费者感兴趣的是品牌提供的利益而不是属性。另一个问题是，竞争者很容易复制这些属性。最后，品牌的这些属性在将来可能变得毫无价值。

三是从品牌关系来看，品牌通常由企业拥有，但实质上品牌更是属于消费者。因为一旦消费者放弃你的品牌，你也就失去了品牌。当然，企业与消费者对品牌拥有的形态是截然不同的。当企业拥有品牌时，收获的是品牌所带来的有形和无形的价值；而消费者喜欢品牌，则是更多的情感、关注与金钱的付出，带给企业的是丰厚的利润。

2. 品牌的核心价值

品牌的核心价值是指品牌的内核，是品牌资产的主体部分，它让消费者明确、清晰地记住并识别品牌的利益点与个性，是驱动消费者认同、喜欢乃至爱上一个品牌的主要力量。例如，舒肤佳沐浴露能"有效去除细菌"，六神花露水代表的价值是"草本精华、凉爽、夏天使用最好"，宝马带来"驾驶的乐趣"，沃尔沃定位于"安全"。因为有了自己清晰的核心价值与个性，这些品牌可以凭借其差异化特征，在所选择的目标市场上占据较高的市场份额。消费者也因为对核心价值的认同而产生对品牌的美好联想，并进一步形成对品牌的忠诚。

然而，不少人可能会在理解品牌核心价值时偏重于品牌向消费者提供的物质层面的功能性利益，即产品卖点（独特的销售说辞），或极端地理解为品牌核心价值主要就是品牌向目标消费者传达的物质层面的功能性利益。实际上，品牌核心价值也能是情感性利益，也许就是一种审美体验、快乐感觉。品牌核心价值还可能是自我表现（社会）性利益，可以表现出消费者的财富、学识、修养、自我个性、生活品位与社会地位。

随着科技的进步，产品的同质化越来越严重，因而也就要更多地依赖情感性与自我表现性利益来与竞争品牌形成差异；社会越进步，消费者的收入水平越高，张扬情感性利益与自我表现性利益的品牌核心价值就越对消费者有诉求力和感染力。道理很简单，制造技术已经成熟，服装的品质都很有保障，衣服的原始功能因易于实现而成为其次。此时生活富裕起来的消费者要的或许是能折射出或"富有、尊贵"，或"青春、活力"，或"另类、个性"，或"成熟、稳重、不张扬"等符合自身个性偏好的品牌。

正因为如此，一个具有极高品牌资产的品牌往往具有让消费者十分心动的情感性利益和自我表现性利益。情感性利益指的是消费者在购买和使用某品牌的过程中获得的情感满足。例如美加净护手霜"就像妈妈的手，温柔可依"，让我们的内心世界泛起阵阵涟漪，觉得"美加净"的呵护犹如妈妈一样温柔；"大白兔"奶糖让人们沉浸在对童年天真无邪的温馨回忆中。品牌的情感性利益让消费者拥有一段美好的情感体验。在产品同质化、替代品日益丰富的时代，如果产品只有功能性利益而没有"爱、友谊、关怀、牵挂、温暖、真情……"，那就会变得十分苍白无力。如果"丽珠得乐"仅仅是高科技的胃药，没有"其实男人更需要关怀"的情感性利益去感动人们的内心世界，就会沦落为与一般胃药没有什么区别的东西。

当品牌成为消费者表达个人价值观、财富、身份地位与审美品位的一种载体和媒介时，品牌就有了独特的自我表现性利益。"午夜妖姬"的首饰，名字十分鬼魅与香艳撩人，所折射出来的品牌内涵"游离于主流价值观"，有一种不可思议的味道，正好与另类人士表达自我、张扬"叛逆、酷、有新意"的个性，并以此界定自己的身份、确定自我形象的动机十分吻合，其所具有的自我表现性利益打造出一个颇为诱人的购买动机；身着派牌服饰的人群能让人感受到"自由自在、洒脱轻松"的个性品质；驾驶奔驰车能够彰显"权势、成功、财富"；沃尔沃车则可以为"含而不露的精英阶层"代言。这些品牌都以给予消费者自我表现性利益而成为强势品牌。

然而这并不是说，功能性价值不重要或可有可无，只不过具体到许多产品与行业，情感性利益与自我表达性利益成为消费者认同品牌的主要驱动力，品牌的核心价值自然会聚焦到情感性利益和自我表达性利益上。但它们都是以卓越的功能性利益为强大支撑的，也有很多品牌的核心价值就是这三种利益的和谐统一。没有功能性利益、情感性利益与自我表达性利益，品牌的核心价值就像随波逐流的浮萍，根本没有根基。例如，阿迪达斯现在以强调个性与情感性利益为主，却仍旧大力宣传其先进的产品和技术创新，因为阿迪达斯深知品牌需要物质的支持，它从一开始就形成了技术创新的传统，不断创造令人心动的产品，提供实在的功能性利益。

品牌的核心价值既可以是功能性利益，也可以是情感性利益和自我表现性利益，对于某一个具体品牌而言，它的核心价值究竟是以哪一种为主，这主要应按品牌核心价值对目标消费群起到最大的感染力和与竞争者形成鲜明的差异为原则。品牌的核心价值可能是三种利益中的一种，也可能是两种乃至三种都有。

3. 品牌的外延

品牌的外延包括构成品牌的一切内容，如品牌名称、品牌标志物、品牌标志字、品牌标志色以及品牌标志性包装。

（1）品牌名称，顾名思义是品牌的文字符号，是从字符、符号、语音、字形等方面对品牌信息内容的表征。这种表征准确与否，直接影响着品牌的宣传和产品的销售。品牌名称体现了企业的经营文化，反映了企业的价值观念。品牌注册后成为商标，具有专用性，属于其所有者，属于知识产权范畴，未经品牌所有人许可，他人无权使用。

（2）品牌标志物是指品牌中可以被识别、但不能用语言表达的部分，它是品牌中便于视觉传播的图形记号，常常为某种符号、图案或其他独特的设计。品牌标志物可以是可爱的动物、植物、抽象图案、中外文化的艺术造型等。例如，可口可乐的红色圆柱曲线、海尔的两个小兄弟、标致汽车的狮子、骆驼香烟的骆驼、奔驰汽车的三叉星、劳斯莱斯张着翅膀的小天使塑像、苹果系列产品的苹果图案、富士胶卷的富士山峰、古井贡酒的大树与老井等。品牌标志物是构成品牌概念的第一要素，也是消费者认牌购买的主要依据。

(3) 品牌标志字是指品牌中的中外文字，是品牌中可以读出的那一部分。它常是品牌名称或企业的经营口号、广告语等，如可口可乐的口号"永远是可口可乐"。在品牌概念中，如果说品牌名称是品牌内容的体现，那么品牌标志字就是品牌名称的具体表现形式。为了使品牌能口头传播，几乎所有的品牌都包含有文字部分，因此设计品牌标志字是创立品牌的第一步。

(4) 品牌标志色是指品牌中的特殊色彩体系，是品牌标志的重要组成部分，用以体现自我个性，区别其他产品。它通过强烈的视觉效果所形成的色彩冲击，使消费者产生强烈的心理反应与联想，使品牌的主题乃至整体形象得到强化。例如，麦当劳的黄色与红色组合、可口可乐的红色与白色组合、北京蓝鸟商业大厦的蓝色、北京翠微大厦的绿色等，无不给人以深刻的印象。

(5) 品牌标志性包装是指产品的包装设计，包括包装物的大小、形状、材料、色彩、文字说明等具体内容。进入市场的许多产品都应该进行具有个性的包装，但对于价格并不昂贵的产品来说，包装所发挥的作用非常小，而对于价格不菲的产品来说，包装无疑也会在一定程度上决定产品的销售。一些世界著名品牌的产品，如可口可乐的瓶子、格蕾丝女用连裤袜的蛋形包装、喜之郎"水晶之恋"果冻的心形外壳等，其包装已成为强有力的营销手段。具有创意的包装能为消费者带来方便和惊喜，为生产者创造促销价值。包装已经成为产品的一种标志，成为消费者认购产品的一个重要依据。

1.2 品牌的特征

1.2.1 品牌的基本特征

有关品牌特征的论述有很多，我们在充分注意各家之言的基础上，根据长期对品牌的研究，认为品牌的特征主要体现在以下几个方面。

1. 识别性特征

这是品牌名称、标志物等符号系统带来的外在特征。它通过一系列物质媒体，如文字、图案、符号和质量、价格等来表现自己。品牌是一种标记、符号和名称，但如果无人辨识得出来，又难以记忆，那么该品牌就没有什么意义了。所以，企业生产者通过整体规划和设计来创建自己的品牌造型符号，使其具有独特的个性和强烈的视觉冲击力，能够帮助目标消费群体区别本产品和其他产品。此外，品牌所传递的隐喻式感情也能够显示一个品牌的功能并传达该品牌的内部信息，帮助消费者从情感信息上加以区分。如可口可乐的包装是鲜艳的红色，百事可乐的包装则是天蓝色加上其特别的图案，娃哈哈纯净水有一个红色的似彩旗飘扬的包装。

品牌识别给产品带来了三个有利方面：一是可以让满意顾客对企业的产品保持忠诚，给企业带来源源不断的利益；二是可以掌握顾客对产品的意见和建议，更好地提高顾客的满意度；三是不会使自己的产品与竞争对手的产品混淆。

2. 价值性特征

品牌因其具有的优质性能及服务，使其成为企业的一种外在形象，并成为企业利用外部资源的主体,使其在市场上覆盖面广、占有率高,从而给企业带来巨大的经济利益。同时,品牌因其自身具有的知名度、美誉度等社会因素,又可以独立于产品之外存在并形成一种可以买卖的无形资产价值,而这种价值要比它给企业带来的有形资产价值更重要。企业拥有的品牌可以为企业不断创造利润、获取利益,所以人们说,品牌具有价值。这种价值是看不到、摸不着的,在企业的资产负债表上难以体现出来,但是却直接为企业创造着大量的超额利润,是企业的一种无形资产。万宝路集团总裁马克斯维尔(Maxwell)对品牌无形资产价值的表述可以说是非常贴切的。他曾说道:品牌是企业发展的最大资产,它如同储蓄的户头,只要不断提高质量、信誉,并累计其价值,便可以享受到它的高额回报。在英国就发生过这样的事例:美国通用电气公司和日本索尼公司合资成立了一家电视机生产企业,完全相同的电视机打上索尼品牌的比通用电气品牌的每台贵 65 美元,但索尼的销售量是通用电气的两倍。之所以出现这种情况,是因为英国的消费者相信日本品牌的产品具有更高的质量,因而愿意支付溢价。在国内,一些奄奄一息的品牌产品,被国内外知名品牌企业并购后,换了一块牌子,同样的产品马上变得热销起来,其根本原因在于名牌可以获得顾客的信任,顾客也愿意为此支付相对高的价格。

3. 领导性特征

名牌的一个特征是在市场上拥有很高的市场份额,当今企业的经营已经从产品输出走到了品牌输出的时代。在产品功能、结构等因素趋于一致的情况下,关键是看谁的品牌过硬。品牌长盛不衰的企业,就能在未来竞争中处于有利位置,吸引老主顾,开发潜在的消费者,提高市场的占有率,树立品牌的形象,增加企业的利润。

品牌产品和普通产品不同,它不仅仅只是靠广告和包装来打动消费者,它在消费者心目中无可替代的地位是由其高质量、高价值、高信誉来决定的。品牌是企业的核心要素,是企业向目标市场传输信息的主要媒介。它具有的风格代表了企业与众不同、高人一等的经营理念,一旦迎合了目标市场的口味,它就占据了非常重要的地位,可以引领市场潮流,影响消费群体的价值观,这种能力是普通产品所难以企及的。而且,成功品牌往往能成为市场领导者,在市场上占据主导地位。如英特尔公司的奔腾芯片、微软的视窗操作系统,在市场上拥有很大的份额,几乎处于垄断地位。

在这里还想强调一点,即所谓高市场占有率,并不是指在某类产品的全部市场上的占有份额,而是指在特定目标市场上的市场占有率。例如,可口可乐是世界级名牌,在可乐市场上,其市场份额高达 40% 以上,在饮料类(包含可乐、汽水、纯净水、果汁、奶类等)综合市场上的份额却十分有限。因此,高市场份额是一个相对的概念。

4. 品牌的双重特性

品牌的双重特性是指品牌具有自然属性和社会文化属性。罗纳德(Ronald)认为,品牌的自然属性是指该品牌所表征的产品显著区别于其他产品的特性,消费者对此有生理体验并极为忠诚。品牌的社会文化属性是指消费者对品牌差异化的心理体验和消费属性,如消费者使用品牌后有心理上的满足感或成就感。因此,品牌是其产品自然属性和社会文化属性的统一体。如香烟品牌万宝路(Marlboro),在人们对其社会文化属性的理解上,发展了"Marlboro"的文化含义,有一种解释"Marlboro"的说法是:"Marlboro"是英文短语"Men always remember love because of romantic only"(爱情永记,只缘浪漫)

中每个单词的第一个字母的组合,这确实让"Marlboro"的消费者平添许多想象。企业可以根据品牌所具有的自然属性和社会文化属性开展品牌管理活动。一方面,企业可以依据产品的自然属性来发展品牌;另一方面,企业必须考虑消费者对品牌的社会文化属性的需要以及这种属性对消费者消费观念的作用。

5. 明显的排他性

品牌代表了一个企业在市场中的形象,是企业为它的产品打上的烙印,是企业进入市场的一个通行证,在某种程度上还是企业在市场竞争中战胜对手的法宝,因此在市场上品牌具有明显的排他性(即专有性)。企业通过各种法律或自身保密措施来维护品牌,通过在国家有关部门登记注册、申请专利等形式防止品牌被侵害,保障自己的品牌权益。品牌是企业一项最宝贵的无形资产,它的创造包含着创建者和企业员工的创造性劳动。这样,品牌在本质上就是排他的,否则人们也就不会对盗用、仿冒他人品牌的行为深恶痛绝了。不过,在品牌发展初期,品牌的排他性的确没有得到社会程序性上的承认与保护,直到有了相应的法律法规,情况才有所改变。通常,对品牌排他性的保护手段主要是注册商标、申请专利、授权经营等等。

1.2.2 品牌与其他概念的区别

1. 产品与品牌

1) 产品的概念

产品是企业为满足某些社会需求而设计、生产,并向社会提供的物化的劳动成果和服务。产品的本质就是满足社会的各种要求,企业通过提供特定的产品来满足某种需求,使企业获得经济和社会效益。产品的核心在于社会的需求,针对这些需求企业提供物化劳动成果和服务。因此,产品是为直接满足人类的需求而存在的,产品中具有一定的功用特征,无论是物质产品还是精神产品都是如此。有形产品,包括质量、特色、式样、商标、名称和包装;延伸产品,如安装、送货、信贷、售后服务和保证等。

美国营销专家科特勒认为:"产品是能够提供给市场以满足需要和欲望的任何东西。"产品的外延包括实体商品、服务、经验、事件、人、地点、财产、信息和创意。按此观点,产品包含三个方面的内容:第一方面的内容是关于核心产品的内容,回答购买者真正要采购的是什么;第二方面的内容就是产品的表现形式,即有形产品,至少有质量水平、特点、式样、品牌名称以及包装等五个特征;第三方面的内容是产品的附加值,如附加服务和附加利益。

科特勒还将产品分为七个级次:

(1) 需求族,指体现产品门类的核心需求;

(2) 产品族,指能有效满足某一核心需求的所有产品种类;

(3) 产品种类,指产品门类中被认为具有某些相同功能的一组产品;

(4) 产品线,指同一产品种类中密切相关的一组产品,它们以类似的方式起作用,或出售给相同的顾客群,或通过同类型的销售网点销售,或在一定的幅度内做价格变动;

(5) 产品类型,指同一产品线中分属于若干可能的产品形式中某一种的那些产品项目;

(6) 产品品牌,用以命名某一个或某一系列项目的产品名称,其主要用于区别产品的特点或渊源、如"丰田"、"通用"都是轿车的品牌；

（7）项目，又称库存单位或产品实体，是指一个品牌或产品线内的明确的单位，它可以依据尺寸、价格、外形或其他属性加以区分。

对产品概念的准确理解有助于我们制定企业的产品发展策略。产品是实现这种需求的媒介，而不是需求本身，企业的重点也在于需求而不是产品，只有根据这种需求提供的产品才是有价值的。让产品为这种需求服务，由需求派生出许多为满足这种需求的企业行为都构成产品的主要内容。所以产品的质量、功能、服务、内容、形式都关系到需求被满足的程度。

2）产品与品牌的区别

现代企划鼻祖斯蒂芬·金（Stephen King）说过，产品是工厂里生产的东西，品牌是由消费者带来的东西；产品可以被竞争者模仿，品牌却是独一无二的；产品极易过时落伍，但成功的品牌却能经久不衰。他的话阐明了品牌和产品的区别，具体说来两者的区别主要表现在以下几个方面。

首先，产品是具体的，而品牌是抽象的，存在于消费者的意识中。产品是物理属性的组合，具有某种特定功能来满足消费者的使用需求，消费者可以通过感官系统来辨认、体会。品牌则是消费者在使用了产品后所产生的情感、感觉，它包含了消费者对产品的认知、态度。特定的品牌消费体现了消费的情感化。当一个品牌被市场广泛了解和接受之后，它就会给消费者带来特定的价值、情感。如一件休闲 T 恤，当它被冠以真维斯这个品牌时，往往会给消费者带来一种流行、时尚的感觉。实际上，我们谈的品牌，外延很广，它不仅指具有包装或标志的产品，如海信、海尔等；服务也具有品牌，只要我们一提到这些品牌的名称就会想到这些企业提供的服务，如中国移动、中国联通等；名人本身也品牌化了，如体育明星刘翔、李宁等；活动也有品牌，如 NBA、奥运会等；甚至连娱乐、媒体、国家、城市都在品牌化。就像奥美国际集团公司前总裁夏兰泽女士所说的一样，"事实上，这个世界充满着品牌"。因此，对品牌的认识不应只局限于有具体有形包装的产品上。

其次，两者产生的环节不同。产品处于生产环节（工厂、车间等），而品牌则形成于流通环节。每个品牌之下都有一个产品，而一个产品却未必能成就一个品牌。由产品到品牌，并不是一个顺其自然的过程。品牌的形成除了受企业内部环境的制约外，还受企业外部环境，如供应商、消费者、技术市场、资本市场、政府、法律等多种因素的制约。企业主要保证产品的品质和功能，营销和广告人员负责将产品信息加以整合后传播给目标消费群体，消费者通过对产品的感受、认知而形成对产品的一种信任、情感，然后再将这些信息反馈给生产者，这时，产品才基本完成了向品牌的转化。

2. 商标与品牌

1）商标的概念

由商标法教程编写组编写、法律出版社出版的《商标法教程》（第 3 版）对商标的定义是：商标是指商品生产者或经营者为使自己的商品在市场上同其他商品生产者或经营者的商品相区别，而使用于商品或其包装上的，由文字、图案或文字和图案的组合所构成的一种标记。

商标是企业用文字、语音、色彩、字形、图案等元素来表征自己品牌的法律界定。

商标一般经过国家商标管理机构审核注册后，其商标所有人就有了使用该商标的各项权利。商标受法律保护，未经许可其他人无权使用，具有排他性。商标所有权是指商标注册人对商标所拥有的各项权利，具体包括商标专用权、转让权、使用许可权、继承权和法律诉讼权等。商标专用权是指商标所有人有权在核定的商品上使用其注册商标，未经所有人同意，他人无权使用该商标。商标专用权是商标权的基本内容和核心内容，其他权利都是由它派生的。

商标是用来区别某一工业或商业企业或这种企业集团的商品的标志（如同"服务标记"是用来区别服务的一样）。简而言之，商标是向政府注册的受法律保障的拥有专有权的标志。可见，商标与品牌是有区别的两个概念，它们不可混淆使用。

2）商标与品牌的区别

品牌是产品或商品的牌子，而商标是商家和商品的标志，是商品经济发展到一定阶段的产物。为保护商品生产者或经营者的利益和消费者的权益，随着人们商标意识的逐渐强化，最终用法律形式确立了商标的法律地位及其不可侵犯性。

（1）商标的构件小于或等于品牌的构件。根据前述商标的定义，商标法核准注册的商标形式可以是文字，也可以是图案，当然还包括两者的结合。注册商标是用以区别不同生产者或经营者的产品的标志，它是通过形象、生动、独特的视觉符号将产品的信息传达给消费者，其目的是将不同的产品区别开来。但品牌的构件是造型单纯、含义明确、标准统一的视觉符号，将企业或营销特有的经营理念、企业规模、经营内容等信息，传达给目标市场，使消费者据以识别和认同。商标所有权是经过国家权威机关依法定程序审核通过后获得的，是国家依法授予的一种权利。商标具有资产的一般特征，但比一般有形资产更容易受到侵犯，在现实经济生活中主要表现为对商标信誉造成侵害。为了使市场竞争有序进行，保护商标专有权的工作尤为迫切和重要。

就个别品牌而言，一个企业在申请注册时，可能发生其中某一部分被核准注册、另一部分却未能批复下来的情况；也有企业文字注册成功，但其图案因与别的企业相似，而未能注册；还有一些产品，由于其品牌名就是其产品名，因而也未能成功注册。

（2）商标权有国界，品牌使用无国界。商标具有专用性：第一，在同一国家，同一商标，只能有一个商标注册人在指定的商品上注册并持所有权，不能有多个注册人。第二，商标获得注册后，商标注册人依法取得商标所有权，其他人未经商标所有人同意不准使用，否则构成侵权。对于侵权者，商标所有人可依法追究其法律责任。现实中，由于我国的一些著名商标没有及时到出口国注册，在当地市场赢得一定声誉后，被国外的一些投机商人捷足先登，抢先注册。这些产品如还要出口，就需更换商标，重新注册，重新开拓市场；或者向这些投机商人交付商标使用费后才能出口销售。韩国的 LG 公司在中国市场也碰到类似的问题。由于 LG 商标已被我国一家电梯公司率先注册，韩国 LG 商标就失去了在中国电梯产品上的使用权。因此，商标只有在注册国家是商标，在未注册的国家就不是商标，不受保护，商标权的取得上就已决定了这一点。世界各国都有自己的商标法律，在一国注册的商标仅在该国内有排他性使用权，超越国界后就失去了排他性使用权。一个国家的法律权利只在本国发生效力，不可能延伸到其他国家，所以商标的国际保护非常重要。一般有两种方法：一是逐国注册；二是通过《马德里协定》办理国际注册。该协定的宗旨是在协定成员国之间办理马德里商标国际注册，注册人可根据自己的需要在协定成员国中任意挑选自己需要注册的国家和地区。

品牌与商标不同。在中国，"凤凰"及其图案是品牌，在其他国家它也是品牌。你可以使用，他也可以使用。另外，某一个品牌可能没有注册或注册失败，但作为一个品牌却被长期使用，可以有很强的识别性。这样的例子也是存在的。例如，浙江五芳斋粽子公司，早年其注册商标是"鸡"牌。然而，"鸡"牌鲜有人知，"五芳斋"作为粽子的标志作用却很强，数年的使用已使它成为远近闻名的品牌。1988年，该公司终于意识到了这一点，赶紧去注册了"五芳斋"这一商标。

（3）商标须经法律程序审批，而企业可以自己决定对品牌的使用。商标在这里指的是注册商标，必须经过法定程序才能取得，在注册成功之前称为商标，宣称有独占性权利是不恰当的。一个标志、一个名称或两者组合能否成为商标，不是取决于企业，而是取决于国家的商标管理机构，在我国就是商标局商标评审委员会。

品牌则不同，企业随便取一个名称，请人画个图案，就可以宣称这就是我的品牌，而且用不用、怎么用都不需要进行批准。未经注册使用的品牌在没有名气之前，一般人不会去关注它；但一旦小有名气，其品牌的价值上去了，如果再不去注册，就有可能被别人注册，从而失去了使用权。另一种可能的问题是，你的品牌不错，别的企业也看中了，取了相同或相似的名称。市场分隔清晰也就罢了，若是相同行业，麻烦可能就来了。例如，某市有两家"大富豪"酒店，在一次食品卫生检查中，其中的一家厨房卫生条件极差，被当地电视台、电台、报纸公开曝光。然而，一般消费者只记住了"大富豪"，分不清是这家大富豪，还是那家大富豪，都不敢光顾，两家"大富豪"最终一起倒闭。

因此，尽管品牌选择和使用是企业可以决定的，但为了安全起见，选了品牌之后，去注册是必要的。注册成功了，品牌变成了商标，这样品牌开发者的利益才能得到有效保护。

（4）从时效上讲，商标和品牌也不同。商标的有效性取决于法律，世界各国的商标法的规定不尽相同。有的国家规定得长些，如20年，有的国家短一些，如7年。商标核准注册后一般有法定保护期，在该保护期内商标所有人依法享有对商标的各项权利，超过这个时期则必须依法续展并可以无限次地续注下去。我国商标法规定的商标有效期为10年，每次续展的有效期也是10年。因此，商标权实际上是一种永久性权利。但品牌则不同，法律上有效不等于市场有效，品牌角逐场上的走马灯现象非常普遍。一个品牌的寿命可能远短于其法律有效期。

（5）品牌可以延伸，商标则需重新申请注册。品牌延伸，也就是某类产品的品牌用到另一类产品中去，如从娃哈哈营养液，到娃哈哈果奶，再到娃哈哈纯净水等，就是品牌的延伸。品牌延伸并没有改变品牌，因为品牌的名称不变，品牌的标志、图案就不变。但按照法律的规定，当品牌延伸到一种新产品时，必须作为一件新商标重新办理商标登记注册。因此，商标注册时必须严格注明用于什么产品。如可口可乐在美国申请商标时要注明是用于碳酸气软饮料。

商标是从法律的角度对品牌进行的界定。品牌是否受到侵害也是以商标内容是否受到侵害为依据的。商标对于品牌的法律保护具有特别意义。商标是品牌法律特征的集中体现，是品牌自我保护的有力武器。对于企业发展来说，品牌的商标注册是一件非常重要的工作。商标是品牌及其产品获得保护的法律依据。有了商标就能够使他人对品牌和产品的冒充与仿制承担一定的法律责任,商标所有人的合法权益通过法律的手段得到了保护。

1.3 品牌的种类

1.3.1 产品品牌

产品品牌是指有形的实物产品品牌，该品牌与某种特定产品联系紧密，而且只与这一产品相联系。人们在购买产品的同时，也购买品牌所体现出来的生活方式和价值观念等品牌个性，以显现消费者的自我形象或期望形象。消费者会把产品的特性，如口味、感觉、触觉和使用经验等与品牌本身联系起来。具有这种产品与品牌关系的品牌，即称为产品品牌。产品品牌给人们以个性化的选择，不同的消费者可以根据偏好选择自己喜爱的品牌产品。比如，海飞丝与洗发水，由品牌海飞丝联想到去头屑、飞扬的头发、神采奕奕的形象。同时，海飞丝只与洗发水（产品）建立联想。这种品牌就是产品品牌。所有的品牌，一开始均表现为产品品牌，如可口可乐、娃哈哈、长虹、海尔等。

根据传统的产品品牌经营观点，一个品牌是一整套不同的认知。品牌的优势取决于这些认知的一致性、主动性以及和所有消费者分享的程度。为了加强品牌，管理者需要塑造消费者的认知，以便他们积极地看待品牌。

采用产品品牌策略有两种模式。

一种模式是宝洁模式。在同类产品中推出多种品牌，如在洗发水市场上推出了海飞丝、飘柔和潘婷等不同品牌，在洗衣物产品中推出了汰渍、碧浪等品牌。我国上海牙膏厂生产的牙膏系列产品也是采用这种单独的产品商标的。该厂对自己的牙膏产品分别采用中华、美加净、留兰香、白玉等商标。这些产品商标把不同等级的牙膏区别开来，也迎合了不同地区、不同市场、不同阶层的消费者对不同品牌的偏好。但是这种模式也有它的缺点：一个企业使用的品牌过多，不易记忆，有时会给消费者以混乱的感觉，就可能影响到广告的宣传效果和企业信誉，企业广告费用支出也大。

另一种模式是菲利普·莫里斯（Philip Morris）模式。即在不同产品类中推出不同品牌，如在饼干市场推出的是卡夫，在烟草市场推出的是万宝路，在啤酒市场推出的是米勒，在饮料市场推出的是 Tang 果珍。又如我国北京同仁堂集团公司，同仁堂是总商标，其系列药品又有李时珍、旭日、京药、山花等产品商标。这样做，既能使消费者对企业总商标产生强烈印象，又能把不同产品的特性区别开来，也便于广告宣传。

产品品牌在一定的历史时期可以非常成功，如当红的手机品牌苹果、芯片品牌奔腾等。当然，也有些经久不衰的产品品牌，如金华火腿、景德镇瓷器等。但在企业长期发展过程中，许多企业会放弃产品品牌的经营理念，转而选择共有品牌策略或共有品牌与产品品牌组合应用的策略。

1.3.2 服务品牌

服务品牌是以服务而不是以产品为主要特征的品牌，如商业服务品牌、餐饮服务品牌、航空服务品牌、金融服务品牌、旅游服务品牌等。但是，无形的服务总是以有形的产品成本为基础的，并且往往同时与有形产品共同形成品牌要件。如今很多人认为，所有的行业都属于服务业范畴，就算是制造业，绝大部分的企业也都在同时提供有形产品和无形产品，即除了生产有形产品外也同样提供服务，因而服务要素变得越来越重要了。售前和售后服务、可靠的供给、按时送货、对顾客要求的快速反应、电子数据交换系统的发展等,这些都是服务,而且越来越多的制造业企业利用服务来树立自己的形象。

服务在很多方面是不同于产品的,这些不同影响到企业创造品牌的方式。服务一般具有以下特性。

(1) 不可感知性。人们不能感觉、触摸或用肉眼看见服务存在。如果是一辆富康车、一套索尼立体声音响或是一块德芙巧克力,都实实在在地存在,能让我们切实地看到或感受到它们是什么样的,但服务却不能。

(2) 不可储存性。一项服务不可能像有形产品那样储存,当天的飞机航班和剧院的空位未被卖掉,就会成为永远的遗憾。

(3) 不可分离性。服务被生产出来的时刻就是服务被传递给消费者消费的时刻,这两个时刻是不可分离的。

(4) 可变性。服务是由人提供的,而人是不能被精确地控制的。企业可以管理生产过程,以使所有的产品达到预先所规定的统一标准;而由某一服务人员于某地、某一特定时间所提供的服务和不同的人在不同时间提供的同种服务就会有差异。

服务是无形的。但是,服务业也有它们一些特别的经营武器,与通常的 4Ps 营销要素组合相比,服务业有七个主要的营销要素,即在传统 4Ps 的基础上,再加上 3Ps。

传统产品的营销组合(4Ps)包括:①产品(product);②定价(price);③促销(promotion);④地点(place)。

服务业营销组合中的附加要素(3Ps)包括:①人(people);②过程(process);③有形展示(performance)。

人的行为是服务的中心,员工的挑选和培训能保证服务承诺实施的连续性。新加坡航空公司决定在服务上使自己与众不同,并通过长期进行的"新加坡小姐"的广告活动来表现它的服务质量。通过这一活动,以周到、迷人、细致的个人服务作为核心价值的公司服务得到了充分的体现,新加坡航空公司服务水平高的形象在消费者的心中牢牢树立起来。

1.3.3　其他种类品牌

1. 企业品牌

企业品牌是以企业作为品牌整体形象而被消费者认可的。产品品牌同样是企业品牌的基础,但企业品牌高于产品品牌,它是靠企业的总体信誉形成的。企业品牌与产品品牌可以是相同的,如海尔、索尼、奔驰等;也可以是不相同的,如宝洁、通用等。

企业品牌化,是指品牌的核心不是个别的产品,而是企业组织。企业组织在此演变为与消费者保持长久而亲密关系的主要载体,消费者根据企业的利益承诺及其行为,判断它是否理解自己的需求,是否与它建立或继续保持这种排他性的关系。许多人会有一种疑问,企业、产品与品牌之间到底存在着怎样的关系?可以肯定,就一个企业来讲,可以存在企业品牌,又可以存在产品品牌,企业品牌之下可以有一个或多个产品品牌组成的品牌家族。当企业品牌只有一个产品品牌时,企业名与产品名常常合二为一。无论是企业品牌还是产品品牌,都遵循着品牌建设的基本守则,即核心利益承诺及其行为的一致性。如日本丰田汽车公司的汽车产品,分别有丰田登丰、丰田卡姆利、丰田皇冠等。我国很多企业也有不少使用总商标的,如广州万宝电器公司的万宝商标、杭州娃哈哈食品公司的娃哈哈商标、扬子电器公司的扬子商标等。使用企业品牌所带来的明显优势有:

制造商或经营者将生产或经营的若干种产品和品种，使用同一商标，表明全部产品品质的一致性或类似性，使消费者有强烈的印象，能迅速提高企业的声誉；同时，对企业推销新产品、节省商标的设计费和广告费、消除用户对新产品的不信任感等方面，都极为有利。但采用企业品牌的方法也有它的局限和风险。如难以强调系列产品中的某种重要产品特性，会使消费者认为该产品并不比系列产品中的其他产品有突出品质。而且，使用企业品牌，每一种产品的质量都必须可靠，否则其中一种产品质量不稳定，就会影响整个系列产品的信誉，其风险性也较大。

2. 商店品牌

关于商店品牌未来实力的争论随着经济状况的发展而衰落或兴起。经济状况良好时，国家级或世界级品牌通常用溢价价格统治市场。而在经济状况不稳定或衰退时，商店品牌可以因为有力的价格而赢得市场。商店品牌实际上总是以较低价格或相同价格出售大量商品的方式经营。把商品置于名牌产品的附近，用相似的容器进行包装，这实际上是零售商在力求用名牌产品的威望增加自己商店品牌的价值。因为没有人知道包装在里面的东西是否相同，或许仅仅因为品牌名称所代表的品牌资产、形象、标志和声誉不同，消费者就会为相同的产品付出更高的价格。

在超市和药店里，商店品牌的出售是一种普遍存在的现象。几乎所有的大食品杂货店和药品连锁店都有自己畅销的商店品牌。

在美国和欧洲的主要市场上，大型连锁店的兴起是一种普遍存在的现象。在美国，折扣商店连锁店沃尔玛、塔吉特和凯马特占有所有普通商品销售额的70%之多。事实上，商店品牌为了能在今天的市场中参与竞争，开始改进质量，扩展花色品种，甚至开始经营高价产品。

商店品牌的成长在某种程度上可以看作是一种经过巧妙设计的品牌战略。商店不仅代表品牌，而且是该品牌产品唯一的供应地。商店名称和这种独家专有形式的结合具有强大的销售号召力。经营它们的零售商通过促销、广告或在零售货架上的反复出现变得拥有越来越大的影响力了。

 案例　　　营销视点 1-1

国外大型零售企业都有自有品牌商品。如进入中国不到十年的沃尔玛，已经开发了12个自有品牌，涵盖了数百个品类的1800多种商品。只占沃尔玛销售额30%的自有品牌商品，却为沃尔玛带来了50%的利润。

在沃尔玛我们可以看到，它的自有品牌商品并没有使用"沃尔玛"品牌，每一类别的自有品牌商品都隶属于不同的品牌，每一个品牌都有其鲜明的特征和定位。这样做的目的是可以差异化定位各个自有品牌，提高消费者对自有品牌的接纳度；同时避免出现问题的自有品牌的"株连效应"，便于企业对自有品牌进行管理。这些经验值得我国的连锁超市企业学习和借鉴。

3. 联合品牌

联合品牌（又称为品牌束或品牌联盟）是指两个或两个以上现有品牌合并为一个联合产品，或以某种方式共同销售。在一个竞争压力极大的时期，品牌仍不失为在消费者心中区分彼此的最好办法。成功品牌已经揭示了品牌联合在竞争、生存以及发展方面的优势。美国麻省理工学院管理学院营销研究室副教授桑迪·萨普认为，我们正在步入商业合作的新时代，考虑问题的基础是"我们"，而不再是"我"个人。联合的概念和精神是创造战略联盟的基础。联合品牌策略也是一种复合品牌策略，是一种伴随着市场激烈竞争而出现的新型品牌策略，它体现了企业间的相互合作。

联合品牌策略的优点在于它结合了不同企业的优势，使定位更独特、更有说服力，可增强产品的竞争力，降低促销费用。对于一些行业，如计算机、汽车等，消费者往往会认为产品的主要部件是某个企业生产的更好，此时注明计算机芯片品牌、汽车发动机的生产品牌，就可以借助这些品牌的知名度很快打开市场。概括地说，使用联合品牌策略最大的优点在于合作双方互相利用对方品牌的优势，提高自己品牌的知名度，从而扩大销量额，同时，节约了各自产品进入市场的时间和费用。例如，Fisher-Price 与康柏联手，推出"神奇工具"软件及计算机附件等一系列联合品牌。为了反映二者的互补性，它们在广告中强调："没有人比 Fisher-Price 更了解乐趣，也没有人比康柏更了解电脑。"

但同时，联合品牌策略的使用也存在着很大的风险。在长期的使用中，双方企业可能受益不均，借助他人力量也可能产生为他人作嫁衣的结果，甚至产生危及一方长期利益的现象。正因如此，康柏公司由于担心人们忘记 Compaq 品牌，退出了"Intel Inside"的促销活动，在其销售的计算机上只使用本公司的品牌。另外，两家联合企业的品牌知名度不同，信誉有高有低，高信誉度的品牌有可能因为低信誉度的企业出现的问题而影响到其在消费者心目中的形象。换言之，联合品牌策略使合作企业相互影响，从而降低了企业抗风险的能力。

建立一个强大的联合品牌，最重要的一点是，达成协议双方的品牌都要具备足够的品牌知名度和强有力的、良好的、独特的品牌联想。因而，联合品牌取得成功的一个必要但非充分条件是：两个品牌各自都有一定的品牌资产；同时，两个品牌必须能达到逻辑上的一致，合并后的品牌和销售活动能够使各自品牌的有利因素最大化，不利因素最小化。

总的来说，各种品牌策略都有其优缺点，只有熟悉各种品牌策略的特点，并灵活加以使用，才会收到事半功倍的效果，才能在激烈的市场竞争中处于有利地位。

1.4 品牌管理的研究对象与体系

1.4.1 品牌管理的概念

品牌管理是指针对企业产品的品牌，综合运用企业资源，通过计划、组织、实施、控制来实现企业品牌战略目标的经营管理过程。

品牌管理是近年来组织管理理论的深化和细化。品牌无处不在、无时不在，尤其是在市场经济条件下，市场竞争无一不体现为品牌的竞争。在全球市场，各国品牌展开了你死我活的拼杀：可口可乐与百事可乐；联想与惠普、戴尔；海尔与通用电气；在运动场上，火箭队与爵士队，刘翔与杜库里；在文化市场上，好莱坞与宝莱坞，等等。正如品牌研究者所言，任何组织和个人都可以成为品牌，都有塑造成为品牌的机会。这充分显示了品牌管理的普遍性、广泛性和长久性。

1.4.2 品牌管理的研究对象和内容

作为一门学科，品牌管理的研究对象是个人和组织机构实施品牌战略的目标、计划、执行和评估等一系列相关活动及其规律。它的研究内容包括品牌创立、品牌推广、品牌延伸以及品牌维护等工作。品牌管理的目的在于提升组织品牌的知名度、美誉度，增强品牌的生命力，不断提高客户对企业品牌的忠诚度，促进组织产品的销售，增加组织的赢利水平，促进品牌资产的保值增值，进而承担更多的社会责任。

本书的研究重点是企业的品牌管理，包括品牌管理概述、品牌产生的历史、品牌定位与设计、品牌个性与品牌传播、品牌文化、品牌组合战略与延伸战略、品牌资产评估与保护、品牌危机管理、强势品牌建立以及品牌国际化的发展趋势等。

具体来说，在品牌管理概述中，主要介绍品牌的内涵、品牌的基本特征、品牌的种类，以及品牌管理的研究对象、内容和体系。

在品牌产生的历史中，主要介绍"品牌"一词的演化，以及品牌在各个发展阶段的特征和相关的研究方向。

在品牌定位中主要论述定位理论的来源、品牌定位的程序和品牌定位的策略。品牌的定位策略主要有属性定位、利益定位、使用者定位、竞争者定位、产品类别定位、质量/价格定位、文化定位、情感定位、生活方式定位等。

在品牌设计中主要讨论品牌名称设计、品牌标志设计、品牌理念设计以及设计的原则。

在论述品牌形象时，本书侧重探讨品牌形象的概念、品牌形象的构成和品牌形象的塑造。品牌形象塑造的原则、品牌形象塑造的过程以及品牌形象的维护也是本书关注的重点，本书还分析了品牌偏好指数。

品牌个性是品牌管理中讨论的重点之一。关于品牌个性的概念、品牌个性的特征与价值、品牌个性测量维度、品牌个性的心理学基础和来源，以及如何塑造鲜明的品牌个性，在本书中都有精彩的论述。

品牌形象的建立离不开品牌传播，包括广告传播、公共关系传播、销售促进传播以及品牌的整合营销传播。

品牌是以文化为支撑的，或者说品牌只有建立在文化基础之上才会有长久的生命力。因此，本书专章探讨了品牌与不同文化层次的关系，以及品牌文化的培育。

品牌战略是品牌管理的前提，没有品牌战略，品牌管理就无从谈起。不同层面的战略对企业品牌管理机构、管理人员提出了不同的要求。

品牌资产管理是品牌管理中的又一重点。品牌资产的建立、评估、保护以及品牌危机管理都与品牌资产的保值增值相关。建立品牌资产的评估指标和模型是品牌研究人员的重要任务，本书对这些问题做了有益的探索。

本书对品牌的发展趋势进行了展望，即在全球范围内，企业要保持竞争优势，就必须建立强势品牌，同时强势品牌要不断创新，才能永葆其领导地位。经济全球化的后果将是品牌的国际化。跨国公司的品牌管理实践已为我国企业拉开了品牌国际化的序幕。

1.4.3 本书的体系和逻辑结构

《品牌管理》一书全书共分 5 篇 18 章。第 1 篇为本书的导论，共 2 章，介绍了品牌和品牌管理的基本概念、品牌与其他相关概念的区别与联系、品牌发展的历史，为全书其他章节的研究奠定了理论基础。

第 2 篇是品牌的管理过程。这一部分涉及品牌定位、品牌设计、品牌形象、品牌个性、品牌传播以及品牌文化等 6 章重要内容。本篇回答了品牌创建的程序、技术等方面的问题。企业创建品牌的根本目的就是创立品牌独特的个性。在技术上，这一问题与品牌定位、品牌名称与图形、品牌的传播策略及传播媒介的选择等问题密切相关。独一无二的品牌形象将向世界展现其独特的品牌文化，而品牌文化与企业文化互为依托，最终与社会文化相连，融入社会文化中，成为社会文化中不可分割的组成部分。

第 3 篇为品牌战略部署。在这一篇中，重点论述品牌组合战略和品牌延伸战略。各种不同的品牌组合战略各有其特点和优缺点，选择某种品牌战略组合需要企业具备相应的资源条件。品牌延伸战略在品牌战略中的重要作用、品牌延伸的条件以及品牌延伸的动机和决策是本篇阐述的主要内容。从结构上看，本篇是品牌管理过程的升华，即管理过程需要战略的指导。

第 4 篇介绍了品牌资产管理。首先阐述了品牌资产的概念及其管理法则，随后分析了品牌资产的建立、评估、保护以及品牌危机管理等与品牌资产的保值增值的相关问题。这一篇是品牌管理的逻辑结论，即品牌管理的目的就是品牌资产的保值增值。

第 5 篇是对品牌管理发展远景的展望。建立强势品牌和实施品牌国际化战略是我国企业的理想，为实现这一理想，企业和企业家们做出了巨大努力。本篇阐述了实现这一理想所要进行的品牌创新，介绍了品牌国际化的相关知识和策略，本篇是全书的终结篇。

任何事务的发展都有其内在规律，品牌战略也一样受其内在发展规律的支配。品牌战略的内在规律是什么？品牌战略成功的条件是什么？有哪些条件？强势品牌具有哪些特征？强势品牌成功的经验能否复制？……对这些问题人们都还没有找到理想的答案，还只是浮在品牌的表面，看到的只是"品牌的冰山"（Davidson 理论），即诸如品牌的标志、名称等识别特征，而隐藏在海水下面的部分，如价值观、智慧、文化等支配品牌成功运行的内在规律还没有窥探清楚。本书试图揭示品牌管理的规律，探讨价值观、智慧、文化对品牌运营影响的规律是贯穿于全书的主线。

案例

中法美英四国专家对话：
中国品牌为什么走不出去？

《世界企业家》总编辑、世界品牌实验室专家组成员丁海森专门就"中国品牌为什么走不出去"这个话题，分别访问了法国、美国和英国的三位品牌管理大师，他们分别是来自法国的欧洲工商管理学院（INSEAD）讲席教授琼·克劳德·拉里齐（Jean-Claude Larreche）博士，来自英国的牛津大学赛德商学院教授、市场营销系主任斯蒂芬·沃格（Stephen Woolgar）博士，来自美国的耶鲁大学管理学院教授、耶鲁用户观察中心主任莱维·多尔（Ravi Dhar）博士。

丁海森：我们世界品牌实验室（World Brand Lab）已经成立10周年，拉里齐教授是第一次参加我们的研讨活动，但多尔和沃格教授来华参加我们的会议和培训活动超过了15次，说说你们最熟悉的中国品牌名字，以及对中国品牌的总体印象是什么？

拉里齐：首先，我很抱歉我没有在中国居住过。虽然中国这个迷人的国家我已经去过很多次了，但是我所知道的中国品牌仍旧只是一些全球性的品牌或是一些在西方国家有知名度的品牌，例如中国国际航空、中国东方航空、中国移动、联想、海尔、青岛啤酒、中国银行、中国蓝星、威海纺织等。

最初，在西方国家最有名的中国消费品牌其实是"中国制造"这个标志。带有"中国制造"这个标志的商品会给人留下低成本的印象，就好像"瑞士"这个标志代表着高质量的手表，"波尔多"这个标志代表着优质的葡萄酒。但现在，一些中国品牌在其自身价值的基础上已经逐步在全球获得声誉。

我本人就是联想的用户并且对联想的产品很满意。我曾经是IBM笔记本电脑（IBM Thinkpad）的用户，我一直在仔细观察IBM被联想收购之后各个产品价格的变化。自那以后，对于联想产品的可靠性和创新性，我一直觉得很满意也很高兴，并且我开始忠于联想这个品牌。

作为一名消费者，这是我个人首次发现了真正的中国品牌。作为一名市场营销专业人员，我认为一个真正的品牌至少应该拥有消费者对该品牌的忠诚度，而一个强有力的品牌则应该能够激发顾客对该品牌的热情和参与度。这就需要品牌根据顾客的想法不断创新。

沃格：我个人知道几个中国品牌，比如联想、海尔、中国国际航空、中国南方航空、中国电信，但这主要是因为我本人经常会出差去中国参加一些关于品牌问题的研讨。总体上来说，在西方国家，中国的品牌还不是十分常见。最近的一项调查显示，94%的美国公民连一个中国品牌的名字都说不出；在英国，知道中国品牌的人可能更少，但也不会少很多。

事实上，目前品牌采购在全球的势头普遍朝着反方向在发展。中国游客在国外的花费几乎是任何其他国家游客花费（2012年的花费为1020亿美元）的四倍。欧洲的很多商店都接受中国信用卡，比如银联。中国游客喜爱价格低但具有国际品牌质量的商品。

多尔：国际市场上，联想、清华同方、华为和海尔等都是知名度较高的中国本土品牌。而放眼国内，大型银行（中国银行、中国工商银行）、电信产业（中国移动）、航空公司（中国国际航空公司）及互联网企业（百度、腾讯）则分庭抗礼。然而值得一提的是，现今多数中国本土品牌在致力于品牌影响力发展的同时却忽略了品牌的独创性及个性化。要知道，如何与潜在客户群（消费者）建立心理上的紧密联系才是创造国际领军品牌的基础之基础。

丁海森：中国企业屡屡被诟病的一点，就是不注重企业品牌的塑造，这严重拖了企业全球化的后腿。大卫·艾克（David Aaker）近日在撰写博文《深层解析中国企业品牌弱势的根本原因》认为，中国企业不重视品牌的塑造，除了历史原因，环境竞争程度、人的因素都不可忽视，克服起来着实不易。他从英国或美国的国民或用户的角度，分析中国品牌不被法国人、美国人或英国人接受的原因。

拉里齐：航空公司往往都倾向于全球化，中国国际航空、中国东方航空等品牌很早就出现在法国市场。除了航空公司，最先在法国地区建立的中国品牌很可能是一些金融领域或企业电子商务（B2B）领域的品牌，例如金融领域的中国银行、化工领域的中国蓝星、电信设备领域的华为、移动通信技术领域的中兴通讯等。

但是，真正的挑战是消费者品牌的建立。在巴黎有一个强大的中国社区，里面有各式各样的商店和超市，销售各种中国商品。一些非中国后裔并且没有去过中国的法国人会特意来这个中国社区购买中国商品。他们这样做有很多不同的原因，例如寻找异国情调、买低价的商品、买特殊的烹饪材料甚至只是买一种氛围。虽然目前这样做的法国人还不多，但是人数一直在不断增长。

中国餐馆正在法国地区不断地扩张，几乎每一家中国餐馆都有销售青岛啤酒，青岛啤酒的知名度急速增长。海尔也在扩大其分销领域并且声誉不断提高。但是，想要把新品牌带入一个成熟市场，这始终是一个战略性的挑战。中国消费者品牌的"低成本"形象在某些情况下可能是一种优势，但是在其他情况下也会成为一种障碍。如果预期的价值主张（value proposition）是溢价（premium），那么就需要一个以想法、创新和沟通为基础的经过深思熟虑的战略计划。另一种方式是收购一些已经具有所需市场定位的品牌。

沃格：部分原因是"中国制造"还是给人一种"中国商品价廉物美但存在质量问题"的印象。有关健康和安全方面的新闻仍然不断出现。相比服务业和传媒业，这些问题在制造业和电子行业更为突出。但是更主要的原因是英国的消费者没有接触过中国的品牌。

造成这些情况的原因很多也很复杂。首先，中国有巨大的国内市场，因此很少有去海外销售商品的动机。其次，中国的经济很分散，很多小企业独自经营和运作，因此它们没有能力进行品牌全球化。再次，国有企业在中国占据主导地位（35%的营业收入来自国有企业）。据说国有企业在吸引银行贷款方面有十分有利的条件，使得它们能够低效经营。它们没有兴趣去投资全球品牌化，并且对于创新的投资十分谨慎。在世界品牌实验室编制的《世界品牌500强》中，共有23个中国品牌成功上榜，但是榜单中大多数的中国品牌都是来自国有企业。中国品牌不仅需要技术创新，也需要变得更加国际化。

多尔：目前市场上，中国品牌尚未完全融入美国市场的主要原因可归类为以下三种，即品牌认知度的缺乏、品牌历史（发展历程）的不足及品牌个性的缺失。品牌认知度即美国消费者对中国品牌的认知程度，缺乏品牌认知度就意味着大众对品牌有着强烈的陌生及不信任感。因而，品牌认知度的缺乏即等同于潜在客户群及市场需求的缺失。

品牌历史（发展历程）则可以更形象地形容为"品牌故事"。一个好的品牌故事可以帮助消费者在短时间内更深刻地了解其品牌核心及产品理念。为什么某特定品牌得以在中国市场如此激烈的角逐中脱颖而出?其发展历程及品牌核心又是什么?这些都是美国消费者所关注的问题。

最后，品牌个性的缺失也是中国品牌进军美国市场的"拦路虎"之一。

品牌个性不单单指一个品牌的独创性,亦可以看作品牌在市场营销及宣传过程中的战略手段,及其如何或以什么样的方式同潜在客户群（消费者）进行交流。而反观成功进军国际市场的中国本土品牌,如清华同方等,都以其独特的市场及品牌营销策略完美地克服了上述难题。

案例思考题

1. 为什么中国企业要实施品牌国际化战略？
2. 中国品牌国际化路径有哪些？
3. 中国品牌国际化道路要克服的障碍是什么？
4. 中国品牌如何实现个性化？

本章小结

本章论述了品牌的基本概念，品牌的内涵、外延，品牌的特征，品牌的种类,并介绍了本书的基本框架。

品牌一词来源久远。近代意义上的品牌概念内涵丰富，外延宽泛。事事人人皆可成为品牌。产品极大的丰富使得品牌成为人们区分同质产品的重要工具。对于品牌概念，人们的理解并未由于品牌的广泛性而获得一致认同。本章介绍了权威人士、经典作家对该概念的定义。

本章阐述了品牌核心价值，它是品牌的内核，是品牌资产的主体部分，是驱动消费者认同、喜欢乃至爱上一个品牌的主要力量。品牌核心价值不仅是品牌给消费者提供的物质层面的功能性利益，同时也是情感性价值与自我表现（社会）性价值。

品牌的基本特征包括识别性特性、价值性特征、领导性特征、双重特性和排他性，品牌与产品、商标等概念具有实质性的区别。

本章还介绍了品牌的种类，如产品品牌、服务品牌和其他种类的品牌。

最后，本章介绍了本书的研究对象和本书框架结构。作为一门学科，品牌管理的研究对象是个人和组织机构实施品牌战略的目标、计划、执行和评估等一系列相关活动及其规律。全书共分5篇18章，分别介绍了品牌与品牌管理的基本概念、品牌的管理过程以及品牌战略部署等内容。

关键术语

品牌	品牌的内涵	品牌的外延
品牌的核心价值	产品品牌	服务品牌
企业品牌	商店品牌	联合品牌

思考题

1. 什么是品牌?
2. 举例说明产品与品牌的区别。
3. 什么是品牌的核心价值?
4. 品牌具有哪些特征?
5. 品牌具有哪些种类?

参考文献

[1] 菲利普·科特勒. 营销管理[M]. 10版. 梅汝和,等,译. 北京:中国人民大学出版社,2002.
[2] 麦可·梅尔德伦,马尔科姆·麦当诺. 营销诡计:45个最重要的营销概念[M]. 楼永坚,译. 呼和浩特:内蒙古人民出版社,1999.
[3] 凯文·莱恩·凯勒. 战略品牌管理[M]. 李乃和,等,译. 北京:中国人民大学出版社,2003.
[4] 付玮琼.沃尔玛对我国零售企业自有品牌开发的启示[J]. 北方经贸,2008(6).
[5] 丁海森.中法英美四国专家对话:中国品牌为什么走不出去?[OL]. [2013-07-21]. http://brand.icxo.com/htmlnews/2013/06/26/1451653.htm.

第2章 品牌发展简史

本章提要：本章主要介绍品牌发展的轨迹并描述其未来发展的趋势，重点论述品牌发展的各个阶段及其特点，介绍不同时期的品牌发展和相关的研究方向。读史使人明智。本章所介绍的品牌发展史，对全面理解品牌管理至关重要。

引 例

如果我们研究一些名人，会发现这些名人之所以出名，是因为他们留下了许多让人们津津乐道的小故事，这些小故事使他们得以流传，也成为我们对名人的联想之一。很可能在想到这个名人时，你就会想起那个故事。

肯德基的香辣鸡翅、原味鸡块、鸡腿汉堡……让人回味无穷，百吃不厌。1930年的时候，哈兰德·桑德士（Harland Sanders）上校用11种香料调味品配出了今天的美味。"我调这些调味品如同混合水泥一样。"哈兰·桑德士这样说道。这种有趣的说法一直流传下来为人们所津津乐道。而这个"混合水泥一样"却价值百万美元的配方目前正放在一个神秘而安全的地方。

可口可乐的配方，到今天仍属于该公司的最高机密之一，据说价值数百万美元，这越来越引起了人们的兴趣。

而史密诺夫伏特加酒却选择了将酒的配方公之于众，这同样使它具备了故事的元素，它的配方真简单，简单得你想告诉你认识的每一个人。公布配方却并没有影响史密诺夫伏特加酒的销售，它每年在全世界120个国家卖出1.5亿瓶，不过你也可以试试在家中将它调配出来。

我们国家的名酒水井坊"600余年不间断生产"，而"全国重点文物保护单位"、"最古老的酿酒作坊"、"全国十大考古新发现"、"中国历史文化名酒ZSBJ01-01号"等为水井坊的文化增添了神秘的色彩。此外，水井坊载入"世界吉尼斯纪录"，产地获"原产地域产品保护"，以及"限量生产、元明清古窖群、水井坊一号菌"等成为水井坊吸引人们目光的焦点。

2.1 品牌发展史：西方国家

广为人知的肯德基、可口可乐等品牌都有几十年甚至几百年的悠久历史。它们的故事广为流传。引例中品牌的产生本身就是经济活动的时代产物，自然会随着时代的变迁而变化，无论品牌的内容还是品牌的形式都会趋于多样化。企业也会随着时代变迁和经营环境的变化而不断调整自己，使其品牌在内容和形式上更符合时代需要。从企业的角度看，不存在一劳永逸的品牌；从时代发展的角度看，品牌的内涵和形式都是在不断变化的。了解历史是为了更好地把握未来，每个时代都有其时代的精神与主题，而品牌从某种意义上就是从商业、经济和社会的角度对这一精神与主题的认识和把握。

2.1.1 西方品牌的发展阶段

纵观西方社会经济文化和消费观念的发展变化，可以看出其品牌建设经历了五个发展阶段。在早期阶段，品牌拥有者将消费者看作是信息的消极接受者，忽视了消费者在品牌创立中的积极作用。

正如古德伊尔所指出的，每一种社会环境都会在品牌上印有一种当地消费观念的烙印，反映商品供应商和顾客之间有关品牌的对话层次和关系类型。随着工业化程度和消费者富裕程度的提高，市场从以产品为中心转向以消费者为中心和品牌驱动。

1. 由制造商与销售者主导市场的阶段

品牌发展的第一阶段是由制造商与销售者主导市场的阶段。在这一阶段，产品供给严重不足，任何包装的产品需求都非常旺盛，消费者甚至主动去敲制造商的门要求购买。在这种情况下，不需要提供有吸引力的品牌，不需要定义目标市场和花钱做广告来开展市场研究工作。在这一阶段，制造商非常容易出售他所生产的全部产品。品牌的功能只在于区别产品，很少用来区别竞争对手。大多数产品都是以散装形式销售，这个时候没有品牌，或者说没有真正意义上的品牌。当时多数商品是一些无区别的食品蔬菜之类，加工制成品不多，品牌对它们的作用不太明显。如烟草就是烟草，面粉就是面粉，并没有名称之分，对于购买它们的消费者来说，品牌没有什么意义。即使有些商品有名称，这种名称对顾客来说也是无关紧要的。这种情况类似于早期牧场主使用的标志，当标志烙在牲畜身上时，它只表明牲畜是属于谁的。

2. 产品物质差异营销的阶段

第二阶段是产品物质差异营销的阶段。在这一阶段，制造商面对着更多的竞争对手，营销工作也随之开始了。因为消费者有了选择产品的机会，开始评价与挑选产品。制造商被迫寻找创造产品物质差异的方法——用独特的和有吸引力的方法使他的产品与众不同、脱颖而出。这个时候，品牌开始与它所代表的产品分离，并对其起保护作用。此时，广告变成了一种强大的力量，围绕品牌产品种类开始延伸。品牌成为公司有价值的资产（如可口可乐、万宝路等品牌）。有些消费者甚至为了地位、价值和身份而购买品牌，但是同时消费者也变得更容易转换品牌。

就全球范围来说，真正大规模的商品品牌化始于19世纪中叶。在美国，大规模全国性品牌的出现是和当时社会经济发展分不开的。19世纪的美国正处于历史上影响最深远的工业革命进程中，社会发展迅猛，科技日新月异，商品大量生产。中世纪以后出现的很多品牌现在仍活跃在市场上。一些老牌子的产品当中酒类特别多，原因在于这类商品由于有酒精的缘故不易变质，与其他易变质的食品和饮料相比，可以销售到更远的地方。许多品牌商品，最早是为满足一小部分消费群体的需要而出现的。这种情况在中世纪结束后持续了很长一段时间，农业仍是人们收入和就业的主要来源，多数"消费者"依然过着自给自足的生活。1830年以后出现了明显的变化，然后许多品牌在工业革命时代诞生了，原因可以归结为以下四点：

（1）人口的增长和城市化的趋势令人们对包装好的商品的需求大增。

（2）成批生产的方式以及大大改善的基础设施（如铁路），使商品可以由本地销售到更远的地方。

（3）商店、杂货店数量的增多确保了人们可以买到更多的品牌商品。

（4）生产工艺的提高使商品可以低成本、高质量地生产出来。

商品包装技术的发展使得很多商品可以小包装的形式出现，并且包装上可以很清楚地显示商品的商标。桂格（Quaker）麦片最早采用了小包装而不是散装，这样有利于树立品牌的形象和创建品牌。

工业革命期间及之后，品牌商品的市场与今天的情况很不一样，区别在于多数制造商的产品没有品牌，也不做广告。当时经销的主动权掌握在批发商的手里。批发商控制着制造商，并在很大程度上决定商店所售商品的种类。

进入19世纪，美国商标法的几次修改使得企业更容易保护其商标，绝大多数企业都注册了商标。广告已成为企业推销商品的重要手段，消费者也比较相信广告，当时的报纸、杂志都热心于广告收入，很多公司在当时就已经进行全国范围内的广告宣传（如柯达相机）。广告除了宣传商品外，对品牌名称的宣传也极为重视。另外，广告公司的崛起也大大促进了品牌的宣传；零售商的兴起不仅促进了商品的销售，也为人们购买商品提供了便利，促进了品牌的流通。19世纪美国移民大量涌入，在客观上也产生了更大的消费者市场。工业化和城市化提高了人们的生活质量和标准，勇于尝试新产品成为新消费观念的标志。

在一般消费品品牌兴起之前，美国商品品牌化的先驱是专利药品生产商，他们早在19世纪初期就给药品命名，用瓶子把药品装起来并贴上标签，起一些奇怪的名称以吸引顾客，如 Hamilton's Grand Restorative（哈密尔顿的神奇恢复膏）、Robertson's Worm-Destroying Lozenges（罗伯逊的杀虫糖衣片）等。随后对商品采用品牌化的是烟草商，如 Cherry Ripe、Rock Candy 等。但这些品牌只是昙花一现，没有流传到今天。接下来对商品进行品牌化的主要是食品生产商和面粉商。食品生产商给食品品牌命名并开始采用小纸袋包装食品，而不是散装。当时出现的著名食品品牌在今天已成为全球性品牌，如桂格。

19世纪下半期，铁路的建设和海上航线的开通为制造商品牌的发展提供了动力。基础设施的大大改观，使商品可以廉价快捷地运到远方。通过商品的远销，制造商的影响大为增强。消费者的选择范围扩大了，可以购买本地货，也可以购买通过铁路或海上运来的产品。由于生产上的规模优势以及销售地域更加宽广，制造商在资金和技术上的主动权越来越大。这时不管是生产何种商品的制造商都意识到，如果商品有一个响亮的名称和漂亮的包装，既能够与同类其他商品相区分，还可能使它在同类商品中处于竞争优势，从而以较高的价格出售。

今天一些著名的国际品牌也诞生于19世纪的欧洲国家。因此，19世纪下半叶是全球品牌化思想成熟与发展的时期。当时，很多品牌已经具有坚实的国内基础和强劲实力，这为它们日后成长为国际品牌铺平了道路。

19世纪结束以前，批发商一直在经销环节中占有主动权。杂货商的供应品种主要由批发商决定。杂货商从批发商那里购买了大宗产品，譬如香料和调味品，然后再打包、标价并出售。除此以外，杂货商也销售自制产品，包括果酱、咖啡和加工过的茶叶。这些自制产品也同样包装、标价后出售。杂货商品牌由此而来，这就是现在所谓的"经销商品牌"（DOB）或"商家品牌"。经销商品牌使商家拥有对品牌的控制权，而产品成品的制造仍由独立的厂家负责。

19世纪末20世纪初，在世界范围内资本主义国家过渡到垄断资本主义阶段，市场经济渐渐趋向发达和成熟，以开拓世界市场为目标的大企业大批涌现，市场竞争日益激烈，为品牌的普遍形成和发展提供了条件。

在进入第三阶段——传统的品牌营销之前，制造商被迫采用下列策略。

第一种策略是制造优良的产品。这种策略只有在竞争对手反应迟缓、还在沉睡的时候实施才会取得长期的成功。当产品质量与功能趋于成熟和高度模仿，在整个市场上达到同质化时，制造商就需要采取进一步的行动。

第二种策略是在一些国家的某一市场上垄断原材料的供应或控制分销渠道，如宝石市场。政府的干预（如传统计划经济国家的行政垄断）和产业网络（如日本与韩国）也可以保护制造商所从事的产业免受竞争。

案例　　　　**营销视点 2-1**

今天，西方国家的人们吃早餐总是少不了一杯桂格燕麦片，它已成为西方早餐不可或缺的食品。它是美国历史上最早的食品品牌，在其最初的销售中，创始人杰出的品牌化战略和命名创意为产品的驰名起了极其重要的推动作用。

1856年，费迪南·舒马赫（Ferdinand Schumacher）在俄亥俄州成立了德国磨坊驻美国麦片公司，其主要业务是加工当时不适合作为主粮的燕麦（过去被认为是苏格兰人和囚徒的粮食）。他的理想是把燕麦片送上普通美国人的餐桌。到了1886年，公司每年销售30万磅，并控制了半数以上的燕麦市场。舒马奇虽然最早生产燕麦食品，但他以180磅的桶装散卖形式销售，而不将其作为一种有包装、有品牌的商品出售。

首先把这种大众化产品当作有品牌的商品销售的是亨利·克劳威尔（Henry Crowell）。他买下当地一家工厂也生产燕麦食品。他意识到这种产品要获得成功，必须使其区别于无品牌的商品，从而成为一种有自己特征的商品。因此，他首先对燕麦片这种无区分性产品引入品牌的概念。

为了给他的燕麦食品取一个好的品牌名称，克劳威尔一直冥思苦想。一次，他在百科全书上偶然看到有关桂格（Quaker）教派的介绍，感到这一基督教派的某些教义，如纯洁、忠诚、坚强、果敢等与公司所生产的麦片食品似乎有某些相通之处，如选料纯净、质量稳定、注意信誉。于是他选用 Quaker 作为产品的品牌名称，其商标于 1878 年注册，图案是桂格教徒佩思的画像，这也就成为美国第一个谷物食品的商标。

桂格是美国 19 世纪最著名的品牌之一，也是美国早期进行大规模广告宣传的品牌。在公司创立之初，克劳威尔反对 180 磅桶装并以 2 磅的小袋包装，上面印有桂格商标及人头画像，配以一些食用指南之类的说明。随后他通过广告宣传桂格麦片的优点。1888 年，克劳威尔在其第一份报纸广告中明确推出产品的卓越品质："一磅桂格麦片相当于三磅肉，是不是值得一试？"此时，俄亥俄州桂格麦片已成为当时无区别类商品采取品牌化成功的一个典型例子。

第三种策略是价格竞争。在一些较少干预的国家，制造商会把价格作为他们的武器，通过价格战来消灭竞争对手。一些美国公司已经采用了这种对抗性的方式。

第四种策略是制造产品功能上的差异或者开发新产品，使得某种产品没有直接的竞争对手。

19 世纪与 20 世纪之交出现的一批杂货店，一直存在至今。1875 年，第一家马狮店（Marks & Spencer）在英国正式开业；1928 年，这家零售企业创立了著名的经销商品牌圣迈可（St. Michael）。1887 年，第一家 Albert Heijn 商店在荷兰正式营业，当时该店的面积只有 12 平方米。到了 20 世纪初，许多零售商的规模都有明显增长。1950 年以后，零售业趋于集中，通过合并与收购，各个环节变得更加完善，市场地位也日益突出。

案例　　　　　　　营销视点 2-2

19 世纪末 20 世纪初产生了许多世界级品牌，包括：
1901 年，吉列剃须刀出现；
1896 年，路易·威登问世；
1888 年，伊士曼发明了小巧简便的照相机，并定名为柯达相机；
1905 年，美国普罗克特-甘布尔公司改为宝洁公司；
1907 年，劳斯莱斯公司推出银色幽灵车；
1908 年，劳力士手表诞生；
1908 年，亨利·福特推出福特 T 型汽车；
1913 年，法国雪铁龙品牌出现；
1916 年，美国人威廉·波音与韦斯特·维尔特舒创办了太平洋航空公司，1917 年改名为波音公司，享誉全球的波音品牌悄然诞生。

3. 传统的品牌营销阶段

第三阶段是传统的品牌营销阶段。这一阶段首先在食品行业开始，由动机研究和情感性广告支持。因为消费者购买商品时往往难以选择，所以品牌的引入使消费者能以追求愉悦体验的态度对待购买。这时品牌越来越具有独立性，它为企业提供了一种实现其世界化理想的手段。品牌开始演变并被信息、娱乐、经验、形象和感情的混合物所强化（如英特尔、迪斯尼等）。广告分工越来越细，市场调查变得越来越重要，盖洛普民意调查已被广泛地用于品牌、广告与市场调查中，尼尔森创立了他的市场调查公司。一些世界级的广告公司也于这一时期在纽约第五大道设立了他们的办公室，如 BBDO、McCann Erickson。J.W.汤普生的广告收入在 1913 年就已超过 1000 万美元。克劳德·霍普金斯（Claude Hopkins）写出了《科学的广告》一书。全国性的广告组织也在这段时期里成立。如 1899 年，美国广告主协会单方面成立了一个组织，专门核查报刊的发行量，标志着稽核制度产生；1917 年成立了美国广告代理商协会。哈佛大学、波士顿大学等名校首先开设了广告学课程。广告的数量和重要性不断增加：1950 年在世界范围内花费 390 亿美元；1990 年在世界范围内花去了 2560 亿美元。

20 世纪初期，制造商开始使用广告和销售代表等手段来避开批发商的控制。当时的广告强调产品本身的优势，制造商劝说消费者购买公司品牌的产品。在此之前，"独特卖点"（USP）一直是被广泛而且是主要采用的广告策略。制造商采用销售代表，直接削弱了批发商的控制地位。销售代表直接与零售商交易，使批发商的地位由控制变为跟随。当时，制造商还为杂货商和零售商的销售价格定价。在德国和英国，这种垂直价格约束体系是受到法律制约的。20 世纪上半叶，制造商与批发商、零售商相比，在技术和资金方面都拥有更大的优势，因此，在经销过程中处于主导地位。促使制造商品牌出现的一个突出原因来自杂货商。杂货商出售的商品不能保证质量、规格统一，价格也较贵。因此，人们对事先包装好的商品的需要大大增加，因为这样的商品可以保证价格与质量的相对稳定。大规模生产也保证了制造商品牌商品的价格通常比杂货商出售的商品便宜。

19 世纪中后期，世界技术发展突飞猛进，资本主义由自由竞争阶段向帝国主义阶段过渡。一批著名的品牌伴随着资本的流动走向世界的各个角落并茁壮成长。"肯德基"于 20 世纪 30 年代问世；"麦当劳"创立于 20 世纪 40 年代；日本的一些品牌，如丰田、日立、松下、索尼等在 20 世纪中期就已成为世界知名品牌。世界品牌常在新技术出现后的一段时间里，伴随着新的消费潮流、新的消费群体的出现而出现。

这时的大企业开始意识到，在同一类产品成本中，只利用一个品牌通常并不能足以保证长期战胜竞争对手。许多企业也认识到了在同一产品中使用不同品牌的重要性。企业开始重视品牌组合。为了避免品牌间相互蚕食，这种组合必须能满足消费者的不同需求和愿望，以达到很好的平衡。在不同市场采用不同品牌的企业开始考虑如何协调这些品牌间的关系，因此出现了"类别经理"这一职务，用来同时负责多个品牌。1931 年，宝洁公司首创了品牌经理制，并在宝洁树立了"将品牌当作一项事业来经营"的信念。

品牌经理制的要点是：①企业为其所辖的每一子品牌都专门配备一名具有高度组织能力的品牌经理；②品牌经理对其所负责品牌的产品开发、产品销售以及产品的利润负全部责任；③品牌经理统一协调产品开发部门、生产部门及销售部门的工作，负责品牌管理影响产品的所有方面以及整个过程。随着宝洁"品牌经理制"的成功，越来越多的企业也采取了这一品牌制度。其中有一些是生产汽车的公司，但大部分是生产日用消费品的公司。在品牌经理制中，一个品牌经理负责一个品牌，即使是同一公司的同类产品的品牌也互相竞争。这种制度对维护品牌不同形象有很大的好处，因而受到全球企业界的青睐。

20世纪50年代，经销环节的市场结构又一次出现了变化，控制权由厂家开始渐渐向商家转移；而商家拥有的控制权不在批发商手里，而是在零售商手中。由于集中趋势，零售业获得了强大的政治支持，甚至使它有能力在世界范围内采购技术和产品。这样，制造商在金融和技术方面都渐渐失去了优势。

4. 以偶像来驱动的品牌营销阶段

第四阶段是以偶像来驱动的品牌营销阶段。由于市场上同类产品的品牌太多，面对供大于求的状况，为了吸引消费者购买自己的产品，制造商不得不花费更多的资源采用偶像来创建品牌。这一阶段的特点是：用偶像来宣传品牌，以此来增加产品的价值。偶像对整个社会的大多数人来说已经成为一种具有识别功能与联想意义的象征。用偶像创造良好的品牌联想，从而使这些品牌与消费者购买的基本动机相联系。耐克鞋（Nike）用乔丹体现其好胜心，万宝路香烟（Marlboro）用西部牛仔体现大男子的气概，这些偶像很好地传递了打动消费者的品牌价值，因此，它们成为畅销品。在这一阶段，品牌进入了公共领域，消费者像营销者一样拥有某种品牌。著名的品牌已经成为一种受尊敬的载体，成为消费者所喜欢的一种生活方式的代表。1985年，为了战胜百事可乐的挑战，由于在盲测中消费者对味道更甜的"新可乐"表示偏爱，可口可乐公司决定放弃生产老可乐，推出了"新可乐"品牌。然而，这一举动遭到了消费者的强烈反对，愤怒的消费者甚至举行了游行示威。三个月后，可口可乐公司不得不恢复老可乐的生产，并改称"经典可乐"。1985年底，"经典可乐"的销售远超过"新可乐"。这一"历史上最大的营销失误"表明，在传统的可口可乐品牌中所蕴涵的情感性利益使消费者感觉到，失去老可乐不仅仅是失去了一个老品牌，更是失去了一个伙伴，失去了一种生活方式，所以不能接受对它的改变。消费者对品牌商品的感受与对一般产品的感受大为不同。这一例子从根本上说明，品牌带给消费者的某些价值是无法从产品的实体本身中获得的。20世纪后半期，可以说是品牌的竞争时代，品牌越来越受追捧，消费者也越来越容易接受品牌，甚至尊敬这些品牌。

1970年以后，制造商品牌受到了一系列深远变化的影响，其中一个最重要的变化是小品牌与大品牌之间的差距越来越明显。约翰·娄顿（John Loden）在其《超大品牌：如何建立，如何打败它们》一书中称超大品牌已经出现。超大品牌商品拥有世界范围的营销战略，该商品在世界上任何地方都能买到，而且在每个出售其商品的国家里都可以看到为它们做的广告。这样超大品牌的例子包括可口可乐、吉列、IBM和万宝路。在这些商品的广告中，品牌所蕴涵的情感因素也被极力渲染着。随着美国品牌全面进入欧洲市场，出口带来的经济效益与海外品牌带来的激烈竞争相比，已变得越来越微不足道了。在国外充分发挥品牌效益活动的企图具有战略意义。换言之，人们不再只是想着如何提高自己品牌产品的市场占有率。本土企业如果希望在本土市场保持长期的稳固地位，就必须从根本上做好与海外竞争对手决一雌雄的准备。娄顿认为，20世纪七八十年代小品牌与大品牌之间的差距初露端倪；从那以后，这一差距开始日渐明显。大企业可以为自己的品牌投入大量的资金，不断更新产品，而小企业却不具备这样的实力，以至使得大品牌的优势更加突出。另一个扩大这一差距的原因是大企业具有规模优势，而小企业却望尘莫及。规模优势不仅反映在生产中，也反映在包装和广告媒体的购买方面。这种规模效应，随着大品牌的标准越来越统一而得到进一步的加强。

这段时期，零售商品牌已占据了市场可观的一部分。零售商品牌之所以能够成功，原因在于零售商能在商品的出售地以多种方式对消费者施加影响。零售商品牌通常会摆在货架上容易被消费者看到的位置，且获得更多的摆放空间，价格标签令消费者对零售商品牌的价格优势一目了然。零售商成功的另一因素在于，他们往往能更快、更准确地获得销售情况。尽管零售商品牌的影响与日俱增，但制造商品牌对于零售商来说仍十分重要。著名的制造商品牌不仅能为零售商招徕顾客，而且强烈地影响着零售商在消费者心目中的形象，况且强制价格体系很难让零售商通过低价吸引顾客。

20世纪80年代之前，零售商品牌还很难与制造商品牌相提并论。在相当长的一段时间里，零售商品牌只不过是制造商品牌的廉价替代品。当时，零售商品牌在外形上极力模仿制造商品牌，因此被冠名为"仿制品"。在消费者眼里，零售商品牌的质量明显低于那些知名的制造商品牌的质量。20世纪90年代，零售商除了在出售点影响消费者外，开始致力于让零售商品牌看起来更像"真正的"品牌商品。零售商品牌不仅在包装上焕然一新，有些商品的价格也提高了，以改善消费者对零售商品牌质量的感觉。同制造商一样，一些零售企业开始在同类产品中建立零售商品牌组合。零售商品牌越来越给知名的制造商品牌带来威胁。

5. 品牌购并渐成趋势与消费者成熟阶段

第五个阶段是品牌购并渐成趋势与消费者成熟阶段，亦可称后现代化阶段。金融界于20世纪80年代兴起了合并、收购的狂潮，这股狂潮对企业界影响至深。1988年，雀巢公司（Nestle）以25亿英镑的价格收购了旗下拥有奇巧巧克力、After Eight、宝路薄荷糖等子品牌的英国朗特里公司（Rowntree）。在这一阶段，消费者已经渐渐成熟，对品牌归属问题有了更深刻的理解，对任何机构都失去了无保留的信任。消费者开始对营销者提供的信息进行挑选，他们认识到了自己的力量，对品牌的评价有了新的分析能力。

这个阶段的消费者有以下两个主要的特点。

一是被过多的信息所淹没。此时，消费者的注意力成为稀缺资源，因此要突出企业的整体品牌。消费者评价与欣赏的是品牌鲜明的个性，这就要求采用一种新的品牌创建方式，注重提高创建品牌形象的信息资料的质量而不是单纯地增加信息的数量，有效地传播品牌的一些关键特点，使品牌成为传递产品特性的一组速写符号。进入后现代化社会，人们需要更多的经过加工塑造的令人兴奋的模仿榜样，而不是没有吸引力的现实写照。因此，创建有吸引力的品牌形象，强化品牌在精神与情感上短期逃避现实的轻松与欢乐的价值，对后现代化时期的品牌建设更加重要。

二是消费者更加关注品牌政策。现在是消费者选择并决定品牌的时代，品牌形象良好与否是消费者选择的重要因素之一，因此，品牌宣传要与社会及政治问题相协调，企业对社会及政治问题的态度和企业的社会形象对消费者的影响很大。当今世界，品牌比任何时候都受到了更多的重视，因为它是企业的无形资产，能为企业提供源源不断的利润和财富。消费者向往品牌，尤其是国际品牌，因为它们不仅是品质的象征，更是身份、个性的象征。

这一时期内，高科技的发展导致新产品不断出现，全球诞生了无数的高科技品牌，如 IBM、Dell、Microsoft 等。广告已进入成熟阶段，许多广告大师就是在这一时期内树立起他们的权威和影响的。各种学说也层出不穷，如奥格威（David Ogilvy）的品牌形象学、瑞维斯（Rosser Reeves）的定位学等，对品牌的广告宣传也偏重于品牌形象和个性化，如万宝路的牛仔形象、七喜的"非可乐"定位等。品牌的推广也变得越来越专业化，由专门广告人才来进行品牌的推广。这种专业化使得广告营销手段和技巧有了极大的提高。

随着信息技术的持续进步和数据库营销的出现，下一代品牌的特点可能是"一对一"营销的定制品牌。按照雷吉斯·麦肯纳（Regis Mckenna）的观点，企业正在走向大规模的定制化（customization）；消费者有条件使用互联网来展示他们个人的需求特点，并且愿意为个性化产品支付溢价；企业将重新开始构造它们产品的制造系统和物流系统，以提供正在发展的个人化品牌所需求的利益。虽然这是一个机会，但同时也是一种挑战：企业如何对消费者提供一种连贯一致的品牌体验呢？方法之一是更加细心地录用与培训员工，除了保证品牌的功能性体验外，还要使员工与消费者建立一种亲切的尊重关系。泽丝曼尔（Zeithaml）、比特纳（Bitner）、格兰姆勒（Gremler）指出，应该站在消费者立场上看问题，把品牌作为引导消费者预期公司出现什么样服务行为的一种方式。品牌将被解释为公司承诺与消费者保持何种关系的一种工作。

2.1.2 西方品牌发展的特点

纵观西方品牌发展的历程，有其自身的特点。

1. 知名品牌历史悠久

从国外知名品牌的发展来看，大部分品牌都有着悠久的历史，如可口可乐（始于1886年）、吉列（始于1901年）、万宝路（始于1908年）、雀巢（始于1938年）等。入选财富500强的跨国企业的平均寿命约40年。

2. 在同类产品中拥有核心利益和均衡的理性与感性信息

全力维护和宣扬品牌核心价值已成为许多国际一流企业的共识，是创造百年品牌的秘诀。可口可乐、雪碧的品牌个性承载着美国文化中"乐观奔放、积极向上、勇于面对困难"的精神内涵与价值观。尽管可口可乐、雪碧的广告经常变化，甚至大相径庭，人物、广告语、情节都会有很大改变，但任何一个广告都会体现其品牌个性。正如张惠妹主演的雪碧广告，以"我终于可以做一回自己了"、"表达真的我"、"我就是我，雪碧"等极为煽情的广告语演绎着雪碧"张扬自我、独立掌握自己命运"的品牌价值与内涵。

3. 一贯注重质量而不是价格

品质是品牌形成的根本。品质不能狭义地理解为产品的质量，品质所包含的内容很多，其中三大要素为质量、价格和服务。"质量是企业生存的基础"，这一观念已被很多企业所接受和采纳。品牌发展战略最基础的还是抓质量，在质量的基础上发展品牌。产品质量较高、价格合理、服务周到是赢得消费者和社会承认的前提。品质的提升永无止境，它会随需求的变化而不断提升其标准。性能也可理解为设计水平及产品的技术含量、性能特征等。产品性能符合消费者需求的企业，其品牌的价值就会高些。满足效用的程度不仅是企业实力和市场适应力的表现，也是企业对用户体贴周到的服务、情感支持的长久保障。品牌定位的关键是发掘出具体产品的理念，它通过产品的具体形式、性能和可观察性的特征，定位于不同的市场，满足消费者的具体需要，体现着品牌的基本理念和品牌的共有特征，更具体地阐释着品牌的内涵。

4. 充分利用营销技巧巩固自己的地位

品牌个性是品牌成功的法宝，是品牌形象的关键点。借助公关来表现品牌个性，是创建与维护品牌美好形象的手段之一。例如20世纪70年代，美国克莱斯勒汽车公司的业务急转直下，市场份额从25%下滑到了11%，克莱斯勒面临着破产的危机。1978年，新上任的总裁艾柯卡的演讲、自传等公关活动，为克莱斯勒建立一个全新胜利者的形象起到了关键性作用，使克莱斯勒重振旗鼓、起死回生。

2.2 品牌发展史：中国

回顾我国品牌的发展历史，展望我国品牌的未来是我国发展品牌、实施国家品牌战略的前提。我国品牌的总体发展水平与西方发达国家相比是存在一定差距的，这主要是由于我国商品经济发展相对滞后、生产力水平不高所造成的。但是，从目前我国企业品牌发展的情况来看，已初步形成了像青岛海尔这样的国际著名品牌，我国的名牌工程也正在发挥着越来越明显的作用。整个国家的经济实力不断壮大，"中国制造"正成为世界市场上最具竞争力品牌的标志。

2.2.1 中国品牌的发展进程

1. 古代中国品牌的发展概况

如同最初的商品来源于劳动产品一样，在原始社会的一些产品上，我们的祖先也曾有过区别器物的标志符号，如铭文、年号等。后来人们在日常使用的陶器上面绘图作画，使用各种标志符号，如在陶钵口沿、底部用竖、横、斜、叉、涡纹、三角纹、条纹和圆点纹以及一些不规则的图文组成二三十种符号，在陶器底部还印着精致的席纹、麻布纹或同心圆线条的割断痕迹。历史证明，它们能作为区别器物所有人、制造人的标志解释，算是中国品牌历史的源头。但是这些原始符号只起到表明制造人、所有人或仅起装饰、纪念的作用，而不是商业性的标志。

战国时期的楚国铜器的铭文里就已发现有"工"、"顾客"、"冶师"等几种称呼，可见当时已经出现用某种名称去标志谁的物品或谁生产的物品的客观事实。这些标志还不具有现代商标的含义，但是它们确实是商品上区别生产者的标志。这时的商品标志，仅仅具有区别生产者的单一属性，还没有宣传产品和提供质量保证的功能，所以它们仍然不能算是品牌。

汉朝时期，中国经济文化已经屹立于世界经济文化前列，首都长安是世界贸易中心，北有丝绸之路，南有通商之城。这个时期的商品上有各种饰纹、图画、鸟兽或几何图案，以及"延年益寿"、"长乐光明"等祝福吉祥的文字或画图。

在南北朝后期的北周文物中，曾出土了以陶器工匠"郭彦"署名的"土定"（粗质陶器）。

到了 8 世纪，民间生产的纸张已普遍使用水印暗纹标记。随着唐朝生产力的发展和商品经济的扩大，很多不同的手工业者、店铺或作坊制造同样的商品，同一行业的商品品种也逐渐增多。商品交换进一步发展，商品上的标志也渐渐趋向复杂。例如在同一地区，手工业者或作坊生产的布料，式样各异，花纹不同，质量也不一样。此时生产商或商贩为了使自己生产、加工、制造或经营的商品尽快卖出去，就要进行宣传推广，人们也逐渐养成了认牌购货的习惯。这时，商业性标志的作用越来越显著，使用标志的范围越来越广泛，产品上的标志也越来越完备。有的采用图案，有的采用文字，或者既有文字又有图案，这些都是商标的雏形。

宋朝时期，山东济南有一个专造功夫缝纫针的刘家针铺，所用的"白兔"品牌基本上具备了现代品牌的全部外貌。刘家针铺所用的"白兔"标志，其中的图是一只白兔，旁边刻有"认门前白兔儿为记"，上端刻有"济南刘家功夫针铺"。图下的文字是"收买上等钢条，造功夫细针，不误宅院使用"。这个商标的印刷铜版，现陈列在中国历史博物馆，是世界商标史上极为珍贵的文物。

明清时期，我国商品经济没有得到迅速发展，因此品牌发展也极为缓慢。明清时期的"六必居"、"内联升"、"泥人张"等字号，仍然是汉唐以后商业性标记的延续，品牌内涵没有实质性的发展，只不过是品牌的数量增多而已。这种标记主要起到类似于今天厂商名称的作用，旨在向顾客提供信用保证，一旦发现问题，负责调换或者赔偿。但是一些著名的手工业产品品牌，如张小泉剪刀、王麻子剪刀、曹正兴菜刀等也在这一时期先后出现。

清朝对品牌没有什么法令，日常的品牌管理一般是由商人行会办理的。如当时的上海布商差不多各家都有几个牌子（商标），由行会管理，牌号的登记不能相同，这些都是行业性的品牌制度。如清朝道光五年（1825 年），上海绮藻堂布业总公所重新校勘，并订立"牌谱"，其规定有："各牌第一第二字，或第二第三字，不准有接连两字相同，并不准接连两字内有音同字异及音形相同之弊，如天泰、天秦或大成、大密等字样。"这种管理其目的在于保护行会商人的利益，防止品牌仿冒伪造，客观上也起到了维护消费者利益的作用，因为行会商人为了维护品牌会更关心商品质量。但是，这种品牌制度不是由政府推行的，而是由商人行会来管理的，在行业、地区等方面都存在其局限性，如品牌发生纠纷，还需要到官府去打官司，由封建官府来决断。而且由于中国商品经济始终不发达，这些品牌建立在家庭式企业和手工业生产的基础上，因此，品牌只是处于萌芽和初步形成状态之中且很不完善。

2. 近代中国品牌的发展概况

鸦片战争以后，殖民主义、帝国主义的枪炮打开了中国市场，西方的商品和品牌纷纷涌入中国，洋货充斥了中国市场，除了一些老字号中药铺的品牌在苦苦挣扎外，国人开始接受西方的品牌。第一次世界大战期间，帝国主义忙于战事，无暇顾及中国，中国民族工业出现了短暂的繁荣局面。但战事结束后，洋货再次卷土重来，先是美、英产品大肆倾销，后来日本货渐渐占了上风。以法国白兰地"轩尼诗"为代表的酒类品牌1872 年就在上海登陆，并受到国人的认可。1928 年，作为当今世界第一品牌的可口可乐将饮料开始销往上海和天津，并在上海等地建立了装瓶厂，到了 1948 年，上海的可口可乐装瓶厂成为美国境外最大规模的生产厂家。在中国倾销的大批洋货使弱小的民族工业受到了极大冲击，国内市场上洋货日俏，国货日衰。

3. 新中国成立后至改革开放前中国品牌的发展概况

1949年，中华人民共和国成立后，废除了帝国主义在中国的商标特权和国民党政府的商标法令。1950年7月，中华人民共和国中央人民政府政务院批准公布了《商标注册暂行条例》，这是中华人民共和国第一个商标法规，规定实行商标全国统一注册制度，商标由当时的贸易部商标局统一注册。政务院财政经济委员会则颁布了其施行细则，9月，政务院财政经济委员会还公布了《各地方人民政府商标注册证更换办法》。1963年，第二届全国人民代表大会常务委员会第九十一次会议批准公布《商标管理条例》。新中国新的品牌制度基本形成，这个品牌制度是为保护本国工业、促进生产服务的。

4. 改革开放至今中国品牌的发展概况

改革开放以后，随着国门的打开，我国经济得到迅猛发展，市场经济体制逐步建立并完善。国内外商品在中国市场上演了激烈的品牌大战，从而推动和促进了我国品牌的发展。跨国品牌凭借其在媒体上投放大量广告，树立起良好的品牌形象，进而取胜市场。可以说，中国企业和消费者品牌意识的形成是在短缺经济时代伴随着日本家电的消费而建立起来的。特别是20世纪80年代初，以索尼、松下、日立等品牌为代表的日本家用电器捷足先登，进入中国消费品市场，随之各种世界名牌纷纷抢滩中国，国际上的著名品牌几乎都可以在中国找到踪迹。与之同时，由于境外品牌与合资品牌对中国民族品牌的兼并与蚕食，导致大批民族品牌在竞争中纷纷败下阵来，中国企业开始真正认识到，品牌是企业最宝贵的财富之一。

1978年9月，国务院决定成立国家工商行政管理局，下设商标局。随后对全国商标进行了全面的清理，恢复了商标统一注册，重新着手制定新的商标法。1982年8月23日，第五届全国人民代表大会常务委员会第二十四次会议通过了《商标法》，自1983年3月1日起施行。1983年3月10日，国务院发布了《商标法实施细则》，在此之前，1979年《刑法》规定了假冒注册商标罪，同时在通过的《中外合资经营企业法》中规定了包括商标在内的工业产权可以作为投资入股。我国的《商标法》是随着"社会主义商品经济"理论的提出而产生的。《商标法》的制定实施，标志着我国新的品牌制度和知识产权保护制度的正式诞生。这时，我国的品牌意识才有了较大的提高。但在此阶段，中国企业对于品牌的认识还普遍停留在商标层面，认为品牌只是一种"识别商品的标记"。

随着社会主义市场经济体制的逐步确立，企业日渐发展成为自主经营、自负盈亏、自我约束、自我发展的经济实体，竞争意识贯穿于企业所有的经营决策过程中，品牌意识也渐渐形成。伴随着大量新产品的出现，各类品牌纷纷登台亮相，品牌观念也慢慢进入了人们的思想意识中。1982年江苏盐城无线电厂第一次进京展销，率先在《人民日报》、《北京日报》和北京电视台投放收录机的广告，继而又在中央电视台连续播出燕舞广告。

我国企业真正拉开品牌营销的序幕是在1990年北京亚运会上。当时的广东健力宝集团出资1600万元赞助了这次亚运会，获得该次运动会冠名饮料的专用权，成为当时国内最大的运动会赞助商。健力宝的公关赞助活动对我国市场营销的发展具有里程碑的意义,它使我国企业和国民开始树立了品牌意识。随即一大批国产品牌也纷纷登台亮相,有的品牌已获得了较高的知晓度。例如:彩电行业的长虹、熊猫、黄河、牡丹等;服装行业的顺美、杉杉、绅士、富豪等;饮料行业的健力宝、山海关、北冰洋、八王寺、正广和等;洗涤剂行业的活力 28、白猫、金鱼等;电冰箱行业的雪花、科龙、海尔等;照相机行业的海鸥、华光、长城等。随着国产品牌的大量涌现,产品质量也得到了较大提高。短短的 10 年过后,中国企业依靠技术转让,使产品质量的整体水平又上了一个新台阶。中国出口的消费品和机器设备的质量可与日本货相媲美,甚至有过之而无不及。

虽然中国品牌得到迅猛发展,但在某些方面仍无法与国际名牌相比。时至今日,品牌在中国的发展和认知仍然存在较大落差。据北大经济管理学院一项统计显示,中国在 2006 年生产的商品的平均价值只有全球商品平均价值的六分之一,用北京大学经济学院副院长曹和平的话来说,"这就代表中国每生产一件商品,从价值上看是买一送五"。特别是在出口贸易方面,有人总结的"三少三多"基本可以概括出中国出口商品名牌的现状,即出口商品品牌少,有名气的品牌少,能称为名牌的出口商品更少;外贸企业中无品牌企业多,出口业务中使用外商"名牌"商标多,"三资"企业产品使用外商品牌多。这"三少三多",一方面反映出中国企业品牌意识薄弱,另一方面也如实地反映了中国一时还没有出现响当当的、过得硬的、在国际市场具有强大竞争力的名牌产品。如中国服装每年出口数以万种,可至今还没有一个在国际市场上叫得响的名牌。原因在于中国服装业整体自主创新能力不高,还基本处于劳动密集型和成衣加工阶段。许多企业为他人做嫁妆,只赚取加工费,如北京衬衫厂一直为世界十大名牌衬衫当中的几个牌子进行加工。但是,同为服装出口大国的意大利,其服装出口在相当程度上靠名牌和附加值,90 年代初,换汇额每吨比中国高 5 倍多。中国由于没有世界级名牌,尽管款式、花色、品种等并不落后于人,但价格就是上不去。中国产品在欧洲的情况也不乐观。《环球时报》2006 年曾报道,一双标有"中国制造"、售价为 299 瑞典克朗(1 瑞典克朗约合 1 元人民币)的女式皮鞋,鞋店老板、皮鞋进口商支付给中国生产商的价格只有 70 瑞典克朗左右。而中国生产商称,这种鞋每双的利润只有 5~6 元人民币。中国商品的附加值流失,已经成为中国经济进一步发展的瓶颈之一,而这其中有很大一部分是商品所涵盖的品牌价值。中国商品品牌发展的滞后,归根到底是思想观念的落后。中国有很多企业管理者还缺少品牌意识,所以才导致盲目生产、重复建设、急功近利、商标侵权,甚至假冒伪劣肆虐。可见,中国企业在全世界的企业中是属于成长比较慢的一类。这与企业管理者缺乏品牌意识有关。

20 世纪末以来,国外品牌再次大举进入,让国人认识了国际品牌的威力。20 世纪 90 年代中期,香港《信报》曾经发表过一篇题为"外商收编中国名牌 国货面临严峻挑战"的文章。文章指出:随着外资不断地进入中国,海外投资者由中小企业向国际大财团转化,洋名牌通过合资方式排挤民族工业中一批国货名牌产品,国货市场的前景令人忧虑。中国轻工业产品有不少名牌已经纷纷被外商收购、控股,有些甚至从市场上消失。

品牌竞争是一场隐蔽的竞争,是一场生死攸关的竞争。随着我国经济的迅速发展、加入 WTO 组织、国外企业和资本的不断涌入,中国经济的全球化进程正在加快。全球化对中国品牌而言,是机遇更是挑战。所谓机遇,是因为中国品牌能够吸引更多的外资进行建设,在更广阔的舞台上大展身手;所谓挑战,是因为中国市场成了世界各大品牌的兵家必争之地,国内市场被蚕食的情况非常严重。中国市场上刮起了"外资并购本土品牌或者变相并购本土品牌"的龙卷风。2007年7月,达能收购娃哈哈的事件引起了国内外的广泛关注,中国本土品牌自身的崛起以及本土品牌与洋品牌的竞争重新引起了人们的重视。法国达能公司2007年欲以40亿元人民币的低价并购杭州娃哈哈集团有限公司总资产达56亿元、2006年利润达10.4亿元的其他非合资公司51%的股权。娃哈哈集团董事长宗庆后对媒体披露了达能公司的"强购"行为,并明确地表示要破釜沉舟,为保护品牌斗争到底。在汽车市场上,国家规划的"三大三小",都是外国品牌的一统天下。天津与日本合资生产夏利,上汽与德国大众公司合资生产桑塔纳,一汽与德国大众等合资生产奥迪、捷达,东风与法国雪铁龙公司合资生产富康,北京吉普与美国克莱斯勒公司合资生产切诺基。在中国销量颇大的捷达汽车,其品牌JETTA(捷达),并不归合资公司所有,而是归德国大众所有。由此看出,跨国公司的深谋远虑可见一斑。

惨痛的教训让中国企业深切体会到"品牌绝非只是商标,品牌知名度决定了市场占有率,只有创'名牌'才是出路"。从2000年开始,在经济学家中间有一种观点,和平时期国与国之间的竞争主要表现为企业与企业之间的竞争,而企业间的竞争实际上就是品牌与品牌之间的较量。这样的观点也激发了中国企业家的自豪感和民族责任感。一方面,他们开始认识到,有没有中国自己的品牌,能不能在国际上立足,已经不是一个企业的问题,而是关系到一个民族的尊严问题。另一方面,我国政府和企业也开始关注品牌的发展、名牌的塑造。我国政府对创立有自己特色的品牌和名牌给予了极大的支持,提出了发展品牌、创立名牌的战略,形成了良好的品牌发展的外部环境。同时企业界也以品牌作为市场竞争的武器,培养消费者对所喜爱品牌的忠诚,开展市场营销活动。品牌在企业创业初期作为企业的标志符号,作为帮助消费者区别产品和识别企业价值、展示企业信誉的载体,是生产者或者经营者在自己的产品上用来表明产品的来源、信誉、质量、服务的标志,它代表着企业的个性。但随着时间的推移,品牌已逐渐地变成企业精神和企业文化的市场代表了。在当今市场化社会文明的形成与发展过程中,品牌是重要的组成部分与推动力量,也出现了一批知名品牌,如表2-1所示。

表2-1 《福布斯》(中文版)2010年度最佳中国品牌价值排行榜

排 名	品 牌 名 称	总 得 分
1	中国移动通信	2028.6
2	中国人寿	995.1
3	中国建设银行	962
4	中国工商银行	777.0
5	中国银行	684.2
6	中国平安	569.7
7	招商银行	232.0
8	腾讯	229.6
9	茅台	214.3
10	太平洋保险	153.5

2006年下半年,商务部开展了"品牌万里行"活动,活动提出重振一批历史悠久

的老字号品牌，扶持一批具有广泛影响力的国内知名品牌，培育一批具有较强竞争力的国际知名品牌，并力争到2010年，使自主知名品牌的国内、国际市场份额显著提高，初步改变我国"制造大国、品牌小国"的面貌。一些中国企业家已设法复兴传统品牌，并围绕这些品牌建立现代企业。例如，北京全聚德烤鸭店已扩张至上海和香港，永久牌自行车则推出了自有品牌的电动自行车。

加入WTO之后，随着更多国外品牌的进入和扩张，中外品牌开始了新一轮的激烈竞争，市场份额面临着重新分配。"中国是世界上品牌快速成长的最后一块处女地。"中国著名营销专家李光斗如此预言。在历史上的不同时期，每一个国家的崛起都与一批著名品牌的成长密切相连。我们到世界各地都会发现，无论到哪儿都能买到"中国制造"的产品，"中国制造"的品牌日益响亮起来，中国正在成为高附加值的复杂技术产品的可靠制造中心。洋品牌在中国激烈的市场竞争中，有的已被挤压到市场低端，其品牌的"含金量"也正在贬值；而"美加净"、"中华"等我国的老品牌得以恢复。近几年，中国每年都有一批知名品牌入围世界500强，虽然其品牌价值与世界知名品牌还有差距，但这种差距在逐年缩小。中国的市场很大，拥有很多有潜质的企业；中国的经济总量也很大，但是中国还缺乏世界级的品牌。

 案例　　　　　营销视点 2-3

2013年8月20日，中国品牌研究院进行评估的"中华老字号品牌价值百强榜"揭晓。全部100个上榜品牌的总价值超过1万亿元，平均每个老字号的品牌价值高达100亿元。品牌价值名列前10位的分别是：茅台（966亿元）、五粮液（890亿元）、洋河（716亿元）、青岛啤酒（610亿元）、同仁堂（390亿元）、泸州老窖（355亿元）、稻花香（330亿元）、张裕（296亿元）、光明（290亿元）、大商（268亿元）。

前10名中，有7个中华老字号属于酒类品牌。酒业上榜品牌高达31个，是所有行业中数量最多的，其品牌价值也是最高的，平均为186.1亿元。在全部100个上榜品牌超过1万亿元总价值中，酒业品牌高达5768亿元，占据半壁江山。另一个让人刮目相看的行业是中药，共有15个品牌上榜，总价值高达880亿元，平均品牌价值为58.7亿元。酿酒、中药、商业和餐饮行业，拥有较高的市场价值。这些行业拥有最多的A股上市公司，其中酒类和中药类企业占比最高。中国品牌研究院院长郑展威认为，中华老字号"喝酒吃药"，具有鲜明的民族传统文化背景，无论是白酒，还是中药，都属于中国所独有。

从上榜数量看，排在前几位的分别是：上海（14个）、北京（9个）、山东（9个）、四川（9个）、浙江（8个）、江苏（8个）、广东（7个），其他省份是湖北（5个）、甘肃（3个）、湖南（3个）、吉林（3个）、山西（3个）、天津（3个）、安徽（2个）、广西（2个）、贵州（2个）、河北（2个）、河南（2个）、黑龙江（2个）、陕西（2个）、福建（1个）、辽宁（1个）。云南、海南、新疆、西藏、宁夏、青海等没有品牌上榜。

从中国经济的发展趋势来看，今后谁能在中国市场上获得成功，很大程度上谁就能在全球市场范围内获得成功。

品牌竞争是市场竞争的一个重要组成部分。竞争过程是一个切磋、学习的过程，也是品牌的形成、发展、维护或消亡的过程。创造品牌、发展品牌是企业立足之本，是振兴民族工业的重要步骤，也是我国企业积极参与国际市场竞争的必由之路。

品牌化作为一种社会发展的趋势，它已经不再仅仅局限于企业的营销意义了，而是扩展到了对社会进步的促进作用。无论在国外还是国内，人们已经赋予品牌更多的含义。品牌已成为国家意识、民族意识、消费意识和资源意识的象征。品牌战略的实行有助于提高和扩大社会效益，有利于资源配置和经济效益的提高。一些管理专家指出，世界资源为适应名牌商品和名牌企业的需要而流动、分割，品牌在生产、流通、消费的社会再生产过程中起着犹如核聚变的强大作用。品牌发展战略和名牌战略是我国未来经济发展和消费水平提高的重要因素，是一项重大的经济发展战略和社会发展战略。

2.2.2 中国品牌发展的特点

综上所述，我们可以看到，我国品牌建设经历了漫长的历史，但其真正快速发展是在近几十年，尤其是在改革开放以后。纵观我国品牌发展的历史进程，可以总结出如下特点。

1. 品牌发展受制于经济文化的发展

我国品牌的创建和管理受经济社会发展影响十分明显。在经济不发达的农业社会，如明清以前，我国基本上没有品牌，有据可查的仅有宋代刘家针铺的"白兔"品牌。明清期间只有"六必居"、"泥人张"、"内联升"等字号，品牌内涵没有实质性的发展。这种状况是与我国封建社会的农耕经济紧密相连的。农业经济条件下产品生产数量有限，供不应求，使品牌成为多余的东西。另外，自给自足的农业经济的特点，使产品无须区分就可以被充分消费，创建品牌无疑是多此一举。但即便以上分析是事实，作为商品经济标志之一的品牌还是在农业社会中缓慢地、艰难地发展起来了。

在计划经济条件下，由于产品生产、供应、分配和消费全部由国家统一调配，不存在市场，不存在企业，因而也不存在竞争。产品供需平衡，甚至供不应求，因此也不需要品牌。品牌战略受到制约也就在情理之中了。

2. 品牌管理以西方品牌理论为指导

由于我国市场经济发展迟缓，企业缺乏品牌管理的实践经验，因而品牌管理理论研究大大落后于西方发达国家。当我们提倡大力发展品牌、实施品牌战略的时候才发现，我们在品牌建设方面的知识极其贫乏，我们不知什么是品牌，不知如何去做品牌，这时借鉴西方品牌管理理论和模仿西方企业品牌管理的实践就成为我国企业的首选。结果可想而知，在没有消化和理解西方品牌理论的情况之下，囫囵吞枣地全盘照搬他们的理论，导致严重的水土不服，以致企业品牌战略收效甚微，有的甚至完全失败。

3. 品牌管理实践发端于实行改革开放的基本国策之后

如前所述，改革开放为我国企业实施品牌战略创造了良好的外部环境。市场经济的快速发展，使企业真正成为市场的主体，商品供大于求，形成买方市场，经济发展带来的可支配收入的提高，使消费者个性化需求得到前所未有的发展。所有这一切使品牌战略显得尤为重要，品牌不仅成为消费者区别不同厂家产品的重要依据，同时也是消费者满足个性化需求的情感载体。

改革开放促使我国经济与世界经济的联系日益密切，跨国品牌乘改革开放之风进入国内市场，使品牌竞争表现为国与国之间实力的较量。我国品牌在国际市场竞争中总体上处于劣势，这种现状使品牌战略在我国经济生活中的重要作用日益凸现。大力实践品牌战略和开展品牌战略理论的研究是改革开放国策推动的必然结果。

4. 品牌战略发展呈现不平衡状态

品牌战略发展的不平衡状态是指，从总体上看我国品牌战略发展呈现出地区发展和行业发展的不平衡状态。在地区层面上，东部及沿海经济发达地区较中西部地区更重视品牌战略，企业对品牌战略的资金支持和理论研究都较中西部的力度大。如环渤海湾、长三角地区、珠三角地区，知名品牌明显多于中西部地区；山东青岛市出现了像海尔、海信、奥克斯等在国际上具有一定知名度的知名企业和名牌产品。

在行业层面上，家用电器、食品饮料等行业名牌产品和知名企业要多于其他行业。前面谈到的海尔、海信、奥克斯都是家电品牌，娃哈哈、乐百氏、王老吉等是食品饮料行业的知名品牌，但在汽车行业则少有知名品牌。

5. 我国品牌在与西方著名品牌的较量中成长壮大

如前所述，我国品牌发展的历史较短，企业品牌实践的经验严重不足，其成长的环境充满了荆棘和险滩。尽管我国目前还没有一个能与可口可乐较量的饮料品牌，也没有一个能和劳斯莱斯叫板的汽车品牌，但我们可以自豪地说，没有哪个国家的品牌能像我国品牌那样在市场经济发展的较短历史时期中，遭遇过如此多、如此强大的跨国品牌的挑战。而我国企业在面临这些挑战时，毫不畏惧，并尽心尽力做品牌，取得了不俗的成绩。在与强大的跨国品牌的较量中，我国企业与它们的品牌一样，不断发展和壮大。

6. 企业品牌战略存在误区

我国企业的品牌战略存在一定误区。在实践操作中，相当多的企业把品牌创建等同于广告传播，以为投入大手笔广告就能建成知名品牌。他们热衷于竞投广告"标王"，沉醉于品牌表面的浓墨重彩，很少深入研究品牌文化的底蕴，寻找品牌成功的奥秘。具体表现在为品牌而品牌，在品牌战略实施时，不是"运营"，而是"炒作"；将品牌当成是一劳永逸的"铁饭碗"，殊不知创名牌不易，守名牌更难。品牌成功还要靠技术的进步、工艺的改进、制度的创新、有序的宣传——缺乏这些新柴的不断注入，品牌之火便会很快熄灭。

在理论研究和认识上，同样存在误区。有的企业认为，品牌即是高档、高价，以为知名品牌的商品就必须是价格昂贵的所谓"精品"、"极品"，因而在产品开发生产上讲究"帝王风范"、"贵族气派"，完全脱离了国民现实的消费水平，脱离了广大的消费者。一些不注重品牌战略的中小企业认为，品牌是大企业操心的事，只要我的商品有人买就行了。这种消极的想法短期看会使企业缺乏激情与进取心，长期看将不可避免地被竞争的巨浪所吞没。

7. 与发达国家相比，我国品牌发展还存在差距

与西方发达国家相比，我国品牌发展还存在着一定的差距，无论在观念上，还是品牌实际运作的战略策略上，都显得不够成熟。

2007年2月9日，商务部在北京发布《中国品牌发展报告》，认为中国品牌发展与发达国家相比存在九大差距：

（1）品牌知名度不高；
（2）品牌资产价值有待提升；
（3）品牌国际化进程缓慢；
（4）品牌自主创新能力有待加强；
（5）缺乏先进的品牌理念；
（6）缺乏品牌经营的长远战略；
（7）品牌经营策略有待完善；
（8）品牌资产运作不够成熟；
（9）缺乏品牌危机的管理经验。

2.3 品牌理论研究史

2.3.1 国外对品牌的研究

1. 品牌管理的研究

严格地说，直到1955年由伯利·B.加德纳（Burleigh B.Gardner）和西德尼·J.利维（Sidney J. Levy）在《哈佛商业评论》上发表《产品与品牌》一文时才正式开始对品牌管理的理论进行研究。在这篇论文里，他们强调要认识品牌的性质，即品牌不仅具有功能性利益，而且具有情感性利益。当时进行数量研究是一种范式，但他们提倡采用定性研究的方法来挖掘购买品牌产品背后的理由。然而，当时的管理者认为，从事品牌研究只是一种成本支出，而不是一项具有经济效益的事业，因此没有支持开展对品牌的全面研究，导致他们不能正确认识品牌的全部意义。加德纳和利维阐明了下列原理：品牌的发展是因为品牌具有一组能满足消费者理性和情感需要的价值。品牌的创建要超越差异性（differentiation）和功能主义（functionalism），应该注重开发个性价值（personality）。品牌个性要做到使目标消费者感到清晰而亲密，特别是在竞争对手的产品具有相似功能的情况下，它会帮助该品牌产品取得成功。莱特和金对品牌内涵和外延进行了规范性研究。曼弗雷·布鲁恩提出了品牌生命周期理论，即品牌生命周期由品牌的创立、稳固、差异化、模仿、分化以及两极分化等六个阶段组成。奥格威提出的品牌形象理论有三个原则，即随着产品同质化的加强，消费者对品牌的理性选择减弱；人们同时追求功能及情感性利益，广告应着重赋予品牌更多感性利益；任何一则广告，都是对品牌形象的长期投资。

2. 品牌价值理论研究

1980年以后，有关品牌的一个最重要的发展是，管理者开始意识到，品牌一旦形

成，就可以代表企业的一部分价值。起初，这种观念只存在于金融分析家中，他们认为，良好的品牌是企业未来收入的保证。80年代后期，品牌价值受到营销界的关注。在营销界看来，即使成功的品牌不能算作是企业最有价值的财富，也可算作是最有价值的财富之一。品牌对企业来说，不仅具有经济价值，也具有战略价值。

兰能（J. Lannon）和库珀（P. Cooper）坚持了品牌创建中的情感主题。他们运用人类学与心理学的理论对这一课题的研究作出了贡献。兰能和库珀的论文分析了美国广告方式与欧洲广告方式的不同特点。他们论证说，欧洲的广告形式是丰富多彩的，它使人们可以看到品牌如何随着文化的变化而演变。兰能还发展了上述观点，并利用人类学来探索品牌作为一种象征性阶段所增加的价值。

情感型品牌跳出了产品功能的束缚，直接针对消费者的心理进行诉求，因此其带给消费者的消费快感也更加强烈，品牌内涵的发展空间也更加宽阔。1988年，雀巢公司以25亿英镑的价格买下了英国朗特里公司，当时该公司的股本权益（净资产价值）接近l0亿英镑，它们之间的差额为15亿英镑，这显示出了品牌的无形资产的财务价值。这一现象引起了热烈的讨论：品牌的价值是否可以被评估出来？如果可以被评估出来的话，品牌的价值是否应该在企业的资产负债表上得到反映？这里进一步的讨论提高了人们对品牌作用与价值的认识，由此也进一步提高了学者们的研究兴趣。

1990年以来，英国国际品牌顾问公司（Interbrand）和美国《金融世界》杂志每年发布的对国际品牌的价值评估，一般是仿照企业其他无形资产评估的方法对品牌资产的价格进行估算的。这样的评估，一方面影响和引导全球的消费者自觉或不自觉地产生对品牌商品特别是名牌商品的信任和消费需求；另一方面也对企业创造和发展品牌指明了方向，同时也推动和促进着全球品牌实践和品牌理论向名牌方向发展。

到了21世纪初，品牌创造的模式更加注意品牌对顾客消费经历所增加的价值。兰宾（Labium）指出，许多经理仍然十分强调产品功能性价值的重要性，而不关注建立其可持续的品牌心理价值。事实上，竞争对手能很快地模仿产品的功能特性，但要建立起一个品牌的心理价值却需要花费很长的时间。

以美国学者大卫·奥格威和大卫·艾克等为代表的市场营销学者从各自的角度加入了对商品品牌特别是品牌价值的研究，如在艾克的著作《管理品牌权益》、科普菲尔（Kapferer）的著作《战略品牌管理：创造和测评品牌权益的新方法》、凯勒（Keller）的著作《战略品牌管理》及论文《品牌报告卡》中都对品牌价值进行了论述。

品牌研究理论得以提高和升华，形成了较为系统的研究理论和方法，这对当今企业品牌市场实践和品牌发展提供了理论武器。

2.3.2 我国对品牌的研究

我国对品牌的研究最早始于20世纪20年代。当时，吴应国翻译出版了斯科特的《广告学》，但此后一直未有大的发展。1993年，《中国名牌》杂志创刊，它标志着我国理论界和实务界品牌研究新时代的到来，许多学者和实务工作者开始对品牌进行研究，取得了许多新的研究成果。特别是以卢泰宏教授为代表的中山大学研究团队，在介绍引进西方品牌理论、总结我国企业品牌管理经验等方面，作出了重要贡献。90年代中后期，为适应新的环境变化，全新的品牌操作模型不断涌现。例如，精信的"品牌性格"（brand nature）、奥美的"360°品牌管理"理念、新格品牌管理顾问中心的"720°

品牌管理"概念模型、深圳德根品牌管理顾问公司的品牌关系管理系统、梁中国提出的"易难7F"（seven force）品牌管理模型、陈放提出的MBC（营销系统工程）品牌管理模式、年小山的品牌操作模型，以及全方位品牌管理、品牌（管理）委员会思想的进一步发展等。同时，由于受企业核心竞争力理论的影响和渗透，品牌力理论、品牌竞争力理论也引起了广泛关注与探讨。李光斗在其《品牌竞争力》中对品牌关系进行了研究。品牌关系实质上是一个"关系体系"，其研究范式正在经历着三大跨越：一是从顾客到利益相关者的视角跨越；二是从单个企业到组织生态系统的层次跨越；三是从单一品牌到品牌群落的结构跨越。

进入新千年之后，中国少数学者已开始了建构品牌科学大厦的一系列开创性研究，先后明确提出和撰写了多部不同风格的"品牌学"著作或教材。例如，陈放立足于商业科学范畴，从咨询实证角度著述的《品牌学》；余明阳等立足于商业科学范畴，从建设、规范本科品牌类专用教材角度整理编写的《品牌学》；年小山立足于社会科学范畴，为填补和发展品牌管理硕士教育，从类比人类社会基本结构的观察视角所撰写的专著《品牌学·理论部分》；赵琛立足于商业科学范畴，将西方的 CIS 理论与国情相结合，并撰写了专著《品牌学》等。

在品牌理论指导下，我国企业的品牌管理实践也得到了长足的发展。青岛海尔、联想、茅台等一批企业为代表的中国名牌的崛起，让国人对民族品牌在国际竞争中的前景充满了信心。

从品牌发展的历史来看，一个国家拥有名牌的多少，不仅反映了这个国家的综合国力和经济发展水平，还代表着这个国家、民族的精神和形象，昭示着这个国家在国际社会中的地位。

2.4　品牌发展的前景与趋势

在讨论国内外品牌发展的简短历史之后，本书将对品牌在21世纪的发展前景和趋势做出一定的预测。在21世纪，信息爆炸的局面会越演越烈，品牌也将会有光明的未来。

 案例　　　　营销视点 2-4

进入品牌竞争时代，企业越来越重视品牌管理活动，而品牌价值评估则是品牌管理中一个重要的环节，直接决定了企业品牌管理的质量，从而决定了企业生存与发展的水平。正因为如此，运用一定的评估技术对品牌价值进行科学、合理的测度就显得尤为重要。

2013年亚洲品牌500强的评选仍然从四大维度对全亚洲范围内的强势企业进行全面性的测评打分。四个维度包括：企业在市场上的综合表现、未来的发展潜力、产品的质量水平以及经营效益等财务指标。世界财富500强评价体系的财务指标只是作为整个评价体系的一个有机组成部分，而非全部。同时，世界品牌500强评价体系的三项指标在我们的评价体系中也有所体现。

在四个维度中，ABAS 测评体系又包括十项细分指标：品牌年龄、国际化程度、营销组合、品牌知名度、资产总额增长率、创新能力、售后服务、质量水平、营业收入、净利润。这四大维度十项具体指标的加权使本次亚洲品牌的评选更具综合性和客观性。韩国三星、日本丰田、中国工商银行、日本东芝、日本佳能、日本松下、日本本田、中国海尔、日本三菱、韩国 LG 入选"2013 年亚洲品牌 500 强排行榜"前 10 名。

1. 未来品牌发展的可能趋势之一：品牌内涵更为丰富，竞争更为激烈

从当前品牌发展的现实来看，品牌正在越来越多地向消费者传达品牌所有者的价值观和责任感，以及对大众的承诺和对环境、雇员及整个社会的承诺。当企业更加注重品牌时，它们需要以品牌为中心而不是以产品或制造为中心的新型财务体系。因此，品牌力的增长对整个营销服务业都产生了巨大的作用，并使多数企业受益。

未来品牌的内涵，将不像现在的解释那样直观、简单。市场战略中品牌设计范围的拓展，将意味着品牌在企业内部经营中重要性的提升。从财务估价到商标保护，从企业的组织结构到首席执行官的管理方式等方面，品牌已经成为企业管理及策略中的重要议题。企业已经不再将品牌作为单纯的营销工具，而是更多地将其作为衡量企业形象、业绩的标尺，作为向雇员或其他相关的内部人员灌输企业发展目标和理想的渠道。

与此同时，未来的品牌竞争将比现在更加激烈和残酷。以信息革命为代表的科学技术的迅猛发展，尤其是知识经济时代的全面来临，拓宽了竞争的视野，也提升了人们的生活质量，品牌的内涵将随之丰富起来。继"商标"概念出现后，现在又有了"域名"，这就使品牌不仅表现在现有的服务、形象、个性化、高新技术等视点上，还将表现在网络、信息、文化、情感等焦点上。新思想崛起迅速，使得新品牌往往能借助产业革命的浪潮，打败著名品牌，撼动寡头卖主垄断和老牌企业巨头。超级品牌之间的竞争更为残酷，大鱼吃小鱼现象时有发生，任何一个同等量级的品牌，都不能像以往那样过安逸的生活。未来品牌将受到法律、网络、文化等方面有形和无形的保护，其品牌个性、品牌管理、品牌资本、品牌战略、品牌形象、品牌文化等方面也将得到前所未有的发展。人们将从综合性、多样性、信息化、人性化的角度，更深刻地研究未来品牌的内涵、价值、效用，以及竞争方式、游戏规则和对全人类的影响等。

2. 未来品牌发展的可能趋势之二：品牌资产得到特别管理，品牌管家走上前台

虽然以品牌为重点不可能在所有情况下都产生起死回生的效果，但是品牌的发展和使用将继续产生重大回报。实际上，随着发达国家进入一种更复杂的"增值"型经济，品牌及其使用将变得日益重要。同时，我们需要学会如何更好地管理、开发和发展品牌资产。目前关注如何最佳管理品牌的知识仍是初步的，更好的品牌管理显然将会产生巨大的收益。

在 21 世纪，成功的品牌营销者将不断地设计和调整营销方案的每个方面，以增加品牌资产。营销者将更深入地了解是哪些因素造就了成功的品牌，调整一些不能增加价值或不必要增加成本的外围要素，保持品牌的核心要素长期不变。21 世纪成功品牌的营销者还将充分意识到，怎样才能使自己的品牌与公司销售的其他品牌相辅相成。他们还将有效地利用品牌在产品开发和品牌延伸中的潜能，同时也承认品牌的边界与局限性。

品牌，尤其是国际品牌，是一种无形资产，已经得到社会的认同。国际知名品牌

学者大卫·艾克教授认为，品牌资产包括五个方面的内涵：品牌知名度、品牌忠诚度、品牌联想、品牌品质认知、其他专有资产。现在人们对品牌资产的认识还仅仅局限于进行有效的保护和不断的投入，而对品牌资产的运作或者对品牌资本经营还缺乏足够的认识，未来将出现一批具有远见卓识的品牌资本经营者，他们将在世界范围内掀起品牌资本经营高潮。这些品牌资本经营者就是品牌管家，他们将像经营现在的球星和未来的球星们一样经营着已蜕变和尚未崛起的品牌。尽管这些管家并不走上竞争的第一线，但他们却能有效地控制着竞争的局势。

在许多企业中，品牌管理的职能传统上已成为高层管理者的培训基地，品牌管理者的主要工作是保持企业与广告和促销代理之间的联系。随着品牌逐步成为人们的兴趣中心和工作重点，企业肯定会从根本上重新评价品牌管理的作用和地位。管理者需要用更职业化的眼光看待品牌，并对品牌的赢利能力、有形与无形的收益负责。现如今，一些重要企业正在重新定义营销的功能，彻底检查品牌管理系统。

成功品牌的营销者将设计正式的评估方法和程序，确保它们能不断、全面、详尽地监督自身品牌资产来源和竞争者的品牌资产来源。作为这个程序的一部分，管理者将对营销活动怎样影响品牌资产来源的成果进行更深入的研究。因此，21世纪成功品牌的营销者将不仅进行零碎的调研活动，还将设计新的创造性的方法，以获取对品牌状况精确、全面、最新的信息。管理者通过与自己的品牌密切接触，了解是什么原因导致品牌进展缓慢；通过加大在营销活动和方案中的责任，使自己的品牌投资更优化，在适当的时间，以适当的方式将资金投入到适当的品牌中去。

现在，人们日益将品牌视为特殊的资产，有自己的个性、吸引力、现金流和发展潜力。这一趋势使企业要以一种在总体上看来是更全面的方式来观察品牌资产。品牌评估模型可对品牌进行细致的调查分析，从而使品牌管理者清晰地从总体上观察品牌的实力、弱点、发展潜力和成长前景，明确阐述品牌发展战略，并测试其是否合适。

21世纪的强大品牌还能通过更深入地了解消费者的需求、渴望与意愿设计营销方案，满足甚至超过消费者的期望，从而取得相对于其他品牌的优势。成功的品牌将有丰富的、内部紧密结合的品牌形象，它的联想将被消费者高度评价。营销计划将系统地通过产品、定价、分销策略和沟通策略加强品牌联想。沟通策略持续地、创造性地告诉并提醒消费者，品牌能为他们提供什么。消费者将清晰地知道本品牌代表着什么以及为什么某个品牌很特别。消费者会将这些品牌当作"老朋友"，并高度评价这些品牌的可靠性和优越性。这些品牌的管理者要与消费者对话，聆听他们从产品中感觉到的欢乐和不满，与消费者建立和谐、融洽的关系，而不仅仅是商业往来。

3．未来品牌发展趋势之三：未来市场是绿色品牌的天下

未来品牌都将是绿色品牌。绿色品牌是指具有丰富的文化韵味、富于人性化、注重环境保护、注重全球化竞争的品牌。在秋水著的《最后的商战》中，将绿色品牌的内涵概括为以下四个方面。

一是有着浓郁的文化味。民族文化在品牌中得到特殊的创造，一些近乎消亡的文化也能在品牌竞争中得以复活。品牌在很大程度上承担了文化传教士的角色，有效地保护和继承了各民族的独特文化精华，创造了能得到全球绝大多数民族认同的世界文化。

二是环境保护意识得到了强有力的渗透，不再是掠夺资源或是无情地消耗资源。品牌将与自然共享、共存、可持续发展和持久性竞争，将是最热心的自然保护者。目前，环境保护已成为与国际贸易、信贷、经济援助等经济活动密切相关的重要制约因素。不

允许买卖不符合环境标准的产品已成为国际贸易的一项基本准则，而且限制越来越严格。

三是富于人性化，注重个人情感的表达。品牌不仅体现在硬件上，而是将更多地投入到软件上，并以一种富有个性的色彩，引导着情感消费，丰富着人们的精神生活。

四是竞争全球化，自由贸易得到空前的发展。商品的流动性进一步加强，竞争范围涉及整个地球村。

综上所述，可以预料，现在品牌价值居于前列的烟草、白酒等品牌，都难以发展成为绿色品牌。英国经济学家凯恩斯曾预言："有史以来，人类将首次面对一个真正的永恒的问题——如何利用工作以外的自由和时间，过快乐、智慧和美好的生活。"作为引导人类未来生活的品牌，将更早地面对这一问题，并能有效地解决这个问题。

4. 未来品牌发展趋势之四：品牌竞争进入网络化

随着信息时代的到来，信息超载的现象越来越严重，人们处理信息的时间不断减少，所以品牌提供信号的重要性日益提高。所有这些都改变了品牌原有的性质，直接引导消费者在购买决策时做出选择。品牌是未来成功的关键。"任何事情，任何时间，任何地点——没有别的地方，只有这儿，我们都在这儿。"这句话出自几年前互联网上的一则广告，那时它还没有成为世界通信公司的一部分，还不能够真正实现诺言。网络以如光速般传递信息的威力，使人们无论身在何处都可以与世界上其他任何地方的任何人联系。这种威力借助于卫星通信已经在全世界变为现实。

从1997年起，人们就开始成为互联网上名副其实的消费者。在未来社会里，人们将有十分之一的时间在网络上度过，在网络上进行学习、工作和生活（如网络上将建立国际联合高等院校，颁发全世界公认的学历证书）将成为常规行为。人们不能再使用旧的衡量范围和频率的方法了，因为它们不能告诉你，你获得了多少眼球。你必须确认你已经捕获了你的目标市场。如果你想销售汉堡包，你不需要很大的范围，你只需要喜爱吃汉堡包的人并且这些人每天都需要它们，这就足够了。在互联网上，范围不是和连续性一样重要，旧原则不再有效了。任何人都可以进入，进入的壁垒已被其他手段打破。想通过网络选择你收到的新闻话题、你的有价证券一览表中的股票价格、你指定城市的天气预报……没问题，你登陆网络后，它们就会出现在你的主页上。随着技术的不断更新，广告发生了巨大变化，一些新形式的广告——品牌广告也出现在网上。更多的网站正在兴起，利用数不胜数的选择和正在不断增加的数百万个网站，品牌广告开辟了一个全新的市场。但同时，提升一个品牌的经济效益也变得更加复杂。根据品牌所代表的产品以及它的目标市场，吸引目标消费者可能变得更容易，也可能变得更困难。网站首页以比网页出现速度快得多的速度显示出来，品牌在屏幕上滚动，弹出各个窗口，改变颜色，它会做任何能够引起你兴趣的事情。以往要花几年甚至几十年才能建立起来的品牌，现在只需花几个星期或几个月的时间。但这其中一些广告也会迅速地黯淡下去或消失。

互联网对于品牌来说还有一个优点，即可以通过网络社区建立品牌。因为种种地域限制，建立购物者社区在过去是昂贵得无法建立的。而现在，基于网络的营销系统的全球触及和目标的准确性，使建立这些精选的社区变得容易且更具有吸引力。如果把一群志趣相投的消费者根据国家、地区进行自然划分时，即使能够通过传统的基于地理位置的媒体使他们接触到品牌信息，那也是不切实际的。而互联网则完全不受地域的限制，它可以把消费者集结成一个庞大的品牌社区，这样的做法既实际又有赢利前景。这种品牌购买者的新型集合对于未来建立品牌来说至关重要。

互联网为实现品牌多样化的功能提供了试验的温床。互联网企业为了与众不同，为了赢得持久的消费人群，其品牌经营和拓展的速度都大大加快，从而为我们观察品牌从创立、发展、管理到拓展的全过程提供了良好的机会。

 案例　　　　　　维珍的品牌发展

近年来，英国的维珍品牌超越常规的发展，建立了与顾客之间的罗曼史，在欧洲市场掀起了一股强大的品牌魅力旋风。

1．品牌代言人：理查·布兰森

理查·布兰森，维珍品牌的创始人，他从一间电话亭大小的办公室起家，资金比大多数人去餐厅享受一夜良宵所花的钱还少。而现在维珍品牌旗下拥有两百家私有公司，其商业帝国跨越空运、服装、软性饮料、计算机游戏、电信运营、金融服务、唱片甚至安全套等各行各业。维珍品牌首先是深深地打上了布兰森的个人烙印。当传统的航空公司认为为了实现增长应该尽可能细分市场并提供特别服务时，维珍故意放弃从头等舱中获得收益却获得了更大的利益，从而取得了巨大成功。维珍不仅将其品牌价值创新的逻辑运用于航空业，而且运用于保险、音乐、娱乐等行业。维珍一直是在超出其资产能力的水平上进行品牌价值创新。

布兰森别出一格的商业哲学成为维珍品牌诉求的重要部分。那么，他究竟是何方神圣呢？他是全英国最抢镜头的"嬉皮资本家"，他会搞出一些稀奇古怪的闹剧，会冒生命之险进行一些胆大的、几近特技的行动；像他这样在加勒比海拥有私人小岛的亿万富翁，还与平民百姓保持着亲密接触。布兰森成为维珍品牌唯一与真正的代言人，他是新一代企业族群的一员，这些新企业家虽享有名流地位，行事作风却玩世不恭，这一切显示他们比较像摇滚明星，而不像商业世界充斥的那些"穿西装的人"。

布兰森也成为一种文化图腾。就在这经商与冒险的过程中，布兰森使自己成为英国民众的宠儿，享有的爱戴非其他企业家能望其项背。他奋战不懈，意图使全国乐透彩票成为一项非营利事业，将彩票销售所得用于造福人群；他主持一项政府环保运动；他推广伴侣保险套，以提升人们对艾滋病的警觉。他的脸孔出现在全国性报纸首页与电视画面上的频率几乎不亚于皇室成员。无论出现于任何地方，维珍的标志总是吸引着其独有的一群反传统、反建制的顾客。布兰森本人——加上他的一头长发、笑口常开与作风大胆的行径——也与他的公司一样著名。

2．品牌定位："我们是行业第二位"

传统的品牌竞争观念一般认为：新的品牌要尽量避免和大的领导性品牌正面竞争，而要通过定位于强势品牌所忽略的客户而争取成功。维珍"我们是行业第二位"的案例及广告语已成为品牌教科书的经典，并为很多品牌所效仿。

3．品牌价值创新：取消头等舱服务

实施传统品牌战略的企业通过保持及扩大顾客群寻求增长，即通常通过市场细分，推出更完善的定制产品来满足某种特殊需要。而维珍遵循不同的逻辑，它着意在顾客所关心的特性中寻找有效的共性，而不仅仅是关注顾客之间的差异。

当维珍航空挑战航空业的惯例与逻辑时，首先是取消了飞机上的头等舱，把以前用于头等舱的投资全部用于商务舱，安装了大规格的睡椅，将商务舱的水平改造得远远超过其他航空公司商务舱的标准，同时进行服务创新。此举不仅进一步吸引了维珍本身的商务旅客，还将竞争对手的头等舱旅客及经济舱旅客都吸引了过来。

与那些试图通过现有资产能力、经验来取得竞争优势的企业相比，维珍总是问自己如果全部重新开始该如何做，维珍品牌成功的诀窍之一就是超越自己的资产与能力而思考并不断向大品牌公开与直接地作对。布兰森总是有股以小搏大的气魄，维珍航空与英国航空的争斗尤其精彩，然而这只是布兰森用来证明"小虾米也能挑战大鲸鱼"的方法。维珍旗下多家企业的创业宗旨都是肯定市井小民的价值，当然这种形象是大胆执行行销策略的结果，但可以肯定的是，维珍只愿意从事富于挑战性的产业。

作为新时代商业领导人的一员，布兰森有意选定顾客饱受剥削或未获应得服务、风平浪静缺乏竞争的市场作为进军目标。他喜欢把维珍描绘成一只厚着脸皮、体型比不上大狗的小狗，这只厚脸皮小狗跑得很快，能够紧随在大企业脚后跟抢东西吃。这是一项引起千百万人瞩目的市场行销策略。他不满可口可乐与百事可乐在饮料业的霸主地位，推出维珍可乐，很快占到欧洲市场 20%的份额；他创办维珍移动，其实是向全球最不开放的电信行业开刀；他甚至在研究开办另一种公益彩券，和英国官方的国家彩券打擂台……

4．品牌的公关和广告：创新、反传统

维珍的公关广告总是能出人意料，发挥奇效，远非一般公司能比，甚至常常不惜进行品牌冒险。在传统企业看来这些创意会损害品牌形象，破坏所谓自己在品牌守则中规定的创意及公关原则，即品牌绝不能和不健康的东西联系在一起，如性、战争、同性恋等。包括可口可乐在内的大公司都设有专门的品牌监测人员时时关注自己的品牌在互联网上的表现，一旦自己的品牌和一些性及不健康的网站发生联系，这些跨国公司便会采取相应措施消除这种联想。

但维珍丝毫不会考虑这些，相反还有意这样做。在公关活动方面，布兰森时常有出人意料的创意，他亲自开坦克碾过放在时代广场上的可口可乐，确实让维珍可乐增添了许多的话题而受到媒体高度的注目，但这个宣战的动作，对维珍全体来说却是一个认真的仪式，宣示维珍集团正式进军饮料界。为了取悦媒体，他曾男扮女装地出现在"维珍婚纱"公司开业典礼上。他还曾经驾驶坦克进入纽约时代广场，象征他的世界性超大型维珍唱片连锁店即将征服美国。维珍还开了全球第一家同性恋用品专卖店。甚至为树立公司形象，在海湾战争期间他斡旋于英国与伊拉克之间，带领他的飞机直接进入巴格达接回人质，以至于欧洲人对他的感觉是：真不知道下一步他要干什么？

在广告方面，布兰森曾多次以刁钻古怪的宣传手法取得促销奇效。布兰森在英吉利海峡某处浅滩裸跑，然后双手遮着下体跑回岸上，悠然自得。这是在英国首播的电视广告短片中，他为自己的维珍集团做宣传的一个镜头。而且他曾只穿三角短裤跟美国电视连续剧《海滩救生》女主角帕梅拉·安德森合拍维珍健力饮料的广告片；同一群身材惹火的模特儿，拍摄维珍手机服务的促销广告；还打扮成哥萨克族人，替维珍伏特加酒大搞宣传。维珍"天马行空"的广告创意作为维珍品牌形象的一部分，将维珍品牌个性发挥得淋漓尽致。这是任何企业都难以模仿的。

5. 品牌的国际化：MVNO 概念

在 2001 年 2 月 21 日的全球 GSM 大会上，布兰森大力宣讲他的 MVNO（移动虚拟网络运营商）概念，并称维珍移动已拥有 75 万的用户，成为全球最成功的、最大的 MVNO，标志着维珍品牌从旧经济向新经济转型，维珍还将通过 MVNO 模式从一个欧洲区域的品牌真正转向全球性的品牌。

所谓移动虚拟网络运营商（mobile virtual network operator，简称 MVNO）是指一些类似于银行或零售商的公司，它们没有自己的网络，但从网络运营商处买来业务，打上自己的品牌提供通信服务。成为 MVNO 最重要的条件之一便是品牌，因为 MVNO 本身没有实体的电信网络，只有通过延伸和善用自己的品牌而获得成功。这为品牌经营带来挑战。维珍移动公司向英国新电信公司购买流动通信的通话时间，再以维珍移动的品牌提供电信服务。维珍移动的全部投资都用来提供客户服务和产品品牌推广，这同其他电信商将大部分投资用在网络建设方面完全不一样。维珍品牌的优势在于它在当地的年轻人中创立了一种新的、流行的生活方式。所以它的电信促销以非常趣味的方式开展，并将"一种新的生活方式"概念销售给年轻人，如将预设的配置装在手机里，只要打个特定的号码，有关的商品便能送到顾客手中。维珍移动还与其集团属下深受年轻人欢迎的航空公司、旅游业务公司、音乐业务等相互合作，捆绑销售，为年轻的电信用户提供不同的优惠与配套。

维珍移动作为 MVNO，又创造了一个虚拟网络品牌运营的奇迹。维珍品牌在电信领域成功延伸的关键在于确立并延伸了维珍品牌的终极价值：创新、乐趣、流行、友好、质量，而作为维珍品牌代言人的公众人物布兰森又成功地传达了这些终极价值。

案例思考题

1. 维珍在品牌传播中使用了哪些策略？你认为是否取得了很好的效果？
2. 维珍的品牌发展策略对我们有哪些借鉴意义？

本章小结

本章介绍了品牌产生的历史、品牌在西方发达国家的发展历程以及我国品牌发展的历史。

无论是西方国家还是我国，品牌发展的共同之处是都经历了漫长的发展过程。从古至今，品牌从无到有，从一个方面反映了人类社会物质文明和精神文明的发展进程。品牌是人类物质文明和精神文明的结晶之一。

西方国家品牌发展经历了五个阶段，即品牌发展由制造商与销售者主导市场的阶段、产品物质差异营销的阶段、传统的品牌营销阶段、以偶像来驱动的品牌营销阶段，以及品牌并购渐成趋势与消费者成熟阶段。

中国品牌发展经历了四个阶段，即古代品牌的发展阶段、近代品牌的发展阶段、新中国成立后至改革开放前品牌的发展阶段，以及改革开放至今品牌的发展阶段。

本章尝试性地探讨了东西方品牌发展的不同特点，归纳出西方国家品牌发展的四个特点，即西方知名品牌历史悠久，在同类产品中拥有核心利益和均衡的理性与感性信息，一贯注重质量而不是价格，善于利用营销技巧巩固自己的地位。

而中国品牌发展有七个特点，即品牌发展受制于经济文化的发展，品牌管理以西方品牌理论为指导，品牌管理实践发端于实行改革开放的基本国策之后，品牌战略发展呈现不平衡状态，我国品牌在与西方著名品牌的较量中成长壮大，企业品牌战略存在误区，与发达国家相比我国品牌发展还存在差距。

本章还探讨了品牌发展的趋势。未来品牌发展的可能趋势：一是品牌内涵更为丰富，竞争更为激烈；二是品牌资产得到特别管理，品牌管家走上前台；三是未来市场是绿色品牌的天下；四是品牌竞争进入网络化。

关键术语

销售者主导　　　　　　产品物质差异　　　　　　国际化品牌
品牌形象学　　　　　　品牌经理　　　　　　　　消费价值理论

思考题

1. 列举你所知道的国际品牌，分析它们的历史，说说它们分别经历了哪几个阶段？
2. 有人认为，品牌只是一个符号，并不具有实际意义。谈谈你对这个问题的看法。
3. 列举我国著名的品牌，分析它们的历史和现状，谈谈为何我国的品牌不能跟国际大品牌相提并论。
4. 随着互联网的兴起和信息爆炸时代的来临，有人认为，品牌将会灭亡。谈谈你对这个问题的看法。

参考文献

[1] 韩光军. 打造名牌：卓越品牌的培育与提升[M]. 北京：首都经济贸易大学出版社，2001.
[2] 余明阳. 品牌学[M]. 合肥：安徽人民出版社，2002.
[3] 兰德尔. 品牌营销[M]. 张相文，吴英娜，译. 上海：上海远东出版社，1998.
[4] 何建民. 创造名牌产品的理论与方法[M]. 上海：华东理工大学出版社，2002.
[5] 韩光军. 品牌设计与发展手册[M]. 北京：经济管理出版社，2002.
[6] 何建民，朱萍. 创造中国的名牌产品[M]. 上海：上海商业出版社，2000.
[7] 苏勇，金新民. 现代公司名牌战略[M]. 济南：山东人民出版社，1999.
[8] 荣剑英. 品牌，另一种制造:中国制造年代的品牌思考[M]. 北京:经济管理出版社，2006.
[9] 国际品牌标准工程组织. 国际品牌标准化手册[M]. 北京：人民出版社，2005.
[10] 阿尔文·托夫勒. 第三次浪潮[M]. 朱志焱，潘琪，张焱，译. 北京：新华出版社，1996.
[11] 凯恩斯. 就业、利息和货币通论[M]. 商鸿业，译. 北京：商务印书馆，2005.
[12] John Quelch A, David Harding. Brands Versus Private Labels: Fighting to Win [J]. Harvard Business Review, 1996，74(1).
[13] Asker D. Are Brand Equity Investments Really Worth While? [M]//. Aaker D, Biel A(eds.). Brand Equity and Adertising. Hillsdale: Lawrence Erlbaum Associates, 1993.

[14] De Chernatory L, McDonald M. Creating Powerful Brands[M]. Oxford: Butterworth Heinermann, 1998.
[15] Brown S. Postmodern Marketing[M]. London: Routledge, 1995.
[16] Zeithaml V A, Bitner M J, Gremler D D. Service Marketing [M]. New York: McGraw Hill, 1996.
[17] Burleigh Gardner B, Sidney Levy J. The Product and the Brand[J]. Harvard Business Review, 1955(3-4).
[18] Kevin Lane Keller. Strategic Brand Management: Building, Measuring and Managing Brand Equity[M]. New Jersey: Prentice Hall, Inc., 1998.
[19] Lannon. Mosaics of Meaning: Anthropology and Marketing[J]. The Journal of Brand Management, 1994,2(3).

第 2 篇

品牌的管理过程

第 1 篇　品牌管理导论

第 2 篇　品牌的管理过程

第 3 篇　品牌战略部署

第 4 篇　品牌资产管理

第 5 篇　品牌的发展趋势

第 3 章　品牌定位

第 4 章　品牌设计

第 5 章　品牌形象

第 6 章　品牌个性

第 7 章　品牌传播

第 8 章　品牌文化

第 3 章　品牌定位

本章提要：本章将讨论品牌定位。定位是一个内容常新的话题，自创立以来一直受到理论界的追捧。不仅是品牌定位，就连不同层次的战略以及个人职业规划也都用上了定位理论。当我们对一个理论产生浓厚兴趣的时候，花些时间了解它的内涵与精髓是大有裨益的。为使读者充分了解定位理论，本章将以品牌定位为例展开论述，重点在于理解品牌定位的概念和理论，品牌定位的误区、原则及意义，品牌定位的程序，品牌定位的策略等内容。

引　例

1998年，娃哈哈、乐百氏以及其他众多的饮用水品牌大战已是硝烟四起，农夫山泉在这个时候切入市场，如果依靠规模取胜，是不明智的。因为在娃哈哈和乐百氏面前，刚刚问世的农夫山泉显得势单力薄，而且农夫山泉只从千岛湖取水，运输成本高昂。因此，农夫山泉要想异军突起，必须做好产品定位。一番酝酿之后，"农夫山泉有点甜"的广告策划出笼，从当年4月中旬开始在中央电视台播放，"农夫山泉有点甜"的声音飞越千山万水。

"农夫山泉有点甜"的广告播出以后，有人怀疑农夫山泉是不是真的有点甜。其实广告既是一门科学，也是一门艺术。甜水是好水的代名词，正如咖啡味道本来很苦，但雀巢咖啡却用"味道好极了"来说明是好咖啡一样。中文有"甘泉"一词，解释就是甜美的水。

农夫山泉的水来自千岛湖，是从很多大山中汇总的泉水，经过千岛湖的自净、净化，完全可以说是甜美的泉水。因而说"农夫山泉有点甜"是实在的，谈不上夸张。广告语不仅传递了良好的产品品质信息，还诠释了广告是一门艺术的内涵，体现了农夫山泉的准确定位策略。

随着法国达能公司相继控股娃哈哈和乐百氏，国内两大排名前位的以生产纯净水为主的包装饮用水企业都走上了与外资的合作之路。在雄厚的外来资本面前，农夫山泉开始思考自身的发展方向。农夫山泉意识到，如果继续在纯净水市场上和它们争夺，前景不容乐观，随时都有可能陷入困境。于是，在1999年4月24日，农夫山泉做出了一个"惊人"之举，宣布全面停产纯净水，只出品天然水。原因是有科学实验表明，纯净水对健康无益，而含有矿物质和微量元素的天然水对生命成长有明显促进作用，并播放在天然水和纯净水中种水仙后得到不同结果的广告。农夫山泉的这一决定可谓掀起水市狂澜，立即激起了全国生产纯净水厂家的公愤，一时间，农夫山泉四面楚歌，疲于应付。

虽然这场水战直到现在也没有定论，舆论褒贬不一，同行耿耿于怀，因为停产纯净水会带来不少的损失。但农夫山泉决策所产生的轰动效应是数百万广告费也难以做到的，这种产品定位战略差异化，就像"农夫山泉有点甜"的定位策略一样，再一次让人们知道了自己和别人的不同之处。这连续两次的正确品牌定位便是农夫山泉迅速崛起的奥秘。

在如今供远远大于求的买方市场，每天都有新的产品和新的品牌上市与消费者见面。同一类产品，少则有七八个品牌，多则有成百上千个品牌。任何一个品牌想要在激烈的市场竞争中脱颖而出，占有一定的市场份额，并且能在消费者心目中占有一定的位置，使消费者产生某一需求时就能立刻联想到该品牌，在购买、挑选产品时能够有效地与其他品牌进行区分，形成自己的特色，就必须进行品牌定位。

3.1 品牌定位概述

3.1.1 定位理论的来源

1969年6月，艾·里斯（Al Ries）和杰克·特劳特（Jack Trout）在美国营销杂志《工业营销》（Industrial Marketing）上发表了一篇题为"定位是人们在今日模仿主义市场所玩的竞赛"的文章，首次提出了"定位"这一概念，引起了极大的反响。1972年，两人为专业刊物《广告时代》（Advertising Age）撰写了名为"定位时代"的系列文章。1979年，两位大师再次合作，出版了第一部论述定位的专著《广告攻心战略——品牌定位》，并首次将定位策略上升为系统的定位理论。经过多年的实践和发展，定位理论不断地成熟和完善，其原则、内涵、种类和战略传播等内容得到了不断的丰富，逐步成为市场营销理论中的重要组成部分。

从定位理论的产生和发展历史来看，定位理论的演进主要经历了三个阶段，即USP理论阶段、品牌形象论阶段和品牌定位论阶段。

1. USP 理论阶段

20世纪50年代至60年代初期正处在市场营销观念从产品观念向推销观念的转变时期。20世纪50年代之前，受第二次世界大战的影响，当时社会生产力发展水平较低，商品供不应求。而且，消费者的承受能力有限，人们更注重实效。因此，企业只要能生产出高质量且具有特色的产品，并且积极地组织推销和促销，就可以很快占领市场。而消费者这种理性的购买行为，也使得当时的广告人将全部的注意力都集中在产品特性和消费者的利益上，并以理性诉求为主。

后来，随着经济的快速发展和生产力的不断提高，商品日益丰富，同质化的产品和信息诉求已经很难吸引消费者的关注。激烈的市场竞争，让差异化营销成为企业主要的营销战略选择。当时的代表理论是美国罗瑟·瑞夫斯（Rosser Reeves）所提出的USP（unique selling proposition）理论，即"独特的销售主张"。

这一理论的基本内涵是：找出该品牌的特性——unique；发现适合消费者需求的销售——selling；发挥建议的功能——proposition。同时，USP 理论还提出，每则广告都要向消费者提出一个主张，这个主张必须是自己所特有的，是竞争对手不能或还没有提出的，并且有足够的促销力度，可以打动消费者。这一理论在广告界引起了广泛的关注，得到大家的热烈响应，在 60 年代得到普遍推广。

2. 品牌形象论阶段

60 年代以后，推销观念开始向市场营销观念转变。这个时期，生产力水平继续不断地提高，产品市场开始出现供过于求的状况，买方市场正在形成过程中。社会化大生产的分工协作原则使得不同的企业都在按照相同的标准生产出同样的产品，产品之间的差异越来越小，同质性越来越高，市场竞争也日益激烈。企业要想在这样的市场中取得骄人的成绩，获取市场竞争的优势，不能仅仅依靠产品自身的特点，还要使自己的品牌具有不同于其他竞争者的形象。在这种背景下，广告大师大卫·奥格威提出了品牌形象（brand image）理论，其基本观点是：为品牌树立一种与众不同的形象可以使企业更容易获得较高的市场占有率；每一则广告都是其对品牌形象所做出的长期投资；描绘品牌的形象比强调产品具体的功能性特征更为重要。

3. 品牌定位论阶段

从 70 年代开始，生产力、科技、管理等多方面的因素使得企业及其生产的产品数量急剧增加，出现"供远大于求"的局面，买方市场的格局基本形成。层出不穷的品牌、眼花缭乱的产品，让消费者无所适从，不知道该怎么选择。与此同时，消费者又在不断分化，更强调个性化的需求。而如何打动消费者，并为其提供一个具有诱惑力的购买理由成了所有企业都在思考的问题。定位理论的诞生，给这些企业指明了一条发展道路，使营销管理进入定位主导的时代。艾·里斯和杰克·特劳特的基本观点是：定位的起点是目标消费者的心理，而不是产品本身；明确产品的目标市场，将产品在目标市场的消费者心中的位置定下来；跟随领先品牌的策略往往效果是不好的。定位理论的精髓就在于告诉企业要瞄准目标市场，集中火力，舍弃普通平常的东西，转而强调富有个性的东西，努力向消费者传达自己的与众不同之处，而这些恰巧是竞争对手都不具备而却能给消费者带来巨大利益的。

通过上面的分析可以看出，USP 理论、品牌形象论和品牌定位论在产生的时间、背景、主要的观点等诸多方面都存在明显的不同，如表 3-1 所示。

表 3-1　USP 理论、品牌形象论和品牌定位论比较

理论演进	USP 理论	品牌形象论	品牌定位论
代表人物	罗瑟·瑞夫斯	大卫·奥格威	艾·里斯、杰克·特劳特
产生时间	20 世纪 50 年代	20 世纪 60 年代	20 世纪 70 年代
主要观点	以产品特性为独特卖点	把塑造产品形象作为长期投资	占据心里第一位置
方法和依据	实证	精神、心理满足	差异化
沟通特点	实物	艺术、视觉吸引	心理认同

经过这么多年的发展，品牌定位论日趋完善，并超越了以往的 USP 理论和品牌形

象论，被奉为新时代的经典，就连当时如日中天的广告大师大卫·奥格威，也于1971年在《纽约时报》上用整版的篇幅公布了他认为的"38种具有销售力的方法"，并把定位排在了第一位。

3.1.2 品牌定位的概念

"定位"这个概念，无疑是当今营销和传播领域最富魅力的术语。甚至有人说：定位正确了，营销就成功了一半。那么，究竟什么叫定位呢？艾·里斯和杰克·特劳特在其著作中提出：定位是针对现有产品的创造性的思维活动，它不是对产品采取什么行动，而是指要针对潜在消费者的心理采取行动，是要将产品定位在消费者的心目中。定位并不是改变产品本身，而是要在消费者心中占领一个有利的地位。以此为基础的品牌定位（brand position）理论指的是建立（或重新塑造）一个与目标市场有关的品牌形象的过程与结果。换言之，是指为某个特定品牌确定一个适当的市场位置，使商品在消费者的心中占领一个有利的位置，并与其建立起一种内在的联系，这样，当某种需要一旦产生时，人们会先想到某一品牌。例如，海飞丝长期以来一直定位于"去头屑"，当消费者饱受头屑之苦、急需解决问题时，就立刻会想到专业的去屑专家——海飞丝，从而产生购买欲望。

3.2 品牌定位的误区、原则、类型及意义

3.2.1 品牌定位的误区

企业谈定位，似乎已成为一种时尚。然而，纵观世界上成千上万的品牌，真正能够在消费者心目中占据一定位置并留下深刻印象的，可谓是少之又少。企业对品牌定位认识的偏差，以及在实施过程中的操作失误，导致其品牌属性淡化，在市场上缺乏持续的竞争力，定位发挥不了应有的作用。具体来说，主要的误区体现在以下几个方面。

1. 品牌定位缺乏一致性

现实经营中，有很多企业，受短期利益的驱动或是盲目跟随流行概念，在缺乏长远规划的情况下，随意将品牌定位变来变去，使其缺乏一致性。消费者对品牌的深刻印象，是通过企业长期的、一致的营销活动而获得的。频繁变换的或混乱的品牌定位，只会让消费者对企业及其品牌的认识日趋模糊，无视其特色，最终为消费者所摒弃。

成功贵在坚持。持之以恒的品牌定位能够使原本平淡无奇的品牌在消费者心目中深深地扎根，留下独特的印象，并为消费者普遍接受，进而成为世界著名品牌。

2. 品牌定位缺乏整体的规划

品牌定位是一项系统工程。企业在进行品牌定位时，首先要结合其长期的战略目标，同时还要借助广告宣传、产品功能介绍、价格定位、渠道选择等其他营销手段，并通过长期的策划与维护，才能逐步建立起强势品牌。这是一个极其漫长的过程，必须立足全局，通盘考虑，整体规划，不能只做品牌而忽视营销组合等方面的协调统一；否则，只能让消费者越来越糊涂，无法在心目中建立起清晰的品牌形象。在世界范围内，成功进行品牌整体定位规划的企业不乏其例。如我国著名企业如家酒店。"如家"快捷连锁

酒店在国内已成为无人不知的品牌。之所以取得如此的知名度,全靠如家准确的品牌定位:一是"经济型"定位,有效切分了中国酒店业市场的巨大蛋糕;二是以"住宿"为关注焦点,把所有资源集中于住宿服务的价值提升上;三是以"低价格"降低客户消费成本,以"高性价比"赢取客户口碑和好感。2006年,如家在美国纳斯达克上市,当天开盘价为22美元,高出发行价59.4%;2010年,如家被美国纳斯达克OMX全球指数集团纳入纳斯达克中国指数股。如今,如家酒店是国内商务酒店品牌中规模最大的品牌,在全国300个城市拥有近2000家酒店。如家酒店多年获得中国金枕头奖"中国最佳经济型连锁酒店品牌"殊荣。2014年,如家酒店以4.2亿美元的品牌价值入选中国品牌100强,居酒店行业之首。

3. 求全定位

求全定位也可以称为过分定位。企业在宣传品牌时,往往希望能将其所有的优势都传递给消费者,并坚信这样可以更多地获得消费者的认同,刺激购买欲望。事实上,这种求全做法的结果往往适得其反。

求全定位往往会让消费者产生怀疑,或对品牌形象认识更加模糊,反而使定位的初衷不能实现。例如,通用汽车公司的凯迪拉克分部导入悉米路车,该车的定位类似于宝马、奔驰和奥迪。该车用皮座位,有行李架,大量镀铬,凯迪拉克的标志打在底盘上,可消费者只是把它看成一种雪佛兰的卡非拉汽车和奥兹莫比尔的菲尔扎汽车组合的玩具车。这辆车的定位是"比更多还要多",但消费者却认为它有"多种不足"。

即使品牌真的具有诸多优势,企业也应该集中宣传某一个方面。宝洁公司就深谙此道。其潘婷洗发水的广告片,虽然代言明星一直在变化,但是诉求的主题和品牌的定位却多年来始终如一——"从发根渗透到发梢,使头发健康亮泽"的营养型个性。长期定位的一致性,让消费者将"营养头发"与潘婷紧密结合起来,看到潘婷就知道它是给头发补充营养的,而一旦感觉到秀发营养不足,就会立刻想到用潘婷来解决问题。正是通过对消费者兴趣点的充分挖掘,使品牌在消费者心目中占据有利位置,一旦消费者产生了这种需求,就不会心有旁骛。

4. 品牌定位不足

定位不足也可以说是不充分定位。在激烈的市场竞争中,一个品牌想要从同类产品的成千上万个品牌中脱颖而出,就必须形成自己独特的卖点,吸引消费者的眼球,进一步刺激其购买欲望。目前,市场上的同类产品之间差异其实很小,再加上雷同的广告宣传,消费者虽然勉强记住了几个常见的品牌,但是对于它们之间差异的了解非常少。定位的模糊,让消费者意识不到这些品牌的独特之处,不能在其心目中树立起明确的品牌形象。例如,顺爽用女明星舒淇来演绎"一顺到底才叫爽",试图通过明星与大投入去满足消费者对"头发柔顺"的需求,但是与飘柔长期以来的"头发柔顺"定位相重合,这就注定了顺爽的失利。

3.2.2 品牌定位的原则和类型

1. 品牌定位的原则

成功的品牌定位是产品进入市场、拓展市场的助推剂。而在进行品牌定位的过程中，全面、正确和灵活地运用定位原则，是确保品牌定位成功的关键。一般来说，我们需要把握以下几个原则。

1）以目标消费者为中心的原则

品牌定位，其实是要借助传播等手段使品牌在消费者心目中占据一个有利的位置，因此要将品牌的利益与消费者心理上的需求结合起来。然而，任何一件产品都无法满足所有消费者的需求，任何一个品牌都只能以部分消费者作为服务对象，才能发挥其优势。所以，企业在进行品牌定位之前，必须考虑目标消费者的特征，通过科学的市场调查了解消费者的需求，以求其定位与消费者的需求相吻合，并通过一系列营销活动向目标消费者传达这一定位信息，让消费者感觉到这一品牌就是他们所需要的，这样才能真正获得消费者的青睐。

2）符合企业实际的原则

品牌定位之前还要考虑企业的规模、技术水平、管理能力等。企业的品牌定位，一方面要能促进资源的充分利用，发挥最大的效能，另一方面，也不能好高骛远，不顾实际情况，做力所不能及的事。例如，企业品牌定位于"时尚的代言人"，就必须拥有年轻、时尚、敢于不断创新的团队；定位于国际性的大品牌，就要有先进的经营管理水平、雄厚的资金支持等。

3）差异化原则

品牌定位必须要考虑竞争者的定位。任何一个品牌的定位，都要与竞争对手有所不同。拥有自己的特色，才能具有个性，给消费者留下深刻的印象；否则，消费者很难对后进入市场的品牌产生信赖感。1994年底"白加黑"推向市场时，并没有跟进当时感冒药领导品牌康泰克的"长效"定位和泰诺的"速效"定位，而是另辟蹊径，提出"白天服白片，不瞌睡；晚上服黑片，睡得香"，将两位领先者重新定义为黑白不分的感冒药，自己是"日夜分服"。凭此定位，上市仅180天，"白加黑"销售额就突破了1.6亿元，在拥挤的感冒药市场上占据了15%的份额，登上了行业第二品牌的地位，从此进入了三强品牌之列。

4）符合产品自身特点原则

产品是品牌的载体，任何品牌都不可能脱离产品而孤立存在。因此品牌定位也要结合产品自身的特点、属性、实用价值等来考虑。

例如，服装可以根据不同的市场细分，以时尚、商务、休闲等不同的定位来满足消费者的不同需求；而有些产品，如日用品中的洗衣粉、洗洁精等，很难将其定位于"高档"或是"潮流"。也就是说，这些产品本身的用途决定了无论怎样对品牌进行宣传，都无法使洗衣粉变成高档产品。

5）动态性原则

品牌定位不是一成不变的，要根据社会的进步、人们的生活方式和价值观念的变化、消费者需求的改变、产品的升级换代以及周围市场环境的变化而不断调整，进行再定位，使品牌拥有活力，始终贴近消费者的需求。例如，由于年轻人普遍将威士忌视作祖父辈的杯中爱物，苏格兰威士忌品牌Dewar's的消费群体老龄化现象日益严重，为维持现有市场、扩展新的市场，兼顾新老顾客，Dewar's被重新定位为"自信、有个性人士的佳酿"。不过，虽然从长期看，品牌定位需要不断进行调整优化，但在一定时期内应该保持相对的稳定性。

2. 品牌定位的类型

品牌定位的策略多种多样，归纳起来，可以从品牌产品、品牌目标消费者和品牌竞争者三个角度来寻找和开发品牌的定位点。

1) 与品牌产品相关的品牌定位

这种品牌定位从产品的属性、给消费者带来的利益、产品类别以及产品的质量与价格之间的关系等来寻找定位点，如高露洁牙膏的防蛀牙、采乐洗发乳的药物去头屑功能等。

2) 与品牌目标消费者相关的品牌定位

这种品牌定位围绕着目标消费群展开，一般来说，可以从使用者、使用或应用的场合和时间、消费者的购买目的及其生活方式、文化、个性等不同的角度来定位。例如，太太口服液定位于30至35岁的女性，而静心口服液则围绕着处于更年期的女性来开展营销活动。

3) 与品牌竞争者相关的品牌定位

这种品牌定位以行业内的竞争者作为参照物，通过详细分析、描述出竞争者的品牌在什么位置之后，再确立本品牌的定位。具体来说，有"首席或第一"定位、关联比附定位、空档定位等。例如，美国玛氏公司（M&M），针对普通巧克力容易在手里融化、不易携带的特点，开发出了"只溶在口，不溶在手"的巧克力，这个定位一经推出就给消费者留下了深刻的印象，迅速确立了玛氏的市场领导地位。

3.2.3 品牌定位的意义

如今，如何让自己的品牌和产品具有与众不同的个性和良好的形象，并且在消费者心目中占据有利的位置，直接关系到企业品牌的经营成败和发展前景。品牌定位之所以在企业界普遍受到推崇，一再成为大家关注的焦点，是因为成功地实施品牌定位具有以下几个方面的重大意义。

1) 品牌定位是联系品牌形象与目标消费者的无形纽带

品牌定位是把企业品牌的某些特征与消费者的某种需要联系起来，通过一定的沟通方式，把品牌确定在消费者的某一个特定的心理位置上，形成与竞争品牌的差异性特点，突出鲜明的品牌形象，以获得消费者的偏好，增加品牌价值。

以万宝路香烟为例，其在美国被塑造成自由自在、粗犷豪迈、浑身是劲、四海为家、纵横驰骋的西部牛仔形象，而这无疑迎合了美国男性烟民对那种不屈不挠、四海为家的男子汉精神的渴求；但在中国的香港，为了适应香港地区的文化特征，万宝路将其牛仔形象，摇身一变成为年轻洒脱、事业有成的农场主；而在日本，它又变成了依靠自己的智慧和勇气征服自然，过着诗歌田园生活的日本牧人。正是由于品牌定位不断地为适应世界市场而改变，万宝路香烟才能在激烈的市场竞争中保持不变的领先地位。

2) 品牌定位是市场细分过程的结果

前面已经谈到过，任何一件产品都无法满足所有消费者的需求，任何一个品牌都只能以部分消费者作为服务对象，这样才能发挥其优势。企业要根据不同消费者的需求偏好、购买习惯、生活方式和价值观念等不同的细分标准，把该产品的整体市场划分为若干个消费者群体。然后选择符合自己产品特色、企业能为之提供有效服务的目标市场，并根据目标消费群体的消费特征进行合理的定位，更经济、更合理地使用有限的资源，让与之相关的品牌推广等营销活动取得最好的效果。如奶粉市场就根据使用者的年龄细分为婴幼儿奶粉、儿童奶粉、学生奶粉、中老年奶粉等几大类。所以说，品牌定位是企业对市场进行细分，并选择适合的目标市场提供服务的结果。

3) 品牌定位是确立品牌个性的必要条件

品牌定位是品牌经营者向消费者宣传的品牌认同，它是由内而外的；而品牌个性却是消费者对它人格化的评价，它是由外而内的。如果品牌定位不明确，那么消费者所感知到的品牌个性就会模糊不清。随着科学技术和生产力的不断发展，产品之间的差异日益缩小，而同质化程度却在不断提高，在质量和服务上已经很难再形成比较优势，只有其人性化的表现才会深深地感染人们，成为消费者的情感归宿。如锐步被认为是冒险、年轻和充满活力的，柯达是淳朴、诚恳的，而惠普则是称职、有教养和影响力的。所以，品牌定位是确立品牌个性的必要条件。品牌定位不明，品牌个性就会模糊，产品也就无法引起消费者的共鸣。

4) 品牌定位是品牌传播的基础

所谓品牌传播是指品牌所有者通过广告、公关、人际传播以及各种媒介资源等传播手段，持续地与目标消费者交流，以期获得他们的了解和认同，最优化地增加品牌资产的过程。企业在进行品牌定位的同时，还必须通过品牌传播，有效地向目标消费者传递品牌策划时所设计的整体形象。

品牌定位与品牌传播在时间上存在着先后次序，正是这种先后次序决定了二者之间相互依赖、相互制约的关系。企业的品牌定位是想让消费者熟知、引起共鸣，甚至是在消费者心目中占据一个独特的位置，这就必须借助品牌传播来实现。如果不能做到这一点，那么该定位就是无效的。同时，在进行品牌传播的过程中，企业所投入的资金往往是有限的，如果不紧紧围绕着品牌定位来开展传播活动，则会造成有限资源的浪费，不能发挥其最大效用。

3.3　品牌定位的程序

品牌定位是一个比较复杂的过程，鉴于品牌定位的重要性，下面有必要介绍品牌定位的程序，了解其具体流程，以帮助企业进行有效的品牌定位。具体来说，品牌定位的程序主要包括以下五个部分。

3.3.1　品牌竞争者分析

"知己知彼，百战不殆"。企业要成功地进行品牌定位，首先就必须对同行业内竞争者的相关情况进行分析。具体来说，要了解的问题包括行业内竞争者的数量、它们有哪些产品以及所占的市场份额、在市场中处于什么样的竞争地位、它们有着什么样的优势和劣势以及最近的发展动向等，类似的问题还有很多很多，需要企业结合实际需要来进行调研。

要回答这些问题，需要品牌经营人员运用一切调研手段，对市场和消费者等展开深入调查，运用科学的方法，系统地分析所搜集到的资料，形成有价值的分析结果，使决策者对品牌竞争者有一个较为客观而深入的认识。

3.3.2 目标消费者分析

产品的最终购买者和使用者是消费者,因此对目标消费者进行分析,详细研究他们的需求,这对于进行成功的品牌定位以及吸引消费者是必不可少的。

这里要注意的是,品牌定位一定要与目标市场的个性化需求相吻合。如很多化妆品都笼统地定位于"美白"或是"保湿",从而使产品"千篇一面"。在诸多这样的品牌面前,消费者由于无从比较,往往感到无所适从,更不知如何去选择,究其原因就是因为没有结合特定目标市场进行准确定位所致的。

应该说,品牌定位后的产品是为特定消费者群量身定做的产物,企业应该仔细研究这部分消费者的需求,紧紧抓住这个需求来开展经营销售活动,没有必要也没有可能奢望通过品牌定位去吸引目标市场上所有的消费者。

如满婷系列产品,其品牌定位是"专业除螨"。科学调查表明,螨虫的人群感染率在国内外都是比较高的,成年人的感染率高达 97.68%,这无疑是一个巨大的市场。满婷针对这部分消费者开发出来的除螨产品,能有效抑制螨虫的生长和繁殖,清除和减轻炎症,提高皮肤的抗菌能力,因而迅速获得了消费者的青睐。

3.3.3 了解竞争品牌的定位

没有竞争的存在,定位也就失去了意义,拥有属于自己的品牌特色并与竞争者区分开,是企业在进行品牌定位时不可忽视的。因此,事先详细了解竞争品牌定位的意义就格外重要了。

了解竞争品牌的定位,进行相关信息分析,其目的就是力图寻找与竞争品牌的差异点,结合自身产品特色,选择与众不同的定位,提炼个性。这个差异点可以从竞争品牌的内在功能和品质等客观方面入手,也可以从品牌中是否有某种身份、地位象征等延伸差异方面来考虑。

值得注意的是,从竞争者角度分析竞争者定位信息,是为了赢得与竞争产品的比较优势,而这种比较优势是针对同一消费者群的。所以,只有目标市场与本企业相同或类似的竞争者的定位信息才对本企业有价值。前面谈到的白加黑,在推向市场前,对当时的市场进行详细分析后发现,感冒药的定位基本上都是"长效"和"速效",白加黑产品的特色正是针对这一点,另辟蹊径,提出"白天服白片,不瞌睡;晚上服黑片,睡得香",才获得了巨大的成功。

3.3.4 品牌定位决策

本企业的品牌与竞争对手的品牌在产品、技术、质量或服务等多方面都会存在差异,而品牌定位不可能将这方方面面的差异点都顾及到,因此要选择与消费者需求相符、最具特色、能展示其独特竞争优势的差异点进行品牌定位。

同时,品牌定位还要考虑企业的规模、技术水平和实力等相关因素。品牌定位是为了让产品占领和拓展市场,为企业带来利润,在品牌定位上的投入与企业所得到的经济效益是企业经营者应该着重考虑的问题。

另外,企业在初步确定了品牌定位后,最好能针对这个定位在部分目标消费者中进行调查或是在某个区域市场进行试验,根据调查和试验结果进行分析和适当的修改,以保证在更大的销售范围内其品牌定位能成功地被目标消费者接受。

3.3.5 品牌定位的监控与调控

在完成品牌定位设计、相应的品牌传播和推广活动开始后，企业并不能就此高枕无忧。品牌经营人员应该密切注意产品在市场上的销售情况以及竞争对手和目标消费者等对于品牌定位的反映，等等。若消费者、中间商等各方面反映平平，则说明这个品牌定位没有达到应有的效果，企业要调查其原因所在，并进行适当的调整。若各方面反映都一直良好，企业也不能掉以轻心，要时时监控市场上的反应，以防品牌定位由于时间原因变得落后、陈旧，跟不上时代发展的要求。

3.4 品牌定位的策略

3.4.1 属性定位

在实际操作中，属性定位可能是使用最多的。它主要借助产品的某项特色来表达与同类品牌的区别。例如，沃尔沃通过在商业广告中演示它的碰撞试验并引证该车平均寿命的统计数字来强调安全性能，宣传自己的耐用性；相比之下，菲亚特努力做到将自己的车定位成欧洲的轿车，使用欧洲的技术工艺；宝马则重于驾驶性能和工程技术效率，它使用的广告主题是"最完美无缺的汽车"，并不断强调驾驶的乐趣；奔驰则在很大程度上等同于高级或豪华车的同义词，其乘坐的舒适性是世界上公认第一流的。

3.4.2 利益定位

利益定位就是根据产品所能满足的需求或所提供的利益、解决问题的程度来进行定位。在现实生活当中，消费者总是按自身的偏好和对各个品牌利益的重视度来选购产品。利益定位实际上就是将品牌的某一特点与消费者的关注点联系起来。这两点一致，就能够刺激消费者的购买欲望，强化品牌在消费者心目中的位置，有利于品牌和消费者关系的发展。

这里的利益可以是产品的利益，也可以是品牌的利益。产品的利益是指产品如何能满足消费者的需求，如夏士莲向消费者提供的利益点是"中药滋润"，飘柔的利益承诺是"柔顺"；而品牌的利益更多的是带给消费者的一种感觉和结果，如花花公子、袋鼠等，都是地位、时尚和个性的代名词，拥有它就会让消费者感到很有品位，很有档次，从而得到心理上的满足。

3.4.3 使用/应用定位

这种定位是根据产品的某项使用或应用来定位的。来自泰国的红牛，其"累了困了喝红牛"的广告宣传，将自己列为功能饮料，强调其功能是迅速补充能量，消除疲劳。而消费者在运动结束之后，或精力需要尽快恢复的时刻，就能联想到红牛，进而实现购买行为。

3.4.4 使用者定位

这是把产品和特定用户群联系起来的定位策略。它直接以这类消费者为诉求对象，突出产品专为其服务，并试图让他们对产品产生一种独特的感觉，比如归属感等。如太太口服液定位于太太阶层，其口号是"太太口服液，十足女人味"；而中国移动推出的"动感地带"，针对如今年轻人追求时尚和独立的个性等特点，邀请周杰伦演绎了一系列的广告宣传片，提出"我的地盘我做主"，获得了众多年轻人的认同，尤其是大学生一族。这些都是使用者定位策略的运用。

3.4.5 竞争者定位

又称为比附定位，指企业通过各种方法和同行中的知名品牌建立一种内在联系，使自己的品牌迅速进入消费者的心目中，占领一个牢固的位置，并借名牌之光使自己的品牌生辉。比附定位主要有以下三种方法。

1. 甘居"第二"

该方法明确承认自己在行业中只能排名第二，与最优秀的品牌还存在差距。这种策略会使人们对公司产生一种谦虚诚恳的印象，相信公司所说是真实可靠的。如美国安飞士（Avis）汽车租赁公司强调"我们是老二"，随即笔锋一转，"但我们更努力"（We Try Harder），突出其谦虚、耐心、热情的特性，从而赢得了更多忠诚的客户。而蒙牛推广宣传一开始就与伊利联系在一起，如其第一块广告牌子上写的是"做内蒙古第二品牌"，宣传册上写着"千里草原腾起伊利集团、蒙牛乳业……我们为内蒙古喝彩"，在冰激凌的包装上打出了"为民族工业争气，向伊利学习"的字样，蒙牛利用伊利的知名度，无形中将蒙牛的品牌打了出去，提高了品牌的知名度。

2. 攀龙附凤

该方法也承认自己不是行业中最有领导力的品牌，但在某些特定地区或在某一方面还可与之相提并论，借领导品牌的地位、声望来提高自己的地位和形象。如内蒙古的宁城老窖，宣称是"宁城老窖——塞外茅台"。

3. 高级俱乐部策略

企业如果不能取得第一名或攀附第二名，便可采用此策略，借助群体的声望和模糊数学的手法，打出限制严格的俱乐部式的高级群体牌子，强调自己是这一高级群体的一员，从而提高自己的地位形象。典型的例子是美国克莱斯勒汽车公司宣布自己的汽车是美国"三大汽车之一"，使消费者感到克莱斯勒和美国通用（第一）、福特（第二）一样都是知名轿车了，从而收到了良好的效果。

3.4.6 产品类别定位

根据产品类别建立品牌联想，称为产品类别定位。产品类别定位力图通过挖掘品牌产品和与之相关的更加知名和熟悉的产品之间的区别而得到品牌定位点，继而成为这个产品类的代名词。

产品类别定位成功的典范当属美国的七喜汽水。当时可口可乐和百事可乐是市场领导品牌，地位非常稳固。七喜汽水为了成功地进入市场，宣称自己是"非可乐"型饮料，与两乐不是同一类产品，是代替两乐的消暑解渴饮料。这种定位，不仅避免了与实力强大的两乐的正面冲突，还巧妙地将自己与它们并列在同一位置。得益于其成功的产品类别定位，七喜汽水成为美国第三大软性饮料。又如粟米油，以不含胆固醇这一特点而与花生油区别开来，在市场上拥有了自己的消费群体。

3.4.7 质量/价格定位

该方法是结合质量和价格来定位。质量和价格通常都是消费者最关注的因素，直接关系到买卖双方的直接利益。不同的消费者关注点有所不同。如果某产品的目标市场是工薪阶层，则可定位于"物美价廉"或"物有所值"，如雕牌洗衣粉用"只选对的，不买贵的"，暗示雕牌的实惠价格；沃尔玛超市定位于"天天平价"，其良好的声誉为其提供了产品质量保证，让消费者买得放心；戴尔电脑采用直销模式，降低了成本，并将降低的成本让利给顾客，因而戴尔电脑总是强调"物超所值，实惠之选"；海马牌床褥强调"打破平价无靓（'靓'是广东话'好东西'的意思）的定律"，而目标市场是高收入者，则可定位于"高质高价"；喜悦香水，称自己是"世界上最好的香水"，暗示其产品的质量高及地位的尊贵。当然，将价格和质量结合起来的定位方法还有很多种。

3.4.8 文化定位

文化定位是将文化与品牌特征联系起来，为品牌注入文化内涵，形成文化上的品牌差异。文化定位不仅可以大大提高品牌的品位，而且可以使品牌形象独具特色，更容易获得消费者的心理认同和情感共鸣，使产品及其形象根植于消费者脑海中，达到稳固和扩大市场的目的。

目前，国内企业运用文化定位有不少成功的案例。金六福酒业从中国传统福文化的字符中，挖掘出"祝福、吉祥、美满"，将金六福与消费者联系起来，置"福"于酒之中，使金六福品牌迅速崛起；而孔府家酒推出的"孔府家酒，叫人想家"，把酒与家结合起来，让人脑中不由自主地勾画出全家团聚的喜庆场面，使得孔府家酒名噪一时；珠江云峰酒业推出的"小糊涂仙"酒，就成功地实施了文化定位，他们借"聪明"与"糊涂"反衬，将郑板桥"难得糊涂"的名言融入酒中，由于把握了消费者的心理，将一个没什么历史渊源的品牌在市场上运作得"风生水起"。

3.4.9 情感定位

情感定位是将人类情感中的关怀、牵挂、思念、温暖、怀旧、挚爱等情感内涵融入品牌，使消费者在购买、使用产品的过程中获得这些情感体验，从而唤起消费者内心深处的认同和共鸣，最终获得对品牌的喜爱和忠诚。这就如同恋人们穿情侣衣、戴情侣表等一样，不是为了保暖、看时间，而是想表达一种情感。

浙江纳爱斯的雕牌洗衣粉，借用社会关注资源，在品牌塑造上大打情感牌，其"下岗篇"的广告片，就是较成功地运用了情感定位策略。以小男孩纯真的语言"妈妈，我能帮您干活啦"，引起了消费者内心深处的震颤以及强烈的情感共鸣，自此，纳爱斯雕牌跳出了价格诉求，转而以情感诉求来打动消费者，更加深入人心。而哈尔滨啤酒"岁月流转，情怀依旧"的品牌内涵让人勾起无限的岁月怀念。

3.4.10 生活方式定位

生活方式定位就是按照产品与某类消费者的生活形态和生活方式的关联来进行定位。它将品牌人格化，把品牌当作一个人，赋予其与目标消费群十分相似的个性。而市场研究表明，仅从消费者的自然属性来划分市场已越来越难以把握市场了，消费者的生活方式、生活态度、心理特征和价值观念越来越重要，已成为市场细分的标准。例如，哈根品牌服装，推崇"时尚、丰富、浪漫"的生活方式，品牌定位于拥有这种生活方式或崇尚这种生活方式，且年龄在25~35岁之间的都市女性。他们以这个群体的生活形态为依据，设计、开发了一系列的服装和饰品，深受消费者的喜爱。

3.5 品牌定位的技术

对品牌进行定位可借助一些技术图形。下面介绍几种常用的图形。

3.5.1 定位图

定位图是进行简单分析（两个变量）时最常使用的一种定位分析工具。一般利用平面二维坐标图的品牌识别、品牌认知等状况做直观比较，以解决有关定位问题。其坐标轴代表消费者评价品牌的特征变量，图上各点则对应市场上的主要品牌，它们在图上的位置代表消费者对其关键特征的评价。如图3-1所示是啤酒品牌的定位图，图上的横

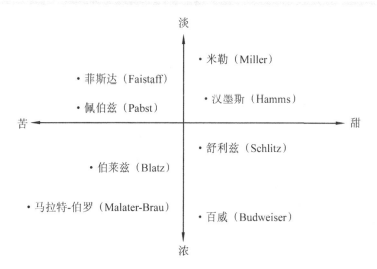

图3-1 啤酒品牌定位图

坐标表示啤酒口味的苦甜程度，纵坐标表示口味的浓淡程度，而图上各点的位置反映了消费者对其口味和味道的评价。如百威（Budweiser）被认为味道较甜、口味较浓，而菲斯达（Faistaff）则味道偏苦、口味较淡。

通过定位图，可以显示出各品牌在消费者脑海中的印象以及它们之间的差异，从而在此基础上做出定位决策。

定位矩阵图是经常使用的定位图之一。它在进行定位分析的时候，将对消费者品牌认知的过程，即知晓—认同—关联—归属四个层次做整体性分析，进而推出它的两个特征变量。

1）声誉

在消费者的感知中，知晓度与认同度更多的是以该品牌的名声、名气、知名度、名望等来被认同和体现的，因此，将这些消费者感知的不同元素归纳为"声誉"。在具体的运用中可将声誉以量化的分值来表达。

2）档次

在消费者的感知与体验中，关联度与归属度往往以该品牌与消费者是否有关，是否能够代表消费者的消费观念、消费主张甚至是消费者的生活品位、社会价值体现出来的，同时也反映了消费者对该品牌的档次认同、感受等。在品牌定位时，也可将档次以量化的分值来表达。

如图 3-2 所示，声誉和档次作为矩阵分析的两个主轴。在品牌营销过程中，当消费者认为一个品牌的声誉较高时，他愿意支付的价格往往也较高；反之，当他认为该品牌的声誉较低时，他愿意支付的价格也较低。同样，当一个消费者对一个品牌的档次认同越高，他愿意支付的价格也越高；反之，当他对一个品牌的档次认同越低，他愿意承受的价格也越低，由此推出产品的定位。

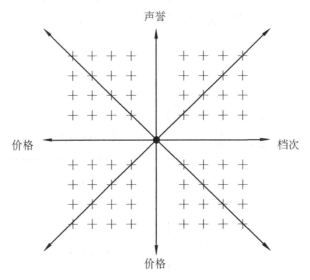

图 3-2 品牌定位矩阵图

3.5.2 排比图

如果需要做更复杂的分析（针对两个以上的特征变量），可用其他的定位工具，如排比图和多元分析的统计软件。排比图就是将特征变量排列出来，在每一个变量上分别比较竞争品牌的各自表现，最后在此基础上定位。排比图最大的特点是适应多因素分析，有助于在纷繁的变量中寻找定位。

现以一管理顾问公司定位的图例来具体介绍如何运用排比图。

如图3-3所示，描述顾问公司的八个特征因子的重要性系数由8到1不等，专业程度是顾问公司应具有的最重要的特征，作业能力次之，作业知识再次之。图中B、P、R、A、S代表各主要的竞争对手，它们在这八方面的各自表现一目了然。S公司不失为最强的竞争对手，它不但在最关键的方面——专业程度上口碑过人，而且在作业能力、动员能力、主管亲和力等方面都有不俗的表现。至于作业能力这点，A公司守住了最强势的位置。不难发现，在前两个重要的因子上已是强手如林，再把自己的定位硬插进去，多数情况下会无功而返。但我们还可以退而求其次，在重要性系数为6的因子"作业知识"上，排在最前面的R公司也不过表现平平，连出众的S公司也在这方面蹩脚得很。此时定位范围的问题一下子就豁然开朗了。作业知识虽重要性稍逊于前两点，但在消费者心目中也占有相当的位置，所以仍不失为一个有价值的定位位置。

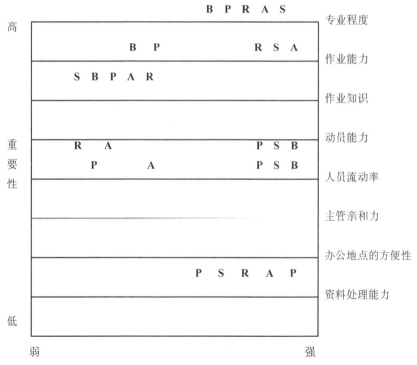

图3-3 竞争公司强度的排比图

3.5.3 配比图

配比图是通过配比品牌的优、缺点和消费者的要求来发现市场空档，找到定位范围的。如图3-4所示。

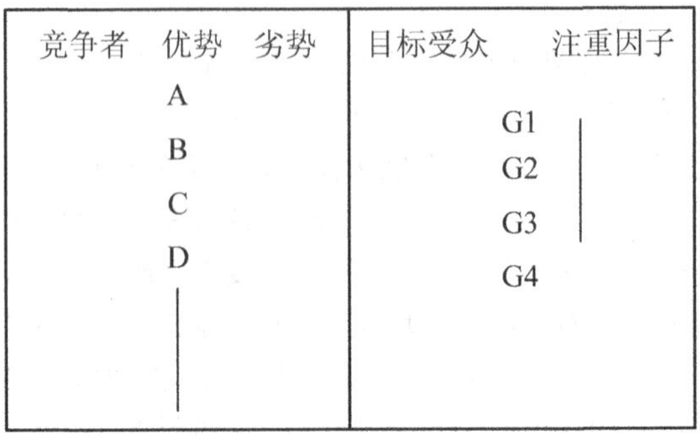

竞争者	优势	劣势	目标受众	注重因子
A				
B			G1	
C			G2	
D			G3	
			G4	

图3-4　品牌定位配比图

配比图左边列出的是竞争者及自己品牌的优、缺点，而右边罗列的是经细分的消费群体对产品的各自要求。经左右配比，定位成功的品牌都可以击中某一群消费者的心，如 A→G2，C→G1。至于定位不成功或缺乏定位的品牌，则游离于市场需求之外，任何消费群体都不会对其青睐。但需要注意的是，哪一群消费者被冷落了，他们的需要未得到满足，即意味着那是一个潜在市场。

  案例　**万宝路品牌再定位——从"淑女"到"牛仔"**

一提到万宝路（Marlboro），在全球消费者心目中便涌现出了那粗犷豪放、自由自在、浑身是劲、纵横驰骋、四海为家、无拘无束的美国西部牛仔的形象。在当今世界，万宝路无疑是知名度最高和最具魅力的国际香烟品牌之一。就销售而言，全球平均每分钟消费的万宝路香烟就达100万支之多。

大概谁也不会想到风靡全球的万宝路香烟曾经是在1854年以一小店起家，1908年正式以品牌 Marlboro 形式在美国注册登记，1919年才成立菲利普·莫里斯公司，而在20世纪40年代，这家公司还曾宣布倒闭过。

在万宝路创业的早期，万宝路的定位是女士烟，消费者绝大多数是女性。广告口号是：像五月天气一样温和。可是，事与愿违，尽管当时美国吸烟人数年年都在上升，但万宝路香烟的销路却始终平平。女士们抱怨香烟的白色烟嘴会染上她们鲜红的口红，很不雅观。于是，莫里斯公司把烟嘴换成红色。可是这一切都没有能够挽回万宝路女士香烟的命运，莫里斯公司不得不在20世纪40年代初停产。

第二次世界大战后，美国吸烟人数继续增多，万宝路把最新问世的过滤嘴香烟重新搬回女士香烟市场，并推出三个系列：简装的一种，白色与红色过滤嘴的一种，以及广告语为"与你的嘴唇和指尖相配"的一种。当时美国香烟消费量一年达3820亿支，平均每个消费者要吸2262支之多。然而万宝路的销路仍然不佳，吸烟者中很少有人抽万宝路，甚至知道这个牌子的人也极为有限。

正当该品牌处于一筹莫展时，1954年莫里斯公司找到了当时非常著名的营销策划人李奥·贝纳，交给了他这个课题：怎么才能让更多的女士购买和消费万宝路香烟？

在对香烟市场进行深入的分析和深思熟虑之后，李奥·贝纳认为，万宝路香烟不畅销的主要原因是由于该香烟带过滤嘴且焦油含量较低，由于多年的宣传，当时的美国消费者普遍认为万宝路是"女性香烟"，由此影响了销路。为此，只有改变品牌的形象才能争取到更多的消费者，特别是男性消费者。李奥·贝纳完全突破了莫里斯公司限定的任务和资源，对万宝路进行了全新的品牌定位，大胆向莫里斯公司提出：将万宝路香烟定位改变为男子汉香烟，变淡烟为重口味香烟，增加香味含量，并大胆改造万宝路形象；包装采用当时首创的平开盒盖技术，并以象征力量的红色作为外盒的主要色彩，用粗体黑字来描画名称，表现出阳刚、含蓄和庄重；广告上的重大改变是，万宝路香烟广告不再以妇女为主要诉求对象，广告中一再强调万宝路香烟的男子汉气概。菲利普·莫里斯公司在起用过马车夫、潜水员、农夫等广告形象后，最后将理想中的男子汉落定在美国牛仔这个形象上，他目光深邃、皮肤粗糙、浑身散发着粗犷豪气，人们在广告中总是见"他"袖管高高卷起，露出多毛的手臂，手指间夹着一支冉冉冒烟的万宝路香烟，时刻流露着美国西部牛仔的英雄气概，魅力非凡。"他上马的姿势、骑马的神态、遛马的手势，这一切必须具有男子汉气魄。"

这就是使菲利普·莫里斯公司一时名噪全球的广告有力武器——"绝不矫饰的男子汉气魄"。这个广告于1954年问世后，给万宝路带来巨大财富。仅1954—1955年间，其销售量就提高了3倍，一跃成为全美第十大香烟品牌；1968年，其市场占有率上升到全美同行的第二位。

此外，菲利普·莫里斯公司还赞助了一级方程式赛车20余年。在公众看来，一级方程式赛车，历来就是勇敢的男士所向往的体育运动，菲利普·莫里斯公司长期赞助一级方程式赛车，以至于很多观众认为一级方程式赛车已是万宝路的专利。

菲利普·莫里斯公司投入数额巨大的广告费，终于在人们心目中树立起"哪儿有男子汉，哪儿就有万宝路"的名牌形象，那粗犷豪放、自由自在、浑身是劲、纵横驰骋、四海为家、无拘无束的牛仔代表了在美国开拓事业中不屈不挠的男子汉精神，而这也作为"万宝路"的形象深入了人心。

万宝路成功的品牌定位给菲利普·莫里斯公司带来了巨大的回报。随着世界性禁烟运动的发展，全球大多数烟草公司的销售额都呈下降趋势，而万宝路的销售额却在不断攀升，1991年甚至创下了94亿美元的销售新纪录。20世纪90年代中期，万宝路已经成为全球仅次于可口可乐的第二大品牌，其品牌价值高达500亿美元。

案例思考题

1. 万宝路为什么要进行重新定位？
2. 重新定位为万宝路带来哪些利益？
3. 万宝路的定位策略是什么？
4. 我们从万宝路案例中获得了哪些启示？

本章小结

本章阐述了品牌定位的基本概念、基础理论,品牌定位的误区、原则、类型及意义,品牌定位的程序,品牌定位的策略,品牌定位的技术等内容。

定位理论由美国学者艾·里斯和杰克·特劳特提出。经过多年的实践和发展,该理论不断地成熟和完善,其原则、内涵、种类和战略传播等内容得到了不断的丰富,逐步成为市场营销理论中的重要组成部分。定位是针对现有的产品的创造性的思维活动,它不是对产品采取什么行动,而是要针对潜在消费者的心理采取行动,是要将产品定位在消费者的心目中。定位理论的演进主要经历了三个阶段,即USP理论阶段、品牌形象论阶段、品牌定位论阶段。

由于认识上存在偏差,企业在定位中往往出现一定误区。如对定位的认识不统一,定位缺乏整体规划,求全定位或定位不足,等等。

定位有其固有的原则,也有一定的类型。一般来说,要把握以目标消费者为中心的原则、符合企业实际的原则、差异化原则、符合产品自身特点原则和动态性原则。品牌定位的类型主要表现为品牌与产品相关、与品牌目标消费者相关、与品牌竞争者相关三种。

品牌定位的意义体现在市场营销的全过程中,即与消费者发生联系,确立品牌个性,确定传播的内容和过程,除此之外,它还是市场细分的结果。

品牌定位应遵循一定的程序。首先要对品牌竞争者进行分析,其次要分析目标消费者,了解竞争品牌的定位,最后才能作出品牌定位决策。在品牌运营过程中,还要注意对品牌定位进行监控与调控。

根据产品特点和企业利润目标,要灵活地运用品牌定位策略。常用的定位策略有属性定位、利益定位、使用/应用定位、使用者定位、竞争者定位、产品类别定位、质量/价格定位、文化定位、情感定位、生活方式定位等。

品牌定位有一定技术,企业应根据实际情况,运用相应技术提高品牌定位工作的效率。

关键术语

定位	品牌定位	属性定位
利益定位	使用/应用定位	使用者定位
竞争者定位	产品类别定位	质量/价格定位
文化定位	情感定位	生活方式定位

思考题

1. 品牌定位存在哪些误区?
2. 试阐述品牌定位的重要意义。
3. 品牌定位的程序有哪些主要步骤?
4. 除了书中介绍的定位策略外,还有没有其他的策略?如果有,请举例说明。
5. 以你熟悉的一个品牌为例,分析其品牌定位策略。

参考文献

[1] 汪涛. 现代广告学[M]. 武汉：武汉大学出版社，1998.
[2] 肖怡. 市场定位策略[M]. 北京：企业管理出版社，1999.
[3] 中国营销总监职业培训教材编委会. 品牌营销[M]. 北京：朝华出版社，2004.
[4] 李倩茹，李培亮. 品牌营销实务[M]. 广东：广东经济出版社，2002.
[5] 蒲楠. 打造品牌[M]. 北京：中国纺织出版社，2004.
[6] 郭丰庆. 品牌定位的五种模式——品牌定律之三[J]. 中国品牌，2005(1).
[7] 李业. 品牌管理[M]. 广州：广东高等教育出版社，2004.

第 4 章　品牌设计

本章提要：本章主要介绍品牌设计策略。其重点在于了解品牌设计包含哪些内容，以及品牌名称、品牌标志和品牌理念的不同分类方法。本章的难点在于正确地理解和掌握各种设计分类及应用的相应原则，从而能被灵活地运用到营销实践中。

引　例

1998 年，谷歌联合创始人谢尔盖·布林利用免费图像软件 GIMP 设计了最初的标志。随后，布林和拉里·佩奇在斯坦福大学的好友鲁斯·克达尔又拿出了其他一些原型设计，经过一番比较，他们确定使用 Catull 字体。克达尔说，本来我们有更多颜色，但最终我们采用了基本色，但并非按次序分布，我们将绿色放在 L 上，意味着我们并非默守成规。很快，Google 的 LOGO 已经像 Nike 的挑勾和 NBC 的孔雀图案一样著名了。

最近几年中，谷歌著名的彩虹色标志一直在进行微调。比如在中国每年春节的时候，谷歌都会变换其标志设计的图案，而由于中国每一年的生肖都不同，所以这个标志设计的图案也每一年都不一样。最著名的是在 2009 年的春节，谷歌的标志有了非常大的变化，也更能够生动地体现出春节的氛围。在牛年初一的凌晨，Google 中国首页推出了中国春节 LOGO，以中国喜庆的红色及金黄色为主色调，LOGO 中有倒"福"字(寓意福到)，有昂首向前的小牛(寓意虽然 2008 年遭遇雪灾、大地震、金融危机等影响，不屈的中国人仍昂首挺胸迈入 2009 年，开创更美的未来)。

又如 2012 年情人节，谷歌所设计的品牌标志在气氛的渲染上更加突出了温暖、童趣的气氛，标志以游乐园作为创作的主题，将摩天轮、过山车等一些游乐设施作为的创作元素，并将其美化。同时，加上色彩方面的搭配，就更加凸显了该款标志的温暖与浪漫。在这款商标设计当中并没有采用玫瑰花、巧克力等一些代表情人节的设计元素，而是以另一条设计线路将其描绘、勾勒，在凸显浪漫的同时，也呈现出了一种温暖、童趣。

> 实际上随着谷歌搜索、浏览器功能和应用程序的发展，域名的重要性正在持续下降，品牌名称及设计却更重要，甚至在互联网领域更加重要，尤其是在移动领域。

4.1　品牌名称设计

品牌名称是品牌的核心要素，是形成品牌概念的基础，它是指品牌中能够读出声音的部分，它有可能是企业名称，也有可能是商标名称。

纵观世界上的一些著名企业，它们的名称各具特色，但都遵循共同的规律，还包含诸多精彩的偶然创意。

4.1.1　品牌名称分类

1. 明喻式、隐喻式、空瓶式品牌名称

品牌名称多种多样，诸如麦当劳是人物名字，IBM 是品牌名称的缩写，999 是数字等，但仍可以按不同的标准对它们进行分类。首先，根据名称本身的含义可将其划分为明喻式、隐喻式和空瓶式。

1）明喻式品牌名称

明喻式名称即直接用产品的属性或功能作为名称。一般应用在药品行业，例如风湿骨痛膏、银黄颗粒等。这种命名方式除制药行业外，在其他行业很少运用，因此应用范围窄小。

2）隐喻式品牌名称

隐喻式名称即通过含蓄和暗示的手法，将产品的功能或特征表达出来。对企业经营者来说，隐喻是一种非常简洁地表达经营者经营理念的方法。

案例　　　　营销视点 4-1

> 奔驰的全称为 Mercedes-Benz，太长的英文在时间的消磨下就逐渐把前边的 Mercedes 给摒弃了，简称为 Benz。当其进入中国市场时首先面临的是在保留原有的品牌精神的同时，必须进行本土化命名，对接我国文化，才能令中国消费者接受。如果按本身的发音应译成"本次"或"笨死"，可这样的音译太缺乏中国意境，没能进行本土文化的对接，后来香港又叫"平治"，直到最终找到"奔驰"这个贴切的译名。这其实只是一些音的微妙变化，却让这辆陌生的汽车随着名字的鲜活而深入人心，在汽车的道路上奔驰，寓意在人生道路上奔驰，刻画出它栩栩如生的速度感。

3）空瓶式品牌名称

空瓶式名称即品牌名称本身没有任何含义，不会让消费者产生任何联想。

2. 其他类型品牌名称

根据名称的内容不同，可将品牌名称分为商标式、数字式、人物式、动物式、植物式、时间式和地名式。

1) 商标式品牌名称

商标式品牌名称是指借用产品商标的名称作为品牌的名称。它又可分为两种类型：全称式和缩写式。全称式如菲利浦电器公司的菲利浦电器。缩写式是用商标名称的缩写来为品牌命名，其基本做法是将品牌名称每个单词的第一个字母组合起来，其特点是简单，但不容易记忆，因为它既未能说明企业的特质，也不能使人联想到该企业的产品。

2) 数字式品牌名称

数字式品牌名称，即品牌名称完全是由数字或数字与文字联合组成的。它的突出优点是便于企业进行国际营销推广，因为阿拉伯数字是世界通用的。较著名的数字名称有999胃泰、宝马X5、七喜汽水、香奈儿5号香水等。

3) 人物式品牌名称

人物式品牌名称，即直接以人物的名字作为品牌的名称。有可能是创业者或设计者的名字，如福特、李维斯、麦当劳、劳斯莱斯、李宁等。

4) 动物式品牌名称

动物式品牌名称，即以动物的名称为品牌命名。动物式品牌名称常能给消费者留下深刻的印象，著名的有天猫、熊猫、大白兔等。但要注意，由于不同民族有不同的风俗习惯，同一动物在不同民族文化里的象征意义也不同。

5) 植物式品牌名称

植物式品牌名称，即以植物的名字作为品牌名称。如两面针牙膏、苹果计算机等。同样也要注意，植物的生长环境有限，人们对植物的熟悉程度有差异，同时不同地区的居民对植物的偏好也不相同。因此，植物不宜作为世界型品牌的名称。事实上，在世界著名品牌中，以植物命名的品牌也并不多见。

6) 时间式品牌名称

时间式品牌名称，即以时间概念作为品牌的名称。这种品牌名称特色不够鲜明，只能用于地区性或地方性品牌，不宜用于世界性的品牌。

7) 地名式品牌名称

地名式品牌名称，即以产品的出产地或所在地的山川湖泊的名字作为品牌的名称。例如，世界电商巨头亚马逊就以世界上最大的河流命名了自己的品牌，青岛啤酒以及万宝路等则是地名的演变。以地名为品牌命名时，要注意地名要有特色、知名度，还应有利于品牌的推广。

进一步细分，品牌设计者根据产品的生产地不同，还可以将品牌名称划分为国产式名称和外来语式名称。

国产式品牌名称，是指国内产品的中文名称。这是一种最常见的品牌命名方式，如新飞电器等。

外来语式品牌名称，即出口产品在进口国的名称。又可以分为音译、意译和混译三种。音译的名称，是指根据国外品牌名称的发音翻译而得的名字，如香奈儿（Chanel）、耐克（Nike）等。意译的名称，即外文品牌原意的中文译名，如花花公子（Playboy）等。除音译名称和意译名称外，还有一种是音译与意译相结合的名称，如可口可乐（Coca-Cola）、美宝莲（Maybelline）等。

4.1.2 品牌名称设计的原则

品牌名称的设计原则实际上是指企业经营者为企业的品牌命名时应遵循的原则。一般来讲，首先应遵循易读、易记原则。易读、易记原则是对品牌名称最根本的要求。品牌名称只有易读、易记，才能高效地发挥它的识别功能和传播功能。如何使品牌名称易读、易记呢？这就要求企业经营者在为品牌命名时，遵循以下九项原则。

1. 简洁明快

名字单纯、简洁明快，易于和消费者进行信息交流，而且名字越短，就越有可能引起消费者的遐想，含义更加丰富。绝大多数知名度较高的品牌名称都是非常简洁的，这些名称多为 2~3 个音节，如 BMW、SONY 等。

2. 个性独特

品牌名称应具备独特的个性，避免与其他品牌名称混淆。如日本索尼公司（SONY），原名为"东京通信工业株式会社"。产品将要打入美国时，美国的这类名称多如牛毛，如 ABC、NEC、RCA、AT&T 等。为了企业的国际化发展，产品的名称一定要风格独特、醒目、简洁，并能用罗马字母拼写。另外，这个名称无论在哪个国家，都必须保持相同的发音。最后，索尼公司将"SONNY"的一个字母去掉，变为"SONY"，这一名称不仅使 SONY 公司财运亨通，而且也成为消费者爱不释手的名牌商标。

3. 新颖别致

新颖别致是指名称要有新鲜感，跟上时代潮流，创造新概念。

4. 读音响亮

品牌的名称要易于上口，难发音或音韵不好的字，都不宜用做品牌的名称。

5. 高雅超众

高雅超众是指品牌的名称要有气魄，起点高，具备冲击力及浓厚的感情色彩，给人以震撼感。

6. 启发联想

启发联想是指品牌的名称要有一定的寓意，让消费者能从中得到愉快的联想，而非消极的联想。

7. 与标志物一致

标志物是指品牌中可被识别但无法用语言表达的部分，如麦当劳的黄色 M、万宝路的英文字体（见图 4-1）、百事的蓝红白标志等。

标志物是企业经营者命名的重要目标，需要与品牌名称联系起来考虑。当品牌名称能够刺激和维持标志物的识别功能时，品牌的整体效果就能够得到加强。

图 4-1　万宝路的标志物

8. 适应地域文化

品牌名称对于相关人群来说，可能听起来合适，并使人产生愉快的联想，因为他们总是能从相关的背景出发，根据某些他们偏爱的品牌特点来考虑该名称。但是，一个以前对它一无所知的人第一次接触到这个名字，他会产生怎样的心理反应呢？这就要求品牌名称要适应目标市场，适应市场上消费者的文化价值观念。另外，品牌名称不仅要适应目前目标市场的文化价值观念，而且也要适应潜在市场的文化价值观念。

文化价值观念是一个综合性的概念，它包括风俗习惯、宗教信仰、价值观念、民族文化、语言习惯、民间禁忌等，不同的地区具有不同的文化价值观念。如同样的植物或动物，在不同的地区具有不同的象征意义。因此，企业经营者要想使企业进入新市场，首先必须入乡随俗，有一个适应当地市场文化环境并被消费者认可的名称。

9. 受法律保护

经营者还应该注意，品牌名称一定要能够注册，受到法律的保护。为此，必须注意以下两点。

1）该品牌名称是否有侵权行为

企业要通过有关部门查询是否已有相同或相近的名称被注册。如果有，则必须重新命名。

2）该品牌名称是否在允许注册的范围以内

有的品牌名称虽然不构成侵权行为，但仍无法注册，难以得到法律的有效保护。企业经营者应向有关部门或专家咨询，询问该品牌名称是否在商标法许可注册的范围内，以便采取相应的对策。

4.2　品牌标志设计

品牌标志是企业的重要资产，许多企业花大量资源以保护这些符号。研究表明，图形比言语更容易记忆和再认，在短时和长时记忆中均能保持较长时间。因此，长久以来品牌标志都受到企业管理者的重视。

品牌标志物是指品牌标志中可以被识别但不能用语言表达的部分，即品牌标志的图形记号。如可口可乐的红色圆柱曲线、奔驰汽车的三叉星环、麦当劳的黄色 M 等。

品牌标志物与营销名称、标志色、产品包装等都是构成完整的品牌标志概念的要素。品牌标志物自身能够创造消费者认知、消费者联想和消费者对企业的偏好，进而影响品牌标志所体现出的产品质量与消费者的品牌忠诚。

4.2.1　品牌标志物的作用

1. 品牌标志物能够引发消费者联想

品牌标志物中的有关信息会引发消费者的联想，特别是那些有关产品属性的标志物最容易引起消费者的联想。

2. 品牌标志物能够促使消费者产生喜爱的感觉

风格独特的标志能够刺激消费者产生幻想，从而对该企业产品产生好的印象。例如，QQ 的企鹅图像、康师傅方便面包装上的胖厨师等，这些标志都是可爱的、易记的，能够引起消费者的兴趣，并使他们对其产生好感。而消费者都倾向于把某种感情（喜爱或厌恶）从一种事物传递到与之相联系的另一事物上。因此，由于企业或品牌标志而使消费者产生好感，在某种意义上可以转化为积极的企业联想，这将有利于企业经营者开展营销活动。

3. 品牌标志物是公众识别企业的指示器

风格独特的品牌标志物是帮助消费者记忆的利器。检验品牌标志物是否具有独特性可采用认知测试法，即将被测品牌标志物与竞争品牌标志物放在一起，让消费者辨认，辨认花费的时间越短，就说明标志的独特性越强。一般来讲，风格独特的品牌标志物会很快地被找出来。但是，当品牌标志物与产品类别联系过于紧密时，将会阻碍企业品牌的延伸扩展。

4.2.2　品牌标志物的分类

品牌标志物是一种"视觉语言"，它通过一定的图案、颜色等来向消费者传输某种信息，以达到识别企业、促进销售的目的。不同的企业有不同的品牌标志物，而差别最明显的是几何图形。品牌标志物可以根据不同的标准进行分类。

1. 表音品牌标志物、表形品牌标志物和图画品牌标志物

1）表音品牌标志物

表音品牌标志物就是表示语言音素及其拼合语音的视觉化符号。大小写字母、汉字、阿拉伯数字、标点等这些常用的文字、语素或音素等都是表音品牌标志物。

表音标志物的特点是简洁明了、歧义性低，但过于普遍，个性不突出，标识能力较低。因此品牌形象塑造者要在表音品牌标志物的构图上下功夫，使其造型新颖、别致，颜色醒目、突出。表音品牌标志物又可分为连字品牌标志物、组字品牌标志物和音形品

牌标志物三种。

（1）连字品牌标志物。该标志物是由音素、字母、汉字连接而成的相对完整的词语或句子。这种品牌标志物意义明确，很难产生歧义，但标识能力较弱，给人留下的印象不深刻。使用时要多加些背景图案、装饰、形象性构字等变化。

（2）组字品牌标志物。该标志物取品牌标志名称的字头字母组成表音标志物。这种标志物的图案性较强，可利用字母的变形和排列来加强标识性，简洁但表现力丰富，其缺点是有时容易产生歧义。由于它图案性较强，所以很容易与表形品牌标志物结合起来，以取得更好的视觉效果。

（3）音形品牌标志物。它是表音品牌标志物与表形品牌标志物的组合。表形的要素可以是抽象的，也可以是象征的；表音的要素可以是连字，也可以组字。通常，组字和抽象结合的较多，表现力较强，印象性和辨识性较高，同时也避免了歧义性。

2) 表形品牌标志物

表形品牌标志物，是指通过几何图案或形象图案来表示标志物的。表形品牌标志物靠形而不靠音，因而形象性非常强，通过适当的设计，能以简洁的线条或图形来表示一定的含义，同时利用丰富的图形结构来表示一定的寓义。缺点是不利于消费者将品牌标志物与品牌标志名称联系起来。因此在使用表形品牌标志物时，最好能配之以品牌标志名称。

表形品牌标志物的设计要求充分抓住事物的本质、感觉特征、运动规律以及几何图形自身的组合结构规律，充分研究几何图形中点、线、面、单形、复形的形态组合和几何骨骼组织。它的设计要有意境、情调，几何形态也不是呆板虚无的，而是在变化中寻求动感，具备丰富、灵活、美的韵味。如 Twitter 的品牌设计，2012 年简化为一只无字的蓝色小鸟（见图 4-2）。

图 4-2　Twitter 品牌标志物

表形品牌标志物又可分为抽象品牌标志物、形征品牌标志物和象形品牌标志物三种。

（1）抽象品牌标志物。抽象品牌标志物是指用非象形图案或几何图形来表达一定事物的某种意义或概念。这种标志物的设计最重要的是处理好线条。线条的长短、粗细、曲直等均能影响消费者的心理反应。

（2）形征品牌标志物。形征品牌标志物是抽象品牌标志物与象形品牌标志物相结合。在抽象中加入象形，使标志物整体上削弱了呆板的感觉，同时又使其显得生动活泼，含义也更易于理解。

（3）象形品牌标志物。象形品牌标志物是指直接表达企业或产品特征的符号性标志物，特点是形象生动活泼、含义清楚、歧义性少，又由于其来源于现实生活，因而能给消费者留下深刻的印象。

3）图画品牌标志物

图画品牌标志物，是指直接以图画的形式来表达企业或产品特征的标志物。早期有些企业用图画来表示品牌的标志物，后来日渐简化，逐步向象形品牌标志物靠拢。这种标志物的缺点是画面复杂，不利于传播。

2. 名称性品牌标志物、解释性品牌标志物和寓意性品牌标志物

1）名称性品牌标志物

名称性品牌标志物是指品牌标志物就是品牌标志名称，直接将品牌标志名称的文字、数字用独特的字体表现出来。这类品牌标志物通常将名称的第一个字母或字艺术化地放大，以使其突出、醒目。

案例　　营销视点 4-2

亚马逊公司，是美国最大的一家网络电子商务公司，也是网络上最早经营电子商务的公司之一，它创立于 1995 年，目前已成为全球商品品种最多的网上零售商和全球第二大互联网公司。它的创始人贝佐斯用世界上最大的河流亚马逊（amazon）命名了自己的公司，品牌标志直接用名称作为标志物的主体，十分简洁、亲切，包含两层意思：一是英文 26 个字母第一个是 a，最后一个是 z，箭头从 a 指向 z 表示亚马逊可以提供顾客所需要的所有商品，体现了其"地球上最大的书店"的品牌口号；二是这个箭头同时也是一个带有酒窝的满意笑容。

2）解释性品牌标志物

解释性品牌标志物，用品牌名称内容本身所包含的事物、动植物、图形等来作为企业的标志物。解释性标志物又可分为图案类品牌标志物和符号类品牌标志物两种。

（1）图案类品牌标志物。图案类品牌标志物，即以一定的图案来解释名称的品牌标志物。这类标志物的特点是形象生动、真实，缺点是表达的含义常产生歧义。

（2）符号类品牌标志物。符号类品牌标志物，是指用特定的符号来作为品牌的标志物。这种标志物大多来自简单的几何图形的组合。这类标志物可以由品牌标志名称演变转化而来，也可以与品牌标志名称无直接的关系（与品牌标志名称无直接联系的符号标志物，有时也可称为寓意性标志物）。它是企业经营理念的一种图形表达，但对广大消费者而言，它大多只被看成某产品的代表符号。

3）寓意性品牌标志物

寓意性品牌标志物，是指以图案的形式将品牌标志名称的含义间接地表达出来的标志物。根据文字、图形等组合因素的不同又可将其分为名称字母式品牌标志物、名称线条式品牌标志物和图画式品牌标志物三种。

（1）名称字母品牌标志物。名称字母式品牌标志物是指在品牌标志名称前面、后面或中间加上一个字母，以构成独特的品牌标志物。

(2) 名称线条式品牌标志物。名称线条式品牌标志物是指在品牌标志名称周围艺术化地加上一段线条的标志物。这种标志物充分利用了几何图形的内在美感，增加了标志物的艺术性，从而也强化了标志物的视觉效果。

(3) 图画式品牌标志物。图画式品牌标志物是指对品牌标志名称进行加工和提炼，然后再以一定图画的形式将其表现出来的标志物。许多世界性的企业都采用这种品牌标志物。

4.2.3　品牌标志物的设计原则

1. 简洁鲜明

品牌标志物不仅是消费者辨认企业的途径，也是提高企业知名度的一种手段。在设计品牌标志物时，其图案与名称应简洁醒目、新颖，使标志具有独特的造型和出奇制胜的视觉效果，易于捕捉消费者的视线，以引起注意，产生强烈的感染力。为了便于启迪品牌标志物的设计研究思路，下面扼要介绍一些线条和图形所代表的含义。

(1) 直线代表果断、坚定、刚毅、力量、有男性感。

(2) 曲线或弧线代表柔和、灵活、丰满、美好、优雅、优美、抒情、纤弱、犹疑、有女性感。

(3) 水平线代表安定、寂静感。

(4) 垂直线代表崇高、肃穆、无限、悲哀、宁静、激情、生命、尊严、永恒、权力、抗拒变化的能力。

(5) 斜线代表危险、崩溃、行动、冲动、无法控制的感情与运动。

(6) 参差不齐的斜线代表闪电、意外事故、毁灭。

(7) 锯齿状折线代表紧张、压抑、痛苦、不安。

(8) 螺旋线代表升腾、超然、脱俗。

(9) 圆形代表圆满、简单、结局、给人以平衡感和控制力。

(10) 圆球体代表完满、持续的运动。

(11) 椭圆形代表妥协、中和、不安定。

(12) 等边三角形代表稳定、中间、永恒。

2. 独特新颖

品牌标志物是用来表达企业或产品的独特个性，又是以此为独特标记，要让消费者识别出独特的品质、风格和经营理念。因此，在设计上必须别出心裁，使标志富有特色、个性显著，使消费者看后能留下耳目一新的感觉。

3. 准确相符

品牌标志物的寓意要准确，品牌标志名称与标志要相符。品牌标志物要巧妙地赋予寓意，形象地暗示，耐人寻味，这样才有利于扩大企业的知名度。

4. 优美精致

品牌标志物造型要符合美学原理，要注意造型的均衡性，使图形给人一种整体优美、强势的感觉，保持视觉上的均衡。并在线、形、大小等方面做造型处理，使图形能兼具动感及静态美。

20世纪初，劳斯莱斯汽车公司的第一任总经理克劳德·约翰逊邀请《汽车画册》的绘画师赛克斯为其劳斯莱斯轿车设计标志。经过多次研究，赛克斯决定以"飞翔女神"为其标志，而且以气质高雅的埃莉诺·索思顿小姐为女神原型。埃莉诺小姐身材修长，体态轻盈，淡金色的长发、深蓝色的眸子、小巧而坚挺的希腊鼻子，无不显示美的旋律。以她为模型的"飞翔女神"代表着"静谧中的速度，无震颤和强劲动力"。克劳德将它称为"雅致的小女神"、"欣狂之魂，她将公路旅行作为至高享受，她降落在劳斯莱斯的车头上，沉浸在清新的空气和羽翼振动的音乐声中"。

5. 稳定适时

品牌标志物要为消费者熟知和信任，就必须长期使用、长期宣传，在消费者的心目中扎下根。但也要不断改进，以适应市场环境变化的需要。有的标志用得过久，已不能与时代的步伐合拍，其发挥的作用也就大打折扣了。

4.3 品牌理念设计

一个相对完善的品牌理念设计系统，基本包括以下六个方面的内容，即品牌宗旨、品牌使命、品牌价值观、品牌目标、品牌口号、品牌精神。这六个方面是紧密结合、互相支撑的。品牌理念战略系统的基础，是建立在对前几章内容的正确理解之上的，只有这样的品牌理念设计才不至于是一个空架子，从而更具现实意义。

4.3.1 品牌宗旨

品牌宗旨是指品牌的主要目的、意图和存在意义。制定品牌宗旨就是要清晰品牌的存在价值，明确要做什么和如何做，使品牌内部成员、相关单位以及市场与社会能够清晰地认知品牌。

品牌宗旨不是一成不变的，它往往因企业变革、时代变迁以及市场、社会环境的变化而需做出调整。

4.3.2 品牌使命

品牌使命是指品牌肩负的重大责任。制定品牌使命就是明确这种历史赋予的职责，从而唤起内部成员的工作热情和状态，唤起品牌内部成员、相关单位以及市场与社会对品牌的识别和认知。

品牌的使命设计是决策层在自身业务分析的基础上，考察品牌所承担的市场、社会职责，分析自我所扮演的角色，并主动赋予品牌以相应内容与形式的过程。这就涉及品牌的业务、产品方面的特征。

在设计品牌使命之前，要对企业自身进行充分的了解和认识，要分析企业与市场的关系，确定企业现有的和潜在的市场特征。企业是社会的细胞，其使命必然存在于社会之中，所以品牌使命唯一的内容应该是吸引消费者。品牌使命是指导组织行为的总则，客观上为品牌描绘出了建立目标、选择路线和实施战略的框架结构。规定、设计品牌使命不仅要确定品牌短期、中期和长期的目标，还要明确谁是消费者、消费者为什么会购买、如何接近消费者、消费者的价值观是什么等问题。

4.3.3 品牌价值观

品牌价值观是在一个经营性组织内部形成的、具有一致性的价值体系，它主要反映团队成员对自身以及有形财富和无形财富的看法、观点和信仰。

价值观是团队的"万能胶"，任何一项伟大的事业都是由这个看不见的发动机——价值观支持完成的。有什么样的价值观就有什么样的经营表现，它在理念系统中占据了重要地位。首先，价值观是品牌决策层、全体员工的最高追求，是衡量事物的标准，它对于品牌的发展具有一定的指导意义；其次，品牌的价值观存在于品牌的生产、经营、组织生活等一切活动中，对品牌的经营、技术、组织因素具有支配作用，它是品牌整体的价值观。作为一个系统，价值观包括社会责任感、效益观念、竞争观念、发展观念等。

品牌价值观是沉浸于品牌组织中，并为成员所普遍接受的价值体系，是品牌文化构成的主要部分。它具有规范性的特征，为全体成员制定了评判正确与否的标准。作为全体人员的一种共享的规则体系和评判体系，它决定了品牌创作及实施的全体人员共同的行为取向。

制定品牌价值观是为了追求一个共同的理想、目标，品牌必须依靠来自品牌成员对一定价值观的共同信仰的团体力量，才能经久不衰。要做到员工对品牌价值观的认同，就必须把品牌的价值观强化为一种信念，使品牌因此而获得强大的内在动力。

4.3.4 品牌目标

品牌目标可分为长期、中期、短期三种，这里主要介绍品牌长期目标的设计。在长期经营目标的指导下，协调中、短期目标，才能既避免目光短浅，又使长期目标的实现有可靠的保证。品牌长期目标是指导品牌经营决策和各项业务工作的工具，是品牌进行资源分配时考虑主次和轻重缓急的依据，也是衡量企业成就和内部工作成效的标准。长期目标规定着品牌执行其使命时所预期的成果，它通常超出该组织的一个会计周期。它是特定的、具体的和可衡量的结果，是品牌在计划时间内可以达到的。

品牌目标是企业在一定时期内，按照品牌经营思想，考虑到品牌的内、外资源条件，所确定的经营计划和要取得的成果。它常以产量、品种、质量、销售收入、资金利润率和市场占有率等指标作为标准。不同时期、不同类型的企业，确定经营目标的重点也各不相同。

归纳起来，品牌长期经营目标的内容一般为赢利能力、市场、生产率、产品结构、财力资源、物质设施、技术开发与创新、人力资源与开发、社会责任目标。

4.3.5 品牌口号

品牌口号可分为企业口号、产品口号两大类，它是品牌表达经营思想的形式。企业口号是指体现企业并以企业整体为背景而创作的短句，产品口号则是指针对特定产品而创作的。品牌口号是品牌理念或主张的高度浓缩，是企业、产品理念的口语化表达方式，通常是消费者印象深刻、耳熟能详的。它的核心作用是识别，其中语言识别比任何一种识别方式都更便捷。

品牌口号的创作素材主要来自品牌定位系统和理念系统，好的品牌口号通常是品牌定位思想的表达和集中反映，其创作原则为：句式精练、诉求明确、富于创造、方便传播。品牌口号的内容从企业的宗旨、精神、使命、目标到产品的档次、形象、质量，各种各样，较为宽泛。一句品牌口号往往可流传几年甚至几十年。

4.3.6　品牌精神

品牌精神是品牌文化的重要组成部分，它可以是决策者对事物的认识，也可能是在企业长期发展过程中全体员工自觉实践而形成的，表现内容可以是具有代表性的任务、事件、信念、思想等。品牌精神反映品牌的凝聚力和活力，品牌的信念和追求一旦扎根在员工的心中，就会形成某种默契、共识而发生作用，从而提高员工觉悟，形成自动化的文化管理机制。

品牌精神是一种能够代表企业的、富有个性的精神，因为它是品牌或品牌决策者在长期生产和经营中逐步形成的事业信念、价值观念或经营宗旨。

品牌精神受不同经营领域内容、方式、历史传统和现实追求的制约，具有一定的差异性；是品牌在生产经营活动中，逐步形成的具有个性化色彩的思想表述，诸如在竞争观念、质量观念、创新观念等方面的认识。

品牌精神应秉持应用精神。品牌精神是在生产经营实践中形成的，又反过来为品牌的生产经营服务，并为其提供精神支柱和动力。缺乏应用价值的品牌精神只是一些抽象的口号。因此，品牌设计者需要编制内部推广方案，做好内部传播和社会、市场传播。

品牌精神形成的基本方法是通过对一个经营组织的整体观察，对它最具代表性、最突出的部分进行提炼、整合，它可来自品牌理念的各个方面。加工、完成后的品牌精神在存在方式上常常与品牌口号一致。

考察品牌精神提炼是否成功，不但要看品牌管理层是否满意，还要看它对整体员工的教育、激励作用，看它对品牌的发展是否起鼓舞和推动作用。

品牌精神理念的来源广泛，其表达方式多种多样，不拘一格，而最好的来源渠道存在于品牌组织中的事物里。

品牌精神是品牌文化的主体和品牌实施文化管理的关键内容，因此不仅要注重它的内容，而且要讲究表达方式。它可以采用具体、明了、精练的文字形式和多种多样、生动活泼的语言表达方式，进行多渠道的传播，这对于强化员工的品牌意识和品牌的市场推广都具有重要作用。

 案例　　　苹果公司的品牌标志设计

苹果公司作为世界杰出的品牌之一，在计算机、个人数码领域处于世界领先地位。其产品以出色的产品设计、开创性的创新理念、优秀的用户体验获得全球数亿用户的喜欢。苹果公司的品牌标志也是全球最有名的LOGO之一，它的简洁设计受到很多人的喜欢。苹果的粉丝们不仅在车上贴上苹果的LOGO，甚至把它纹在身上。30多年来，它基本上没有什么太大的变化。

1977年初，乔布斯需要发布他的Apple II 新产品，然而原来的品牌标识显然过于复杂，很难应用在新产品上。Apple II 采用全新塑胶外壳材质，是第一个用于个人和家庭并且能在屏幕上显示彩色图案的计算机。所以这个时候需要一个能够具备简单应用、风格独特的品牌标志，从而帮助消费者记忆、提高辨认度，要让每个人都容易接受，特别是年轻人，这可以使计算机更容易地卖到学校去。于是乔布斯找到了Regis McKenna广告设计公司为苹果公司设计一个全新的标志，就这样我们熟知的七彩苹果标志诞生了，它很特别，彩色条纹充满了人性，也充满了亲和力。设计者Rob Janoff曾笑谈，设计咬的一口是为了让LOGO看起来是个苹果，而不是樱桃，当然，关于这点的各种传说也从未停止过，这更增加了人们对苹果品牌标志的想象。

之后，随着苹果公司核心产品的变革，七彩苹果LOGO也历经了多次的变化，但其轮廓没有变，苹果公司只是把它变得更规则、更标志化了。2001年，苹果标志变为透明的，主要是为了配合首次被推出市场的Mac OS X 系统。因为苹果的品牌核心价值从计算机转变为计算机系统，苹果标志也跟随系统的界面风格而变化——采用透明质感。2007年，苹果推出iPhone手机时，也正式地将公司名从"苹果计算机公司"改为"苹果公司"。这次苹果品牌标志采用玻璃质感，以配合iPhone创新地引入了Multi-Touch触摸屏幕技术，从而带来一种全新的用户体验。在新产品 iMac、G4 Cube 上则应用了全新的半透明塑胶质感的新标志，因为新产品都采用透明材质的外壳，这样会显得更为立体、时尚。黑色标志也几乎同时出现，大部分出现在包装、商品或需要反白的对比色上。至今苹果的单色标志仍然被使用着，这也是最能体现乔布斯对苹果的品牌定位的标志。

案例思考题

1. 苹果品牌标志设计遵循了哪些原则？
2. 苹果品牌标志最引人注目的是哪些方面？
3. 你认为苹果公司品牌标志设计活动中，哪些元素是关键？

本章小结

本章介绍了品牌设计策略，主要内容有品牌名称设计、品牌标志设计和品牌理念设计，以及三者各自的分类标准和类型。

纵观世界上的一些著名企业，它们的名称都各具特色，但都遵循共同的规律，还包含诸多精彩的偶然创意。品牌名称是品牌中能够读出声音的部分，它可能是企业名称，也可能是商标名称。品牌的核心要素，是形成品牌概念的基础。品牌名称的设计原则是指企业经营者在为企业的品牌命名时应遵循的原则，其易读、易记原则是对品牌名称最根本的要求。

品牌标志是公司的重要资产，许多企业花大量资源以保护这些符号。研究表明，图形比言语更容易记忆和再认，在短时记忆和长时记忆中均能保持较长时间。因此，长久以来品牌标志都会受到企业管理者的重视。品牌标志物是指品牌标志中可以被识别但不能用语言表达的部分，即品牌标志的图形记号。

一个相对完善的品牌理念设计系统，基本包括品牌宗旨、品牌使命、品牌价值观、品牌目标、品牌口号、品牌精神等六个方面的内容。这六个方面是紧密结合、互相支撑的。品牌理念战略系统的基础，是建立在对前几章内容的正确理解上的，这样的品牌理念设计才不至于是一个空架子，从而更具现实意义。

本章还介绍了品牌设计的各种原则，以便于营销者在实践中有章可循。同时，品牌设计的关键是在深刻理解品牌理念设计的基础上，遵循设计原则，灵活运用名称和标志设计，并将品牌形象成功地传递给消费者，以增强企业的竞争力。

关键术语

品牌名称	品牌标志	品牌宗旨
品牌使命	品牌价值观	品牌目标
品牌口号	品牌精神	

思考题

1. 品牌命名的原则有哪些？
2. 品牌标志设计应注重什么？
3. 品牌理念设计包含哪些内容？

参考文献

[1] 纽约时报：谷歌靠"情感牌"提升品牌形象[OL]. [2012-01-02]. http://tech.qq.com/a/20120102/000097.htm.

[2] 星徽照辉中国——梅赛德思—奔驰的品牌故事[OL]. [2006-01-04]. http://auto.sohu.com/20060104/n241274227.shtml.

[3] 外媒盘点15家企业品牌标识的深层"内涵"[OL]. [2013-07-04]. http://finance.huanqiu.com/pictures/2013-05/2692815.html.

[4] 苹果公司经典LOGO品牌标志的设计者专访[OL]. [2012-03-09]. http://www.3lian.com/edu/2012/03-19/23354.html.

第 5 章　品牌形象

本章提要：本章主要介绍了品牌形象的内涵和策略，其重点在于了解品牌形象的概念、构成和塑造。本章的难点在于要能深刻领会品牌形象构成的四个重要方面以及它们之间的联系，并在此基础上根据品牌形象塑造原则，科学地执行品牌形象塑造过程。

引　例

天猫的前身"淘宝商城"成立于 2008 年 4 月，当时淘宝网已是国内电子商务领域毫无争议的霸主。不过，随着网购人群的扩大，消费者需求在不断细分，单靠一个平台难以满足所有消费者的需求。阿里巴巴集团意识到，提供企业级商家品牌与服务的细分市场亟待开拓。在这种情况下淘宝商城被迅速推出，短短几年时间，引入众多传统企业，其中既有李宁、联想、优衣库、阿迪达斯、戴尔、欧莱雅、宝洁、哈根达斯等国际知名品牌，也培育了麦包包、佐卡伊、歌瑞尔等一批现在已经声名鹊起的淘品牌。

为了进一步提升淘宝商城的独立品牌形象，2010 年 11 月 1 日，淘宝商城启动了独立域名 www.tmall.com，据此淘宝商城脱离母体淘宝网的品牌形象粗具规模。

2011 年 6 月 16 日，阿里巴巴集团迈出更坚决的一步，宣布将当时的淘宝网一拆为三，分别成立一淘网、淘宝网和淘宝商城三家独立公司，完成对不同客户的服务。3 个月后的 2011 年 9 月 19 日，淘宝商城宣布开放 B2C 战略，38 家外部 B2C 网站集体入淘，2011 年"双十一"当天，拆分后的 TMALL.COM 创造了 33.6 亿元的惊人销售额，这是中国绝大多数领先的 B2C 网站花费一年也达不到的销售数字。

2012 年 1 月 11 日，阿里巴巴集团对外宣布，淘宝商城更名为天猫，并向全球征集 LOGO。改名天猫，因为"天猫"是 TMALL.COM 的谐音，有助于消费者识记，另一方面猫具有时尚、潮流、性感等象征意味，与 TMALL.COM 品质之城、时尚地标的品牌特性相符。2012 年 3 月 29 日，天猫新 LOGO 及形象正式亮相，这意味着天猫网购拥有了自己独立、完整的品牌人格，这一中国领先的 B2C 购物网站也终于有了清晰完整的品牌形象。阿里巴巴集团首席市场官王帅表示，无论用户心中天猫是什么样子，有这个 LOGO 出现的地方，消费者便能享受到有品质的商品和便捷高质的服务。

艾瑞咨询集团的资料显示，2012 年天猫占全国 B2C 网上零售市场超过 50%的份额，汇聚了来自 5 万个商家共 7 万个国际和本地的品牌。

5.1 品牌形象概述

品牌定位的成功只是企业打造品牌的第一步，是企业选定的通向成功的方向，但创造一个吸引潜在消费者的品牌形象才是品牌真正走进消费者心理，并在和竞争对手的对抗中取得胜利的关键。

品牌形象是广告界广泛流行的一个概念。它曾因解决了产品同质化给市场营销带来的难题而风靡 20 世纪 60 年代。至今，这个概念也并未失效，相反，它仍被当作品牌经营的一种通俗代号，这说明它是品牌经营的重要基础。品牌形象的创造和形成基本上是基于心理和传播的结果。因此，这个概念更为广告界所重视。相对于依靠产品属性的"硬销"策略，品牌形象代表着一种更为细腻、微妙的"软销"策略。今天，为产品塑造品牌形象已成为营销和传播的一项基本工作。在企业界广泛运用长期投资回报的财务观点评价品牌经营的背景中，品牌形象仍是一项核心的策略要素。研究者已经证明，品牌形象与品牌资产息息相关，积极的品牌形象是驱动品牌资产的重要成因。

5.1.1 品牌形象的概念

虽然品牌形象的概念早已提出，但营销研究者们还没有建立起一个关于品牌形象的稳定、统一的概念。受市场和媒体环境变化的影响，一些代表性的定义自 20 世纪 50 年代以来不断变化，总体上反映出对品牌形象认识的不断深化。

1. 20 世纪 50 年代的概念

最初，理论界并没有对品牌形象下定义，它是包含在品牌的定义中的。奥格威认为，品牌是一种错综复杂的象征，它是品牌属性、名称、包装、价格、历史、声誉、广告方式的无形总和。品牌同时也会因消费者对其使用的印象，以及他们各自的经验而有所界定。

1957 年，纽曼（Newman）的定义是：产品是关于它的形状、尺寸、颜色和功能的优点的符号，品牌形象可能包括这些方面，如功能的、经济的、社会的、心理的……通过风格化与广告物建立品牌形象与产品的其他方面一样存在着局限性。可看出，尽管也有其他因素的作用，纽曼强调的是产品形成形象。

以上两个定义说明在 20 世纪 50 年代，人们对品牌形象的认识基本上着眼于影响品牌形象的各种因素上。

2. 后续研究

1978 年，列维（Levy）认为，品牌形象是存在于人们心智中的图像和概念的群集，是关于品牌知识和对品牌主要态度的总和。由此可看出，与产品自身相比，品牌形象更依赖于消费者心智中对品牌的解释。此时，对品牌形象的认识开始走向心理学。

1984年，雷诺茨（Reynolds）和古特曼（Gutman）提出，品牌形象是在竞争中使一种产品或服务差别化的含义和联想的集合。他们列举了品牌形象操作的几个途径：一般的特征、情感或印象，产品的认知、信任度和态度，品牌个性、特征和情感之间的联系。

1985年，著名品牌大师瑟吉（Sirgy）说，假设产品具有个性形象，就像人一样，那么这些个性形象不是单独由产品的物理特征所确定的。至此，对品牌形象的认识进入到品牌个性的层次。

1986年，帕克（Park）等人提出，品牌形象是产生于营销者对品牌管理中的观念，任何产品在理论上都可以用功能的、符号的或经验的形象定位。因此，品牌形象应被当作是一种品牌管理的方法，而不仅仅是广告策略。

1991年，艾克（Aaker）提出了品牌产权的概念。它是一个与品牌相连的品牌资产与负债的集合，它的名称、符号得以附加或减除一个产品或者服务对其所属公司或消费者所提供的价值。通过符号，品牌形象被看作是品牌资产的一个组成部分。

5.1.2　品牌形象的特征

北京工商大学教授罗子明对品牌形象的特点进行了较为全面的总结，认为品牌形象主要有多维组合性、复杂多样性、相对稳定性，以及可塑性和情境性等特点。

1．多维组合性

多维组合性是指品牌形象不是由单维或两三个指标构成，而是由多种特性所构成，并受多种因素的影响。

2．复杂多样性

复杂多样性是指由于企业及产品覆盖率的差别、产品信息传播效果的差异，以及消费者的特点不同等，消费者对企业和产品的认知、理解及使用情况不一样，从而使品牌形象在不同时间、不同地点呈现出多样性的特征。

3．相对稳定性

相对稳定性是指品牌形象在一段时期内会保持稳定。符合消费者愿望的企业理念、良好的产品品质、优质的服务等因素，是品牌形象保持稳定的必要条件。由于优秀的品牌赢得消费者长期的喜爱，所以它能够保持其长久、稳定的品牌形象。例如，可口可乐充满活力的品牌形象，贝尔公司科技创新、不断进步的形象等。

4．可塑性

可塑性是指企业通过努力，可以按照自己的意图建立品牌形象，改造原有的品牌形象，增加品牌内涵的新特征，甚至重塑品牌形象。品牌管理的目标就是在消费者心目中塑造企业需要的形象。

5. 情境性

情境性是指在特定的条件下，不管是一些重大的事件，还是一些细微的事件，都可能迅速改变原有的品牌形象。这种特点是由品牌形象本身的心理因素所致。虽然建立品牌形象必须具备强有力的客观基础，如长期稳定的企业规模和产品质量及其标准化、系统化的服务体系等，但是由于人的心理具有流动性与复杂性等特征，因此在周围环境与事实的影响下，会出现相应的心理变化，从而导致品牌形象也随之发生变化。个别消费者的心理变化，可能使品牌形象出现轻微的波动，但其总体上是稳定的；而消费者普遍的心理波动，可能会导致品牌形象的重大变化。

5.2 品牌形象的构成

品牌形象为品牌提供了方向、目标和存在的意义，它是品牌战略远景的核心内容，也是品牌联想的驱动因素。而联想构成了品牌的灵魂，表达了品牌所代表的东西和组织成员对消费者的承诺；它通过形成包括功能性、情感性或自我表达性利益在内的价值体现，帮助品牌和消费者建立起联系。

按表现形式分，品牌形象可分为内在形象和外在形象，内在形象主要包括产品形象、符号形象、个性形象、组织形象，外在形象主要是指品牌标志系统。为确保品牌形象的广度和深度，企业需要从这几个方面综合考虑品牌形象战略，它们的共同目标是帮助战略制定者考虑不同的品牌元素和模式，以明确、丰富和区别一种形象。同时，一种更全面、深刻的形象也有助于指导决策的实施。为体现品牌的最大实力，品牌形象的范围应该宽广，而不是狭隘；动力应该是战略性的，而不是战术性的，且应在创建品牌的同时关注组织内部和外部的环境。下面主要介绍品牌内在形象的构成。

5.2.1 产品形象

产品形象反映的是品牌形象与产品的牢固联系，这意味着当消费者看到这种产品时，是否会记得这个品牌。产品形象从来都是品牌形象中的重头戏，因为由它引发的联想直接与品牌选择决策和使用体验发生联系。

首先，购买或使用产品可以为消费者提供功能性利益，满足物质需要，有时还会带来情感性利益；产品相关属性还可以通过提供额外内容，如服务和特色，来发挥价值展示作用。其次，产品质量是一个需要单独考虑的、重要的产品相关属性，在每个竞争领域内，品质是准入证（提供最低限度的质量水平以求生存，或是竞争的关键，即拥有最高质量的品牌才能获胜），许多品牌都将质量作为一种核心形象。再次，品牌形象通过塑造使用场合这个产品相关属性而拥有特定的用途并形成竞争优势。最后，将品牌与一个能够为品牌增加信誉的国家或地区联系起来，获得原产国效应，这将是一个更具战略性的选择。

5.2.2 符号形象

符号形象是指能够代表品牌的所有事物形成的统一、整体的标志，此处的所有事物，并非只包括广告形象、产品代言人等具体形象，还包括其对外战略规划所体现的与消费者直接有关的那部分形象，如麦当劳快餐连锁集团的罗纳得·麦当劳屋计划，或是通用汽车公司土星牌汽车的无讨价还价的定价策略。

符号形象可以归纳为三种类型的象征：视觉形象、比喻和品牌传统。首先，与视觉形象相关的象征容易记忆、力量强大，像是耐克的勾形标志，只需一瞥，就能想起该品牌。每一种知名品牌的强大视觉形象都能体现相关的品牌形象，因为该标志与识别元素的联系非常紧密而且由来已久。其次，如果在形象设计中运用比喻和良好的品牌传统要素，拥有代表某种功能性、情感性或自我表达性利益的形象或形象特色，品牌则更具深刻意义。强烈的符号形象可以帮助品牌形象获得凝聚力和建立结构，并使品牌更容易得到识别和再现，还可以作为品牌开发的关键因素，而缺乏象征性的符号则会成为品牌发展的制约因素。

5.2.3 个性形象

品牌个性可以解释一个特定品牌拥有的一系列人性特色，包括如性别、年龄和社会阶层等特点，以及如热情、关心他人和多愁善感等标准体现出来的人类个性。

品牌个性与人类个性相同，都是独特且具延续性的。在通常情况下，如果品牌使用者认为某品牌拥有强大的个性，他们会将品牌看作人，使用该品牌产品是为了实现其自我表达。对使用者来说，与一个拥有坚强个性的组织和产品保持联系，能使他们感到满意和值得；与一个拥有共同价值观和生活方式的集体保持联系，也会产生同样的效果，而非使用者则不会有这种效果。

品牌个性形象比建立在产品属性上的品牌形象更丰富、更有趣。它可以通过多种途径加强品牌实力。首先，它可以帮助消费者表达消费者想要传达的自我个性，获得自我表达性利益；其次，正如人类自身个性会影响与他人的关系一样，品牌形象中的个性形象也会在消费者和品牌之间产生影响，从而建立起消费者与品牌的情感联系。

 案例　　　　营销视点 5-1

沃尔沃汽车品牌的核心价值是安全，为了打造其安全的品牌个性，除了在产品质量上下足功夫以外，在品牌传播方面，沃尔沃也不失时机地强调这一品牌核心个性。如英国女王戴安娜乘坐奔驰车因交通事故而去世，沃尔沃在第二天就立即发表了《假如戴安娜乘坐的是沃尔沃，结果将怎样》的文章，它将沃尔沃安全性能与奔驰进行了对比，得出结论是戴安娜没有生命危险。马上，使沃尔沃销量直线上升，同时也大大提升了其品牌价值。沃尔沃就是这样以其安全的核心价值，演绎着"可信赖、可靠、安全有保障"的品牌个性。

5.2.4 组织形象

组织形象是指品牌形象中所体现的企业组织形象，如由企业的员工、文化、价值观和企业活动而建立的创新、质量驱动力和对环境的关注等组织属性。

在某些情况下，品牌的形象可以被认为是产品属性，而在另一些情况下，则可以被认为是组织属性。譬如，质量和创新如果建立在特定产品的设计和特色之上，就可以作为产品的相关属性；但如果建立在企业文化、价值观和企业活动中（从而超越了某个特定产品模型的情况），则可以成为组织的相关属性，并以品牌组织形象展现。

组织形象比产品形象更持久、更具竞争力，这是因为：仿制一种产品比复制一个拥有特别的员工、价值观和活动的组织简单得多；组织形象通常用于多种产品大类，面对仅仅一类产品领域内的竞争者挑起的竞争，拥有较强组织形象的品牌具有更强的抵抗竞争能力。另外，组织形象有助于价值体现，如对顾客的关注、对环境的关心、对技术的投入或本地化导向等组织属性，都可以实现建立在崇拜、尊敬或简单的喜爱之上的情感性利益和自我表达性利益，还可以为子品牌的产品诉求提供可信度。这一点对品牌的延伸具有重大的意义。目前，世界上很多企业，尤其是日本企业，它们看待品牌战略的视角首先是关注自身的形象，实施的办法常是将企业名称用于多种产品之上，并使企业品牌成为终极系列品牌。这样做的最大好处就是品牌形象会在建立组织联想方面产生巨大的规模经济效应。

5.3　品牌形象的塑造

5.3.1　品牌形象塑造的原则

随着时代的不断发展，企业的营销手段不断成熟，营销重点也在不断转移，品牌已悄然成为营销阵营中不可或缺的一分子，同时，品牌形象塑造也日益成为品牌设计中的重要组成部分，其作用和魅力日益突出。品牌形象是一个综合的概念，它是受感知主体的主观感受、感知方式、感知背景影响的。品牌形象的塑造方法多种多样，不同的消费者对品牌形象的认知和评价也是不同的，但企业总是希望能在所有消费者心目中都树立一个清晰、健康、良好的品牌形象。以下是企业通常需要遵循的原则。

1. 科学性原则

通常，品牌形象需要运用科学的方法和程序，在科学地了解企业、产品、公众及其需求等要素的基础上来塑造。这一点将在本章品牌塑造过程部分详细介绍，此处不再展开。

2. 民族化原则

从品牌诞生之日到品牌国际化的今天，品牌的民族文化特质一直都是品牌的成功之源。品牌在空间上的国际化，并不意味着品牌自身文化的丧失。因为品牌的文化内涵从来都是民族性的，而不是国际化的。一个成功的、历史悠久的国际品牌，总是体现着这个国家、这个民族最根本的民族性和文化内涵。例如，香奈儿被认为是永恒的法国品牌，斯沃琪是瑞士的，贝克啤酒和奔驰是德国的，红牌伏特加是俄罗斯的。

3. 求异原则

如果品牌形象与其他已有品牌过于相似，就难以在消费者心中留下深刻的印象，甚至落入被认为是恶意模仿的尴尬境地。例如，宝洁公司的著名洗发水品牌"飘柔"，在品牌塑造时一直抓住柔顺、飘逸功能不放，如果某新推出的洗发水品牌在广告宣传中也强调其柔顺、飘逸功能，就难以胜过"飘柔"，吸引不了消费者的目光。因此，个性化是品牌形象塑造中非常重要的一个环节。

4. 长期性和兼容性原则

品牌形象也是企业形象的重要组成部分。塑造品牌形象应该与塑造企业形象一致，相互促进，从而谋求企业的长远发展。例如，日本企业非常着迷于自身的形象，它们常常将企业名称用在许多产品上，使其企业品牌成为终极系列品牌，保证其子品牌与企业品牌形象的一致性，延长品牌的寿命，增强品牌的组织形象，使消费者更加信服。

5. 支持品牌战略原则

树立良好的品牌形象就是为了结合品牌实力，营造品牌优势，并最终创造出强势品牌，从而实现品牌战略目标。因此，品牌形象必须支持品牌战略，并与其保持一致。

5.3.2 品牌形象塑造的过程

品牌形象塑造的过程可依次分为市场调研和分析、品牌形象塑造战略选择和制定、品牌形象设计、品牌形象传播、品牌形象维护、品牌偏好指数分析。确定品牌形象塑造的过程，并使工作按规则展开，有利于品牌形象的树立。

1. 市场调研和分析

调研是一切营销活动的前提，也是树立品牌形象的前奏。品牌形象塑造工作展开之前，应先做好调研工作。品牌市场形象调研主要是根据市场品牌形象来反馈、搜集行业内尤其是竞争者的品牌形象，重点分析行业特征，分析竞争者的品牌形象的优势及不足，以制定品牌形象塑造的战略决策。

1) 品牌市场形象的调研原则

品牌市场形象调研是企业了解自己，寻求新的发展机会和空白点的有力手段。对品牌市场形象进行调查、分析，是品牌形象战略的一项前期工作，企业长期目标的确定则是建立在对品牌全面、客观的认识基础上的。为保证调查全面有效，必须遵循以下的原则。

（1）系统性。品牌市场形象调查不仅应该了解外部的市场情况，也应该反映企业内部的条件、现状和远景规划，如企业规模、产品状况、人员素质、财务状况、中期目标、长期目标等。

（2）纵向调研与横向调研相联系。纵向调研是指对品牌所在行业及其在不同历史时期中的不同表现所进行的调查；横向调研则是对当前行业内同业竞争者品牌形象的调查研究。二者结合能为品牌找到准确的形象坐标，并使品牌实现准确的形象定位。

（3）客观性。调查方法、范围和对象的选择，问卷的设计，对调查过程的控制，对结果的汇集和整理等各个环节的工作，都会直接影响到调查结果的真实性和可靠性。企业在开展具体的调查研究工作之前，应认真分析每一过程或环节的实施情况，将误差控制并减少到最低程度。

（4）时效性。塑造品牌形象要了解的不仅是过去，还包括现在和未来可能出现的问题，所以无论是针对竞争者还是品牌的实态调查，一定要注意信息资料的时效性，并进行必要的筛选、取舍，以确保其使用价值。

2）品牌市场形象的调研程序

品牌形象市场调研的程序如下。

（1）设计调研方案。确定调研的目的、宗旨，分析有关基础资料，拟定问题，编制调研方案，确定资料的搜集方式。

（2）拟定问题。品牌形象调研不能就形象论形象，必须对竞争者形象背后的理念、定位、特征、心理暗示等进行系统的全面调查，搜集和分析资料信息，以帮助决策者做出准确的判断和选择。在进行品牌形象调研之前，先要了解企业的现实问题或潜在问题，在分析相关的资料之后，拟定企业的问题与造成该问题的可能原因，以便确定调查的范围。

（3）确定调查内容。要搜集的材料包括竞争者的理念系统、定位系统、视觉形象系统、产品质量、档次、特点、消费者评价、营销方法等，既有公众对产品及企业评价的依据，也有对市场的调查（相关品牌在市场上的知名度、信誉度、知晓度、市场占有率等）。资料的性质不同，搜集的方式也会有很大差别，对于竞争者的市场评价常采用观察法或询问法。

（4）监控调查。监控调查包括开始各项调查前的准备工作，选择调查人员，进行实地调查和监控，并撰写调查报告。

（5）资料整理。搜集并核对调查的数据资料，对资料进行登记和编号，用计算机处理信息并将结果按电子版、文字版、网络版存档。

（6）分析资料。综合资料结果，完成对行业市场、竞争者及品牌状况的评价和讨论，撰写调查报告，并向品牌管理部门提交提案。具体步骤为：品牌形象调研小组首先把处理好的行业分析及竞争者的相关结论编排好，把搜集到的竞争者企业简介和产品上印有的较全面的形象系统按内容编好顺序，确定提案时间，做好调研报告的提案准备工作。

2. 品牌形象塑造战略选择和制定

品牌形象是一种感觉，但这种感觉绝不是华丽空洞的，它通过产品、服务或者商标、包装等视觉系统散发出来，无处不在；它是一种气氛、一种精神、一种风格，需要战略制定者去挖掘、去表现。目前在竞争激烈的行业中，产品功能的差别越来越小，单纯依靠宣传其功能已经难以突出独树一帜的品牌形象，此时应当从更广泛的意义上去挖掘并赋予品牌以鲜明的风格。通常有以下几种策略可供选择。

1）情感导入策略

品牌不是冷冰冰的牌子，它特有的思想、个性和表现力，是沟通企业和消费者的桥梁。情感是人们心中最柔软的东西，以情动人、以情诱之是品牌经营者的重要法宝。因此，如果品牌能在消费者的心目中而不是大脑里占据一席之地，占据一方情感空间，那么这个品牌的塑造就是成功的。

案例　　　　　营销视点 5-2

豪华汽车的消费者不单单需要安全可靠的汽车产品，他们更需要通过汽车来彰显一种自我实现的情感诉求。奥迪与用户的情感连接点在哪里？经过长期的摸索和探讨，奥迪发现"进取"是其品牌最鲜明的个性，这使它区别于任何一个竞争对手。将进取作为情感连接点要从两个角度来看：一个是品牌的角度，奥迪品牌的核心理念是"突破科技 启迪未来"，它恰恰体现的是永不满足、不断创新的进取精神；一个是社会的角度，如果当初奥迪品牌迎合了中国社会低调沉稳、不事张扬的主流文化心理，那么在当今复杂的社会环境下，进取无疑是社会精英阶层的成功法则。

近些年来，奥迪品牌不断加大在艺术、文化、体育等领域跨界营销的力度，通过一系列高雅音乐文化、艺术设计及顶级体育赛事为用户提供带有鲜明奥迪烙印的品牌体验，让奥迪品牌和消费者在各个方面找到情感共鸣点，并与消费者之间建立坚实的情感联系。

2）专业权威形象策略

专业权威形象策略是一种极具扩张性、竞争性和飞跃性的形象策略，一般为那些在某一行业占据领先地位的企业所采用，以突出该品牌的权威度，提高消费者的信任度。宝洁公司在这方面表现比较突出，例如，在它的牙膏品牌"佳洁士"系列广告中，一个中年牙科教授的形象多次出现，通过其向小朋友讲解护齿知识等来肯定佳洁士牙膏不磨损牙齿并有防蛀的效果；洗发水品牌"海飞丝"也多次借专业美发师之口，强调产品出众的去屑功能。

3）心理定位策略

美国市场营销专家菲利普·科特勒认为，人们的消费行为变化分为三个阶段：第一个是量的消费阶段；第二个是质的消费阶段；第三个是感性消费阶段。在现代社会，随着商品的极大丰富和消费者品位的提高，消费者追求的是产品与自己的密切程度，是产品与理想自我的吻合，日益看重产品对于自己情感、心理上的满足，而不仅仅是量和质的满足。企业应顺应这种变化，恰当运用这种心理定位策略，树立良好的品牌形象。

4）文化导入策略

品牌文化是在企业及其产品历史传统基础上形成的品牌形象、品牌特色和品牌所体现的企业文化、经营哲学的综合体。品牌需要文化，品牌文化是企业文化的核心，品牌文化可以提升品牌形象，为品牌带来高附加值。

品牌形象所具有的感性色彩决定了文化是品牌构成中的一个重要因素。品牌本身就是一种文化，凝聚着深厚的文化积累，在品牌中注入文化因素，能够使品牌形象更加丰满，更有品位，更独具特色。

5）质量管理策略

影响品牌形象的因素很多，包括产品的品质、功能、安全性、创新性、价格等。但最基本的还应当是产品的质量。例如，海尔的成功多半取决于消费者对其品牌质量保证的充分信任。

6）品牌形象代言人策略

这里所指的代言人，是那些为企业或组织的营利性目标而进行信息传播服务的特殊人员。例如，宝洁公司众多品牌大多采用明星作为其代言人，这在消费者心目中留下了深刻印象。成功运用品牌形象代言人策略，能够扩大品牌知名度、认知度，近距离与受众沟通，受众对代言人的喜爱可能会促成购买行为的发生，建立起品牌的美誉度与忠诚度。

3. 品牌形象设计

品牌形象设计是品牌营销、推广和广告等经营活动中最关键的因素。任何一类企业活动，其最终目的都是经营品牌，而品牌形象的市场认知度、知名度是品牌达成此目标的重中之重。另外，品牌形象设计要注意的一个问题是品牌的最初形象设计及应用(广告、推广等)必须是统一形象，否则无法取得良好的效果。一旦不完善的品牌形象在消费市场中被定格，固有的消费者态度是很难改变的。

品牌形象设计主要包括品牌基础设计、名称设计、标志设计、吉祥物设计、专用字体设计、品牌专用色设计等内容。品牌形象设计是一个系统工程，它需要专业人士进行操作。企业可以选择由企业内部设计人员实施或者委托专业的 CI 公司或者两者共同协作完成。

4. 品牌形象传播

品牌形象是消费者对品牌的认知和评价。因此，只有通过销售或宣传活动将品牌形象传达给消费者才有意义。首先，企业可以通过电视、报纸、杂志等媒介有意识地向公众介绍品牌形象；其次，企业也要做好公共关系工作，尽快形成品牌的良好印象；再次，品牌形象塑造是一个不断循环、反馈的过程，需要企业在实践中不断修改、完善和提升。品牌形象塑造流程图如图 5-1 所示。

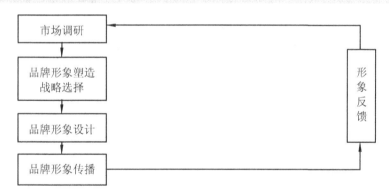

图 5-1 品牌形象塑造流程图

5. 品牌形象维护

企业通过品牌名称设计、品牌标志设计等一系列品牌形象的塑造活动，使其与竞争对手的品牌形成差异化优势，并据此获得超值利益，促进品牌和企业的不断发展。但是，如果企业的努力与辛苦被竞争对手干扰或窃取，企业则得不到理想的回报，甚至会失信于消费者，最终也会被市场所抛弃。因此，品牌经营者常常需要通过法律、策划等手段维护品牌形象，保护品牌市场地位，并不断探索各种品牌形象维护手段。

6. 品牌偏好指数分析

品牌形象塑造的成功与否，不能由企业来裁判，而是由消费者的偏好决定的。因此，消费者的品牌偏好指数就成为一种衡量品牌形象塑造效果的重要方法，该方法具有较强的有效性和可操作性，因此越来越多地被企业界和理论界所共用。

1) 品牌偏好指数

（1）品牌偏好指数的含义。通过消费者群体对某一品牌的喜好强度（即品牌偏好指数）的调查分析，结合该品牌的市场认知度、市场定位、市场占有率状况，可以获得相应的品牌管理的改进策略和措施。

品牌偏好指数计算公式为

$$品牌偏好指数 = 品牌偏好度 / 品牌认知度$$

式中：品牌偏好度是指某一市场中的消费者对某种品牌的喜欢程度，以实际被调查者总数中喜欢这一品牌的消费者所占比例来表示；

品牌认知度是指同一市场中消费者对该种品牌的知晓度，以实际被调查者总数中知道该品牌的消费者所占比例来表示。

品牌偏好指数计算结果分析如下。

① 品牌偏好指数在 0.5~1.0 之间，表示该品牌的产品较受消费者的欢迎。具体情况可结合品牌认知度来分析。品牌认知度高，而品牌偏好指数在 0.5~1.0 之间，表明企业品牌处于良好状态；反之，企业品牌宣传力度不够，需要通过增加广告宣传力度和公共关系策划力度，提升品牌认知度，从而实现销售业绩的提升。

② 品牌偏好指数在 0.2~0.5 之间，表示该品牌的产品受消费者欢迎程度为一般。具体可分两种情况来讨论：首先，在品牌认知度高的情况下，分析是否与企业目标市场定位有关，如果是，则表明企业品牌处于良好状态，否则企业就需要考虑改进产品品质、包装、款式和产品服务，从而提升产品偏好度，以达到改善企业销售业绩的目的；其次，在品牌认知度不高的情况下，需要考虑采取改进品牌偏好度的策略措施，决不可贸然采用提升品牌认知度的策略措施，以免造成资源的浪费。

③ 品牌偏好指数小于 0.2，表示该品牌不受消费者欢迎，一般来说，应淘汰该产品。

（2）品牌偏好指数的分析过程。

① 选取一定数量样本，即消费者，对他们进行某一品牌的品牌偏好度和品牌认知度的调查。

② 对调查数据进行处理，分别计算品牌偏好度和品牌认知度。

③ 计算品牌偏好指数。

④ 根据品牌偏好指数的大小，结合品牌认知度，制定相应的品牌管理措施。

2) 品牌偏好指数的作用

（1）衡量目标市场定位的准确性。在一定程度上，品牌偏好指数的高低可以用来判断细分市场是否恰当，企业目标市场定位是否准确。通常可引进目标市场系数这一指标，目标市场系数是指消费者占整个市场消费者的比重。其相关公式为

$$目标市场系数 = 目标市场消费者人数 / 整个市场消费者人数$$

$$定位指数 = 品牌偏好度 / 目标市场系数$$

定位指数的大小反映了企业目标市场定位的准确程度：定位指数在 0.5~1.0 之间，表示企业对目标市场的判断和定位是比较准确的；定位指数小于 0.5，表示企业目标市场定位错误或不准确，存在定位模糊和定位过宽的可能性较大，需要进一步明确定位或对市场重新进行细分；定位指数大于 1.0，表示企业可能存在定位偏窄的问题或市场细分标准选择不当，需要重新审视原有定位是否恰当。

（2）评价市场的占有率。品牌偏好指数反映了某个消费者对某种品牌产品的喜欢

程度，而市场占有率反映了消费者实际购买该品牌产品的情况，市场占有率越高，表明实际购买该产品的消费者越多。用品牌偏好指数和市场占有率两个指标构造二维矩阵，可以帮助企业正确分析市场（见表 5-1）。

表 5-1 品牌偏好指数和市场占有率二维矩阵

	高	低
高	高品牌偏好指数，高市场占有率	低品牌偏好指数，高市场占有率
低	高品牌偏好指数，低市场占有率	低品牌偏好指数，低市场占有率

分析表 5-1，结论如下。

第一，高品牌偏好指数，高市场占有率组合。这种组合表明企业品牌管理和市场营销处于良好状态，消费者所喜欢的品牌和实际购买的品牌是一致的。

第二，高品牌偏好指数，低市场占有率组合。这种组合表明企业品牌管理良好，消费者对品牌较为认同，但市场营销环节存在较多问题。如产品定位偏高，想买可买不起；产品销售渠道不畅或渠道选择错误，想买却找不到地方买；产品供货不及时，想买又买不着等。

第三，低品牌偏好指数，高市场占有率组合。这种组合表明企业品牌管理存在问题，主要在售后服务环节比较弱，如服务态度差、服务不及时、没有妥善处理消费者的抱怨等。从市场环境上看，这对企业比较有利，同类产品较少或独家经营或缺乏强劲的竞争对手。可一旦有强劲对手介入，极有可能引起该企业市场占有率的大幅度下降。

第四，低品牌偏好指数，低市场占有率组合。这种组合表明品牌偏好指数是造成市场占有率低的主要原因，要改变现状，要么淘汰该产品，要么重新研究消费需求，重新进行产品设计和定位，改善产品品质，提高服务质量，以提高品牌偏好指数，从而带动市场占有率的提高。

由此可见，运用品牌偏好指数，结合该品牌的市场认知度、市场定位和市场占有率情况，比较容易找出该品牌市场营销中存在的主要问题，从而有助于管理者制定相应的对策，提高市场营销和品牌管理效果。

 案 例　　　星巴克公司的品牌形象

星巴克（Starbucks）的名声和绿色的双尾美人鱼标志可谓家喻户晓，2011 年，星巴克公司为了庆祝公司成立 40 周年，公布了新的更为简化的品牌标识，去掉了原来写有"Starbucks coffee"英文字样的绿色圆环，圆环内的美人鱼也变得更大。其实变化标志只是星巴克全新品牌形象升级战略的开始，星巴克公司未来要进军更多的领域，比如啤酒、酒精类饮料，甚至包括终端的咖啡杯、手提袋、餐纸等。

星巴克重点在产品、服务和体验三大方面成功营造自己的品牌形象。在产品方面，星巴克采购全球优质高原咖啡豆，采用直接拥有和经营咖啡店的模式，确保星巴克产品和服务的质量，充分体现星巴克的文化和价值。在服务方面，星巴克将员工培训成咖啡文化方面的专家,与顾客频繁交流沟通,使顾客充分感觉到星巴克的咖啡文化,从而提高其忠诚度。在体验方面,星巴克的店铺设计烘托出一种"星巴克格调",使顾客享受到特有的"星巴克体验"。

2012年,星巴克公司在西雅图和旧金山的零售店提出了"龙头墙"这一概念,用动画呈现出将果汁从龙头倾泻的画面,同时运用数字标牌和视频播放功能,激活消费者的用户体验,数字标牌互动技术的使用也在当代大大提升了其品牌形象。

案例思考题

1. 你认为星巴克品牌成功的原因是什么?
2. 星巴克公司是如何塑造品牌形象的?

本章小结

本章主要介绍了品牌形象的内涵和策略,其内容包括品牌形象的概念、品牌形象的构成要素、品牌形象的塑造等。

品牌形象是在广告界广泛流行的一个概念。它曾因解决了产品同质化给市场营销带来的难题而风靡整个20世纪60年代。至今,这个概念也并未失效,相反,它仍被当作品牌经营的一种通俗代号。这证明品牌形象是品牌经营的重要基础。品牌形象的创造和形成基本上是基于心理和传播的结果。今天,为产品塑造品牌形象已成为营销和传播的一项基本工作,在企业界广泛运用长期投资回报的财务观点评价品牌经营的背景中,品牌形象仍是一项核心的策略要素。

品牌形象可分为内在形象和外在形象,内在形象主要包括产品形象、符号形象、个性形象、组织形象,外在形象主要是指品牌标志系统。为确保品牌形象的广度和深度,企业需要从多方面综合考虑品牌形象战略,帮助战略制定者考虑不同的品牌元素和模式,以明确、丰富和区别一种形象。同时,全面、深刻的品牌形象也有助于指导决策的实施。为体现品牌的最大实力,品牌形象的范围应该宽广,而不是狭隘;动力应该是战略性的,而不是战术性的,且应在创建品牌的同时关注组织的内部和外部的环境。

此外,本章还介绍了品牌形象设计的原则,包括科学性原则、民族化原则、求异原则、长期性和兼容性原则、支持品牌战略原则。依据以上原则,企业应尽力在所有消费者心目中树立一个清晰、健康、良好的品牌形象。

目前在竞争激烈的行业中,单纯依靠宣传其功能已经难以突出独树一帜的品牌形象了,因此,在进行品牌形象塑造战略的选择和制定方面,企业应当从更广泛的意义上去挖掘并赋予品牌以鲜明的风格,如使用情感导入策略、专业权威形象策略、心理定位策略、文化导入策略、质量管理策略、品牌形象代言人策略等。

关键术语

品牌形象	产品形象	符号形象
个性形象	组织形象	品牌标志系统
品牌形象设计	品牌形象传播	品牌偏好指数

思考题

1. 品牌形象的内涵和特征是什么？
2. 品牌形象构成的四个重要部分是什么，各自有哪些特点？
3. 考虑一下应该如何进行品牌形象的塑造？
4. 品牌形象要注意哪些重要问题？

参考文献

[1] 赵蕴颖. 天猫品牌独立之路 [N]. 大连日报，2012-04-06(6).

[2] 沃尔沃品牌介绍 [OL]. [2010-04-04]. http://auto.163.com/10/0414/10/647MPKI000084AUP.html.

[3] 奥迪认知：从产品价值到品牌精神内涵[OL]. [2011-09-27]. http://auto.qq.com/a/20110927/000401.htm.

[4] 霍华德·舒尔茨.展望星巴克之未来[OL]. [2011-01-05]. http://www.starbucks.cn/40year/future.html.

第6章 品牌个性

本章提要：成功的品牌都具有鲜明的个性。企业追求品牌的成功就要把握品牌个性的塑造。什么是品牌个性？它有哪些特征？如何成功地塑造品牌个性？这些都是品牌创立者感兴趣的问题，也是本章将要讨论的重点。

引 例

对于运动休闲产品来说，绝大多数消费者追求的是它们的个性与时尚。与国际大牌相比，本土品牌"李宁"的个性显得不足。

从2008年的市场调研中发现：李宁品牌整体用户群年龄偏大，其中35岁到40岁的人群居然超过50%；大多数消费者认为李宁品牌给消费者的感觉是"可靠的、温和的、可值得信赖的、积极向上的"。这样的品牌个性描述非常朴实，就像邻居大叔。

成立于1990年的李宁公司在早期主要凭借品牌创始人李宁本身的社会感召力而迅速成为中国体育用品市场的领军品牌之一。即使到今天，仍有一大批中年消费者簇拥在其周围。而90后知道李宁个人的辉煌历史的人并不很多。对于体育用品企业来说，14~25岁的年轻人群是最为理想的消费者群体，他们是运动休闲产品的主力。如何吸引这一群体是李宁品牌管理中需要考虑的首要问题。

2008年，李宁在接受《环球企业家》记者的采访时，对于李宁品牌在时尚与专业的问题是这样回答记者的：我们其实不是摇摆，而是专业上不来。专业如果上来了，你再怎么时尚都是专业上的。因为不专业，就显得好像我们做时尚。根据该文报道，李宁也曾反复多次地对其设计师和高管们强调"专业化"问题。

其实不然，今天运动休闲类产品能风行世界，就是因为这些产品所具有的独特性，它可以起到点缀生活、点缀心理的作用。运动休闲类产品之所以具有这样的作用，其首要要素不在于该类产品所具有的专业性，而在于该类产品所具有的鲜明个性与时尚性。

社会上流行的一段三巨头间的对话或许能给我们一些启示：耐克说，我就是老大，我想做什么就做什么——Just do it（想做就做）；阿迪达斯说，别以为你是老大，我做老大也是可能的——Nothing is impossible（没有什么不可能）；最后，李宁弱弱地说了句，是的，尤其在中国，everything is possible（一切皆有可能）。这反映了一个事实，那就是与"激情"、"勇敢"、"锐气"等运动品牌应具备的特质相比，李宁品牌实在是没有牌气与个性。

李宁品牌国际化道路能否成功也在一定程度上依仗其品牌个性。自从2004年在香港主板上市之后，李宁公司就逐渐明确了企业国际化愿景：2005—2008年专注国内市场，2009—2013年为国际化做准备，2014—2018年全面国际化。到那时国际市场份额希冀占到公司总销售的20%以上，李宁公司要成为世界前5位的体育用品品牌公司。但最近几年李宁的核心市场还只能集中于国内二、三线城市。在一线城市，上有阿迪达斯、耐克的打压，下有安踏、361和特步的追击，这就是李宁面对的市场现实。耐克、阿迪达斯认为在中国本土化就是国际化，李宁则认为品牌国际化就是要在国外市场的本土化，从锁定本土年轻消费群开始，先"国际化"后"国内化"。于是，品牌重塑的整套计划仓促出炉，国际化的品牌形象是什么，还不是很清晰。

关于李宁品牌是应更专业还是更个性与时尚的问题，公司不应只从自己的角度来思考，更不应以自己的观点来审视市场，观察消费者。事实上，消费者对李宁、耐克、阿迪达斯等这类产品的追求，更多追求的是个性与时尚，其次才是专业。这一点应该引起品牌管理者的高度重视。

6.1 品牌个性概述

性格的概念原本只用于人，有的人活泼，有的人孤僻，有的人高傲，有的人谦卑……但是没有两个人的性格会是完全一样的，一百个人就会有一百种性格；有性格的人叫人难以忘怀。

品牌人格化理论认为，品牌也是人，因此品牌也具有个性，这是区别品牌之间不同的重要依据。人们选择某一种商品，越来越多地取决于其精神感受。

价值观念的多元化是品牌个性存在的基础。人们需要不同个性的品牌。那些随大流、毫无性格但又试图争取所有人的产品，实际上很快就会被人们遗忘。这就是绝大多数产品至今在市场上仍默默无闻的真正原因。而那些具有鲜明个性的品牌正大行其道。

6.1.1 品牌个性的概念

1. 个性

个性（personality）一词来源于拉丁文persona，原指古希腊、罗马时代的喜剧演员在舞台上戴的面具，用于表现剧中人物的身份和性格特征，后来被心理学家用来表示人生舞台上个体所扮演的社会角色的心理和行为。

对于个性的解释，不同的学者从哲学、伦理学、法学、教育学、心理学等不同的研究角度有着不同的看法。菲利普·科特勒从营销学的角度出发，将其定义为："个性是指一个人所特有的心理特征，它导致一个人对他或她所处的环境相对一致和持续不断的反应。"一个人的个性通常可以用自信力、控制欲、自主性、社交能力、保守和适应能力等反映其性格特征的术语来加以描述。

人的个性千差万别，有的热情豪爽，有的拘谨畏缩，有的时尚新潮，而有的却古板守旧。消费者的这些个性常常会影响其对某个企业的产品、品牌、宣传手段、服务等各方面的评价，继而会影响品牌的选择和购买。当某种产品被选择时，往往是因为该品牌与消费者自身个性一致。因此，对于个性这个概念的了解，可以帮助企业和商家更好地研究消费者的行为，开展有声有色的营销活动。

2. 品牌个性

关于品牌个性，也有诸多定义。下面介绍有代表性的几种。

（1）品牌研究专家大卫·艾克（David Aaker）指出，品牌个性是品牌所联想出来的一组人格特性。

（2）作为实务界专家的林恩·阿普绍（Lynn Upshow）认为，品牌个性是指每个品牌向外展示的个性，是品牌带给生活的东西，也是品牌与现在和将来的消费者相联系的纽带。它有魅力，也能与消费者和潜在消费者进行情感方面的交流。

（3）詹妮弗·艾克（Jennifer Aaker）作为品牌个性研究的知名学者，她给品牌个性的定义是与品牌相连的一整套人格化特征。她举例说，人性化的绝对品牌伏特加倾向于被描述成"酷的、赶时髦的 25 岁当代青年"。因此她定义的品牌个性，既包括品牌气质、品牌性格，又包括年龄、性别、阶层等排除在人格、性格之外的人口统计特征。她还进一步指出，与产品相连的属性倾向于向消费者提供实用功能，而品牌个性则倾向于向消费者提供象征性或自我表达功能。

总的来说，品牌个性就是使品牌具有人的特征，是品牌通过其在各种营销活动中表现出来的类似于人的个性，它使消费者有了与品牌进行情感交流和建立关系的可能性。

6.1.2　品牌个性的特征

1. 稳定性

一般来说，品牌个性都需要保持一定的稳定性。因为稳定的品牌个性是持久占据消费者心理的关键，也是品牌形象与消费者体验相结合的共鸣点。如果品牌没有内在的稳定性及相应的行为特征，那么消费者就无法辨别品牌的个性，自然就谈不上与消费者的个性相吻合了。同时，消费者也不会主动地选择这样的品牌，它最终会在消费者心目中失去品牌的魅力。

2. 差异性

从根本上来说，创造品牌个性的目的就是帮助消费者认识品牌、区别品牌，最终让消费者接纳品牌。品牌个性可能最能代表一个品牌与其他品牌的差异性。在茫茫的产品世界中，许多品牌的定位差异不大，而个性却给了品牌一个脱颖而出的机会，并在消费者脑海里保留自己的位置，以展示自己与众不同的魅力。例如，当年的孔府家酒与孔府宴酒，两个品牌都是生产以孔府文化为背景的白酒，都有高频率的广告支持，价格、目标人群等定位也相差不大。但品牌个性迥然不同，孔府家酒被看成是纯朴的、顾家的、诚恳的，而孔府宴酒拥有外向的、具有人文气质的、略显世故的个性。这让它们在消费者的心目中留下了完全不同的印象，并都获得了较大的成功。

3. 排他性

如果品牌个性引起了目标消费者的共鸣，得到他们的接纳，它就会表现出强烈的排他性，并建立起品牌的"防火墙"，使竞争品牌无法模仿。这有利于品牌可持续的经营。许多著名品牌都有自己鲜明的品牌个性，如锐步的野性、年轻、活力，微软的积极、进取、自我。当产品的品牌个性与潜在消费者的人格个性相吻合时，它不仅征服了消费者，还表现出强烈的排他性，使竞争对手无法模仿，形成独特的竞争优势。

4. 一致性

在品牌时代，品牌可以充分表现真正的自我，表达人的追求。它给每个人提供了展示个性的机会，比如穿的衣服、开的车、喝的饮料等，这其中都包含个人的取向。如果把你所购买的品牌构成一幅美丽的图案的话，它就可以描绘出你是怎样的人，你是如何生活的。正是品牌个性的这种外在一致性，才使得消费群体能够在这个多元化的社会里找到自我消费个性，这也是品牌个性化的必然。在当今张扬个性的时代，人们按照自己的个性选择自己喜欢的品牌，随着全球经济一体化的发展，这种趋势会越来越明显。只有在品牌个性与消费者个性一致的情况下，消费者才会主动购买，否则，就很难打动消费者。比如在目前的中国汽车消费市场中，你会发现许多有趣的现象：商场精英一般不选择奥迪，大学教授一般不选择奔驰，政府官员一般不选择宝马，原因是什么呢？因为这些品牌彰显的个性与消费群体的性格不相符。这正好说明品牌个性与消费群体的个性一致的重要性。品牌个性化不仅能从精神层面上真正打动消费者，而且促进了产品的销售，从而实现了品牌的价值。当然，随着环境和观念的改变，人们的消费习惯也会发生变化，因此品牌个性也应做出相应调整。

以上四个特征，给予品牌生命，赋予品牌形象活力，使其有了成长的基础。

6.1.3　品牌个性的价值

品牌个性可以说是品牌特征最重要的组成部分。它具有以下四个方面的重要价值。

1. 人性化价值

品牌个性的精髓是品牌人格化。它使企业提供的原本没有生命的产品变得具有人性的特征，使消费者能消除戒备心理，从而拉近了消费者与品牌之间的距离，甚至让消费者产生某种亲切感，更加容易接受企业的产品。

独特而鲜明的品牌个性能够吸引消费者的注意力，并在其心中占据一定的位置。当消费者决定购买某类产品时，他当然只会选择那个具有他所欣赏的、个性的品牌，因为在做出购买决定之前，这个品牌的个性已经把他征服了。

2. 购买动机价值

这是品牌个性的又一重大价值。明晰的品牌个性可以解释在成千上万个令人眼花缭乱的品牌中消费者购买某个品牌的原因，也可以解释他们拒绝其他品牌的理由。

品牌个性让本来毫无生气的品牌具有人的个性，赋予了消费者一些精神化的东西，这使得品牌在消费者的眼里变得鲜活起来，超越了产品本身的物理属性，不再是一堆冷冰冰的物体。正是品牌个性时时通过各种途径所传递出来的个性化的内容，让消费者能够根据自己所喜欢的个性，来挑选具有相应的品牌个性的产品，从而不再选择其他的品牌。比如年轻人喜欢喝可口可乐，因为它代表着活力、激情，跟自己的个性比较符合；成功的商业人士都喜欢坐奔驰车，因为它代表着大气、稳重、高品位。

正是由于品牌个性触动了消费者内心的东西，其人性化的表达触发了消费者的潜在购买动机，继而使他们选择那些具有独特个性的品牌，所以说，品牌个性是消费者购买动机的起源。

3. 差异化价值

品牌个性是品牌的人格化表现，最能代表一个品牌与其他品牌的差异性。差异性是现今品牌繁杂的市场上最重要的优势来源。一个品牌没有其独特之处，就很难在市场上脱颖而出。

如今还有很多企业在一味追求产品的差异性，而忽视了品牌的差异性。殊不知，在科技高度发达的今天，这种建立在产品上的差异性很难长久保持，极易被模仿和剽窃；而由品牌个性建立起来的差异则会深入到消费者的意识里，并提供了最重要、最牢固的差异化优势。

百事可乐在刚进入市场时，在口感、包装、宣传等各个方面都模仿可口可乐，结果出师不利。后来，它改变了游戏手法，站到可口可乐的对立面，在可口可乐宣扬自己是"真正的可乐、永远的可乐、美国精神的代表"的时候，掀起"新一代"的旋风，把品牌蕴含的那种积极向上、时尚进取、机智幽默和不懈追求的精神，发扬到百事可乐所在的每一个角落，其矛头直捣可口可乐的死穴——可口可乐甚至被指为"你父亲喝的可乐"。百事可乐树立了"新一代的选择"的形象，形成了独特、创新、积极的品牌个性，获得了无数年轻消费者的认同和喜爱。

 案例　　　**营销视点 6-1**

耐克，它的主要宗旨是要了解与唤起运动员的灵魂，而且"just do it!"的口号就是在倡导勇于行事的英雄特质。

产品名称 NIKE 是长有翅膀的胜利女神之名，而公司是由热爱比赛并对跑步有高度信仰的运动员所创立。它刚开始的成功与慢跑的热潮有密不可分的关系，因为这股热潮不仅鼓吹健康的理想，更把跑步与勇者画上了等号。

20 世纪 90 年代耐克的造势活动大部分是以两件事为主轴，一是由受喜爱的运动英雄乔丹担任代言人，二是免费提供耐克鞋给顶尖的职业球队与大学运动队伍，并说服教练拿给运动员穿。

---

4. 情感感染价值

品牌个性反映的是消费者对品牌的感觉或品牌通过各种途径传递给消费者的感觉，它主要来自情感方面，而少部分来自逻辑思维。品牌个性具有强烈的品牌感染力，它能紧紧地抓住消费者潜在的兴趣，不断地与他们进行情感方面的交流与转换。法拉利快速、刺激的品牌个性，深深地感染着跑车爱好者，它激发了消费者内心最原始的冲动和作为冒险者的一种自豪感，以至于消费者用法拉利作为展示年轻人激情与冒险精神的重要媒介。

品牌个性可以深深地感染消费者,它的感染力随着时间的推移会形成强大的品牌推动力,使消费者成为该品牌的忠实拥护者。这就是品牌个性的重要价值所在。

6.2 品牌个性维度

品牌个性维度一直是营销理论研究和营销实践领域中的一个热点课题。詹妮弗·艾克于1997年首次系统地发展了基于美国的品牌个性维度及量表,日本和西班牙的品牌个性维度及量表也相继诞生。然而,中国的本土化品牌个性维度及量表却仍然是一个空白。2003年,中山大学卢泰宏教授和他的学生,对中国文化环境下的品牌个性维度进行了研究,得出了一些有价值的结论。

6.2.1 品牌个性的五大要素

美国加利福尼亚大学的詹妮弗·艾克教授,于1997年8月在《市场研究》杂志上发表了一篇题为《品牌个性维度》的论文,第一次根据西方人格理论的"五大"模型,以个性心理学纬度的研究方法为基础,以西方著名品牌为研究对象,发展了一个系统的品牌个性维度量表(brand dimensions scales,BDS),得出了品牌的五大个性要素,即品牌个性的五大维度:纯真(sincerity)、刺激(exciting)、称职(reliable)、教养(sophisticated)和强壮(ruggedness),在学术界引起了较大的轰动。

在研究的过程中,詹妮弗·艾克教授初步获得了309个意义比较单一的品牌个性形容词,并通过淘汰测试获得了114个用于测试品牌个性特质的词汇。然后通过对631个具有代表性(代表美国)的样本、37个品牌的初步测试,得到一个包括五大维度的量表。在这五大维度下面又有15个层面,并包括42个品牌人格特性(见表6-1)。

表6-1 美国品牌个性维度量表 (1997年)

个 性 要 素	不 同 层 面	品牌个性特质词语
纯真	纯朴 诚实 有益 愉悦	纯朴的、家庭为重的、小镇的、 诚心的、真实的、真诚的、 新颖的、有益的、 感情的、友善的、愉悦的
刺激	大胆 有朝气 富于想象 新颖	时髦的、刺激的、勇敢的、 年轻的、活力充沛的、酷的、 独特的、富于想象力的、 独立的、现代的、最新的
称职	信赖 聪明 成功	勤奋的、安全的、可信赖的、 技术的、团体的、技术的、 领导者的、有信心的、成功的
教养	上层阶级 迷人	有魅力的、好看的、上层的、 女性的、迷人的、柔顺的
强壮	户外 强韧	男子气概的、西部的、户外的、 强硬的、粗犷的

这五大个性要素将很多品牌个性描述得非常到位。比如，康柏、柯达在"纯真"这一项上非常明显，LEVI'S、万宝路、耐克在"强壮"这一项上表现突出。

这套量表是迄今为止对品牌个性所做的最系统、最有影响力的测量量表。据说，它可以解释西方 93 % 的品牌个性的差异，其理论在西方营销理论和实践中得到广泛的运用。

2001 年，为了探讨品牌个性维度的差异性，詹妮弗·艾克教授与当地学者合作，继续沿用 1997 年关于美国品牌个性维度开发过程中使用的方法，对日本和西班牙这两个分别来自东方和拉丁文化区的代表国家的品牌个性维度和结构进行了探索和检验，并结合 1997 年对美国品牌个性的研究结果，对三个国家的品牌个性维度及原因进行了综合分析。结果发现，美国品牌个性的独特性在于"强壮"（ruggedness），而日本品牌个性的独特性是"和平"（peacefulness），西班牙品牌个性的独特性却是"热情/激情"（passion）。

这个研究总体上证明了品牌的五大个性要素在跨文化中的有效性，即它具有一定的通用性。

6.2.2 中国文化环境下的品牌个性维度

1. 中国品牌个性维度的测试

1）测试范围

为了发展中国本土的品牌个性维度，卢泰宏等人于 2001 年 11—12 月，在北京、上海、广州三个一线城市和成都、长春两个二线城市进行了一次调查研究。这次调查研究最后回收了有效样本 552 个，其中，男性 258 人，占 47%，女性 294 人，占 53%，年龄从 17 岁到 40 岁，平均年龄为 24.3 岁。调查中选取的品牌主要是国内知名品牌，也有部分跨国品牌。这些品牌共 40 个，分为十组（见表 6-2）。

表 6-2　中国品牌个性测试的十组品牌

第一组：长虹、佳得乐、太太、中央电视台	第六组：金利来、力士、五粮液、光明日报
第二组：飘柔、喜之郎、TCL、春兰	第七组：摩托罗拉、中华牙膏、太阳神、佐丹奴
第三组：乐凯、联想、美的、娃哈哈	第八组：乐百氏、万科、耐克、马爹利
第四组：海尔、柯达、康师傅、大宝	第九组：微软、家乐福、非常可乐、夏利
第五组：李宁、达能、雕牌、同仁堂	第十组：小护士、格兰仕、健力宝、奥迪

2）调查结果及分析

为了抽取中国品牌个性维度，问卷调查中使用了 98 个描述品牌的词汇，并使用因子分析的方法对 98 个品牌个性词汇的调查结果做了主成分分析以及方差极大正交旋转。通过仔细观察因子分析的结果，对于这 98 个品牌个性词汇，认为抽取前 5 个因子的方案比较适合。

无论是从年龄（年轻的对比年长的）或者从性别（男性对比女性），甚至从品牌分类（国外品牌对比国内品牌）来看子样本群的因子分析，或者基于个体样本与整合样本数据因子分析，最终得出的结果都认为 5 个因子的提取方案是最为可靠、稳健、一致的。

3) 结论

运用 5 个因子的提取方案，最终纳入因子分析的品牌个性词汇共有 66 个。然后再对这 66 个品牌个性词汇按方差极大正交旋转法以及主成分法重新进行因子分析，提取出 5 个因子。因子分析的结果表明，这 66 个品牌个性词汇的共通性都较高。

第一个因子囊括了最多的品牌个性词汇，可解释的品牌个性词汇达到 28 个，占了 66 个词汇中的近 50%。这当中主要包括的词汇有平和的、环保的、和谐的、仁慈的、家庭的、温馨的、经济的、正直的、有义气的、忠诚的、务实的、勤奋的等。这些词汇一般都是用来形容人们所具有的优良品行和高尚品质，表达的是"爱人"及"爱物"之意。这些词汇都是属于古汉语中"仁"的范畴。因此，可以把第一个中国品牌个性维度命名为"仁"。

第二个因子所包括的品牌个性词汇有 14 个。该因子所包括的词汇有专业的、权威的、可信赖的、专家的、领导者、沉稳的、成熟的、负责任的、严谨的、创新的、有文化的等。因此，可以用"术"或者"才"来命名第二个因子。但考虑到与第一个因子相对应，这里使用了一个比"术"或"才"更抽象的词"智"来命名第二个因子。因为在古汉语中，"智"的外延不仅局限于"术"、"数"或者"才"，也包括睿智、沉稳、严谨、贤能等。这样更加贴切描述本维度中所包括的词汇，也更能体现中国文化传统。

第三个因子包括有 8 个品牌个性词汇，即勇敢的、威严的、果断的、动感的、奔放的、强壮的、新颖的、粗犷的。这些词汇可以用来形容"勇"所具有的"不惧"、"不避难"的个性特征，既包括了作为一种道德的勇，如勇敢的、果断的等，也包括了作为个人形象特征的勇，如强壮的、粗犷的等。对于第三个品牌个性维度，可以命名为"勇"。

第四个因子包括有 8 个品牌个性词汇，如欢乐的、吉祥的、乐观的、自信的、积极的、酷的、时尚的。这一维度中的词汇都是用来形容高兴的、乐观的、自信的、时尚的外在形象特征。仔细分析这些词汇，可发现几个层次的含义：来自于内心的积极、自信和乐观，表现为外在形象的时尚和酷，以及既有表达群体的欢乐也有表达个体的欢乐。这些词汇反映的都是"乐"，只是乐的表现形式有所不同而已。因此，对于这一品牌个性维度，可以命名为"乐"。

第五个因子也包括有 8 个品牌个性词汇，如高雅的、浪漫的、有品位的、体面的、气派的、有魅力的、美丽的。这些词汇可以用来形容儒雅的言行风范，浪漫的、理想的个性以及夯丽、端庄的容貌特征，或者体现别人对自己的尊重。这些词汇中有些与中国传统文化中的"雅"相联系，有些则与现代意义的"雅"相联系。总之，这一品牌个性维度可以用"雅"来命名。

2. 中国品牌个性维度的层级识别

为了有助于今后不同研究者对所获得的个性维度结构进行对比分析，识别差异点和相同点，卢泰宏等人还对中国品牌个性维度的内部结构进行了层级细化。层级也就是二级维度，它们帮助把一级维度剖分成若干个在意义上更加狭义、具体，更加容易理解和解释的部分。

具体的方法是：首先，对所获得五个维度的每一个维度内所包括的品牌个性词汇再分别进行因子分析，一共获得了 14 个因子，其中第一个维度"仁"所获得的二级维度最多，达到5个；其次，"智"有3个；其余三个维度各有2个。

根据以上方法分析后，就获得了中国品牌个性维度及其层级结构（见图6-1）。

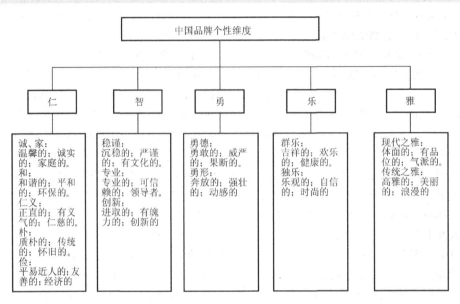

图6-1　中国品牌个性维度及其层级结构

3. 品牌个性维度的跨文化比较

为了识别中国品牌个性维度的独特性以及与西方品牌个性维度的一致性，卢泰宏等人还比较了美国、日本品牌个性维度量表与中国品牌个性维度量表，得出的结论是：中国品牌个性一方面继承了中国传统文化，保留了本土化的独特特点；另一方面，随着中国与世界经济文化的交流和融合，中国的品牌个性也不可避免地受到西方文化的影响，这也是中国向现代化过渡过程中的必然。"仁"（sincerity）、"智"（competence）、"雅"（sophisticated）这三个维度具有较强的跨文化一致性，这是共性。"仁"是中国品牌个性中最具有文化特色的一个维度，其次是"乐"（conviviality）。中国与美国相比，其品牌个性最具有差异性的是：中国更加强调群体性利益，而美国更加重视个人利益，强调个性的表现。这就是两种不同文化的差异在品牌个性中的体现。而中国与日本相比，中国品牌个性中存在着"勇"（ruggedness），日本则不存在这样一个单独维度，这一维度在中国的出现，表明中国品牌在一定程度上已受到西方理论及文化的影响。

6.2.3　品牌与顾客关系

品牌是产品与顾客之间的关系，是一种消费体验。品牌要真正做到不同凡响，就要建立一种与顾客之间的联系。如果品牌不仅与顾客建立了理性的联系，而且让他们感受到强烈的情感联系，那么品牌创建就能取得成功。

但是在对品牌概念的认识上，不少企业存在着一种片面认识，即把品牌看成是企业自己的东西，是一种商标权或者一种与竞争者相区别的标识。这种认识毫无疑问忽略了顾客在创立品牌中的地位和作用。

现代品牌理论重视和强调顾客在创立品牌中的作用和地位。品牌是一个以顾客为中心的概念。没有顾客，就没有品牌。品牌的价值体现在品牌与顾客的关系之中。品牌之所以能够存在，是因为它可以为顾客创造价值、带来利益。

企业创建名牌，必须重视顾客，强化二者之间的关系。建立和强化品牌与顾客之间的关系，培养忠诚顾客，已成为提高品牌价值的关键所在。强化品牌与顾客的关系，一般可从理念、策略、实践三个方面入手。

1. 从理念上强化品牌与顾客关系

从理念上强化品牌与顾客的关系，就是要树立"顾客满意"（customer satisfaction）的观念，真正重视顾客价值。

一般来说，品牌与顾客的关系，是一个从无到有、从疏远到亲密的过程。顾客要经历对某一品牌毫无印象——开始注意——产生兴趣——唤起欲望——采取行动——重复购买六个依次推进的阶段，最后可能成为该品牌的忠实顾客。企业需要努力使顾客保持对品牌的高度满意。这种满意度使顾客对品牌产生感情，从而密切两者之间的关系。

顾客满意包括两个方面的含义：一是全方位的满意，即顾客在与品牌接触的每个层面都感到完全的满意，要做到这点，企业就要使"顾客满意"的观念深入到每个员工的心里，融入企业的日常活动之中；二是全过程的满意，即企业要做到从顾客第一次接触品牌一直到不能为这些顾客服务为止，都十分重视顾客与品牌的关系，使顾客时刻感知品牌为他们带来的利益，从而达到满意。北欧航空公司总经理卡尔森认为，第一线服务人员与顾客接触的那一刹那就决定着顾客是否满意，因此，把那一时刻称为"关键时刻"。企业要从这个关键时刻开始，一直保持并增强顾客的满意度。

2. 从策略上强化品牌与顾客关系

在买方市场条件下，维系品牌与顾客的关系变得越来越困难。企业需要以长远的战略眼光来看待品牌与顾客的关系。两者之间充分沟通是发展和维系品牌与顾客关系的重要策略。

1）以信息为导向的个性化营销

现代生活方式的变革以及人们收入水平的不断提高，使人们的消费观念和消费行为向着个性化和多样化发展。一方面，人们试图通过展示自我来向他人表明自己的魅力，品牌成为消费者表现自己独特的个性和品位的重要媒介；另一方面消费者行为也向着多样化发展，生活变得更加丰富多彩，消费者向往多变的、感性的生活。但长久以来，企业习惯于机械地、形而上学地对待消费者，将抽样调查的个别结论用到全体消费者身上。

强化品牌与顾客的关系，必须了解顾客的需求及其变化，在建立顾客资料库的基础上，进行个性化营销。企业要视顾客资料为公司的重要资产，要通过各种途径搜集有关顾客的资料，并有效地运用这些资料对顾客群体进行细分，从而使特定的顾客满意。

2）整合营销传播

20世纪90年代以来，整合式的营销传播已成为一种趋势。其基本主张是要将所有沟通工具，如商标广告、直接推广活动、活动营销、企业形象等一一综合起来，用多种工具传达一个声音，使顾客处在多元化目标一致的信息包围之中，从而使顾客更容易识别和记住这个品牌和这个公司。这种整合式营销传播不但突出了传播，而且还强调不能仅仅使用单一的手段来传播，而是要通过整合多元取向的沟通方式，强化沟通的效果。

建立品牌与顾客的关系和整合营销传播，这两者是相互依存的。企业必须将品牌传播沟通组合中的所有要素协调整合，以满足顾客在与品牌接触的各种阶段的不同需求。企业运用整合营销传播，就是要使每一个构成品牌的要素都被用于提升品牌的地位，维系与顾客的密切关系。

案例　　　　　营销视点 6-2

豆瓣理想青年小站，打破了豆瓣上只有小清新、文艺青年的标签，目的是挖掘豆瓣上各种具有才能的青年，因而受到了很高的关注。

这个小站的宗旨和目标人群与品牌 ThinkPad Edge 这个面向年轻用户的品牌比较吻合，品牌也通过一种更为软性的方式从这个小站向目标用户传达它的信息。

3. 从实践上强化品牌与顾客关系

强化品牌与顾客关系，企业需要以顾客为中心，在顾客满意的经营哲学理念的指导下，将个性化营销与整合营销传播策略应用于实践。对此，要注意以下几点。

1）密切关注顾客认知的变化

企业应密切关注顾客认知的变化，随时发现品牌与顾客关系中出现的问题，并及时予以解决。企业要随时了解品牌知名度、态度以及使用状况的变化，这些指标是预测品牌份额变化的敏感指标，其中任何一个因素的变动都应当引起企业的关注。

品牌知名度是消费者对品牌名称的知晓程度，反映品牌信息的传播广度，它是建立品牌与消费者关系的第一步，是培养忠诚顾客的基础。

品牌态度是消费者对某一品牌的总体看法，它显示消费者对某一品牌的偏好。而偏好的变化可能意味着消费者需求的变化，也可能表明品牌在某些方面令消费者不满意。

品牌使用是品牌健康程度的指示。如果消费者目前正购买或使用某一品牌，可以预期他会继续购买。因此，近期购买量的下降意味着问题的出现。品牌使用的监测数据有助于确认哪一类消费者改变了他们的购买习惯，以及他们转向了何种品牌。

2）建立顾客的信息反馈系统

企业应建立顾客的信息反馈系统，不断搜集、了解顾客的需求和偏好的变化及对品牌的意见，以便为顾客提供个性化的服务。

企业可利用新媒体建立信息反馈系统。如利用互联网、手机短信、聊天室、博客等高科技手段，建立与顾客之间个性化的沟通反馈系统。互联网的发展，为品牌与顾客沟通提供了十分便利的沟通方式。互联网络不仅可以展示产品，发布企业信息，还可以链接资料库，提供有关的信息查询，与顾客进行一对一的沟通。

案例　　　　　　**营销视点 6-3**

在信息时代，信息传播模式具有以下特点：①从单向传播到互动传播，再到有更多的圈层与融合关系的交叉扩散和聚合的"3.0 传播"，进入一个所有人对所有人传播，以及没有中心的点对点的传播时代。②信息形式和载体的变化。信息从文本信息、图片的信息变成图文+视频的信息。③信息依赖主体的变化。过去消费者在网上寻找信息，更多依赖网站上提供的文本图像的信息，但是现在消费者却更多依赖人，网站不再是核心。

在这样的一个"社交化"的时代，无论是作为传播渠道的媒体还是作为广告主的企业，都需要应对社交媒体带来的影响。媒体不具备社交化的属性，消费者的黏性就很难建立；而消费者的变化以及媒介行为的习惯变化，也在进一步改变企业原有的营销模式。

消费者获取信息和新闻的途径主要是：①社交化媒体网站；②越来越多的人通过社交化媒体知悉喜欢品牌；③消费者更渴望与品牌进行互动交流；④消费者更信任社交化媒体上网民对品牌的评价；⑤消费者期待品牌保持活跃度，并希望品牌能倾听他们的声音，并能做出快速、正确的反应。

企业要适应这些变化，建立以社交化媒体为技术手段的一整套信息管理系统，与消费者进行有效的互动传播，才可以保持品牌的长久活力。

3）执行策略的长期性

品牌与顾客的关系是长期培养和积累的结果。许多世界知名的品牌都有相当长的历史，如可口可乐已有 100 多年的历史，万宝路的形象也风靡了近 60 年。消费者对品牌的深刻印象，必须经过长期一致的营销传播活动才能获得。要赢得消费者对品牌的信任和满意，企业必须制定科学的战略规划并付出长期的努力。

6.3 品牌个性的塑造

6.3.1 品牌个性的心理学基础

1. 潜意识理论

现代心理学家认为，人类的一切活动，包括消费者行为，总是以人的需要为基础的。消费者需要是指消费者生理和心理上的匮乏状态，即感到缺少些什么，从而想获得它们的状态。个体在其生存和发展过程中有各种各样的需要，如冷的时候有穿衣的需要，渴的时候有喝水的需要，在与人交往的过程中有获得被人尊重的需要，等等。

在市场经济条件下，消费者的需要直接表现为购买商品或接受服务的愿望。有两类不同的需要对消费者的购买行为产生影响：一种是消费者能够意识到的需要；另一种是消费者在购买活动中的确存在而又无法被其所意识到的感受或冲动，这就是潜意识的影响。

弗洛伊德把心灵比喻为一座冰山，浮出水面的是少部分，代表意识，而沉没在水面之下的大部分，则是潜意识。他认为，人的言行举止只有少部分是受意识控制的，其他大部分则由潜意识所主宰，而且这种主宰是主动地运作，人却没有觉察到。潜意识是指被长期压抑、个体当时感觉不到的本能欲望或经验。潜意识中的本能欲望不可能随心所欲地获得满足，它一定会受到文化、道德、法律等多种因素的压抑和排挤。即便如此，它们也不可能被泯灭，相反一定要得到释放。

依据弗洛伊德的潜意识理论，研究消费者人格的学者相信，人类的驱动力大多是无意识，而且消费者可能也不了解其购买行为背后的真正原因。这些学者将消费者的外表及拥有物都视为个人人格的反映及延伸。当消费者坚持要穿耐克运动鞋、买苹果手机以及开奔驰轿车时，都多少可以折射出他们潜意识中的本能欲望和潜在的心理需求。

如著名品牌万宝路——"男子汉的香烟"，其品牌个性正是通过充分挖掘当时美国人的潜意识需求才获得巨大成功。当时正值第二次世界大战结束不久，工业、经济得到迅猛发展，工业化中的美国人普遍存在着一种反叛现实的思潮。他们厌倦了紧张忙碌、枯燥乏味的都市生活，怀念过去那种无拘无束、自由自在的乡野情趣。针对这种心态，万宝路广告持久地以美国西部牛仔作为其个性表现形象，以充满原始西部风情的画面衬托着矫健的奔马、粗犷的牛仔，凸显了男子汉放荡不羁、坚韧不拔的性格，尽显硬汉本色。这一品牌个性的塑造恰恰迎合了大多数美国人的心理欲求，很快便博得了美国烟民的喜爱和认同。其实，谁心里都明白，即使一天抽一条"万宝路"也成不了一个牛仔，但它却可以达到对世俗尘嚣的排遣和解脱，从而使人得到一种心理的补偿。

2. 自我概念

自我概念是个体对自身一切的知觉、了解和感受的总和。每个人都会逐步形成对自己的一些看法，如是高是矮、是胖是瘦等。它主要回答的是"我是谁"和"我是什么样的人"这一类的问题。

消费者的自我概念不止一种，而是包括以下多种类型：

（1）真实的自我，指消费者实际上如何真实地看待自己；

（2）理想的自我，指消费者希望如何看待自己；

（3）社会的自我，指消费者感到别人是如何看待自己的；

（4）理想的社会自我，指消费者希望别人如何看待自己；

（5）期待的自我，指消费者期望在将来如何看待自己，是介于实际的自我与理想的自我之间的一种形式，等等。

一般认为，消费者根据认为自己是什么样的人（真实的自我）和希望自己成为什么样的人（理想的自我），来指导自己的消费行为。因此，消费者比较倾向于购买那些与他们自己具有相似个性或那些能使自己某些个性弱点得到补偿的产品。

在不同产品类别的品牌个性与消费者自我概念研究中发现，消费者自我概念与品牌个性越是一致，对其品牌的购买意愿也就越强。无论是消费者介入程度较低的手机、手表或电池等产品，还是消费者介入程度较高的汽车、房子等，消费者在购买过程中都会尽量使购买的产品符合长期以来对自我的认识。

这是因为商品的购买、展示和使用，不仅可以向消费者提供产品的功效，还可以向个体或者其他人传递一种象征意义，体现他们的价值观、人生目标、生活方式、社会地位等。如购买宝马、劳斯莱斯就不仅是购买一种交通工具那么简单，而主要是作为身份地位的一种体现。消费者为了维护和强化自我概念，就必然会使消费行为与自我概念相一致。

在市场产品极其丰富的今天，消费者完全可以在不同品牌之间进行自由选择。在追求一致性的影响下，消费者将根据其对真实自我所持有的概念来消费。他们通过购买与其真实自我概念相类似的产品来保持一致性。

同时，一个认为自己过于传统守旧、不太勇于接受新事物的女性消费者，为长期以来在穿着方面没有特色而感到苦恼，她希望自己能变得时髦和有魅力，能吸引他人的注意力，这种想法会促使她极力地考虑如何在衣着方面改变自己。其实，在每个人的心目中，都有一个理想的自我形象，希望有朝一日自己能成为这种理想中的人。现实的自我概念与理想中的自我概念差距越大，消费者就可能对自己越不满，而这种不满的情绪就会使消费者在购买产品时尽量挑选那些能弥补自己个性弱点的品牌，也就是购买具有自己缺乏但又非常希望拥有的个性的品牌产品。因此，上面提到的对自己守旧的形象不满、希望能变得时尚的女性消费者，就会为了弥补自己个性方面的不足而成为时尚服装、高级美容化妆品的购物大军中的一员。

总之，从心理学的角度看，消费者的购买行为既是为了满足消费者的潜意识的本能欲望，释放一种心理压力，获得某种心理补偿，同时其购买行为也是试图与长期以来的自我概念保持一致。因此，品牌管理者完全可以通过市场细分的策略区分出该品牌的使用人群，只要充分挖掘出该使用人群的潜意识需要和自我概念，就可以为品牌的个性定位及塑造提供具有针对性的策略和途径，以在未来的市场营销中立于不败之地。

6.3.2　品牌个性的来源

品牌个性是消费者对品牌人格化的评价，是由外而内的。因此，在介绍如何塑造品牌个性之前，有必要了解消费者主要是通过哪些方面来体验和感知品牌人格的，即品牌个性的来源，以保证品牌个性的成功塑造。品牌个性可以来自于与品牌有关的领域中的任何一个角落，以下是品牌个性来源的几个比较重要的方面。

1. 产品自身的表现

企业的任何品牌行为都要围绕着产品展开，它是品牌活动的核心和最主要的载体。企业产品本身的发展随着其在市场上的发展而逐渐为人们所了解，而消费者也可从产品的发展中形成对品牌的看法，即品牌的鲜明个性。

沃尔沃是一家以安全性能绝佳著称于世的汽车公司，其品牌个性就是安全。几十年来，该公司每年都要投入大量的费用进行安全方面的产品研究和开发。如20世纪40年代的安全车厢、60年代的三点式安全带、90年代的防侧撞保护系统。有人曾经统计过，从1945年到1990年，沃尔沃公司在各式新车上配置了32项主动或被动安全装置。在国际汽车工业界有许多安全技术是沃尔沃首创的。正是由于沃尔沃在安全方面的不懈努力，才让消费者深切感受到，在汽车界沃尔沃就是安全的代名词，也就形成了其独特的品牌个性。

2. 品牌的使用者

品牌的个性也可以来自品牌的使用者。每个品牌都有一群经常使用的消费者，久而久之，这群消费者的个性也就会附在产品上，逐渐成为品牌的个性。

LEVI'S "结实、耐用、强壮" 的品牌个性，在很大程度上来源于使用者的形象。

LEVI'S 的创始人 Levi Strauss 原籍德国，1847 年发迹于美国旧金山，当时他靠卖帆布为生。后来发觉当地矿工十分需要一种质地坚韧的裤子，于是把原来制造帐幕的帆布做了一批裤子，卖给当地矿工。由于这种裤子不容易破，所以很受矿工们的欢迎。随后，他便迅速成立了 LEVI STRAUSS AND CO.，主要生产牛仔裤，其神话由此展开。牛仔裤最初的使用者是矿工，他们结实、坚韧、强壮的个性特征也逐渐演变成为 LEVI'S 的品牌个性。

3. 品牌的代言人

通过品牌代言人也可以塑造品牌个性。通过这种方式，企业可以将代言人的个性传递给品牌，这有助于品牌核心价值的塑造。

百事可乐在这方面就做得非常成功。它将自己定位于"新生代的可乐"，通过不断地变换代言人来树立年轻、活泼、时尚的形象。在美国本土，有迈克尔·杰克逊和小甜甜布兰妮等超级巨星作为其形象代言人；而在中国，继邀请张国荣和刘德华做其代言人之后，百事可乐又力邀郭富城、王菲、周杰伦、郑秀文等加盟，将百事可乐独特、创新、积极的品牌个性演绎得淋漓尽致，赢得了无数的年轻消费者。

除了这些方法外，品牌个性还可以来源于企业形象、企业领袖、广告风格、生产国等多个方面，这里就不一一介绍了。

6.3.3 塑造鲜明的品牌个性

要想成功塑造一个品牌的个性，具体的方法有多种多样。但要寻找出一种适合每个企业的固定模式来建立品牌个性又是非常困难的，因为每个品牌都会有自己不一样的背景、资源和特色等。此外，在品牌个性塑造过程中，也有一些共性的东西，了解了这些共同点，对于企业塑造品牌个性能起到有效的指导作用。

1. 品牌个性塑造的原则

企业在实施品牌个性策略的过程中要遵循以下四个原则。

1）持续性原则

品牌个性是消费者对品牌由外而内的整体评价，它的形成是一项长期的、系统的工程。稳定的品牌个性是持久地占据消费者心理的关键，也是品牌形象与消费者经验融合的要求。品牌个性如果缺乏持续性，就会使消费者无法认清品牌的个性，自然也就无法与消费者自己的个性相吻合，而且他们也不会选择这样的品牌。正如美国某公司创始人大卫·马丁在他的《品牌的罗曼化》一书中写到的：著名的品牌是在很长的一段时间里塑造起来的，一直都会有广告诚实地介绍产品个性。品牌个性需要稳定性，失去了稳定性，也就失去了品牌所具有的感染力。

保持品牌个性的持续性，可以从内容和形式两个方面入手：从内容上讲，品牌个性的内在特质及其内涵、对目标消费者的生活态度和价值观的理解等，要始终保持一致；从形式上讲，品牌的包装和设计、传播的方式和风格，也要尽量保持持续性，具体的图文音色可以更换，但设计的精髓和灵魂以及体现出的个性风格、气质要尽量保持连续性。长期的持续性可以有效地防止其他品牌在短期内克隆成功。

2) 独特性原则

世界上没有两片完全相同的树叶，市场上也不存在完全相同的两个成功品牌，每个成功的品牌都是独特的、与众不同的、唯一的。

独特新颖制造了差异化，这样的事物总是很容易让人记住。品牌个性作为品牌的独特气质和特点，同样也必须具有差异性，如果与竞争品牌雷同，就会丧失个性，无法发挥品牌个性的巨大魅力。

当然也要注意到，独特不是奇特，不是为新而新、为奇而奇；个性只是手段，不能特意为了个性的独特性，而选择与消费者个性格格不入的一些离奇、古怪的个性，这样的标新立异是毫无价值的。所以，要评价一个品牌个性的独特性是否有效，就要看它是否能成功地打动目标消费者，引起情感的共鸣。

宝洁公司可谓是这方面的行家里手，多年来它的品牌经营管理经验一直成为各个公司研究和学习的焦点。以洗发水为例，它同时拥有飘柔、海飞丝、潘婷、沙宣等多个品牌。虽然都是洗发水，但是不同的品牌通过不同的广告形象代言人、品牌标识、广告诉求等多方面传播，树立了它们与众不同的品牌个性：飘柔代表的就是"自信"，海飞丝是"潇洒"，潘婷是"靓丽"，沙宣则意味着"时尚"，等等。

3) 人性化原则

为什么要对品牌进行人性化塑造呢？这是因为品牌个性的树立是一个浇灌情感的过程，人性化的品牌能够使消费者产生某种情感，而此时的品牌不再是缺乏生命的产品，而是消费者的亲密伙伴和精神上的依托。

现如今，在市场产品极为丰富、消费者生活水平有了较大提高的背景下，消费者购物时就更加注重心理需求的满足。海尔的"真诚到永远"、诺基亚的"科技以人为本"、中国移动全球通的"沟通从心开始"等，都体现了企业通过以人为本、充分满足人性的需要来达到企业经营目的的宗旨。

4) 简约原则

有的企业为了能让品牌有更好的表现，让其品牌有十多个个性特点，这其实是一个错误的认识。著名的雀巢品牌虽然强调"温馨的"和"美味的"两个特点，但对品牌的管理却相当出色，这才使得它多年来一直跻身于世界最具价值的品牌行列。

品牌个性过多、过于复杂，会使企业很难面面俱到地表达众多的个性，这样反而容易把消费者搞糊涂。一个品牌究竟应该有多少个性特点，这没有什么标准答案。一般来说，最多不应该超过七八个，但最好能重点建立三四个个性特点，并使之深入人心。

2. 如何塑造品牌个性

品牌个性的塑造不是一朝一夕就可以做到的，它需要几年甚至几十年持之以恒的努力，需要企业经营管理部门全方位的通力合作，更需要企业具有科学的营销观和娴熟的营销技能。具体来说，品牌个性塑造可从如下几个方面入手。

案例　　　　　　　　营销视点 6-4

描述个性特点的词汇有 200 来个，这些都可用来给品牌赋予个性。下面举个例子，

> 说明人们是如何从个性角度来评判品牌的。这是一项关于消费者对两家公司感觉的调查结果。问题是:"如果把这两家公司看作人,你怎样来描述他们?"回答如下:
>
> | A 公司 | B 公司 |
> |---|---|
> | 成熟 | 随和 |
> | 傲慢 | 谦虚 |
> | 讲究效率 | 乐于助人 |
> | 以自我为中心 | 关心 |
> | 不平易近人 | 平易近人 |
> | 冷漠 | 热心 |
>
> 事实上,这两家公司是同一服务行业的竞争对手。如果有人问你,两家公司中你选哪家做朋友,你很可能选择 B 公司,调查中 95% 的人也是这么回答的。毫不奇怪,B 公司的服务水准给消费者提供了优于 A 公司的体验。因此,不难得出结论,如果消费者不断体验到两家公司的这些差别,那么 B 公司的品牌形象就比 A 公司更强大。

1) 考虑消费者未来的期望

企业为了与消费者保持更长久的关系,不仅要考虑到消费者对品牌个性的想法和需求,还必须根据社会的发展趋势及时预见消费者未来的期望。如今社会每天都在发生着巨大的变化,消费者的期望也会跟着改变。如果品牌个性仅仅满足于消费者现在的需要,那么就有可能落伍。如果是食品品牌的个性,可以预见,未来的消费者对绿色环保等问题会提出更多的期望。

2) 根据品牌定位,塑造品牌个性

品牌定位是品牌个性的基础,而品牌个性是品牌定位的延伸。品牌定位与品牌个性联系得越紧密,消费者被品牌吸引的可能性也就越大。例如,柯达在"真实的颜色"的广告宣传活动中,将公司的胶卷定位成最完美的自然色的再现。为了将其人性化,柯达公司使用了格外清楚的标志,也就是一个明亮的童声男高音,配合漂亮的彩色照片翻片的声音,其效果实际上是广告媒介与信息的完美结合,它既烘托了柯达的品牌特征,又暗示了只有柯达才是这个领域里的专家。

3) 通过情感树立品牌个性

品牌个性与人的情感是密不可分的,每一种情感都可能帮助形成品牌个性。比如在海尔的星级服务计划中,其核心的品牌情感就是真诚。当然,除了真诚,还可能包含了细心、期望、成功甚至谅解等多种情感因素,而每一种情感都有可能形成海尔品牌的个性,但核心的情感只能有一个,如果想面面俱到,那海尔的品牌个性就太杂乱了。

4) 展示品牌个性的潜力,增强信心

人们对品牌的信心也是很重要的。没有信心,潜在的消费者就不会相信品牌在广告宣传中所说的话和做出的各种承诺,同时也就不会有购买行为的发生。因此,企业不能单纯地向消费者空洞地描述未来,而是要通过多种方式,充分发掘品牌个性的潜力,增强消费者对品牌的信心。

5) 进行再投资

塑造一个品牌的个性,是一项十分艰巨的工作。它需要工作人员像照顾和抚养小孩子一样,在很长一段时间里要不间断地投入大量的时间、精力、财力和才智等。

这些投资可能在刚开始的时候成效不大，但通过日积月累，就会形成一个鲜明的、独特的个性特征，这才是品牌的持久竞争力。

 案例　　　"动感地带"的品牌个性塑造

据有关统计资料显示，自2003年3月"动感地带"在全国推出之后到2004年9月，它以每3秒钟就新增1名客户的速度，迅速拥有了近2000万的年轻客户，创造了中国移动通信市场的奇迹。目前，"动感地带"的客户群还在不断壮大，它以独特的诉求建立了时尚、好玩、探索的品牌个性，最终成就了时尚、独特的M-Zone文化。

品牌命名

"动感地带"的命名突破了传统品牌名称所强调的"正、稳"的特点，以"奇、特"彰显，充满现代的冲击感、亲和力，易传播，易记忆，富有冲击力，非常符合目标消费者群的特征。

市场细分

随着联通、铁通/网通等竞争对手的相继进入，中国移动通信市场的竞争也变得异常激烈。由于竞争的不断加剧，价格战就成为最容易想到并加以利用的武器。以资费为标准对产品进行细分是这一时代的经典做法。同时，与其他运营商一样，中国移动旗下的"全球通"、"神州行"两大业务品牌缺少差异化的市场定位，目标群体粗放，大小通吃，服务、业务内容上趋于同质化。

然而根据资料显示，25岁以下的消费群体将成为未来移动通信市场最大的增值群体。从目前的市场状况来看，15~25岁年龄段的目标人群正是目前预付费用户的重要组成部分，而预付费用户已经越来越成为中国移动新增用户的主流，抓住这部分年轻客户，也就抓住了目前移动通信市场大多数的新增用户。从长期的市场战略来看，以大学生和公司白领为主的年轻用户，对移动数据业务的潜在需求大，且购买力会不断增长，有效锁住此部分消费群体，三五年以后将从低端客户慢慢变成高端客户，企业便为在未来竞争中占有优势埋下了伏笔，逐步培育市场。从移动的品牌策略来看，"全球通"定位高端市场，针对商务、成功人士，提供针对性的移动办公、商务服务功能；"神州行"满足中低市场普通客户通话需要；"动感地带"有效锁住大学生和公司白领为主的时尚用户，推出语音与数据的套餐服务，全面出击移动通信市场，牵制住了竞争对手，形成预置性威胁。因此，中国移动将以业务为导向的市场策略率先转向了以细分客户群体为导向的品牌策略，在众多的消费群体中锁住15~25岁年龄段的学生、白领，并产生了新的增值市场。

15~25岁的年轻一族，从心理特征来讲，他们追求时尚，对新鲜事物感兴趣，好奇心强，渴望沟通；他们崇尚个性，思维活跃；他们有强烈的品牌意识，但对品牌的忠诚度较低，是容易互相影响的消费群体；从对移动业务的需求来看，他们对数据业务的应用较多，因为他们需要通过移动通信来实现其娱乐、休闲、社交的需求。

品牌个性的塑造

第一步：清晰定位——"我是你的"。

数量庞大而潜力非凡的年轻人市场，是"动感地带"要争取的目标客户。在全国性"动感地带"的品牌推广阶段，中国移动旗帜鲜明地打出了"我是你的"、"我专为你而生"的宣传口号,希望通过广告语所传达的专属感来获得年轻用户的认同。这步棋,移动无疑走得相当成功。在短短三个月内,动感地带就获得超过300万年轻用户的支持。

当然在广告宣传之外,细分的资费和服务设定也是"动感地带"迅速打开市场的关键。"动感地带"在推出之初就制定了短信资费包月、网内和品牌内资费优惠的策略。这种做法既满足了年轻用户短信需求高、语音消费少的特点,也为"动感地带"的用户圈子划定形成了基础,为进一步的用户增长提供了良好的动力。

第二步:满足需求——"我这里有你喜欢的一切"。

中国移动在借助"第一个年轻人专有的移动通信品牌的概念"吸引了不少的年轻用户后,为其度身定做个性化的服务也就提上了议事日程。

对此,"动感地带"打出的口号是"我这里有你喜欢的一切"。具体的动作则在年轻人最有兴趣的短信类服务上展开。根据中国移动年报披露,2002年第四季度的短消息使用量为133亿条,而2003年一季度就达到了174.5亿条,呈现出明显的上升趋势。

"动感地带"在推出之初就将重点放在了短信业务的推广上。短信优惠套餐和网内低廉的话费,使得"动感地带"一出现就很快获得了年轻人的追捧。此后,为迎合年轻人爱玩的心态,"动感地带"又提供了大量新的数据业务,如游戏、聊天、天气预报等,使其更具吸引力。

第三步:整合传播——"你在任何地方都能感受我的存在"。

品牌个性一经设定,所有的营销活动便围绕其展开。为此,"动感地带"推出了以下一系列活动。

(1) 请明星做品牌代言人。"动感地带"之所以决定重金力邀周杰伦担纲形象代言人,主要是看中了他身上那股特立独行的叛逆和对一切满不在乎的青涩与"动感地带"的自身形象相得益彰,对浩若繁星的拇指一族而言,其在广告片中的典型 M-Zone 人扮相无疑为 M-Zone 文化做了最好的诠释。

(2) 出版《动感地带》客户杂志。中国移动委托第三方编辑出版了《动感地带》客户杂志,它以"追逐动感节奏,品味流行生活"为己任,免费提供给年轻时尚客户,意在逐步加强"动感地带"客户的群体认同感。

(3) 组织各种线下活动。明星代言和出版杂志,都无法给"动感地带"客户提供面对面交流的机会,而这种机会正是提升品牌客户群体归属感、文化认同感的最佳时机。因此,中国移动在各地的分支机构不遗余力地开展各种线下活动,如参加周杰伦歌友见面会、代表本地域参加全国"动感地带"街舞大赛、出席"动感地带"校园行活动晚会等。

(4) 平权时代的特权诉求。在一个人人平等成为社会共识的平权时代,"动感地带"自问世之初即全力倡导"特权"主义,后来更是旗帜鲜明地提出"我的特权全面升级,我就是 M-Zone 人!"的宣传口号。这种特权诉求在很大程度上迎合并满足了年青一代渴望与众不同,希望得到他人关注的内在需求。这里所谓的"特权"是指"动感地带"用户相比其他用户所特有的权利。

为了实现"动感地带"客户的"特权"体验,中国移动广泛开展协同营销。先是与麦当劳结成"MM 联盟",共同推出"动感套餐",让利给"动感地带"用户;紧接着又与 NBA 达成长期市场合作伙伴协议,方便"动感地带"用户能够通过无线方式与 NBA 保持紧密联系,赋予了"动感地带"用户另一特权;推出作为"我的特权升级"核心内容的 M 计划，即"动感地带"的积分计划，其目的是让用户享受到更多的、具有个性的反馈，享受更多的特权。

(5) 参与公益事业。"动感地带"并不仅仅停留在时尚、前卫的形象上，其在社会责任上也做出了同样努力。如在"世界地球日"推出的环保志愿者行动等系列活动。"动感地带"热衷于公益活动的开展，完善并进一步丰满了品牌形象，就如同从一个单纯的时尚青年变成了时尚与社会责任感兼具的青年。

总而言之，"动感地带"通过一系列围绕目标消费者的强有力的品牌推广活动，抓住了市场明日的高端用户，塑造了鲜明独特的品牌个性，为中国电信业在品牌经营和客户细分等方面带来相当重要的启示。

案例思考题

1. "动感地带"的品牌个性体现在哪些方面？
2. "动感地带"通过哪些方式传播品牌个性？
3. "动感地带"是否反映了青年一代的个性追求？
4. 你是否喜欢"动感地带"的品牌个性？理由是什么？

本章小结

本章介绍了品牌个性的概念、不同文化环境下的品牌个性维度、品牌与顾客的关系、品牌个性的塑造原则和方法等内容。

关于品牌个性，有诸多定义。本章介绍了著名学者大卫·艾克的定义、品牌实务专家的林恩·阿普绍的定义以及詹妮弗·艾克的定义。

品牌个性具有某些特征，如稳定性、差异性、排他性和一致性。品牌个性的价值体现在人性化价值、购买动机价值、差异化价值和情感感染价值等方面。

本章重点介绍了品牌个性维度，并比较了在不同文化背景下品牌个性维度的差异。首先介绍了美国加州大学詹妮弗·艾克教授有关西方文化背景下的品牌个性维度，即品牌个性的五大维度：纯真、刺激、称职、教养和强壮。其次较系统地介绍了我国学者有关品牌个性维度的研究成果以及他们关于中西方品牌个性维度异同的观点。中国品牌个性维度是：仁、智、勇、乐、雅。在比较东西方文化背景下品牌个性差异时，他们得出的结论是：中国品牌个性一方面继承了中国文化传统，保留了本土化的独特特点；另一方面，随着中国与世界经济文化的交流和融合，中国的品牌个性也不可避免地受到了西方文化的影响。

在品牌与顾客的关系上，本章提出要重视和强调顾客在创立品牌中的作用和地位，建立与强化品牌与顾客关系，培养忠诚顾客。强化品牌与顾客的关系要从理念、策略、实践三个方面入手。

品牌个性的塑造受潜意识的影响和自我概念的影响。它的来源一是产品自身的表现；二是品牌的使用者；三是品牌的代言人。

塑造鲜明的品牌个性要遵循以下四个原则：持续性原则、独特性原则、人性化原则和简约原则。同时要持之以恒、坚持不懈地进行品牌个性的塑造，可从几方面入手：考虑消费者未来的期望；根据品牌定位，塑造品牌个性；通过情感树立品牌个性；展示品牌个性的潜力，增强信心；进行再投资。

关键术语

个性　　　　　品牌个性　　　　　品牌人格化　　　　　品牌个性维度
品牌与顾客关系　　　　　　　　潜意识　　　　　　　自我概念

思考题

1. 品牌个性有什么价值？
2. 如何理解品牌个性的五大要素？
3. 你认为中国文化背景下的品牌个性维度应该是什么？
4. 品牌个性的来源还有哪些？请举例说明。
5. 企业应该如何塑造品牌个性？

参考文献

[1] 菲利普·科特勒. 营销管理[M]. 11 版. 梅清豪，译. 上海：上海人民出版社，2003.

[2] 林恩·阿普绍. 塑造品牌特征——市场竞争中通向成功的策略[M]. 戴贤远，译. 北京：清华大学出版社，1999.

[3] 江品醇. 塑造品牌个性的十步曲[J]. 当代畜禽养殖业，2006(7).

[4] 黄胜兵，卢泰宏. 品牌个性维度的本土化研究[J]. 南开管理评论，2003(1).

[5] 石雷山，丁家永. 品牌个性的心理学分析与研究[J]. 机电信息，2005(22).

[6] Jennifer Aaker L. Dimensions of Brand Personality[J]. Journal of Marketing Research, 1997, 34(3).

[7] 丁家勇.李宁品牌发展：个性与时尚[OL]. [2013-07-20] http://www.meihua.info/Knowledge/article/4413.

第 7 章　品牌传播

本章提要： 本章将从品牌传播概述、品牌的广告传播、品牌的公共关系传播、品牌的销售促进传播、品牌的整合营销传播五个方面介绍品牌传播的相关知识。本章的难点在于在充分了解品牌传播的方式、方法的基础之上如何进行品牌传播的整合，用以传递清晰一致的品牌定位，提升品牌价值。

引　　例

2007年1月3日，俄罗斯"体育频道"、TB3、CTC等3家电视台播放了一则以中国国歌为背景音乐、有损中国人民尊严的箭牌"傲白"口香糖广告。广告一开始是一群黄皮肤的亚洲人伴随着《义勇军进行曲》的旋律匆匆赶往机场，为首的是一个领导模样的人。到达机场后，领导身旁的一个年轻人朝嘴里塞进两粒口香糖。一名外国女领导飞快地跑过去吻了这位年轻人，一直在播放的《义勇军进行曲》旋律戛然而止。广告播出后，中国驻俄罗斯大使馆立刻向俄方提出抗议和交涉。由于俄罗斯当时全国都在放新年长假，我使馆通过私人途径向一位负责新闻事务的俄方官员进行了询问，并要求立即停播该广告。俄外交部人士首先表示了歉意，但称由于当时俄罗斯全国都在过新年假期，要等到1月8日假期结束后才能了解具体情况。

1月8日下午17时，俄有关电视台已全部停播涉华电视广告。俄外交部有关负责人表示，俄电视台今后绝不会再播出类似广告。

9日，美国箭牌公司莫斯科分公司、制作广告的BBDO公司莫斯科分公司负责人专程赶赴中国驻俄罗斯大使馆，就广告事件进行正式道歉，并正式解释部分广告内容制作上疏忽的原因。

应该说，箭牌集团对此事的处理态度基本上是合格的，道歉与原因追查基本上都是采取主动和尊重中国文化的态度。然而和SK-II的傲慢一样，任何对国人尊严的粗暴触碰都会造成中国消费者内心不可原谅的殇。

旅俄华人和国内消费者对箭牌公司的广告表示极为气愤，对他们的道歉和解释难以接受。许多旅俄华人华侨说起这则广告时的第一句话就是："太不像话了！"一位华人告诉前来采访的记者，他在莫斯科居住了很多年，偶尔只能在俄罗斯电视台转播的国际体育比赛中听到中国国歌。新年的一天，他正在厨房做饭，突然听到客厅的电视里传来《义勇军进行曲》的旋律，连忙放下手中的东西跑到电视机前，结果却看到这样一个滑稽、轻佻的画面，顿时感到十分气愤。

"我是昨晚得知此次事件的，第一个反应就是愤怒！这么一个大公司，竟然完全不顾中国人的感受。"顾客宗先生说。不少消费者都表示，对箭牌的品牌印象大打折扣，将关注箭牌对此的补救措施，暂时不会考虑再购买其产品。

箭牌公司"广告门"事件，使其在中国市场的销售跌入谷底，品牌形象大打折扣。据新浪财经调查显示，86.33%的网友表示无法原谅箭牌广告中使用中国国歌。截至北京时间2007年1月15日8：22，共有21190人参加了本次网上调查，其中18293人表示无法原谅箭牌广告中使用中国国歌。此外，共有17504人表示将不会购买箭牌口香糖。

由上述事件，我们可以看到，企业品牌传播应该遵循下列思路。

1. 跨国企业的广告必须切实贯彻"全球化思考，本土化执行"的思路

随着信息革命和经济全球化的深入，信息在全球传播的速度惊人。近年来，跨国企业在广告中触犯当地文化心理的现象在各国时有发生，并迅速形成媒体焦点，进而成为危机事件，冲击企业形象，削减相关品牌的品牌价值。石狮子给"霸道"汽车（丰田）让路的广告曾引起不小的风波，耐克公司推出的詹姆斯脚踏耐克鞋一路打败长袍老道和飞天龙的广告，以及内容包含"龙从柱子上滑落"的立邦漆广告也都引起了中国消费者的反感。广告作为品牌传播的最直接最主要的方式，更需要广告主和代理人慎重思考。

2. 企业广告应以增加品牌价值为重，而不是制造噱头

一方面广告代理人应避免策划新闻的陷阱。过分强调广告的商业性意图，难免使广告策划陷入短期行为。譬如，策划人运用 3W 法则（woman、wampum、wrongdoing，即女人、金钱、坏事）或 3xing 法则（星/明星事件、腥/血腥事件、性/性相关事件）策划富有争议性的事件"勾引"媒体进行炒作，以获得一定的免费广告传播。纯粹商业化的东西，一旦放在社会当中，在不同的场合中、不同的文化氛围下，大家的情绪反应常常会因不同的世界观而截然不同。尽管的确能吸引眼球，但也很容易伤害品牌形象。

商业性过强但社会性不足的广告策划，并不是彻底的"以受众为中心"的思维模式。商业性过强会使人急功近利，而急功近利往往会欲速则不达。箭牌广告的教训值得深思。

3. 企业应以高度的社会责任感传播品牌

以高度的社会责任感传播品牌是指企业要认识到品牌传播不单纯是一种商业行为，同时也是一种社会文化活动。这种活动应该具有创新性和文化内涵。创新性在于其传播活动从内容到形式都不要拘泥于传统，应有所突破和创新。但同时这种创新又必须是以传统文化为基础的，是对传统文化精髓的弘扬和光大。在这种创新中，传统的优秀文化价值观应得到尊重，并将其融入品牌传播中。

企业要认识到广告的本质并不是打开品牌知名度，而是应当具有更为深刻的内涵，那就是塑造和传播品牌个性、品牌内涵，创造品牌价值。塑造和传播品牌个性、品牌内涵，从本质上来说是以消费者为中心，为消费者创造价值。在众多的商品中，使消费者便于区别和选择品牌商品，为消费者带来便利和良好的心理体验，从而获得更多的让渡价值，这才是企业社会责任的一部分。

> 品牌传播是创建和发展强势品牌过程中必要的武器和有效手段，是一项复杂而艰巨的工程。它既是建立消费者品牌认知度、忠诚度的重要方式，同时也是提高品牌知名度、美誉度的有效途径。在创建和发展强势品牌过程中，品牌传播是至关重要的一环。

7.1 品牌传播概述

7.1.1 品牌传播的概念

作为学术概念，"传播"是多义的。美国早期社会科学家库利（Charles Horton Cooley）最早把传播这个概念用于人际关系。他说，所谓传播是人际关系借以成立的基础和得以发展的机理。它是将精神现象转换为符号，并在一定的距离空间得到搬运，经过一定的时间得到保存的手段。这个定义从几个方面对传播进行界定：它是人际关系成立的基础；它是以符号为作用媒介进行的；它包括"表现"和"传达"两种意义，在传达过程中又具有保存或记录的功能。

传播学作为一门学科存在，有它自己的发展历史，即有它自己的学科准备时期和成熟时期。从其准备时期看，它有两个学科渊源：一个是 20 世纪 20 年代以来的物理及信息科学的发展，另一个是同时期发展起来的新闻学。被包容在信息科学中的传播学，随着自然科学和社会科学相结合的强大发展趋势，而愈益成为一门边缘学科。

尽管关于传播的定义很多，但大多数学者都同意，传播就是发送者通过一定的媒介把信息传输到接受者那里的过程。图 7-1 表现了传播的过程和所有参与者。

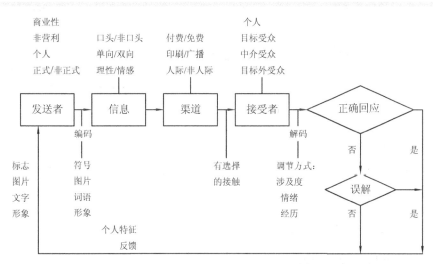

图 7-1 传播过程与参与者

综上所述，可以对传播做出如下总结：

（1）从最一般的意义上说，传播是社会信息的传递；
（2）传播表现为传播者、传播渠道、受众之间一系列的传播关系；
（3）传播是由传播关系组成的动态的、有结构的信息传递过程；

（4）传播是社会性行为，传播关系反映了社会关系的特点。

传播是营销人员与消费者之间的桥梁，也是消费者与他们身处的社会文化环境的中介。品牌传播则是品牌与消费者建立联系的重要中介。尽管品牌传播的研究在国内开始的时间较晚，但还是有不少国内学者对其进行了定义，简介如下。

余明阳与舒咏平在品牌研究现状的基础上提出品牌传播的概念。目前品牌研究主要有两大块内容，即品牌的静态构成和品牌的动态经营。他们认为，无论是对于品牌的静态构成研究（包括品牌名称、品牌设计、品牌的产品指代、品牌的文化内涵、品牌的价值等），还是对于品牌的动态经营研究（包括品牌定位、品牌战略决策、品牌管理、品牌营销、品牌的延伸等），这其中都忽略了品牌推广，更没有从品牌传播的角度来研究。品牌传播的内涵，首先应该是一种操作性的实务，即通过广告、公共关系、新闻报道、人际交往、产品等传播手段，最优化地提高品牌在目标受众心目中的认知度、美誉度、和谐度。而对品牌传播的基础、规律、方式方法的探讨和总结，则构成品牌传播学的内容。

钟育赣认为，有效的品牌传播能使企业、产品与竞争者相区别，树立差异化的形象与口碑。本来没有多大差别的东西，能让顾客、公众和社会感受到不一样的价值。这里重要的不是这个"价值"是否真实存在，而是顾客和利益相关者是否感受到产品与竞争对手的差别。品牌传播所打造的不一样的价值，会集中通过品牌差别反映和表现出来。品牌传播依靠的是品牌差别制胜，这种以形成品牌差别为导向的传播就是品牌传播。

相比较而言，陈先红除了从品牌所有者有意进行品牌塑造的角度对品牌传播下了定义外，还强调了品牌传播的目的是要获取消费者的信任和购买意向：所谓品牌传播，是指品牌所有者找到自己满足消费者的优势价值所在，用恰当的方式持续地与消费者交流，促进消费者的理解、认可和信任，使其产生再次购买的愿望，并不断维护对该品牌的好感的过程。

关于品牌传播的学科定位，余明阳与舒咏平认为，品牌是传播的产物，品牌研究应定位于传播学。虽然品牌重在消费者的感受与评价，但是品牌毕竟是品牌的所有者进行自觉传播的结果。因此他们认为，品牌研究应定位于传播学，并提出"品牌传播"概念及在传播学视野中专门化研究的主张。

也有学者认为，由于品牌传播与传播学的出发点不同，品牌传播的立足点应在营销学上。从营销角度看，品牌打动消费者，消费者带动销售；从传播角度看，品牌的传播者最关注的是目标受众。这两种表达体现了不同的指导观念：将品牌传播的对象表述为消费者，体现的是在营销上获利的功利观念；而将品牌传播的对象表述为受众，强调的是受众对品牌的认可与接受，体现的是传播上的信息分享与平等沟通观念。因此，对品牌传播者来说，他所寻找的目标受众既是目标消费者，又是品牌的关注者。

7.1.2 品牌传播的特点

1. 经济性

品牌传播是人类经济活动的产物，因此这种特殊形式的大众传播最鲜明的特点就在于它具有经济性。这里的经济性包括两个方面的含义。

一方面，品牌信息的传播可以带给消费者（受众）大量有用的信息，提供合适的产品，满足他们在生产和生活中的需求，帮助他们解决问题，使他们获得一定的经济效益。尤其是在商家和消费者之间信息严重不对等的时代，品牌传播使得消费者信息获取水平有了较大的改善，从而在商品选择的时候可以有所鉴别，在众多同类产品中选择出最适合自己需求的那一种，从而实现消费者的经济效益。

另一方面，品牌信息传播可以增进消费者（受众）对品牌所提供的产品的了解，从而选择这个品牌，产生消费行为，给品牌经营者带来经济效益。如哈根达斯冰激凌一直在传播着"爱她，就带她到这里来"的品牌信息，这正好满足了年轻女性消费者渴望浪漫的心理需求，促使她们愿意多花10倍甚至更多的钱去购买无论是在口感还是质量上与其他品牌没有太大差别的冰激凌，从而为品牌经营者带来丰厚的利润。

2. 主动的信息传播过程

品牌传播是一个受控的信息传播过程。品牌信息无论是其产生、传播和反馈过程，还是其形式和内容，都受控于品牌经营者。品牌信息的产生及其内容的构成是由品牌经营者支配的，品牌经营者按照自己的主观意愿对其进行加工；品牌信息的传播也是由品牌经营者决定其表现形式，并选择相应的媒体将其传播出去；品牌经营者为了了解品牌信息传播出去后的效果，通常会主动进行调查和测试，而且这一品牌信息的反馈过程也是受到品牌经营者的控制的。

3. 目的性和针对性

品牌传播具有极强的目的性和针对性。品牌传播过程是一个由品牌经营者控制的过程，因而也就不可避免地带有品牌经营者强烈的目的性，即希望消费者接受品牌信息并产生购买该品牌产品的行动。品牌传播的目的性主要表现在以下几个方面。

（1）品牌传播的对象明确。通常针对目标市场进行传播，品牌信息的组织与构成，就是以目标市场为核心的。

（2）品牌信息的表现形式是以目标市场接受信息的能力来设计的，以便消费者（受众）更好地受到品牌信息的影响。

（3）品牌传播后须进行效果测定。依照一定的目的，以适当的方式传播的品牌信息在目标市场中产生了多大的效果，这才是品牌经营者最关心的事情。通常会采用多种测试方式来了解。

4. 付费性

品牌传播具有付费性。品牌经营者进行品牌传播时必须支付一定的费用，以获得品牌信息传播活动的主动权和控制权。以通过广告形式进行品牌传播为例，广告经费包括广告调查研究费用、广告设计制作费、广告媒体费等。不同的品牌信息传播所需的经费是各不相同的，但总的来看，品牌信息的传播费用正连年上升。如美国1989年的广告费总额达到1239.3亿美元，日本为367.6美元，英国为136.3亿美元，三国的广告费分别占国民生产总值的2.4%、1.39%、1.6%。我国2003年至2013年的中央电视台黄金时间广告"标王"的价格从1.08亿元人民币（熊猫手机）直窜到6.09亿元人民币（剑南春）。可见，品牌传播绝不是"免费的午餐"，而是需要品牌经营者付出一定的经济代价的。

5. 策划性

品牌传播具有策划性。在品牌传播中，为了使受众了解企业及其产品，接受某种观念或思想，激发受众的购买欲望，进而促成受众的购买行为，品牌经营者往往会对传播活动进行科学、周密的战略策划。这些策划通常会包括传播什么样的品牌信息能够更好地吸引受众的注意，采用什么方式来传播会更加与众不同，通过怎样的媒体组合可以达到传播范围的最大化，等等。正是这些贯穿品牌传播过程始终的策划活动，使品牌传播按照品牌经营者的意愿进行着，并产生了一定的效果。

7.1.3 品牌传播的意义

1. 对品牌价值和品牌文化形成的重要作用

品牌传播是决定品牌价值和品牌文化形成的重要力量。一个好的品牌时刻都在致力于向各个接触点传播一致的品牌信息，而消费者对某一品牌的感觉来自于该品牌所实施的传播策略的结果。通常，消费者会在各个接触点与该品牌进行一次或多次的"亲密接触"，通过每一次"接触"的体验决定是否继续对该品牌保持忠诚。

2. 创造品牌形象附加值

品牌传播可以创造品牌形象附加值。在现代品牌传播中，应该关注如何使用符号来创造品牌的附加价值。符号是附加价值的载体与基础。企业总是希望通过符号工具（如广告、名称、标志）来增加品牌尚未具有的附加价值，它代表消费者或使用者在使用产品时所增加的满足感的价值。而品牌传播是符号演示与意义传播的过程，它连接品牌与消费者之间的关系，并保持长期的、双向的效果。

3. 意义的容器

品牌是意义的容器，消费者正是通过购买品牌来拥有这些意义的。品牌可以被赋予不同的情感价值与象征意义，品牌可以传达信任感、愉悦、忠诚、真实、纯洁和自然等含义，品牌意义正是借助于传播来实现这种意义的转化的。如果品牌符合消费者的自我期许，那么那些包含有某些特定意义的品牌就可以帮助消费者创造、维持、重建理想自我或理想社会自我。这种意义的转化模式如图 7-2 所示。

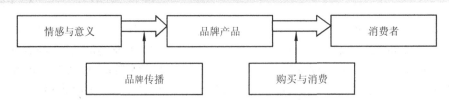

图 7-2　品牌意义的转化模式

7.2　品牌的广告传播

广告作为一种主要的品牌传播手段，是指品牌所有者以付费方式，委托广告经营部门通过传播媒介,以策划为主体,以创意为中心,对目标受众所进行的以品牌名称、品牌标志、品牌定位、品牌个性等为主要内容的宣传活动。

广告是品牌最重要的传播手段之一。据资料显示,在美国排名前20位的品牌,每个品牌平均每年广告投入费用是3亿美元;排名前50位的品牌,平均每年花在广告上面的费用是1.58亿美元;而一些顶级品牌如AT&T,每年花在广告上面的费用达4亿美元。消费者了解到的一个品牌或产品的信息,绝大多数都是通过广告获得的,广告也是提高品牌知名度、信任度、忠诚度以及塑造品牌形象和个性的强有力工具。因此,广告可以称得上是品牌传播手段的重心所在。

7.2.1 广告的形式

广告具有电视、杂志、报纸、广播、户外、互联网等主要形式。

1. 电视广告

电视广告被认为是最理想的广告媒介,它能集声、色、神、形多种功能于一身,其直观效果为其他广告媒体所不及。它具有以下优势。

(1) 电视广告具有创造性和冲击力。它能为一个品牌或产品创造一种形象、感觉或基调,使无活力的产品具有个性和情趣。

(2) 电视广告具有高覆盖面和诉求力强的特点。收看电视节目仍是大众的主要娱乐方式之一,所以电视广告能以低成本覆盖大量受众。

(3) 它具有高俘获力和注意力。当观众收看喜爱的电视节目时,广告就被强加于观众。

然而电视也存在某些问题,阻碍了广告主的使用。一是电视广告的制作费用和媒体播放费用高昂。一则电视广告平均制作费用为40万元,精良的广告制作成本可能超过100万元,黄金时段广告播出费用每30秒就高达数千元至数万元。二是电视广告暴露时间短,传播的信息量有限,噪声干扰相对较大。由于电视广告时间越来越短,信息转瞬即逝,广告之间互相干扰,削弱了电视广告的传播效果。三是电视广告缺乏选择性,电视节目的覆盖面一般都超出了电视广告的目标消费群。

现在,电视广告受许多因素的影响,收视率呈下降趋势。但在中国现阶段,电视广告仍是大多数企业的首选。家电、食品饮料、医药保健品和电子产品等行业,仍是依赖电视广告来接触大量消费者。

2. 杂志广告

杂志能满足消费市场和企业市场教育、信息和娱乐的要求,在所有的媒体中,杂志的专门化程度最高。它具有以下优势。

(1) 有较强的选择力。多数杂志是为了某个特殊兴趣的群体制作的,满足了广告主接触特定目标受众的需要。

(2) 具有创作的灵活性。杂志可根据营销者的需要,创造立体广告、香味广告等,还可随广告赠送样品、优惠券。

(3) 杂志广告具有持久性。消费者多会将杂志保存一定时期,这样就可以仔细阅读广告内容,并可根据需要寻找广告。

（4）杂志广告还具有较高的接受度和涉入度。消费者多会主动寻找感兴趣的杂志广告，以扩大资讯量。

杂志广告的缺陷一是需要较长的预留期。广告主需提前30～90天做好准备，这样就使得杂志广告的时效性略差，不能及时反映突发事件和市场变化状况。二是杂志发行量有限，寻求广泛影响的广告主需要购买数种杂志广告。三是杂志的发行范围较广，受众的分布较分散。

3. 报纸广告

报纸的作用是传递及时、详细的新闻，并提供读者关注的其他信息。报纸中最大的一类是为特定地区服务的日报、晚报。但是，周报及全国性或针对特殊读者的报纸可能具有特别意义。

报纸最大的优势是地域选择力，广告主可以通过报纸或报纸组合来实现各种覆盖面；其次报纸具有高度的市场覆盖率或渗透力；报纸具有灵活性，大部分广告在报纸出版前1~2天交递即可，所以它能对突发事件做出立即反应，可以及时地刊登地方性促销信息。

尽管报纸有许多优势，但与其他媒体一样，也存在一些缺陷，例如：印刷质量较差，表现产品的精美度略差；虽具有较强的地域选择力，但对于人口特征或生活方式特征而言，它并不是一种定向媒体；广告的生命周期较短。

4. 广播广告

广播广告的优点在于：成本低，无论是制作成本还是播出成本都相对较低；具有较强的地域选择力及特定人口和生活方式群体的选择力；具有很强的灵活性，可以随时根据当地市场形势及时进行广告内容调整。

广播广告的局限性在于缺乏视觉影响，无法展示品牌和产品；听众分散，覆盖率低，广告主无法通过购买一家电台广告而覆盖一个地区性市场；广播听众注意力不集中，听众一般是将广播作为背景声音，所以广告无法引起听众足够的重视。

广播广告是增长较快的媒体形式。现在中央和地方广播台，不但老的名牌节目常办常新，还涌现出一些个性化服务的新栏目，喜好不同、年龄不一、需求迥异的听众都能在专业的广播频率中找到自己的知音。

5. 户外广告

户外广告涵盖多种广告形式，如广告牌、充气广告、候车亭广告、车身广告、报刊亭广告等，现在户外媒体形式正在日渐增加。

户外广告的优点是尺寸大、色彩丰富，有较大的创作空间，也能形成强大的视觉冲击力；可以广泛覆盖地方市场，并且获得较高接触频度；户外广告的信息可以保持长久。

但是户外广告也有许多局限，如到达率浪费，虽然户外广告的受众较多，但可能多数并不是目标消费者，造成媒体浪费；户外广告可传递的信息有限，因为它面对的是走动的人群，所以信息必须简短概括、易于理解；户外广告的另一局限是消费者对于它的注意力较差。

6. 互联网广告

发展到互联网时代，更多的人实现了上网学习、娱乐的梦想，互联网广告也应运而生。互联网广告是形式最多样、最具双向互动性的广告。现在互联网的广告形式有弹出窗口式、按钮式、横幅式、互动式、网上视频和直播、文字链接、网上论坛、电子邮件等形式，企业可以通过综合网站上发布的广告告知产品和促销的信息，或让受众通过链接登录企业网站，阅读更详细的信息。

互联网广告的主要优点是能够针对特定的受众群体，如音乐爱好者、旅游爱好者，甚至可以做到一对一的定向投放；互联网广告具有交互能力，可以提高消费者的参与度，可以通过调查问卷、专题论坛，随时了解受众的反应；可以通过游戏方式让消费者阅读和传播广告；互联网的搜索引擎、文字链接，可以使消费者根据自己的兴趣检索产品信息；互联网广告的信息传递量大，信息更新速度快；互联网广告的可创造性强，设计者可以不断推出新的形式；多媒体技术的发展，使互联网广告的视听效果更具冲击力。

互联网广告的缺点是：广告激增，而广告所引起的注意力明显下降；在中国现阶段，网民多为城市的中青年，广告的受众范围相对狭窄。

互联网已经成为城市中青年的主流媒体，他们的特点是年轻、时尚、受过良好教育、收入比较高，是许多企业的潜在消费者，计算机、手机、视听设备的厂商都在积极地投入互联网广告。目前计算机拥有数量和上网人数正在快速增长，互联网广告的形式在不断创新，相信未来互联网广告将有更大的发展。

7. 其他广告

其他广告形式有黄页广告、火车厢内广告、电影和光盘广告、电影和电视中产品展示等，这些广告形式对某些产品的宣传、对某些受众的影响是非常有效的。

7.2.2　广告在品牌传播中的作用

广告可以提升品牌忠诚度、品牌知名度、品牌品质认知，丰富品牌联想，增加品牌资产。此外，广告对于品牌个性的形成也发挥着至关重要的作用。

1. 广告有助于建立品牌忠诚度

研究表明，成功的广告能极大地增加消费者的品牌忠诚度。关于广告对品牌忠诚的影响，国内外学者的研究很多，结论也相差无几，即广告不但能产生试用，而且会强化品牌忠诚。对成功的品牌来说，在由广告引起的销售量的增加中，只有30%来自新的消费者，剩下70%的销售量是来自现有的消费者。因此，现在比较公认的一种看法是，广告的一个重要目标是巩固已经存在的消费者与品牌的关系，并使他们变得更加忠诚。对已有的品牌来说，大部分广告的目的是使已经存在的消费者更加忠诚，而不是说服别的消费者从其他品牌转移过来。

广告对品牌忠诚形成的作用模式为认知—试用—态度—强化—信任—强化—忠诚。就是说，由广告认知产生试用期望，导致试用行为。试用经验形成决定性的态度，这种态度经对品牌的广告的认知而增强。被强化的态度如果总是肯定的，就会增加重复购买或重复使用的可能性。如果继续强化，重复购买或重复使用就会转化为对品牌的信任，形成品牌忠诚。

消费心理学家认为，消费者的态度更多的是在试用之后形成的，因此广告界有一种说法是：旅游广告最热心的读者是刚从旅游景点回来的游客。从理论上讲，广告肯定并强化了消费者使用后的感觉，增加了其对品牌的忠诚。

忠诚消费者的特点是：

（1）经常性重复购买；

（2）惠顾品牌提供的各种产品系列；

（3）对品牌有好的口碑；

（4）对其他竞争者的促销活动有免疫力。

上述的每一种行为，不论是直接或间接，都会促进销售额的增长。即使是面对更好的产品、更低的价格，忠诚的消费者都会持续购买同一个品牌。

2. 广告可以使品牌在短时间内建立较高的知名度

知名度是建立品牌的第一步，其具体价值如下。

（1）熟悉会引发好感。人是惯性的动物，对于熟悉的事物，自然会产生好感和特殊情绪。当产品同质化越来越强烈时，为消费者所熟悉的品牌会使他们感到安心和舒适。

（2）知名的品牌即使不能成为首选品牌，也会列入消费者购买时考虑的几个品牌之中，对品牌的销售发挥着极为重要的作用。

（3）知名度也是一种承诺。高知名度通常给人以大品牌的印象，有品质的保证。当消费者面对其他同样的品牌时，知名度代表着所有者的承诺。这种承诺包括：①耗资巨大、独特精美的广告说明企业实力雄厚而且有眼光，有魄力；②品牌覆盖销售面广，随处有卖或可见到许多人使用，其品质应可以令人放心；③其售中、售后服务应该周到而令人满意，不会给购买者带来很多麻烦；④生产厂家即使不是国内外著名的老牌企业，也是一个优秀的新兴企业。

3. 广告有助于建立正面的品牌品质认知

品牌品质是指其所属产品的功能、特点、可信赖度、耐用度、服务水准及外观。品质认知度是消费者对某一品牌在品质上的整体印象。品质的认知一般完全来源于使用产品之后，这里所说的品质，并不仅仅指技术上、生产上的品质，而是更侧重于营销环境中的品质的含义。广告对消费者在品质认知过程中的作用如下。

（1）使用者更多地关心他们使用过或正在使用的品牌的广告。将他们已有的关于品质认知的经验和体会与广告中对品质的表现进行对比和联系。如果两者相符，则原有的好感将会加深，消费者会更加信任这一品牌，并对品牌本身和自己的判断都很满意，从而成为该品牌的忠诚拥护者。相反，如果使用者认为品质差而广告却宣传品质优良，消费者会认为广告是欺骗，原有的厌恶感就会进一步加深，变成极度反感和不信任。

（2）广告诉求点通常是品牌品质上的特点，是消费者最关心、最喜爱的特点，是品牌较具竞争力的特点，也是品牌提供给消费者的利益点。

（3）新品牌上市，人们对品质一无所知。而创意佳、定位准确的广告，通常能使消费者对品牌产生好感，并且愿意去购买。广告的品质在一定程度上可以反映品牌的品质。

（4）品牌延伸时，广告帮助消费者将原有的品质印象转嫁到新的产品上，这对延伸产品而言，无疑是一块打开市场的敲门砖，其所带来的好处是不言而喻的。

4. 广告为品牌联想提供了空间

说到一个品牌，人们总会有许许多多、各种各样的联想。比如一提起麦当劳，消费者可能立即联想到汉堡、薯条、鸡翅、冰激凌，想到其整洁的环境、小孩子的乐园等，这些都是品牌联想。所谓品牌联想，是指消费者（尤其是目标对象）想到某一品牌的时候所联想到的内容。如果这些联想又能组合出一些意义，就叫品牌形象。品牌形象是品牌定位传播的结果，是通过广告传播之后，在消费者脑海中形成许多的品牌联想，最后就构成其品牌形象。

广告对于促进品牌联想的作用具体如下。

（1）差异化以求得第一的位置。广告最主要的功能之一就是告知消费者，使消费者对品牌能立刻产生联想，而消费者所想到的特质，就是该品牌的独特卖点。广告就要利用这种独特的差异，在消费者心目中构建一片天地，并使其所宣传的品牌在其中位居第一。

（2）创造正面的态度及情感。广告的表现手法中，最常采用的就是感性诉求，利用消费者对事物的自然的、美好情感的转移而建立他们对品牌的好感。比如化妆品广告常借助于美丽的画面或动听的音乐来促使消费者对品牌产生美好的联想。

5. 树立品牌个性

考察一下当前广告与品牌的关系就不难发现，除了少数品牌在广告中体现着一贯、和谐的形象外，大多数国内企业的广告中存在着品牌个性频繁变动的缺陷。大卫·奥格威认为，市场上的广告95%在创作时是缺乏长远打算、仓促推出的。之后年复一年，这些广告始终没有为产品树立具体的形象。他指出，埃克森、可口可乐等品牌正是由于塑造协调一致的形象，并能持之以恒地在广告中实施所以才取得成功。最终决定品牌市场地位的是品牌个性，而不是产品间微不足道的差异。

一个成功的品牌不单是成功的产品，而且还意味着一种与品牌联想相吻合的、积极向上的文化理念。例如，化妆品公司出售的并不是香水，而是某种文化、某种期待、某种联想和某种荣誉。在广告中注入更多的文化底蕴，可以在潜移默化中培养人们对品牌的好感和忠诚。

7.2.3　广告媒体的选择

选择适当的广告媒体是保证广告成功的主要条件之一。选择广告媒体首先要了解有哪些广告媒体可供选择。广告媒体的种类以及各自的优缺点在上文已做过详细介绍，这里需要强调的是由于各种媒体传播信息的方法不同，其影响范围、程度和效果各异，而企业又因受经济条件、目标市场的制约，不可能每种广告媒体都采用，而是必须对其进行选择。选择的标准是广、快、准、廉。根据这一标准，选择广告媒体应考虑以下条件。

1. 产品的性质与特征

选择哪种广告媒体，首先要考虑所宣传产品的性质与特征。按产品的性质和特征，可分为是生产资料还是消费资料，是高技术性的还是一般性的，是高档、中档品还是低档品，是畅销品还是滞销品，是全国都使用的还是地区性的，是多用途的还是只有一种用途的，是人人都使用的还是专门人员使用的，是耐用消费品还是普通消费品，等等。广告媒体的选择要考虑产品特点的差别。例如，对于生产资料，主要利用报纸、杂志、说明书做媒体，或者用电视、电影片做媒体，以便进行示范表演；对于消费资料，则要选择广播、电视等覆盖面广的媒体；而对那些专门人员用的，则最好将广告刊登在专业性杂志上。

2. 消费者接触媒体的习惯

不同的消费者接触媒体的习惯是不同的。只有根据消费者的习惯选择广告媒体，才能取得理想的效果。例如，向农民介绍生产资料或消费资料，以广播和电视媒体为最佳，尤其以有线广播为最好。我国目前县以下的有线广播已经普及，只要利用得当，不仅传播速度快，而且可以做到家喻户晓。对于城市的居民，则以报纸和电视为好。对于儿童用品，则以电视做媒体效果最佳。

3. 媒体的传播范围

不同的广告媒体，传播的范围有大有小，能接近的人口有多有少。比如报纸、电视、广播、杂志的传播范围大，而橱窗、路牌、霓虹灯传播的范围小。从每一种媒体本身来说，也有范围的区别。比如报纸分为全国性报纸和地方性报纸，每一种报纸又有不同的发行量。因此，这就要根据不同的销售范围来决定广告媒体的选择。凡销售全国的，宜在全国性报刊或中央电视台、中央人民广播电台上做广告；在某一地区销售的，则宜于在地区性的报刊、电视台、电台上做广告。

4. 媒体的影响程度

广告媒体的影响程度是指该媒体传播信息的效果，它取决于该媒体的信誉和消费者对该媒体的接受频率。一般说来，中央和省、市、自治区的报纸、电视台、电台的信誉较高，其他媒体次之。同时，选择媒体还要看消费者对媒体的接受频率，因为不论信誉多好，由于频率太低，消费者记不住，也无法促进购买。为了提高消费者接受广告的频率，必须选择适当的插播广告的时间。

5. 媒体的传播速度

有些产品具有较强的时间性。例如，季节性产品和供应节日的产品都属此类，它们对广告也有较强的时间要求。为此，所选择的广告媒体必须传播信息迅速，以广播、电视和报纸中的日报为宜。而那些时间要求不强的产品，其广告媒体则不一定选择那些时间性强的媒体，因为时效性强的媒体一般费用较高。

6. 媒体的费用

不同的广告媒体所支出的费用是不同的，有的相差甚大，一些覆盖面不同的同种媒体的费用也存在很大差别。因此，在选择广告媒体时必须以自己的广告预算财力为基础。

衡量广告媒体的费用，不仅要看它的绝对量，还要看它的相对量，即不同媒体的广告费用支出与预计效果的比较。比较的方法是计算接触该媒体的每千人广告成本的高低。其计算公式为

$$千人广告成本 = 媒体费用 \div 视听人数 \times 1000$$

例如，将某一彩色广告刊登在 A 杂志上需花费 4000 元，登在 B 杂志上需花费 8000 元；前者的读者有 10 万人，后者的读者有 80 万人，各自的千人广告成本为

$$A 杂志千人广告成本 = 4000 \div 100000 \times 1000 = 40（元）$$
$$B 杂志千人广告成本 = 8000 \div 800000 \times 1000 = 10（元）$$

可见，A 杂志的绝对费用低于 B 杂志，其相对费用却高于 B 杂志。当然，仅用触及人数来衡量广告的效果也是不全面的，在应用中还必须考虑其他因素。

上例从不同侧面说明选择广告媒体的要求。为了取得比较理想的品牌传播效果，在选择媒体时就不能只看一个方面，而必须进行综合考虑。

7.3　品牌的公共关系传播

在现实生活中，尤其在企业经营活动中，公共关系的作用正显得越来越重要。当今社会，公共关系学已经被广泛地应用到众多的领域和各种各样的场合，公共关系无处不在。公共关系已经变成了一个强有力的工具，它在今天这个全球化商业竞争的环境中，能够完成许多对企业至关重要的工作。

7.3.1　公共关系的概念

什么是公共关系？在美国公共关系权威教材《有效公共关系》的第 8 版中，将公共关系定义为："公共关系是这样一种管理功能，它建立并维护一个组织与决定其成败的各类公众之间的互惠互利关系。"1982 年 11 月，第 35 届美国公共关系学会（PRSA）正式为公共关系拟定了一个"官方陈述"，该学会将公共关系定义为一种"管理功能"，并得到了较为广泛的认可。这一定义与其他流行定义共同表明了公共关系是：

（1）实施一项有计划的、持之以恒的方案来作为一个组织进行管理的组成部分；
（2）处理组织与各类公众之间的相互关系；
（3）监测组织内部和外部的意识、意见、态度和行为；
（4）分析政策、程序和行动对公众的影响；
（5）调整那些被发现与公众利益和组织生存有冲突的政策、程序和行动；
（6）在确立组织及其公众互惠互利的新政策、新程序和新行动上向管理阶层提供咨询；
（7）建立和维护这个组织与各类公众之间的双向传播；
（8）在组织的内部和外部激发意识、意见、态度和行为的具体变革；
（9）在组织与其各类公众之间形成新的相互关系，并且/或者维护相互关系。

从这个权威的定义中可以看出，公共关系归根结底是一种以公众为导向的管理功能——从目的而言，公共关系当然是为了组织自身的发展；但是就策略和手段而言，最终要落实到与各类公众的关系上来，落实到传播沟通手段上来。公众是商品经济社会中企业生存和发展的土壤，缺乏与公众之间的良好关系，任何一个企业要立足、要持续健

康地发展，恐怕都是一句空话。而这种良好关系的建立，离开传播，简直就是不可能的。在现代信息社会中，作为企业的一种越来越重要的管理职能，公共关系正日益显示出与其他管理职能截然不同的特点。它的管理对象不是产品、资金、技术或销售网络等有形资产，而是信息、关系、舆论、形象这些无形资产；它的管理手段不是技术、经济、行政或法律，而是现代信息社会的传播沟通手段；它的管理目标不是直接提高产品质量、促进销量、赚取利润，而是调整组织与社会公众之间的关系，优化组织的生存环境，提升组织无形资产，使组织的资产增值。

7.3.2 品牌公共关系传播的价值

公共关系这一传播手段在品牌传播上的价值主要体现在以下几个方面。

1．提高品牌知名度

公共关系是提高品牌知名度的重要手段，这已经被实践所证实。早在1984年，北京长城饭店就成功地争取到了美国总统里根访华结束时在长城饭店举行答谢宴会的机会。这一举措使长城饭店一夜之间成为全世界瞩目的焦点，成为中国最有名的五星级饭店之一。

2．树立品牌形象

公共关系可通过一些公益性的社会活动，来树立品牌的良好形象，通过媒体的宣传报道来增加品牌的可信度和亲和力。在这个方面，壳牌公司就做得非常成功。

作为一家石油公司，壳牌一直在全球范围内积极参加各种社会公益事业。壳牌中国分公司也秉承企业的优良传统，在积极服务于中国能源和交通等事业发展的同时，也积极投身于中国的公益事业，从而树立了良好的品牌形象和鲜明的企业特色。

中国的中小学生的自我安全保护能力很弱，他们的安全问题牵动着千家万户的心。1996年下半年，在上海交通大队的协助下，壳牌公司摄制了一组大型系列交通安全科教片《人、交通、规范》。在教育部指定的"中小学生安全日"来临之前，该公司把这组节目的录像带捐赠给了18个城市的电视台，并配合其做好每一年度的"安全日"宣传工作。

这次活动在媒介方面取得了很大成功，所有参加新闻发布会的记者都报道了这次捐赠活动，赞扬壳牌这一有意义的捐赠活动。地方电视台对其无偿捐赠录像带的举动表示极大的欢迎和感谢，许多电视台播放了壳牌的新闻录像带，并间接地为壳牌做了品牌宣传。由于壳牌的主营业务与道路交通密切相关，所以这次活动为壳牌树立了良好的品牌形象，增加了它的美誉度。

3．澄清品牌危机

当品牌出现危机时，公共关系部门可迅速做出反应，对问题进行解释和澄清，以防止事态进一步恶化。当企业与公众发生冲突或发生突发事件，公众舆论反应强烈时，如果处理不当，最直接的后果是品牌形象受损，品牌资产被削弱，产品销售受到影响。此时，企业应当借助有效的、及时的沟通，解释造成危害的不同起因（如企业行为不当、突发事件或失实报道等），动员各种力量及传媒来处理危机，协调与平衡企业与公众之间的紧张关系。这种有针对性的公共关系活动能有效地防止事态进一步恶化，使品牌免受或少受损害。

我国某些曾经辉煌一时的品牌之所以垮掉，原因之一就是在出现危机时没有及时采取公共关系措施，没有与媒体保持密切联系和沟通，而让某些不怀好意的新闻媒体恶意炒作，从而导致品牌毁于一旦的。"三株"品牌就是一个典型案例。

 案例　　　　营销视点 7-1

一般情况下，成熟的品牌管理系统，对于各种各样的对品牌造成影响或伤害的突发事件，都会有一套完整的解决方案，一旦危机发生，便会按既定程序，实施公关危机处理。事实上，一个成熟的品牌在经营过程当中，经常遇到这样或那样的事件，这是很正常的；而且在品牌经营过程当中，也不可能是一帆风顺的。然而就是这样一个平常的品牌管理问题，却常常未得到足够的重视，甚至在三株公司已建立起一个庞大的帝国时，依然如此，在风雨中茫然前行。

"八瓶三株喝死一条老汉"，这样一条爆炸式的新闻，对于一个以"信任"作为经营出发点的保健品品牌来说，意味着什么呢？这种连锁式的新闻炒作，对消费者的精神会造成什么样的影响与伤害呢？

1996 年，一则爆炸式的新闻横空出世，同时它也引起了全国媒体的疯狂转载。新闻标题为："八瓶三株喝死一条老汉"。新闻大意是湖南一老汉，连喝八瓶三株口服液，出现了不适症状，老汉被送往医院求诊，医院诊断为"三株药物高蛋白过敏症"，其后，病情不断反复，老汉最终死亡。

这样一条新闻，对三株公司来讲，如果处理不好，是绝对致命的品牌"病毒"。然而面对如此的品牌危机，三株公司却一直束手无策，任由事态发展下去，直到上、下游合作商反目，使企业经营全面陷入危机，最终从人们的视线中消失。

现在分析起来，其实当年三株公司面临的危机并不是致命的。一开始该案并没有扩大，其影响力还没有到不可收拾的地步。只是在一年后，法院把老汉未来得及服用的口服液拿去化验，称该检品为不合格产品，这时危机才全面爆发。试想一下，三株公司足足有一年的时间来解决好这个问题。如果当时企业能够对公关危机引起足够的重视，或者能够启动一套科学系统的解决方案，那么也不会引起全国新闻的爆炒，三株公司也不会遭受群起而攻之的厄运！如果三株公司当年能临危不乱，迅速出手，及时处理，尽量缩小事态的范围，把这件事引到传媒的视野之外，或者如果不推脱责任，主动承担，树立起诚信的形象，那是不是会是另外一种结果呢？然而，三株公司没有。

公共关系还可以使品牌死里逃生，从危机中走出来。例如 20 世纪 70 年代，美国克莱斯勒汽车公司业务急转直下，面临破产的危机，1978 年上任的总裁艾柯卡是一位公关大师，他通过向公众及国会演讲、出自传等公关活动，力陈克莱斯勒这一品牌对美国的价值，使得投资者对它重拾信心，从而令品牌重整旗鼓，起死回生。

7.3.3 公共关系相对于广告的优势

作为一种与广告截然不同的方式，公共关系以其自身独特的优势在塑造企业品牌方面发挥着越来越重要的作用。总的来说，公共关系相对于广告的优势有以下三个方面。

1. 公共关系效果更精准，广告效果相对涣散

广告受众往往不容易清晰地界定，他们的性格特征各异，所以广告要达到某种预定的效果，往往要靠"量"的积累，而不是准确的定位。而公共关系则可以做到根据工作目标把公众分成不同的类型，然后按照每一种类型人群的特点分别进行不同方式的信息传播与说服，所以效果斐然。

2. 公共关系是双向沟通，广告是单向传播

市场营销已经从单向的信息传播慢慢向双向信息沟通过渡。消费者渴望了解产品或品牌背后的人与故事。从这种深入的了解中，消费者与产品或品牌建立起了一种互动的情感联系。这种情感上的沟通往往决定了产品或品牌的最后成败。

广告特有的传播方式，决定了其只能是一种单向的信息传播，在满足消费者心理诉求、建立与消费者的情感联系上，显得力所不及。公共关系则可以借助新闻传播、专题报道、现场活动、座谈会等方式，全面而系统地将消费者希望了解到的东西一一传达给他们，令消费者对品牌产生深层次的认可。

3. 公共关系危机预警和处理能力强，广告难以应对危机

苏丹红、毒奶粉、劣质化妆品等，从产品质量危机到行业信誉危机，当今企业面对多种危机和可能的陷阱。对所有这一切，公共关系都能够做到应付自如，如设定危机预警系统、制定危机管理方案、执行危机处理步骤和危机后声誉管理，等等。

广告本质上只是一种信息传达的方式，很难做到预防危机以及在危机发生之后迅速降低其负面影响等。

7.3.4 常用的公共关系手段

品牌公共关系传播的手段主要有以下几种。

1. 活动赞助

广告有时会良莠不齐。一些品牌大量过度和失实的宣传使人们对传统媒体广告的信任度逐渐降低，并对其中很多广告开始出现反感。据一家国际权威调查机构的数据显示，世界上有近80%的人口对广告开始失去信任甚至产生反感，只有大约20%的人口还对广告存在着不同程度的信任。

与广告的单向传输、被动接受的属性相比，作为公共关系形式之一的赞助活动则在一定程度上成为人们生活的一部分。赞助活动经过企业的精心设计和诠释，向人们暗示着品牌与特定事物的某种联系。越来越多的企业看到一些成功品牌因赞助而取得很大发展，于是纷纷效仿，趋之若鹜。

早在100多年前，西方就有品牌运用这一策略。据说宝威尔品牌早在1898年就赞助了当时的诺丁汉森林足球俱乐部，而后吉列赞助篮球运动；可口可乐1928年开始赞

助奥运会。由于运用了高超的赞助策略，这些品牌都无一例外地成为知名品牌。

企业在做出赞助决策时，应在明确把握自有品牌的实质、核心识别、延伸识别及独有的价值取向的前提下，对于赞助活动的本身进行深入了解，对被赞助对象的性质和环境进行深入了解和分析，找出可以作为品牌和被赞助对象纽带的内在关联点，进而有针对性地设计赞助策略，以取得事半功倍的赞助收益。

阿迪达斯曾热衷于赞助重要的、大型的比赛，比如奥运会、欧洲足球锦标赛、世界杯足球赛等。这些策略的充分运用使得阿迪达斯将自己与最激动人心的体育盛会联系起来，向人们传达着阿迪达斯卓越表现、积极参与、振奋人心的品牌精神。

而耐克则通过赞助著名运动员来参与赛事活动，通过运动员的出色表现来诠释和宣扬耐克富有进取心、直面挑战、生气勃勃的"酷"、强劲有力的品牌精神。

由于赞助型传播在我国兴起的时间还不长，许多企业对于明确把握自有品牌的实质、核心识别、延伸识别以及独有的价值取向等还缺乏了解，而是仍停留在单纯追求产品、品牌曝光率的阶段，对于赞助活动的本身缺乏深入了解，往往花了钱效果却不甚理想。因此，我国品牌在有效选择赞助对象和寻求赞助机会方面的认知有待提高。

 案例　　　　　营销视点 7-2

人们听到最多的有关耐克的成功之道是不卖鞋子，只营销情感。他们极少赞助体育赛事。那他们是如何赞助刘翔的呢？这是人们感兴趣的话题。

其实早在 2002 年，当刘翔还是媒体冰点的时候，耐克就与他签了约。耐克之所以能够慧眼识珠，得益于耐克的一贯营销理念："不卖鞋子，只营销情感"。

耐克体育市场部的员工成天奔波在各种训练场上，恨不得与运动员生活在一起。这也是耐克能慧眼识英才的重要原因。李彤曾是耐克的签约田径运动员，因为是刘翔的同门师兄，所以与刘翔很早之前就有联系。由于李彤的推荐，加上耐克的实际考察，才使刘翔进入了耐克的视野。

除此之外，2004 年 5 月下旬，耐克把约翰逊请到中国，当时约翰逊感觉刘翔的状态很好，于是耐克就根据这个事实大胆拟订方案。整个活动从 6 月份开始策划，7 月下旬开始进行全面推广，通过公关和网络，中国队到雅典前 10 天时开始推出广告。除了广告，耐克在新浪上还设计了刘翔的新闻中心，刘翔得金牌后有 3000 万人上去浏览刘翔的一举一动。当其他公司正在计划请刘翔代言时，耐克却已经在第一时间为全国观众提供了全面了解刘翔的平台。而耐克大中华市场部总监潘建华表示，这次只是与刘翔关系的开篇。"我们长期的目标是让刘翔在 2008 年能够代表耐克传达一个声音。我们正在规划这 4 年当中什么时候让刘翔出现。耐克必须利用合适的时间点让他出现，而且每次出现都有不同的故事。"

为什么唯有耐克才能洞察先机？耐克以其亲身经验告诉想要借力体育产业的企业，体育营销不是一次赞助，既要细水长流，更要不断创新。品牌的曝光只是耐克所有工作中很小的一部分，而与运动员保持长期联系才是更为重要的。

> 潘建华说，在耐克工作十多年有一个重要的经验，那就是体育经营需要时间。"体育经营的特质是情感，是人们的激动、兴奋、悲伤和喜悦，而培养情感就像谈恋爱一样，需要积累。国内很多赞助是短期的，而这样的效果几乎为零，因为消费者是很健忘的。如果企业选定了与自己形象相关的运动，应该作为一种长期投入。"
>
> 消费者接受了文化，才能从根本上接受你的品牌。耐克还推出"联盟概念"，提出要做 YouthCulture（青年文化）。正如其公关人员说："篮球里面只有一个冠军，而在 YouthCulture 中可以有很多冠军。可以是扣篮最好，漫画画得最好，也可以是最炫的拉拉队……只有有能力影响文化，才能深入人心。我们推出'勇士联盟'，就是想要告诉孩子们，不只需要有自己的风格，还需要有一个联盟在你后面，帮你加油助威，给你写文章、画海报。"

2. 开展公益服务活动

现实中，一些直白的广告已被人们熟视无睹，甚至对之产生了厌恶情绪。品牌传播应达到"润物细无声"的效果，这就要求企业把一部分广告预算用于公益服务活动。现在有许多企业主动支持社区的活动，创造良好的社区环境。企业也可以向公益事业和慈善机构捐赠钱物，以提高品牌在公众心目中的美誉度。

开展公益活动是跨国公司经常采用的公共关系手法。2005年对于宝洁是成果丰硕的一年。在这一年里，宝洁的第100所希望小学在新疆正式落成；宝洁在公益事业方面的合作伙伴数量达到了历史新高；第一次邀请到国内著名的儿童教育专家团赴希望小学研讨……截至2013年6月，宝洁向希望工程捐款累计达到7000万元，宝洁将它的承诺——"帮助需要帮助的孩子生活、学习、成长"变成一系列更为具体、切实的行动，使自身的企业形象与声誉在活动中得到了宣传和提升，优秀的企业文化和理念得到发扬和光大，在中国树立了良好的口碑和形象。

3. 紧跟热点事件做宣传

全社会广泛关注的热点问题常常被企业用来宣传、提升自身形象，尤其是那些涉及国家利益和荣誉的焦点事件更是被看成百年难遇的公共关系活动机会。

中国申奥成功后，2001年7月14日一大早，北京市几乎所有的麦当劳餐厅和各主要超市的可口可乐包装全部穿上了"喜庆装"。可口可乐金光灿灿的申奥成功特别纪念罐，以金、红两色作为喜庆欢乐的主色调，巧妙加入长城、天坛等中国和北京的代表性建筑以及各种运动画面，将成功的喜庆，体育和动感，更快、更高、更强的奥运精神与中国的传统文化有机地结合起来。

从品牌传播的角度来看，我国企业公共关系操作中存在着一定误区：在企业策划的公关活动中，品牌传播不够突出，而有关企业家的风采往往要盖过品牌形象。一些企业领导人很少从品牌创建的角度来考虑品牌的公共关系传播活动。事实上，即使是对企业或企业家的宣传，其主要还是为了支持品牌形象。因此，公共关系活动应将公众的注意力集中到品牌身上。如海尔在中央电视台推出动画片《海尔兄弟》，就以海尔的品牌角色为主，将海尔这一品牌灌输给儿童。这样的公共关系活动无疑是具有远见卓识的。

7.3.5 品牌公关传播的原则与实施步骤

1. 确定公共关系的原则

1）以诚取信的原则

品牌要在公众心目中树立良好的形象，关键在于诚实。只有诚实才能获得公众信任的回报。如果企业以欺骗的方法，吹嘘自己的品牌，必然失去公众的信任。

2）公众利益与企业利益相协调的原则

企业的生存发展不能离开社会的支持，诸如劳动力、资金、生产资料的提供及政府的宏观调控。因此，企业应当为社会公众提供优质产品，在公共关系活动中将公众利益与企业利益有机地结合起来。

2. 选择公共关系传播的方式

品牌公共关系传播的方式很多，除上面提到的一些传播手段外，还可以利用周年庆祝活动、艺术展览会、拍卖会、义演晚会等多种传播方式。

3. 品牌公共关系传播实施的步骤

1）调查研究

公共关系部门通过调研，一方面了解公众对企业所实施政策的意见和反应，反馈给高层管理者，促使企业的决策有的放矢；另一方面，将企业领导者意图及企业决策传递给公众，使公众加强对企业的认识。

2）确定目标

一般说来，企业公共关系目标是促使公众了解企业，改变公众对企业的态度，提升企业品牌形象。必须注意，不同的企业或企业在不同发展时期，其公共关系目标是不同的。公共关系部门必须针对不同时期的公共关系状态制定明确具体的公共关系目标。

3）交流信息

公共关系的重要职能之一就是信息交流。企业通过大众传播媒介及信息交流平台传播信息，可达到树立良好品牌形象的目的。

4. 评估品牌公共关系传播效果

评价的指标可以包括三个方面。第一，曝光频率。衡量品牌公关传播效果的最简易的方法是计算品牌出现在媒体上的曝光次数。第二，反响。分析由品牌公关传播活动引起的公众对产品品牌的知名度以及认知、态度方面的变化，调查这些活动前后的变化。第三，统计出销售额和利润。量化的统计数据是最令人信服的一种评估方法。

7.4 品牌的销售促进传播

销售促进也称营业推广或销售推广，是指除了广告、人员推销和公共关系与宣传之外，企业在特定的目标市场上，为迅速起到刺激需求作用而采取的促销措施的总称。销售促进有着悠久的历史，成功的案例也很多。1853年6月，美国一家帽子店曾做过这样的销售促进活动，凡购买该店生产的某品牌帽子的顾客，均可享受免费拍摄一张戴帽子的照片,留作纪念。当时,照相机还不普遍,顾客对出示戴帽子的照片供亲朋好友欣赏感到十分自豪。因此,活动一开始就吸引了大批顾客,甚至远在数十公里外的居民也前来购买。时隔不久,该品牌的帽子在当地就家喻户晓了。

尽管销售促进有着悠久的历史,但长期以来,它并没有为人们所普遍重视和运用。直到近二三十年,销售促进的范围和费用才得到较大发展,尤其是最近几年经济"疲软"时期,许多强势品牌产品也纷纷采用销售促进方式。

品牌销售促进的迅猛发展,是各种原因共同作用的结果,归纳起来可以分为内因、外因两种类型。内因有:销售促进是一个基本被企业高层管理人员所接受的有效工具;更多品牌自身就具备了使用销售促进工具的条件;销售人员和经理们受到要他们增加销售额的压力。外因有:品牌数量的增加,竞争对手频繁使用销售促进工具;一些同类产品处在相类似的状态;由于经济的"疲软"和消费者的成熟,消费者更加看重的是购买中的优惠;广告传播效果相对下降等。

需要区别的是,销售促进(sales promotion)和促销(promotion)是两个不同但又有联系的概念。促销与产品(product)、价格(price)、渠道(place)并称为4Ps,即四个最主要的营销战术。其中促销又包括广告、销售促进、公共关系等。因此,销售促进是一种促销,但它只是促销的一部分,而不是全部。

7.4.1 销售促进的种类

销售促进的工具繁多,五花八门,不拘一格。企业应根据市场类型、消费者心理、销售目标、产品特点、竞争环境以及各种销售促进的费用和效率等选择恰当的销售促进工具。根据销售促进所面对的对象的不同,销售促进方法可以分为三大类:第一类是面对消费者的,有赠送样品、有奖销售等;第二类是面对中间商的,有批发折扣、推广津贴等;第三类是面对销售人员的,有销售竞赛等。

1. 对消费者的销售促进

对消费者的促销(consumer promotion)可以鼓励老顾客继续使用、促进新顾客使用,可以动员消费者购买新产品或更新设备,引导消费者改变购买习惯,或培养消费者对品牌的偏爱行为等。其方式可以采用:

(1)赠送样品;
(2)折价券或价格折扣;
(3)降价;
(4)廉价包装;
(5)有奖销售;
(6)现场示范;
(7)组织展销。

2. 对中间商的销售促进

对中间商的销售促进(intertrade promotion),目的是吸引他们经营本企业产品,维持较高水平的存货,抵制竞争对手的促销影响,获得他们更多的合作和支持。其方式可以采用:

（1）批发折扣；
（2）推广津贴；
（3）销售竞赛；
（4）工商联营。

3. 对销售人员的销售促进

对销售人员的销售促进（sales-force promotion），就是鼓励销售人员热情推销产品，或促使他们积极开拓新市场。其方式可以采用：

（1）销售竞赛，如有奖销售、比例分成；
（2）免费提供人员培训、技术指导。

7.4.2 销售促进的特点

对于销售促进，不同的人有不同的定义，其中最具有代表性的有两个。一个是菲利普·科特勒在《营销管理》中的定义：销售促进包括各种多数属于短期性的刺激工具，用以刺激消费者和贸易商较迅速或较多地购买某一特定产品或服务。

另一个是布拉特伯格和奈斯林在《销售促进》中下的定义：销售促进是一个行动聚焦的营销事件，其目的是要对顾客的行为有直接的影响。

这两个定义各有特色，分别指出了销售促进的部分特征。综合这两个定义，可以看出销售促进有如下的特征。

1. 销售促进是一个短期的行为

一般一个销售促进活动持续时间不长，销售促进活动一结束，活动中提供的一切优惠都会被取消。之所以采取短期的促销，是因为这种促销的时效性会给消费者一种意外收获的体验，增加了购买的效用；另外，这种时间上的有限性，也给消费者一种时间上的紧迫感，督促消费者尽快购买，错过机会就可能享受不到这种优惠的销售促进政策了。最典型的例子就是销售促进中的价格折扣和降价的区别。价格折扣是一种销售促进行为，是一种短期的行为，促销期一过价格折扣就没有了。而降价是价格行为，是一种相对长期的行为，一直持续到下一次的价格变动为止。这两种方式比较起来，价格折扣更加灵活，而降价则是钢性的。需要注意的是，销售促进虽然是短期行为，但是其影响不一定是短期的。有研究表明，太长的销售促进会削弱品牌的价值，增加消费者的价格敏感度。

2. 销售促进的对象是包括中间商和消费者在内的所有顾客

消费者是销售促进的最终目标，但很多时候生产商是通过影响中间商来实现的。

3. 销售促进是行动聚焦的营销事件

销售促进最重要的特点是要顾客采取行动。销售促进是营销事件，销售促进通常由两种或两种以上的促销刺激手段所构成，如降价与赠品一起执行，所有这些手段称为一个事件。

4. 销售促进的最终目的是实现销售量的增加

销售者利用刺激型的销售促进方式来吸引新的试用者和奖励忠诚的消费者，提高偶然性用户的重复购买率。新的试用者有三种：同一产品类型中其他品牌使用者、其他产品类型使用者和经常转换品牌者。在这三种中，销售促进一般主要是吸引那些品牌转换者，因为其他品牌的使用者不会时常注意销售促进或者按照销售促进的意图行动，而品牌转换者首先寻找的是低价和赠券。但是销售促进未必能促使他们成为忠诚的品牌使用者，这也是销售促进的缺陷所在。

7.4.3 品牌销售促进活动的指导原则

企业设计销售促进活动的指导原则如下。

1. 关注长期的品牌资产

企业设计销售促进活动的时候，一定要关注消费者的感受，关注长期的品牌资产。某些销售促进手段虽然能在短时间内显著提高销售量，但是伤害了忠诚消费者的感情，损害了品牌形象，从而造成长期品牌资产受损，这是得不偿失的。

2. 综合考虑，协调全局

企业的营销活动必须从品牌资产建设的全局出发，综合考虑销售促进活动与其他营销手段的组合作用。品牌资产是企业所有营销活动共同积淀的结果，广告、销售人员、公共关系、保修服务、标志、包装和品牌名称等营销战术都是品牌资产的来源。为了更好地维护企业的品牌资产，企业应当根据产品性质和消费者需求，整合销售促进与其他各种营销活动（例如新产品推出时，将广告宣传与销售促进活动相结合），合理配置企业资源。

3. 确定适度的降价促销

降价促销是企业营销组合战术中的重要内容，研究表明，适度的降价促销可以有效地提高销售量，同时也有利于品牌资产的提升。因此，企业应当要了解市场和目标消费群体，确定适当的降价促销力度、频率，并将金钱性促销和非金钱性促销灵活地结合使用。

4. 维护企业诚信的良好形象

销售促进活动要做到公平、公正、公开，维护企业诚信的良好形象，绝不能出现故意误导消费者，或承诺无法兑现等严重损害品牌资产的行为。销售促进活动之后，应当积极搜集消费者的反馈，并进行适当的调整，为今后销售促进活动设计积累经验。

总而言之，对于企业来说，一切从消费者需求出发，一切从企业的长期利益出发，是合理运用销售促进手段、维护长期品牌资产、增强企业竞争力的基础。

7.4.4 销售促进的实施过程

品牌经营者必须制定详细的销售推广方案，以确保品牌销售促进活动有计划、有步骤地进行。在制定品牌销售促进传播方案时，企划人员要整合、周密考虑。一个高效、完整的销售促进活动分以下几个步骤。

1. 市场调研

和其他营销活动一样，销售促进也应该以市场调研为先导，以便开展有针对性的活动。

2. 制定方案

一个完整的销售促进方案包括促销目的、促销对象、促销方式、促销工具、促销时限、促销范围、促销预算、促销预期、人员保障、执行监督、应急措施等内容。

3. 沟通认同

方案制定后并不是要马上执行，而是要让有关执行人员详细地了解方案的意图、目标、步骤等，能够充分理解销售促进目的和目标，明确个人职责，掌握实施步骤，充分调动人员的积极性和主动性。

4. 人员保障

销售促进方案是需要人来实施的，而且需要多方面的人员，如促销员、奖励兑现员、终端理货员、市场监督员等。人员保障就是要让有关人员及时到位，并对人员进行必要的前期沟通和培训，保证人员素质过硬，能够胜任本职工作。

5. 信息传播

销售促进是针对第二方的，必须通过POP广告、传单、口口相传等方式把促销信息快速、高效地传播给促销对象，如终端经理、服务员或消费者，使促销对象快速反应，积极参与到促销活动中来。

6. 组织实施

销售促进的组织实施水平直接决定促销的成败。在组织实施过程中要保证三个到位，即产品到位、人员到位、兑现到位。产品要及时铺到终端，并保证不能断货；促销、配送、理货、监督等相关促销人员及时到位；促销品、奖励要及时兑现。

7. 过程监督

在销售促进活动中要派专人指导和督促活动的执行，一般由区域市场主管或促销部、市场部工作人员负责活动过程的监督，及时发现活动中出现的主观和客观问题，监督产品、人员、兑现到位情况，监督人员的执行能力和服务水平，通过活动过程监督及时调整策略，解决问题，确保活动圆满成功。

8. 效果评估

在每一次销售促进活动结束后，都应该进行效果评估，通过对销售促进活动准备、实施和效果的信息反馈，评估该销售促进方案的可行性、执行力度、是否达到预期目标、费用是否超支、消费者反应等，发现存在的问题，总结经验，弥补差距，以不断提高销售促进方案的创意水平、执行能力和促销效果，实现销量和品牌价值的双重提升。

7.5 品牌的整合营销传播

7.5.1 整合营销传播概述

美国广告公司协会（American Association of Advertising Agencies，4A）定义整合营销传播（integrated marketing communication，IMC）如下："一种营销传播计划的概念，要求充分认识用来制订综合计划所使用的各种带来附加价值的传播手段——如广告、销售促进、直复营销、公共关系和人员销售——并将其结合，提供具有良好清晰度的连贯性的信息，使传播影响力最大化。"

在这里，广告、销售促进、直复营销、公共关系和人员推销被定义为传播手段，说明它们不仅仅是传统意义上的提升销售的手段，更是企业与消费者进行沟通的手段，是为企业解决市场问题或创造宣传机会的手段。

这个定义的关键在于：①学会认识和使用各种传播手段；②学会将这些手段有机结合起来；③这种结合要能提供清晰、连贯的信息。

其实，整合营销传播观念，是由美国西北大学舒尔茨教授等人首先提出来的。舒尔茨教授研究的整合营销传播有下列四个基本目标。

1. 确保同消费者的所有沟通协调一致

在一个传播策略的指导下，各种传播手段和各种促销形式，如普通广告、直复营销、销售促进和公共关系等，都统一口径，向消费者传达统一的品牌个性、消费者利益点和销售创意。

2. 沟通的焦点是消费者而非产品

整合营销传播与传统沟通模式最大的不同是传播的焦点在于消费者或潜在消费者，而非产品。应深入消费者或潜在消费者，了解他们购买的动因，根据消费者的需要，创造更具吸引力的销售标语，而且这个销售标语能与其他品牌相区别，从而在消费者心目中建立具有竞争力的认知。

3. 积极发展同消费者一对一的沟通

营销模式将从大众营销向分众营销发展，大众传播也将向分众传播发展。传统的营销传播依赖电视、杂志、报纸等大众媒体向大众传播信息，未来厂商要根据不同消费者的个别需求，发展不同的解决方案，用不同的沟通方式与消费者进行个别的沟通。传播也将发展成为与消费者一对一的沟通，以个别方式对个人说话。

4. 从单向沟通转为双向沟通，从交易营销向关系营销发展

传统的营销传播多是企业向消费者发布信息，是企业与消费者的单向沟通。整合营销传播则强调企业与消费者的双向沟通，企业和消费者进行资讯的交换活动，建立交换资讯和分享共同价值的关系。厂商经过不同渠道传达资讯给消费者，通过个别渠道积极寻求回应，并将回应记录在资料库中，与消费者建立长久的关系，并向关系营销发展。

从以上四个基本目标可以看出，舒尔茨教授所提出的整合营销传播观念已超出了美国广告公司协会的整合营销传播定义，它不仅是传播手段的整合，更是传播领域观念的整合；不仅强调以消费者为重、发展分众传播、双向沟通，也为企业与消费者沟通的发展指出了方向。

整合营销传播所涉及的不仅是广告和传播领域的研究，更是企业未来营销模式的研究。舒尔茨教授在《整合营销传播》中提到，"我们将行销转化成传播，将传播转化为行销"，他试图从整合营销传播切入重建营销的整体框架，其中的数据库营销、关系营销已经超出了企业传播人员所能控制的范围，他所研究的更是一种崭新的营销方式。

7.5.2　营销传播整合的必要性

整合营销传播被称为20世纪90年代市场营销的重要发展。国外已有越来越多的厂商接纳了这一观念。企业已经认识到战略整合多种传播手段的必要性，它们纷纷采用新的营销方式：将以往花在广告上的努力变成对各种传播技术的整合，通过协调营销传播，择优采用传播工具，发展更有效的营销传播计划。营销传播整合是企业对环境变化的适应。

1. 市场竞争的变化

早期的市场是供不应求的状态，现在产品逐步丰富，产品的种类增多，每类产品的品牌增多，而新的厂商仍在不断涌入，这将造成某些产品供应过度饱和，市场竞争加剧。面对众多品牌的激烈竞争，企业若想立于不败之地，则在开发产品和扩大渠道的同时，也要加强品牌和产品的宣传，让自己的品牌从众多品牌中凸显出来，让消费者了解自己的品牌、自己的产品。企业必须深入了解消费者，重视品牌和产品传播，重视与消费者的沟通，以期望能令消费者留下深刻的印象。

然而研发、生产、渠道成本不断提升，而企业又希望制定有竞争力的价格，获利空间有限。企业为保有其利润，对广告和销售促进的预算会更加审慎。如何用更少的钱，获得更好的传播效果，已是每个企业所面临的问题。

2. 营销方式的变化

在供不应求的时代，企业以生产为导向，企业的主要功能是生产制造，追求大量的生产，提高产量、出货能力和生产效率。当时企业采取的营销方式是大众营销，是为消费大众生产同质性高、无显著差异的大量规格化产品，企业采用的媒体也为大众化媒体。而现在，市场已从供不应求转向供大于求，从需求束缚中获得解放的消费者发展出属于自己的品位，人们已不再喜欢大众化产品而更喜欢个性化产品，大众化营销也变为分众营销，即企业需要更深入了解消费者，细分消费群体，为特定的目标消费群生产更具个性化的产品。

现代营销者发现并争取一个潜在消费者的费用远远高于保留一个现有消费者的花费，如何在品牌激增、产品同质性提高、消费者的品牌忠诚度日趋降低的情况下，留住现有的顾客呢? 为了维持顾客群的稳定，提高品牌的忠诚度，一些企业正在尝试从一般交易发展为关系营销，争取与顾客建立长期和永久的关系。营销传播的重点也相应转移到提高对品牌的忠诚度上。

可见，未来营销趋势从大众营销向分众营销发展，从一般交易向关系营销发展。相应的，营销传播也将从依赖大众传播而转向分众传播，传播重点从推广新产品转到提高品牌忠诚度、保持与顾客关系等方面。

3. 媒体环境的变化

随着卫星电视、有线电视和报纸杂志业的发展，人们进入了前所未有的资讯爆炸时代。媒体的数量和种类在急剧增加，而且新兴媒体不断涌现，如炙手可热的互联网、手机短信等，媒体的可运用性已越来越多，越来越复杂。对于广告而言，在媒体的运用上有了更大的挥洒空间，却也同时面临媒体效果的稀释问题。以电视媒体为例，以前大家平均可收看到 3~4 个频道，企业只要在 1~2 个频道播放电视广告，消费者就能收看到。现在每个有线电视的用户可收看 60 多个频道，企业若仅在 1~2 个频道播放广告，则很可能被消费者忽略。因此，厂商正面临着广告影响力减小的问题。

为适应市场竞争，电视、广播、杂志、报纸等媒体更加细分以吸引更加挑剔的受众，针对不同年龄、性别、爱好的受众发展不同的媒体节目、媒体种类，如针对爱车族的车迷俱乐部节目、针对戏曲爱好者的电视戏曲频道等。媒体的受众细分将成为未来这一行业的特征，企业需要追上媒体发展的脚步，解读个别媒体所形成的分众意义，妥善地为产品进行媒体规划，降低对大众媒体的依赖，逐步重视小型、目标性的媒体选择。

媒体种类增多、效果稀释、受众细分的变化趋势，使企业的营销传播也相应需要变化。

4. 消费者的变化

消费者的生活方式正在不断变化。消费者以前有许多时间是在电视前度过的，今天消费者学习、工作更加紧张，其生活更加多样化，娱乐、休闲的方式也更加丰富多彩，如上网、逛街、健身等。所以，广告要想很快被消费者接触并不十分容易。而遥控器的发明，使消费者在看电视时有了更多自主权，如频繁转换频道、跳过许多广告。企业会发现，广告需要跟随消费者的生活方式逐步变化，才能被消费者所接触。

消费者对广告的态度也正在变化。以前竞争并不十分激烈，广告数量相对较少，产品的相关信息也十分有限，消费者尚可认真阅读广告。而现在，广告铺天盖地，消费者早上起来听到的是收音机广告，出了门看到的是路牌广告，上了车看到的是车厢广告，进了办公室看到的还是广告信函……广告充斥在人们生活的每个角落。人们对广告已经漠然，对其是听而不闻、视而不见。消费者即使听到了、见到了广告，可能也只记住了一个片段，常常是将这个广告与那个品牌混为一谈。消费者对企业自己说的广告信息已将信将疑，消费者有更多的方式接触产品信息，包括媒体报道、上网搜寻、朋友和邻居的推荐等。这时就需要研究如何以消费者感兴趣的方式接近消费者，如何打动消费者，使消费者信服并且记住。

消费者的变化还包括：消费者以超市集中购买家用物品代替了传统食杂店的零星采购；网络的普及，使消费者花费更多的时间在网上阅读信息，发送邮件，网上购物。这一切的变化也将促使企业在传播方式上采取相应对策。

5. 科学技术的发展

计算机的普及和通信技术的提高，加速了资讯的分析和运用。许多企业使用计算机建立数据库，记录顾客姓名及人口学、地理学、心理学方面的资料，以及购买方式、媒体参考、信用能力等其他特征信息。厂商根据这些信息，采用直复营销方式打动他们，如电话营销，而减小了对大众媒体的依赖。

科学技术的发展，使新的媒体不断涌现，同时也带来了传播技术的更新，如计算机喷绘技术使路牌广告制作更精美，色彩更艳丽，广告形象随之提高。这也使得营销者不断去发现新的媒体，重新认识旧的媒体。

科学技术的发展，为营销传播的多样化发展提供了可能性。市场竞争的变化、企业营销方式的变化、媒体环境的变化、消费者的变化、科学技术的发展，使企业的营销传播也要相应变革，以适应变化的需要。

营销者不应再仅仅使用产品销售促进的概念，而应将产品的销售促进转化为企业与消费者的沟通，需要将对广告的依赖转化为各种传播技术的整合，需要更深入地了解消费者，向他们传播他们感兴趣的东西，随时掌握消费者是如何反应的，以便使企业与消费者的沟通更富成效。

7.5.3 品牌整合营销传播

整合营销传播是基于整合的原则，这种观念认为，从单一的战略平台上整合地使用各种媒体工具，比以往独立地使用媒体进行传播会带来更大的投入回报。而品牌整合营销传播则是一种整合了多种传播活动的整体传播战略，包括公共关系、广告、投资者关系、互动或内部传播，用以管理企业的宝贵资产——品牌。品牌整合营销传播源自于品牌价值管理，它的核心理念是通过品牌管理实现价值最大化。

1. 品牌整合营销传播的概念

品牌整合营销传播是指把品牌等与企业的所有接触点作为信息传达渠道，以直接影响消费者的购买行为为目标，是从消费者出发，运用所有手段进行有力的传播的过程。这一过程对于客户和其目标或潜在的目标公众来说，通常应该是协调权衡过的，并且具有说服力。

品牌整合营销传播的起点是企业，而不是营销传播。品牌整合营销传播开始于明确商业模式中品牌所承担的角色，决定怎样借助品牌的作用促进和维持企业的成长。当然，这首先意味着必须将品牌视为一种财务资产，并识别出驱动品牌价值提升的关键因素，通过整合传播上的努力，来影响、控制和评估这种资产。

品牌整合营销传播需要最高水平的管理，因为它将战略、财务和营销传播整合到一起管理，以实现价值最大化。它在联合执行、财务和营销管理方面起着催化剂的作用，最终帮助移除企业内部那些可能阻碍整合传播实施的障碍。

2. 品牌整合营销传播的特点

和传统的品牌传播方式比起来，品牌整合营销传播的特点如下。

1) 目标性

品牌整合营销传播的目标非常明确，它并不是针对所有的消费者，而是根据特定时期和一定区域的消费者的需求特点，采取一定的措施将品牌传播给消费者的过程。虽然品牌整合营销传播也能影响或辐射到潜在的消费者，但不会偏离其明确的目标消费者。

2) 互动交流性

品牌整合营销传播旨在运用各种手段建立企业与消费者的良好沟通关系。这种沟通关系不是企业向消费者的单向传递信息，而是企业与消费者之间的双向交流。即通过传播过程中的反馈和交流，实现企业和消费者的双向沟通。在有效的沟通中确立品牌与消费者之间的关系，使得品牌更进一步贴近消费者，为消费者所接纳、喜爱，进而产生购买活动。

3) 统一性

在传统营销传播理论的指导下，广告、公共关系、促销、人员推销等企业行为都是由企业各部门独立实施的。这种情况下，有很多资源是重复使用，甚至不同部门的观点和传递的信息都无法统一，造成品牌形象在消费者心目中的混乱，影响了最终的传播效果。

品牌整合营销传播对企业的资源进行合理的分配，并按照统一的目标和策略将营销的各种传播方式有机地结合起来，表现同一个主题和统一的品牌形象，使企业的品牌传播活动形成强大的合力，推动企业品牌的发展。

4) 连续性

品牌整合营销传播是一个持续的过程，通过不同的媒体重复宣传同一个主题和统一形象的信息，并且这个过程是一个长期的过程，以达到强化消费者对企业品牌形象的注意和记忆的目的。

5) 动态性

品牌整合营销传播改变了以往从静态的角度分析市场、研究市场，然后再想方设法去迎合市场的做法。它强调以动态的观念，主动地迎接市场的挑战，更加清楚地认识到企业与市场之间互动的关系和影响，不再简单地认为企业一定要依赖并受限于市场自身的发展，而是告诉企业应该更努力地发现潜在市场，创造新的市场。

3. 品牌整合营销传播的要素

品牌整合营销传播的要素指营销传播中的各种方式。主要包括以下几种形式。

1) 广告

广告是对企业观念、产品进行明确诉求的一种方式。广告的直接诉求特点能够使消费者迅速对企业品牌有一个理性的认识。通过广告全面介绍产品的性能、质量、用途、维修安装等，消除消费者购买的疑虑，而广告的反复渲染、反复刺激，也会扩大产品的知名度，从而激发和诱导消费者购买。

2) 销售促进

销售促进是为鼓励消费者购买产品的一种短期刺激行为，对产品的直接销售影响更大，对品牌也具有一定的强化作用。

3) 公共关系

在处理企业与公众关系中，要合理运用策略，建立企业良好的形象。公共关系对品牌形象有着积极的影响，能增加企业品牌的知名度和美誉度。

4）事件营销

事件营销对企业品牌的影响是直接的，而且产生的效应也较为长久。企业应该通过一些重大的事件，为企业品牌建设服务。

5）人员销售

企业销售人员直接与消费者交往，在完成产品销售的同时，也会与消费者建立起有效的联系。人员销售与消费者建立的关系是持续的，将会为企业创造更多的品牌忠诚跟随者。

6）直复营销

通过多种广告媒介，让其直接作用于消费者并通常要求消费者做出直接反应。直复营销的方式主要有电话营销、邮购、传真、电子邮件等，通过与消费者建立直接关系，提升企业品牌形象。

7）企业领导者魅力

企业领导是企业品牌文化的一个缩影，借助企业领导者的魅力和个人风采（如企业领导者传记、个人理念等）能够提升企业的品牌形象。

8）关系营销

利用企业与外部环境建立的关系，进行品牌形象建设。外部关系包括与媒体、供应商、中间商、终端零售商、终端服务商等的关系。

4. 品牌整合营销传播的作用

将传统的品牌传播的方式整合起来，可以将分散传播的品牌各个特点整合到一起，给目标受众以完整的品牌印象与更好的品牌亲和力。具体表现为以下方面。

1）提升企业品牌形象

（1）品牌整合营销传播建立在目标消费者需求的基础上，迎合了消费者的利益，引发消费者的兴趣和关注。

（2）品牌整合营销传播明确的目的性传播，给目标消费者留下深刻的印象。

（3）与目标消费者的双向沟通，增强了消费者对企业价值、品牌的认同。

（4）与目标消费者关系的建立，巩固了企业的品牌形象。

2）节约经营成本

由于品牌整合营销传播的传播优势，使企业的各种资源得到有效的整合和优化，从而减少了企业生产和流通的成本。

3）提高企业利润能力

（1）企业经营成本的节约，提高了企业的利润能力。

（2）企业与消费者关系的建立和传播效果的增强，推动了企业产品销售、服务增进。

（3）消费者对产品的重复消费，提高了企业的销售额，同时节约了传播和流通成本。

5. 品牌整合营销传播的原则

为了更好地将品牌传播给消费者，我们需要遵循以下原则。

1）以消费者为核心

品牌整合营销传播的出发点是分析、评估和预测消费者的需求。品牌整合营销传播站在消费者的立场和角度考虑问题、分析问题,并通过对消费者特征、职业、年龄、生活习惯、消费行为等数据的搜集、整理和分析,预测他们的消费需求,制定传播目标和执行计划。

2）以关系营销为目的

品牌整合营销传播的目的是发展与消费者之间相互信赖、相互满足的关系,并且促使消费者对企业品牌产生信任,使其品牌形象长久存在于消费者心中。这种关系的建立,不能单单依靠产品本身,而是需要企业与消费者建立和谐、共鸣、对话、沟通的关系。

尽管营销并没有改变其根本目的——销售,但达到目的的途径却因消费者中心的营销理论发生了改变。由于产品、价格乃至销售通路的相似,消费者对于大众传媒已产生了一定的排斥,企业只有与消费者建立长期良好的关系,才能形成品牌的差异化。品牌整合营销传播正是实现关系营销的有力武器。

3）循环原则

以消费者为中心的营销观念决定了企业不能以满足消费者一次性需求为最终目的,只有随着消费者的变化调整自己的生产经营与销售,才是未来企业的生存发展之道。消费者资料库是整个关系营销以及品牌整合营销传播的基础和起点,因而不断更新、完善的资料库成为一种必需。现代计算机技术以及多种接触控制实现了生产商与消费者之间的双向沟通,由此可以掌握消费者态度与行为的变化情况。

可以说,没有双向交流,就没有不断更新的资料库;没有不断更新的资料库,就失去了品牌整合营销传播的基础。因而建立在双向交流基础上的循环是品牌整合营销传播的必要保证。

6. 品牌整合营销传播的内容

1）品牌信息的整合

品牌信息的整合是指为品牌提炼出一个核心价值观。品牌核心价值是品牌资产的主体部分,它让消费者明确、清晰地识别并记住品牌的利益点与个性,是驱动消费者认同、喜欢乃至爱上一个品牌的主要力量。核心价值是品牌的终极追求,是一个品牌营销传播的中心,即企业的一切营销传播活动都要围绕品牌的核心价值展开,营销传播活动是对品牌核心价值的体现与演绎,并不断丰富和强化品牌的核心价值。只有在漫长的岁月中以非凡的定力去做到这一点,不被风吹草动所干扰,让品牌的每一次营销传播活动都为品牌做加法,起到向消费者传达核心价值或提示消费者联想到品牌核心价值的作用,久而久之,核心价值才会在消费者头脑中留下深深的烙印,并成为品牌对消费者最有感染力的内涵。

定位并全力维护和宣扬品牌核心价值已经成为许多国际一流品牌的共识,是创造百年金字招牌的秘诀。"品牌之王"宝洁对品牌核心价值的构造与经营可谓是用心良苦。宝洁有一个行之全球的信念,那就是如果一个品牌与产品没有特质是很难成为赢家的。这里所说的特质就是品牌的核心价值,如宝洁一旦通过对消费者的研究,对品牌的核心价值进行了严格的定位,就决不轻易更改,而且一切营销传播活动都以品牌的核心价值为中心进行演绎。尽管广告不停地换,但换的只是表现形式。沃尔沃宣传的重心一直是"安全",从未听说过沃尔沃头脑一发热去宣传"驾驶的乐趣"。久而久之,沃尔沃品牌就在消费者头脑中有了明确的印记,获得独占的山头。但这并不是说宝马就不够安全,驾驶沃尔沃就没有乐趣，而是在核心利益点的宣传过程中必然要有主次之分。沃尔沃能成为2000年全美销量最大、最受推崇的豪华车品牌，与其对品牌核心价值的精心维护以及在企业的经营活动中忠实体现核心价值是分不开的。沃尔沃不仅投入巨资研发安全技术，在广告、事件营销中也总是不失时机地围绕"安全"的核心价值展开。

2）传播方式的整合

传播方式的整合是指通过充分认识广告、销售促进、公共关系等各种能传递信息及带来附加价值的传播手段，并将其结合，提供具有良好清晰度的连贯性的信息，使传播影响力最大化。过去企业习惯于使用广告这种单一的传播手段来进行产品的销售，但是，今天处在信息高度发达的时代，传播手段纷繁复杂。这就要求企业在营销传播过程中，注意整合使用各种传播手段，以达到最有效的传播影响力。

只有通过传播方式的整合，一个品牌的鲜活形象才能展现在大家面前。对于一个新品牌、新产品，如何最大限度地扩大其知名度与影响力，更多的是需要对传播渠道与网络进行充分的利用，抓住每一次的成功机会。当然，传播方式的整合必须以品牌的核心价值为中心。只有以品牌的核心价值来统帅企业的营销传播活动，才能使消费者深刻记住并由衷地认同品牌的核心价值。

企业要不折不扣地在每次的营销传播活动中都体现和演绎品牌的核心价值，使消费者的任何一次与品牌的接触都能够感受到核心价值的信息，这就意味着每一分钟的电视广告都在加深消费者大脑中对品牌核心价值的记忆与认同，都在为品牌做加法。所以，企业投入一些费用即使不是直接用于品牌战略也同样能提升品牌资产。

 案 例　　**安利纽崔莱的危机公关**

1. 危机的出现和影响

安利公司旗下的纽崔莱企业是全球最大的维生素和矿物质生产企业之一，而中国市场则是纽崔莱全球最大的市场。纽崔莱营养食品以其天然、环保等特性赢得了众多消费者的青睐，其更重要的原因是该产品不含兴奋剂，有助于运动员大运动量训练后的恢复，所以很多运动员把纽崔莱作为训练后的必备食品。基于同样的原因，纽崔莱营养补充食品还成为2000年奥运会中国体育代表团唯一专用营养食品。

安利公司对纽崔莱在中国市场上品牌形象的树立也下了功夫，先后邀请著名跳水运动员伏明霞和田亮作为该品牌的形象代言人，向消费者宣传"有健康才有将来"的理念。

2001年11月，正值第九届全国运动会在广州召开之际，安利（中国）日用品有限公司希望通过一系列的活动进一步提升纽崔莱的形象。其中最主要的一项就是根据安利公司在此前与中国奥委会达成的协议，向公众宣布纽崔莱营养补充食品成为2004年中国奥运体育代表团唯一专用营养品。然而就在此时，一个关于纽崔莱的危机爆发了。广州九运会上，马俊仁本想让马家军再创佳绩，但是事与愿违，他的弟子兰丽新出事了。11月15日，兰丽新血检超标。16日，九运会组委会在新闻发布会上正式公布了这一消息，各地媒体争相报道。之后，马俊仁更成为媒体追逐采访的对象。不知出于什么原因，马俊仁竟对媒体声称，兰丽新血检超标"是因为她在离队期间从事了安利的销售工作，吃了大量的补钙又补什么的药片"（安利的钙镁片是纽崔莱产品系列中的一个品种，也是当时国内生产的唯一的加镁的补钙食品),从而导致血液黏稠,血检超标。

11月18日,华东主要媒体,尤其是上海发行量较高的《新闻晨报》、《新民晚报》、《青年报》等纷纷报道此事。据不完全统计,仅18日一天就有27篇相关报道。消费者纷纷打电话到公司询问:安利的纽崔莱产品是否含有兴奋剂?安利公司承诺的纽崔莱具有环保、天然等特性是不是真的?负面影响越来越大,严重危害了纽崔莱长期以来在消费者心目中建立起来的良好形象。

2. 危机产生的原因

"工欲善其事,必先利其器。"找到事件的症结所在,才能高效率地化解危机。危机产生后,安利公司立即着手分析负面报道出现的原因。

(1) 马俊仁为什么会说那样的话?

安利公司与马俊仁从来没有过任何过节,相信马俊仁也不会存心加害安利,估计他说这话无非是想找一个托词,为自己挽回点面子,以此来转移媒体的注意力。

(2) 媒体为什么会对马俊仁的话未经核实就报道出去?

安利公司资深公关人员认为:马俊仁一直是体育界一个有争议的人物,他一方面带领马家军创下了令人难以置信的成绩,另一方面由于兴奋剂难脱干系。正因为是一位容易爆出新闻的人物,所以体育记者都对他感兴趣。因为兴奋剂原因而没有参加2000年奥运会的马家军消沉了一段时间之后,在九运会上第一次亮相,马俊仁的一举一动、一言一行自然会成为体育记者关注的焦点和报道的热点。

(3) 哪些媒体刊登了相关的内容?

安利公司对外事务部对所有的相关报道进行了研究后发现,关于安利公司的负面报道主要集中在华东媒体,特别是上海的媒体。安利华东区对外事务负责人与上海记者沟通后了解到,马俊仁在赛场边说出相关内容的时候,正好一些华东媒体的记者在场,大家对安利并无恶意,只是非常关注马俊仁对兰丽新事件的解释。

3. 化解危机的公关措施

危机突然降临,总会给人"祸从天降"的感觉,从而手忙脚乱。但是,由于安利公司在日常管理中建立了一整套危机预警机制,并有一支有能力、有方法来处理危机的队伍,所以钙镁片危机一开始,安利公司就按照预警机制的程序,有条不紊地开始了转危为安的工作。

(1) 应对危机的准备。

尽管公司内部对纽崔莱的配方和品质有充分的信心,但是在危机发生以后,公司市场部还是立即向美国总部索取有关纽崔莱的有关资料和化验结果。在拿到纽崔莱营养补充食品不含任何兴奋剂的证据之后,公司采取了一系列的行动。

① 内部沟通,口径一致。首先,公司内部达成了一致意见,逐步准备好针对媒体提问和向销售人员及消费者解释的统一口径,并迅速通知到相关部门。统一的回答口径,不仅在危机尚未解决之前不致使公司陷入没有头绪的混乱局面,同时也增强了相关工作人员的信心,使整个解危工作在自信、理性的状态下进行。

② 与关键部门联系。马俊仁关于钙镁片含有兴奋剂的说法,直接受伤害的不仅仅是安利公司,还殃及到中国奥委会。因为纽崔莱营养补充食品是2000年中国奥运体育代表团唯一专用营养品,如果兰丽新是因为服用钙镁片而导致血检超标,那么就等于说中国奥委会在向运动员推荐一种含有兴奋剂的补充食品,这不是天大的笑话吗?兴奋剂问题是

体育界一个非常敏感的问题,也是国内外体育媒体非常关注的问题,中国奥委会对此一直采取严肃的态度。经过沟通,中国奥委会郑重表示,愿意在他们所掌握情况的基础上,实事求是地帮助安利公司澄清事实。在得到了关键部门的支持后,接下来就是寻找一个好的方法,等待一个好的时机了。

(2) 精心策划的"纽崔莱支持奥运"新闻发布会。

面对突然而至的危机,通常都有几种方法来应对。那么,对于马俊仁不负责任的说法和媒体未经核实的报道,安利应该采取怎样的方式来澄清此事呢?对此,公司内部进行了讨论。如果通过法律的途径来解决,一方面公司将陷入一场官司(这毕竟是安利的企业文化所不愿接受的事实);另一方面也有违一个国际大公司所应具有的宽容大度的形象,更何况马俊仁教练毕竟为中国的中长跑运动作出过卓越的贡献,是中国体育界的一位功臣。令人担心的还有,一旦那些负有连带责任的媒体和记者输了官司,势必对公司有一种负面的情绪,而这正是公司所不希望的。

另一种方式是通过新闻发布会的形式澄清事实,以正视听。这种方式比较柔和而不针锋相对,而且还可以通过这一负面事件所创造的沟通机会,让更多的记者,尤其是体育记者了解安利公司和纽崔莱产品,避免今后类似的失实报道再发生。

安利公司市场部本来就打算在11月20日召开新闻发布会,宣布纽崔莱营养补充食品成为2004年中国奥运代表团唯一专用营养品。如果在这一新闻发布会上,"顺便"带出这一负面报道的信息,并对它进行翔实的、权威的反驳,相信一定会引起媒体的兴趣和公众的关注。

举办这种新闻发布会,嘉宾的选择非常关键,一定要有较高级别的人士和权威的专家才能吸引媒体的注意力,才能在舆论上压倒先前的论调。于是,安利公司邀请了国际奥委会副主席、中国奥委会名誉主席何振梁先生,国家体育总局器材装备中心主任许增武先生,以及另外一位"重量级"的人物——全国政协委员、中国运动医学学会主任委员、国际奥委会医学委员会委员杨天乐教授。新闻发布会的地点选择也值得研究,安利公司将其安排在花园般的工厂内。这样一来可以让嘉宾和记者领略安利公司的规模和实力,二来透明的厂房和生产设施也可以从一个侧面回击马俊仁不负责任的言论。

11月20日,"纽崔莱支持奥运"新闻发布会如期在安利公司的工厂举行,100多家媒体的记者赶到现场,大大超过了公司事先邀请的人数(可见有些人是因为负面报道而来的)。会上,按照预定的程序,国家体育总局器材装备中心主任许增武先生宣布"安利公司成为2004年奥运会中国体育代表团高级赞助商,纽崔莱营养补充食品成为2004年奥运会中国体育代表团唯一专用营养品"。在何振梁先生向安利公司颁发赞助证书之后,新闻发布会进入记者提问程序。如公司所料,很快就有记者问杨天乐教授:"您对马俊仁日前关于钙镁片的说法有何看法?"杨教授正色道:"安利公司的纽崔莱营养补充食品,我们中国兴奋剂检测中心都曾经测试过,均未发现违禁成分。而且安利纽崔莱产品都经过了严格的安全及效能测试和检验,是严格按照我国保健食品标准进行生产的,并依法获得国家卫生部颁发的保健食品批准证书。它不是药品,而是安全、有效的营养补充食品,用以补充饮食中或运动员大运动量训练中可能缺少的各种营养素……补钙与血检,根本就是风马牛不相及的,如果认为有联系,那就是一个低级笑话,是对营养学不了解。"杨教授的话掷地有声,一解萦绕在记者心中的疑团,也让他们获得了一条有价值的新闻。

至此，由马俊仁一句托词而掀起的轩然大波总算平息下来。新闻发布会结束后，安利华东区对外事务部负责人本着让记者深入了解事实真相的原则，立即与上海及华东曾经报道该事件的体育记者进行了深入、重点的沟通。有些在新闻发布会上不能大张旗鼓表白的内容，在小范围内得到了解决。公司方面首先介绍了刊登马俊仁的说法后给公司带来的困扰和损失，然后又进一步说明了纽崔莱品牌的高品质和可信度，并提出希望得到他们的支持。曾经发表过钙镁片负面报道的记者得知这一事件给安利公司的负面影响后，都深表歉意，并表示在将来的报道中尽力为安利公司挽回影响，还纽崔莱以清白——这正是安利公司所希冀的。

4. 危机公关的效果

就在新闻发布会召开次日的11月21日，50多家媒体对此事争相报道。仅仅几天工夫，关于钙镁片的报道完全不同，简直是天壤之别。毋庸置疑，经历了这场风波，钙镁片以及纽崔莱营养补充食品，甚至是安利公司的所有产品，都在大家心目中留下了安全、可信的印象。事件结束以后，一些不知情的人问这是不是你们公司自己的故意炒作？这其实就是危机公关的最好结果：把危机当成一个不可多得的机会，一个树立企业形象、树立产品形象的大好机会。当然，也有全程关注这一事件的媒体界人士评价说，安利公司这场危机公关，是在正确的时间、正确的地点，请了正确的"高参"，打了一场全胜之仗。

案例思考题

1. 纽崔莱公共关系危机从哪些方面显示了公关传播对品牌的作用？
2. 纽崔莱公关传播体现了哪些公共关系原则？
3. 如果让你来处理纽崔莱公共关系危机，你会选择怎样的传播方式？
4. 在处理纽崔莱危机的过程中，你体会最深的是什么？

本章小结

本章主要介绍了品牌传播的相关知识。其内容涉及品牌传播概述，品牌传播的几种主要方式，以及如何将这些品牌传播方式整合起来并服务于品牌的传播，提升品牌资产。

在品牌传播概述中，论述了品牌传播的概念。品牌传播的概念来源于传播学中的一般传播的概念。传播是人际关系成立的基础；它是以符号为作用媒介进行的，包括"表现"和"传达"两种意义，在传达过程中又具有保存或记录的功能。在市场营销学中，传播是营销人员与消费者之间的桥梁，也是消费者与他们身处的社会文化环境的中介。品牌传播则是品牌与消费者建立联系的重要中介。

品牌传播的意义在于它是品牌价值和品牌文化形成的重要力量；它创造品牌形象附加值；品牌是意义的容器，消费者正是通过购买品牌来拥有这些意义的。

广告是一种主要的品牌传播手段，它是指品牌所有者以付费方式，委托广告经营部门通过传播媒介，以策划为主体，以创意为中心，对目标受众所进行的以品牌名称、品牌标志、品牌定位、品牌个性等为主要内容的宣传活动。广告的形式主要有电视、杂志、报纸、广播、户外、互联网等。

广告可以提升品牌忠诚度、品牌知名度、品牌品质认知，丰富品牌联想，增加品牌资产。此外，广告对于品牌个性的形成也发挥着至关重要的作用。

本章还论述了品牌的公共关系传播。在今天这个全球化商业竞争的环境中，公共关系的作用显得越来越重要，公共关系已经变成一个强有力的工具。公共关系这一传播手段在品牌传播上的价值主要体现为提高品牌的知名度，树立良好的品牌形象，澄清品牌危机。

与广告相比，公共关系传播有明显的优势：公共关系效果更精准，广告效果相对涣散；公共关系是双向沟通，广告传播单一化；公共关系危机预警和处理能力强，广告无法应对危机管理。常用的品牌公共关系传播的手段主要有活动赞助、开展公益服务活动、紧跟热点事件做宣传等。

本章还论述了品牌的销售促进传播。讨论了品牌销售促进传播发展的原因、销售促进的种类、销售促进的特点、销售促进传播的指导原则及销售促进的实施过程。

最后本章论述了品牌的整合营销传播。整合营销传播要求充分认识用来制订综合计划所使用的各种带有附加价值的传播手段——如广告、销售促进、直复营销、公共关系和人员销售——并将其结合，提供具有良好清晰度的连贯性的信息，使传播影响力最大化。该概念是由美国西北大学舒尔茨教授等人首先提出的。

品牌整合营销传播是企业对环境变化的适应，即对市场竞争的变化、营销方式的变化、媒体环境的变化、消费者的变化以及科学技术的发展的适应。品牌整合营销传播表现为品牌信息的整合和传播方式的整合。

关键术语

| 品牌传播 | 广告传播 | 公共关系传播 |
| 销售促进传播 | 整合营销传播 | |

思考题

1. 品牌传播有哪些特点？
2. 广告在品牌传播中的作用有哪些？品牌广告传播中如何选择传播媒体？
3. 与其他品牌传播方式相比，品牌公共关系传播的优势是什么？
4. 品牌销售促进传播的指导原则是什么？
5. 在品牌整合营销传播中，"整合"体现在哪些方面？
6. 为你所在地区的某一品牌制定品牌推广计划及具体实施方案。

参考文献

[1] 丹尼尔·杰·切特罗姆.传播媒介与美国人的思想[M]. 黄静生，黄艾禾，译. 北京：中国广播电视出版社，1991.
[2] 陈祝平. 品牌管理[M]. 北京:中国发展出版社，2005.

[3] 吴晓波. 大败局[M]. 杭州：浙江人民出版社，2001.

[4] Leon Schiffman G, Leslie Lazar Kanuk. Consumer Behavior[M]. 7th ed.(影印版). 北京：清华大学出版社, 2001.

[5] 肖海林，闻学. 破了定律企业必败——中国十大失败企业的反思[J]. 学习月刊，2002(10).

[6] 跨国公司缘何钟情公益活动[N]. 江南时报，2006-03-10(21).

[7] 锐泓. 从箭牌"广告门"危机看品牌传播思路[OL]. [2007-06-08]. http://www. boraid.com/article/html/67/67499.asp.

[8] 耐克极少赞助体育赛事的背后[OL]. [2007-08-07]. http://brand.icxo.com/htmlnews/2007/01/11/988501-0.htm.

[9] 肖志营. 从秦池、三株看中国策划业的发展(下)[OL]. [2007-06-08] http://www.witsee.com/article/zhgl/ 71263.html.

第 8 章 品牌文化

📖 **本章提要：** 本章主要介绍品牌文化，重点在于了解品牌文化的概念、品牌文化的构成、品牌的作用和特点，以及品牌文化与企业文化、民族文化的关系。最后，本章还介绍了品牌文化培育的方法及其培育中的误区。本章的难点在于正确理解品牌文化的构成，以及掌握品牌文化培育方法。

引　例

南山，一个中国化的词汇，在中国有着极高的认知度。"福如东海、寿比南山"，南山在中国是吉祥、福寿的象征，是健康、美好生活的代名词。而南山服饰中的"南山"，有着更为丰富的内涵。

关于中国的山文化，曾有人在文中如此描述："山水仿佛一座巨大的宝库，源源不断地为中国文化提供着生机与活力，培养了东方文明讲求自然的审美观，撑起了无数中国文人的精神世界。在国人眼中，山水蕴涵着宇宙无限奥妙，是得道、生慧、宁静致远、淡泊明志和修身养性之处，是吸取天地精华、与天地精神往来的处所。山水已经抽象为一种文化精神。"现代人对自然产生了更多的向往，山作为最重要的自然元素之一，再度被瞩目。因山而衍生出来的登山、攀岩等户外运动已经成为许多都市精英人士的休闲首选。

"南山"是属于男人的。男人似山，男人是山。中国男人与山有着千丝万缕、割舍不断的内在联系。仁厚的人安于义理，仁慈宽容而不易冲动，性情好静就如山一样稳重不迁。千百年来，中国男人的确如山般厚重，如山般广阔，如山般刚毅、坚韧。

西服源自欧洲，但进入中国百年后，西服已经成为中国男性最重要、最经典的服饰之一，成为男士重要场合的首选着装。换言之，西服已经成为中国男人生命历程中不可割舍的一部分；西服已经落土生根，为中国男人所接受；而西服本身的庄重、挺拔，也与山的气质内蕴有着内在的相通。

因此，南山服饰的品牌文化是中国山文化与男性文化、男装文化三者的结合。以中国山文化为核心，男人文化与服饰文化附着于此，三者紧密结合、相互映衬，构成南山服饰完整的品牌文化体系。

> 时尚是多变的，潮流是难以把握的，但山是恒久的，男人是恒久的，山文化、男性文化、服饰文化三者聚合所产生的独特文化更是长久的，具有持久的生命力，并能顺应时代变迁而衍生出新鲜活力。

8.1 品牌文化概述

8.1.1 品牌文化界定

21世纪是一个文化主导的世纪。我国目前已开始由经济型社会向文化型社会过渡，消费者在消费过程中更加强调一种文化，当消费者在消费时产生愉悦、激动、情趣时，企业才能真正建立起消费者的品牌忠诚度。因此，企业的品牌文化已成为未来企业的第一竞争力，正是从这个意义上说，21世纪的企业之间的竞争，最根本的是品牌竞争，是品牌文化的竞争。

品牌文化是指有利于识别某个销售者或某群销售者的产品，并使之同竞争者的产品区别开来的名称、标志、符号及设计，或是这些要素的组合；是指文化特质在品牌中的沉积和品牌经营活动中的一切文化现象以及它们所代表的利益认知、情感属性、文化传统和个性形象等价值观念的总和。具有良好文化底蕴的品牌，能给人带来一种心灵的慰藉和精神的享受。

品牌文化是品牌最核心的东西，它是品牌价值内涵和情感内涵的自然流露，是品牌触动消费者心灵的有效载体；它蕴涵着深刻的价值理念、情感表达、审美品位、生活情趣、个性修养等精神元素。品牌文化通过精神境界的塑造，带给消费者高层次的情感体验、精神慰藉，触动消费者的内心，激发他们对品牌文化的认同。在消费者心中，选用某一品牌不仅是满足产品物质使用的需求，更希望借此体现自己的价值观、身份、品位、情趣，释放自己的情怀。可见，品牌文化的价值在于，它把产品从冰冷的物质世界，带到了一个丰富多彩的精神世界，放飞心灵的梦想，寻找精神的归宿，体现生活的品位。

案例　　　　营销视点 8-1

福建七匹狼集团在纷繁芜杂的男性消费品市场上独树一帜，并使"七匹狼"品牌越来越具有影响力，其品牌文化的魅力给人的启示是深远的。

纵观服装市场不难发现，许多厂商都易犯一个忌：不愿轻易放弃任何一个市场，什么钱都想赚。面对巨大的市场诱惑，七匹狼集团却理智地决定，主动放弃其他市场，专门生产男装，从而迈开了建立"七匹狼"品牌、塑造男性消费文化的第一步。

在进入新世纪的时候，七匹狼集团通过将"七匹狼"休闲服饰注入一种尚真、尚纯、尚朴、尚淡的新流行文化，使更多消费者在感悟"七匹狼"男性族群新文化的过程中，升华自己的性格魅力和人生内涵，这种将21世纪中国男性自信与豪放的个性、深刻而博大的人文精神进行全面诠释的举措，使"七匹狼"品牌理念汇入了国际时尚潮流中。

8.1.2 品牌文化构成

品牌文化是在品牌建设过程中不断发展而积淀起来的，由品牌理念文化、品牌行为文化和品牌物质文化三部分构成。品牌理念文化是品牌文化的核心，它是有关品牌精神和品牌价值观方面的内容，决定了品牌将成为什么样的品牌；品牌行为文化是品牌传播、营销过程中所展现出的文化，在品牌营销的每一个环节都要充分体现品牌的精神，并保证每一营销环节都有助于品牌文化的形成，有助于树立良好的品牌形象；品牌物质文化是品牌文化思想的实物体现，企业通过产品、品名、标识、包装等方面体现品牌文化的思想和品牌价值观。

1. 品牌理念文化

在一种文化体系中，最核心的部分是这种文化的精神和价值观，它构成文化的精髓，掌控着文化的发展方向。价值观是人们关于什么是有意义的或无意义的根本看法，是人类所特有的价值取向的根本见解。不同的价值观决定不同的文化风格，如东方文化注重集体主义，西方文化注重个人主义，由此形成了组织内部不同的管理风格和组织结构。在企业中，价值观影响着企业的各个方面，如管理者、员工、产品、组织、工作环境、营销、品牌和文化等。

品牌理念文化是指品牌在市场营销中形成的一种意识形态和文化观念。它是品牌文化中的心理部分，可称为"心理文化"。品牌理念是品牌文化的核心，是品牌的灵魂。品牌理念文化包括品牌精神、品牌愿景、品牌伦理道德、价值观念、目标和行为规范等。它决定品牌的个性和品牌形象，决定品牌态度以及品牌在营销活动过程中的行为表现。如海尔的品牌精神是"真诚到永远"，诺基亚的是"科技以人为本"，飞利浦的是"让我们做得更好"等，它们都是品牌对消费者和社会的承诺，影响着企业和消费者的思想。

在品牌营销过程中，企业把这种品牌价值观贯穿于品牌营销的每一环节，从产品设计、功能特性、品质到营销、传播和服务，无不体现品牌精神。

2. 品牌行为文化

行为是一切文化成败的关键，"每一个价值观都会产生一套明确的行为含义"。品牌行为文化是品牌营销活动中的文化表现，包括营销行为、传播行为和个人行为等，是品牌价值观和企业理念的动态体现，是品牌精神的贯彻和体现。品牌行为是构建品牌价值体系、塑造品牌形象的关键。好的品牌行为文化要通过有效的执行去贯彻实施，从而发挥文化的效力。

品牌价值是在品牌营销中实现和建立的，离开市场营销活动，品牌就失去了生命。品牌文化在品牌运动中建立，品牌价值在营销中体现；品牌行为是品牌与顾客建立关系的核心过程，关乎品牌的个性彰显和品牌形象塑造，关乎企业营销的成败，关乎企业的生命。品牌行为决定了品牌的命运，一切在行动中产生，一切也在行动中消亡。

品牌行为必须与品牌精神相一致，真正做到将品牌精神全面贯彻落实。品牌行为文化主要包括以下几个方面。

1）品牌营销行为

品牌营销行为包括产品、价格、促销和分销等 4P 组合和服务。营销行为中，服务作为一种独特的方式，是品牌行为的主要内容，也是品牌塑造的重要环节。

2）品牌传播行为

品牌传播行为包括广告、公共关系、新闻、促销活动等，传播行为有助于品牌知名度的提高和品牌形象的塑造。

3）品牌个人行为

品牌是多种身份角色的市场代言人，品牌行为中还包括企业家、员工和股东等个人行为。他们的行为构成了品牌个人行为，品牌行为又代表着他们的行为。

3. 品牌物质文化

品牌物质文化是品牌的表层文化，由产品和品牌的各种物质表现方式构成。品牌物质文化是品牌理念、价值观、精神面貌的具体反映。尽管它处于品牌文化的最外层，但集中表现了一个品牌在社会中的外在形象。消费者对品牌的认识主要来自品牌的物质文化，它是品牌对消费者的最直接的影响要素。因此，它是消费者和社会对一个品牌总体评价的起点。

根据品牌的物质构成要素，可以将品牌物质文化分为产品特质和符号集成两方面。

1）产品特质

产品特质是品牌必须具备的功能要素，是消费者需求的出发点。产品特质包括产品功能和品质特征，是消费者对品牌的基本需求，是消费者对品牌功能的价值评判标准。

2）符号集成

符号集成是多种品牌识别元素的统称，它们能包装和完善品牌，为消费者提供产品功能价值外的需要。具体包括：①视觉部分，即品牌名称、标识、LOGO 和产品形状、颜色、字体等；②听觉部分，即音量、音调和节拍；③触觉部分，即材料、质地；④嗅觉部分，即味道、气味。

品牌文化系统由品牌物质文化、品牌行为文化、品牌理念文化三部分组成，它们形成了品牌文化由表层至里层的有序结构。品牌物质文化，最为具体实在，属于表层文化；品牌行为文化是一种活动，处在浅层；品牌理念文化是价值观和文化心理，属核心文化。各系统之间相互影响、相互制约和相互渗透。品牌理念文化是品牌文化的基础，品牌行为文化和品牌物质文化均在此基础上产生；品牌行为文化是品牌文化的外壳，它是品牌物质文化、品牌理念文化动态的反映；品牌理念文化是主导、是中心，它决定着其他品牌文化的变化和发展方向。

8.1.3 品牌文化特性

每一个企业的品牌文化通常都包含这些特性：间接性、独特性、层次性、关联性和一致性。

1. 间接性

任何企业，不论它有怎样的品牌，或者多么优秀的品牌文化，倘若不能基本符合目标消费群的价值理念，那么该品牌是没有价值的。没有价值就不被消费者认可，终将被淘汰出市场。这就是说，品牌文化是由企业设计和执行的，但是品牌文化是否被认同，是否能够产生经济效益，却需要外部消费者间接做出评价，并做出品牌取舍的决策。

2. 独特性

20 世纪初的福特公司用一个流程生产了近 20 年一样的黑色轿车。但是今天，消费者越来越不认同一个模子出来的产品，他们喜欢独特的、个性化的产品。产品在造型上、设计上、营销模式上的差异化只是一种表现形式，而文化价值理念上的差异才是深层次的差异，才更符合消费者的心理需求。企业在品牌文化上的独特性一方面源于企业自身的独特性，另一方面源于企业研究消费者的结果和吸引消费者的目的。

3. 层次性

企业品牌文化的价值主张是给予消费者承诺的一种方式，企业要兑现承诺，就必须依据承诺实施相应的品牌行为，尽量使消费者期望的价值主张得以实现。根据市场细分原理，企业很难满足所有消费者的需求，因此品牌倡导的价值主张有高级和基本的层次之分，以满足不同层次的消费者。

品牌文化的高层次价值主张满足了消费者情感需求、自我实现需求等；品牌文化的基本层次的价值主张满足消费者对品牌质量、服务、安全、性能等的需求。这就是品牌文化的层次性特性。在后续章节里将对消费者需要层次与品牌价值主张层次性之间的关系做详细论述。

4. 关联性

品牌文化并非完全独立的体系，它与企业文化、企业战略、品牌定位、营销等有着密切联系，其中在与企业文化的联系上尤其关键，甚至有些品牌文化的理念就是直接来源于企业文化的表述，尽管在具体解释和强调重点上不尽相同。另外，作为一个具有特定国籍属性的企业品牌，无论是站在本国的角度，还是站在世界的大视野上，其文化价值主张都将与其国籍属性密切关联。

5. 一致性

品牌所倡导的理念体系必须很好地与品牌行为相符合，不能够出现违背理念的现象。最终品牌期望塑造的形象也有赖于品牌理念和品牌行为，只有做到表里一致、言行一致，才有利于持久保持良好的品牌形象。

8.1.4 品牌文化功能

品牌文化在品牌营销中具有重要的作用，品牌文化的功能主要体现在以下几个方面。

1. 有利于提升品牌价值

品牌不仅仅是符号或它们的集合体，也是企业营销活动思想和行为的复合体，还是企业的全部。因而，品牌的构建不仅是品牌符号化、品牌知名度增加的过程，也应是联系企业和消费者的桥梁，是企业营销产品的有利手段，是企业竞争取胜的关键。品牌的构造要从品牌的价值发现入手，在品牌要素的各个方面体现品牌的价值观，用品牌文化提升品牌价值。

2. 有利于建立品牌忠诚

品牌文化是品牌核心价值理念和整体内涵的自然流露，是品牌与品牌消费者乃至社会公众进行情感交流、信息沟通的有效载体，也是消费者对品牌的认识和理解。消费者在接受产品过程中所考虑的因素已不仅仅局限于产品本身，而是产品能为消费者带来的愉悦感、满足感、荣誉感和成就感，而且赋予价值以某种情结越来越成为消费者的购买理由。当消费者使用这些品牌时，他们不仅获得了品牌价值，更能从中得到一种文化与情感的渲染。当某种品牌具有丰富的文化内涵时，它就能赢得消费者对于该品牌的信任。

品牌忠诚是维系品牌与消费者关系的重要手段，它能给品牌带来巨大的竞争优势。麦肯锡公司的研究结果表明，强势品牌与一般品牌的重要区别不是与众不同的产品、持之以恒的优良品质，而是其中的文化因素。

3. 有利于保持品牌竞争优势

随着市场经济的推进和城市工业化步伐的加快，产品同质化现象将是一种难以避免的社会经济现象。企业如何保持竞争优势？国际营销大师菲利普·科特勒一针见血地指出："面对竞争激烈的市场，一个公司必须努力寻找能使它的产品产生差异化的特定方法，以赢得竞争优势。"而构建品牌文化正是作为企业实施差异化的一种策略。

从品牌文化入手，在品牌价值的基础上，结合企业特性去发现、塑造品牌个性特征，这对突显品牌个性、拉近品牌与消费者的距离、克服同质化竞争有着十分显著的作用。消费者不会轻易改变对于一种文化的认同，而这种植根于认同感的消费者能够借助于品牌表达自己的社会角色，或得到某种心理的满足。

  案例　　　　营销视点 8-2

卖白酒就是卖品牌文化，白酒的竞争实质上是品牌文化的竞争，因为酒自身所具有的精神文化价值越来越突出。事实上也是如此，白酒的竞争已成为品牌力的竞争，品牌文化正在释放着它更大的潜能，推动着产品的销售。

云峰酒业巧妙地将郑板桥"聪明难，糊涂更难"的名言与"小糊涂仙酒"联系起来，将传统文化与现代文化交融在一起，组成了新时代的"糊涂文化"，从而形成了自己独特的品牌文化。

糊涂是一种境界，深谙糊涂之道是一种大境界，而把这种糊涂之道和解忧消愁的白酒结合在一起，则是更大的境界，这就是小糊涂仙"糊涂"的艺术。当年板桥先生的伤世感怀和现代人疲于奔命的劳顿心理，"聪明难，糊涂难，由聪明转入糊涂更难"，这些也让云峰人心领神会，创意人员从"糊涂"中找到了切入点。"做什么样的神仙最洒脱？""小糊涂仙。""聪明！""聪明难，糊涂更难！"这就是云峰人对当年郑板桥先生"难得糊涂"的现代理解和演绎。

8.2　品牌文化与企业文化、民族文化的关系

8.2.1　品牌文化与企业文化的关系

1. 品牌文化是企业文化的一部分

企业文化是在企业的长期经营发展过程中形成的，企业文化是企业精神、经营理念等企业价值观的综合。企业文化的发展提升了企业管理水平，为现代企业管理注入了新的活力。企业文化贯穿于企业管理的各个方面，企业的所有营销活动都体现了企

业文化。

品牌文化是企业文化的重要组成部分。离开企业文化谈品牌文化是空谈，离开品牌文化论企业文化又是不完善的。传统的企业文化起源于管理，服务于管理，但它忽略了市场主体——消费者，其实质是一种管理文化，因此是不完善的。品牌是企业与消费者沟通的桥梁和纽带，两者间建立的品牌文化应是企业文化的重要内容。完整的或广义上的企业文化应是管理文化和品牌文化的集合体，也就是企业文化包括管理文化和品牌文化两部分。

管理文化以管理为导向，通过塑造企业精神和共同价值观，形成企业的凝聚力，发挥员工的主观能动性，着重解决组织的效率问题。品牌文化以市场为导向，以顾客与企业的价值融合为基础，以文化共融为目标，建立共同价值观和行为准则，从而实现企业市场效益和顾客价值最大化。

从企业的实现价值看，企业的价值不在于管理的价值，而在于企业的市场价值，也就是在于顾客价值的满足。品牌文化与企业文化是不能分离的，否则它将导致企业迷失市场方向，导致企业为追求自身利益最大化而带来的顾客叛离。品牌文化是市场导向文化，它与市场营销思想由以企业为中心向以消费者和市场为中心转换是完全相适应的，是以市场为中心的现代营销理念的文化表象。在一切以市场为中心的企业战略中，品牌文化的研究具有尤为重要的意义。品牌文化关系企业的可持续发展，是企业市场营销的重要手段。管理文化是品牌文化贯彻实施的有力保证，是提升企业效率、更好地为消费者服务的文化。

企业文化是一个统一的范畴，是在企业精神指导下所形成的管理文化和品牌文化的统一，前者着重解决企业的效率问题，后者着重解决企业的效益问题。

2. 先进的企业文化理念是品牌文化建构的根基

企业文化是指企业的价值观念、经营理念、企业精神、企业环境及其员工认同的道德规范和行为准则。优秀的企业文化不仅能增强企业内部凝聚力和外部竞争力，而且有利于树立良好的企业形象。而企业形象则是品牌形象的基础。塑造企业品牌及其品牌文化，要靠先进的企业文化。这是因为，品牌的精神力量是文化。企业文化是以企业精神与经营理念为核心的、独特的思维方式、行为方式和企业形象，是指引企业品牌文化建构的方向。

通过对企业文化与品牌文化之间关系的分析得出，企业文化是品牌文化的底蕴，加强企业文化建设是夯实品牌文化建设的基础。因此，只有建设深厚的企业文化，才能为品牌注入相应的理念、价值观，进而塑造高品位的品牌文化。荣事达集团公司在长期的经营管理实践中形成了"和商"的企业理念，这便是该集团公司企业文化的核心。"和商"理念强调的是"和顺国情，和衷共济，和睦致祥，谦和自律"。荣事达集团公司将这种理念贯穿在服务中，强调要以顾客为导向，为顾客提供优质的服务，从而塑造出荣事达独特的品牌文化。

品牌文化是企业文化的主要部分，是企业文化的外化。因此，企业文化必将是管理文化和品牌文化的有机统一。品牌文化要以企业的精神和价值观为核心，体现企业的价值观和管理理念，将企业精神贯穿于品牌塑造的全过程。譬如，企业的精神是以人为本，品牌文化的建立也应以此为出发点，将这种精神反映到企业的产品以及品牌塑造的各个方面，把企业理念传递给消费者，与消费者进行沟通和整合。

综上所述，可归纳如下：

（1）品牌文化要体现企业的精神和经营理念。品牌文化必须准确传递企业的价值理念，让消费者从思想上接受企业的经营理念和价值观。

（2）品牌文化反映企业家的价值观。企业家是企业文化建立的核心人物，品牌文化在许多方面反映了企业家的价值观和思想情结。IBM的创始人沃森就为公司确立了"尊重每一个人"、"为顾客提供尽可能好的服务"、"追求卓越"三大精神信条，为企业指明了发展的方向。

（3）没有不具备公司精神的品牌。企业形象是企业文化的综合体现，然而形象本身不具备较强的销售力，它只有与消费者相结合时，才会发挥出强大的威力。企业与消费者的交流桥梁是品牌，企业要将公司精神注入品牌，塑造具有公司精神的品牌形象，实现企业文化的内外统一。

8.2.2 品牌文化与民族文化的关系

民族文化是指一个国家或民族在其长期的历史进程中所积淀下来的物质文明和精神文明的总和，是一切文化的渊源和基础。品牌文化就是民族文化在企业经营活动中和品牌创造活动中的具体体现，是民族文化的一个重要载体。在经济全球化日益加快的今天，品牌已成为一种新的国际语言，突破了民族之间的障碍，但其根植于民族文化的品牌特征却没有改变，品牌的文化内涵从来都是民族性的，从来就没有绝对国际化的品牌。世界知名品牌的成功之源仍然是品牌的民族文化特征。

比如，德国文化的内涵是严谨，它强调细节，注重质量。奔驰品牌就体现了这些内涵，将技术创新作为公司发展的引擎，将产品的品质和技术性能作为增强竞争力的基石，在发展战略上始终保持严谨和稳健。又如，日本文化的内涵是信仰、勤劳、精益求精、善于模仿，松下品牌具有强烈的使命感，产品品质过硬，具有满足消费者需求的实用性，表现了典型的日本文化特征。再如，美国文化的内涵是自由、开放、效率、创新。可口可乐是一个定义为代表着美国文化内涵的品牌，那种巨大的包容性、强烈的扩张欲和旺盛的生命力，体现了它与美国文化发展的密不可分的关系。还如，中国文化源远流长，底蕴深厚，勤劳朴实、勇敢博爱是其基本特征，海尔的形象是"真诚到永远"，汉字海尔的新标志是中国传统的书法字体，每一笔都蕴涵着勃勃生机，寓意着海尔人为了实现创世界名牌的目标，不拘一格，勇于创新。

中国是一个有着五千年悠久历史的古老国度。一个国家、一个民族，最深刻、最久远、最具生命力的东西是历经千百年积淀下来的文化。可以说，品牌中沉淀的文化传统成分，是唤起人们心理认同感、民族自豪感和历史责任感的核心所在，是品牌中最宝贵的无形资产，是品牌塑造的内在原动力。没有文化支持的品牌是不存在的。传承了几千年的优秀文化，已经渗入我国各族人民的血液。从传统文化中挖掘品牌文化，将优秀民族传统文化融入品牌文化，更易让大众产生共鸣。例如，红豆服饰品牌就是借助唐诗迅速提高了其自身的知名度，也扩大了其自身的影响力，提升了在百姓中的美誉度，取得了很好的经济效益。

综观世界各国的企业品牌文化，无不带有国家及民族的具有时代特色的文化信息，特别是带有强烈的不同时代的社会主流文化信息。这种文化信息是品牌文化生存与发展的沃土，能否恰如其分地融入其中，是决定企业产品品牌竞争力的关键。

8.3 品牌文化的培育

品牌文化的魅力是诱人的。然而，品牌文化的建设和培育却是一个循序渐进的过程，不可能一蹴而就，它需要企业集合智力资源、财力资源等，以品牌的核心价值为主线，不断注入与品牌相适应的文化背景元素，进行合理的整合、演绎与传播，日复一日，年复一年。而当品牌文化慢慢积淀，深入人心并得到高度认同时，消费者就会形成对品牌的信赖和忠诚，并对某品牌产品反复购买，从而使企业获取源源不断的财富和利益。因此，一个卓越的品牌意味着企业长期的成功营销和赢利。

8.3.1 品牌文化建设步骤

1. 品牌文化的设计

要确定品牌文化的内涵及品牌代表的意义，品牌文化的设计需要解决两个战略性问题。

1）寻找品牌文化的切入点

品牌文化可以从企业的使命、远景、价值观、传统、名人等方面寻找切入点。企业使命描述了企业的核心目标——企业如何为其顾客提供价值，企业如何正确认识其存在的价值；远景则以未来为导向，即企业未来的发展方向及期望实现的目标；价值观是企业为实现其终极目标的信念，它受企业文化的支持，表达了企业精神在品牌经营中的选择和需求；品牌可以从企业使命、价值观中吸取养分，同时，企业传统、名人也是孕育品牌文化的良好土壤。

2）明确体现品牌文化的主题

品牌切入点找到以后，企业必须考虑的问题是用什么主题来表达品牌文化的内涵。万宝路选择采用西部牛仔的主题来表达其粗犷的男子汉气概的文化内涵；念慈庵通过对川贝枇杷止咳膏始创人优秀传统美德的宣传，折射出品牌背后深厚的真、善、美的文化底蕴。

2. 品牌文化的外化

品牌文化的内涵是一种抽象的观念，它必须通过有形的符号及传播加以外化才能存在和延续，并被消费者认知。符号是品牌文化的依附点，它包括语言符号（如品牌名称、标语、广告语、声音等）及非语言符号（如象征标志、基调色、包装设计等）。消费者通过对品牌符号所承载的品牌文化的认知，从而得到品牌文化带来的附加价值。

例如，宝洁公司将中华文化的内涵全面融入品牌的名称中，创造出了具有中国特色的飘柔、海飞丝、舒肤佳等品牌名称；念慈庵对产品的包装、商标的设计采用以红、黄为主色调的中华民族传统风格，极力贴近目标消费者的审美心理；"百事可乐新一代"、"车到山前必有路，有路必有丰田车"等广告语，不仅呈现出品牌的主张、理想，甚至成为一个时期的精神标志和文化象征。

3. 品牌文化的传播

如果说品牌是烙印，品牌传播便是烙铁。在品牌文化的传播过程中，广告是最直接、最有效的手段。由于品牌文化是无形的，消费者一开始很难从商品本身体会到，而通过广告将它所指向的某种生活方式或价值取向明示出来，让消费者在认同广告中为他们设计的文化感受的同时也迅速认同了这一品牌。例如，浙江纳爱斯雕牌日化品紧密地围绕母女情来演绎品牌文化的内涵，先后以"妈妈，我可以帮你干活了"和"新妈妈"两篇电视广告打动了众多消费者，使雕牌"后来者居上"，成为行业第一品牌。

除了广告以外，借助能代表品牌精神的公关活动，在切合目标消费者心理文化诉求的基础上，来演绎品牌的文化内涵，这往往也能起到事半功倍的效果。例如，20世纪末轩尼诗重返中国内地时，商家通过建造"轩尼诗精神"号豪华古帆游船，举办轩尼诗画展及各种文化评奖活动，采用非商业场合的文化环境，突出古老、典雅和尊贵的文化内涵，从而竖立起品牌文化使者的形象，并顺利打开中国市场。

8.3.2 品牌文化建设误区

1. 品牌文化建设表面化

品牌文化建设的长期性和复杂性，往往会使企业失去耐心，并束手无策。此时，品牌文化建设就容易走入表面化的误区，一些可视的、容易感知的事物和活动就成了品牌文化建设的重点。品牌文化建设表面化有两种表现。

一是品牌文化建设物质化。一些企业把品牌文化建设简单地理解为 VI 设计（视觉识别系统设计），规范一下企业的标志、标准色和标准字体，构建一个优美整齐的办公环境就成了品牌文化建设的主要手段。

二是品牌文化建设广告化。一些企业将品牌文化建设片面理解为提高品牌的知名度，在媒体上大量投放广告，或者聘请一个形象代言人，成为主要的品牌塑造工具。但是广告或聘请形象代言人应该遵循什么原则，广告或形象代言人如何与品牌文化塑造结合起来就不得而知了，套句电影中的经典台词就是"不求最好，但求最贵"。

当然不可否认，以上这些也是品牌文化重要的构成要素，是品牌文化建设的重要载体。但缺乏企业理念和文化价值观的支持，品牌文化建设就只能流于形式，有形而无神，成了无本之木。

2. 品牌文化缺乏个性

现在很多企业在塑造品牌的过程中，缺乏创新，也缺乏个性，只是人云亦云，千篇一律。别人说"没有不可能"，我就说"无限可能"……这种品牌即便成了知名品牌，也缺乏独特的品牌文化。在产品属性差异化较小的情况下，品牌个性可以作为品牌核心识别或延伸识别的一部分。其实，每一个品牌的性质不同、发展历程不同、所处的产业环境不同、面对的竞争不同，对外部环境和内部环境的反应策略和处理方式就应该有自己的特色，而不是简单模仿和抄袭。

3. 品牌文化建设路径指向单一

品牌文化建设路径指向单一，是指片面强调由内至外或由外至内进行品牌文化建设。由外至内的品牌文化建设路径，认为品牌文化建设首先在于定位，而品牌文化不过是逐渐附着在定位上的一些累积。品牌定位强调精准，强调在消费者心目中占据唯一的位置。按照咨询界人士形象的描述，定位就是"将头发拔得只剩下一根，在风中飘摇"。

但是这样的路径指向过于强调外部因素和消费者的作用，忽视了企业内部的能力及与其他利益相关者的互动博弈，结果是"只见树木，不见森林"。这样的定位再准确，也不见得能取得良好的市场业绩。

反过来，由内而外的愿景导向型品牌文化创建理论，认为品牌文化应该考虑企业自身的文化传统，品牌文化建设的出发点是从品牌愿景开始，评估组织文化，设立品牌目标，审核品牌环境，确立品牌本质，获取制度保障，整合品牌资源，最终才形成品牌。这样的路径指向又容易形成闭门造车，忽视外部环境与消费者的作用。

事实上，单向路径的品牌文化建设思路有其局限性。品牌文化的建设既需要人为的设计，也要考虑原有的传统。更重要的是，企业是内部环境与外部环境寻求平衡的一个动态系统。品牌文化建设不仅需要考虑消费者，也要考虑自身资源的匹配，还要考虑与各利益相关者的互动。

4. 品牌文化建设手段单调

品牌文化建设应该从一点一滴做起，从理念、精神、个性、功能、名称、包装、标志、服务等每一个细微之处着手，通过外在的、显性的符号来体现和加强品牌的内涵，并通过一定的传播手段向消费者恰当地传递品牌文化。但当前的一个误区是一些企业过于迷信"策划+广告"式的品牌文化建设手段。广告宣传固然是品牌文化传播的重要手段，其内容除了新颖、突出，更要与企业的品牌愿景、品牌定位结合起来；否则，只能达到短期的效果，无法在消费者心目中树立起应有的品牌形象。现实的状况是某企业将重金砸到了CCTV这样的强势媒体上，做广告尝到了甜头，行业中其他企业便纷纷效仿，但很多企业并不清楚广告之后下一步该做什么。所以，市场上的标王争夺、价格战、明星战才此起彼伏。然而"太阳神"倒了，"秦池"、"爱多"倒了，"第五季"也烟消云散了。你请姚明代言，我就请周杰伦代言；你请郭富城代言，我就请谢霆锋代言。然而热闹背后，人们却鲜见这些代言人和品牌的个性、形象建立起的相应联系。

5. 只注重品牌文化建设的短期效应

在实际的品牌文化建设过程中，有的企业片面追求短期效应，追求品牌文化建设是否带来了短期销售额的增长或者利润的增加。急功近利的指导思想导致了企业采取简单的品牌战术策略，比如加大广告投入、加强终端的促销等。如果不将品牌文化建设纳入品牌战略甚至企业总体战略构架中来考虑，极有可能造成本末倒置，虽然为品牌文化建设做了不少工作，却损害了品牌的长期发展。

8.3.3 品牌文化构建应注意的问题

1. 全体员工通力合作

品牌文化的建设并不单纯依靠营销部门，而是贯穿于企业的整个业务流程，它关系到对企业业务流程的每个环节的决策和行动，因而需要进行全方位品牌管理。产品、价格、渠道、传播……品牌建设的方方面面均是品牌文化的依托和展现。

2. 与目标消费者共鸣

为品牌灌注文化内涵的根本目的在于借文化之力赢得目标消费者对品牌理念的认同，不同消费者有不同的文化理念，而相同的目标消费者的文化理念在不同时期也有不同,这必然要求品牌的文化特质符合目标消费者的特征。只有准确地表达出消费者心声的文化,才能动心、动情、动人。品牌文化必须来自消费者内心的呼唤,并且又回归消费者的心灵。只有准确把握目标消费者的消费观念和心理需要,使品牌始终与目标消费群体保持亲密的接触并产生共鸣,才能赢得市场。

3. 与竞争对手相区别

品牌竞争力的强弱,不仅取决于技术和质量差异,更在于是否能给消费者带来丰富而独特的心理情感利益。这就要求品牌的文化内涵必须与众不同、独具个性。研究表明,由于感性认识的先入为主,消费者往往对先行者有较高的认同,而对模仿者则反应冷淡甚至反感。当消费者在某一品牌与某一理念之间已经成功建立起联系之后,企业若去跟风,将只会是"东施效颦"。因此,品牌文化构建的一个关键条件就是差异化,奔驰、宝马、劳斯莱斯、沃尔沃等著名汽车品牌,它们都具有尊贵豪华的气质内涵,但又分别定位于"舒适"、"体验驾驶的乐趣"、"贵族气质"、"安全",品牌个性十分鲜明。只有与竞争对手的品牌文化相区别,才能在消费者心目中留下清晰的位置。

4. 与产品属性相兼容

菲利普·科特勒曾指出,品牌能使人想到某种属性是品牌的重要含义。这说明不同的品牌能使人们识别出其标定下的产品有别于其他品牌产品的属性,同时也就决定了产品属性是品牌文化定位的基础。品牌文化只有与产品属性相匹配,产品的特点才能对品牌文化提供支撑点,才能让消费者觉得自然、可接受。万宝路之所以能以牛仔所象征的豪放与粗犷为品牌文化,是因为万宝路香烟的口味属于浓烈刺激型的。因此,企业的品牌文化构建不能为文化而文化,而必须与产品的属性相兼容。

 案例　　　　金六福的"福运"文化

福文化是中华民族特有的传统文化精华。华泽集团从"福文化"的表现和发掘入手,对金六福进行了深入的研究和准确的定位,充分展现了金六福的品牌核心价值,使金六福成为福文化一个绝妙的载体。

金六福的"福运文化"的定位策略正切合了我国广大消费者的心理。几千年来,"福"在中国被演绎成了一种根深蒂固的文化,上至帝王将相,下至平民百姓,无不把有"福"作为人生的一种理想境界。"福"已经融入中国人的血液里,积淀在老百姓的骨髓里了。尽管人们喝酒并不一定就会得到"福"的享受,但谁都不会破坏这一好彩头。

金六福酒自1998年12月上市以来,其主打产品就是"金六福星级系列"、"福星系列"、"为幸福干杯系列"。从品牌名称和系列产品的创意中,人们不难看出,金六福品牌的核心价值已经开始围绕"福"字进行品牌传播和品牌体验了。

"好日子离不开它"和"喝金六福酒,运气就是这么好"的广告语,让消费者在2000年前更多地去体验个人的福运。2001—2002年,金六福通过赞助世界杯出线、中国申奥等活动,把品牌价值的核心提升到民族的福、国家的福,也就是让金六福逐步成为"中国人的福酒"。其后,金六福又搭车雅典奥运,将福文化推向世界,对福文化进行提升和积淀。

因此，金六福的高明之处就在于，它是在不断地演绎着"福运"的品牌形象，将个人的"福"提升到民族的"福"、国家的"福"、世界的"福"，使其品牌形象的塑造一步一步向前推进，让人们真正感受到"福运"的气氛越来越浓厚。

综观金六福的运作和崛起，人们可以明显地感觉到，依靠深厚的营销功力，金六福这些年来的发展速度已成为中国企业的一支标杆。同时，金六福确定了"福文化"的核心价值之后，在其营销传播活动中，就把品牌和文化有机地结合在一起，形成了独有的品牌文化。"中国人的福酒"、"中秋团圆·金六福酒"、"奥运福·金六福"、"春节回家·金六福酒"……这些耳熟能详的广告语，无不散发着浓厚的传统文化气息，同时也体现了金六福酒围绕福文化进行品牌建设和战略管理的品牌核心。

金六福的成功，在很大程度上取决于这种坚持对品牌始终如一的长期投资以及对文化的深厚积累，使品牌随文化而流传。金六福通过实施品牌文化战略，不仅成为白酒业中的知名品牌白酒，更重要的是谱写了酒业品牌塑造的神话。

> **案例思考题**
> 1. 金六福品牌是如何诠释中国传统文化的？
> 2. 金六福品牌是通过哪些策略培育其品牌文化的？
> 3. 谈谈你对金六福的品牌文化的理解。

本章小结

本章主要介绍品牌文化，内容有品牌文化的界定、构成、特性和作用，品牌文化和企业文化、民族文化的关系，以及如何培育品牌文化等。

品牌文化是指有利于识别某个销售者或某群销售者的产品，并使之同竞争者的产品区别开来的名称、标志、符号及设计，或是这些要素的组合；是指文化特质在品牌中的沉积和品牌经营活动中的一切文化现象以及它们所代表的利益认知、情感属性、文化传统和个性形象等价值观念的总和。品牌文化是在品牌建设过程中不断发展而积淀起来的，由品牌理念文化、品牌行为文化和品牌物质文化三部分构成。每一个企业的品牌文化通常都包含这些特性：间接性、独特性、层次性、关联性和一致性。

品牌文化是企业文化的一个组成部分，企业文化对品牌文化有着很大的影响，同时品牌文化也受民族文化的影响，品牌文化中体现了民族文化。

品牌文化培育包括三个步骤：品牌文化的设计、品牌文化的外化、品牌文化的传播。企业在培育品牌文化时应避免陷入建设误区，注意相关问题。

关键术语

品牌文化	品牌理念文化	品牌行为文化
品牌物质文化	企业文化	民族文化

思考题

1. 什么是品牌文化？它的作用有哪些？
2. 品牌文化由哪些部分组成？它的特点是什么？
3. 谈谈品牌文化和企业文化的关系。
4. 谈谈品牌文化和民族文化的关系。
5. 品牌培育误区有哪些？
6. 如何培育品牌文化？

参考文献

[1] 周朝琦，等. 品牌文化——商品文化意蕴、哲学理念与表现[M]. 北京：经济管理出版社，2002.
[2] 刘邦根. 品牌文化的研究[D]. 北京：北京交通大学，2006.
[3] 朱立. 品牌文化战略研究[D]. 武汉：中南财经政法大学，2005.
[4] 李婷. 论企业品牌文化建设[D]. 武汉：武汉大学，2005.
[5] 赵传平. 品牌文化"我行我塑"[J]. 糖烟酒周刊，2007(13).
[6] 韩毅. 解读南山服饰品牌文化[OL]. [2007-04-05]. http://chinavalue.net/Biz/Article/2007-3-5/58160.html.

第 3 篇

品牌战略部署

第 1 篇　品牌管理导论

第 2 篇　品牌的管理过程

第 3 篇　品牌战略部署

第 4 篇　品牌资产管理

第 5 篇　品牌的发展趋势

第 9 章　品牌组合战略

第 10 章　品牌延伸战略

第 11 章　品牌管理模式

第 9 章 品牌组合战略

本章提要：本章主要介绍了品牌组合战略，重点介绍品牌组合战略的类型、不同品牌组合战略的特点及自有品牌战略。本章的难点是了解不同品牌组合战略的优缺点以及它们的实施条件，即如何根据企业的不同情况来选择品牌战略，并且知道企业使用自有品牌的适当条件，以及如何规划自有品牌。

引　例

在食用油行业，嘉里粮油的行业老大地位早已不容置疑。嘉里粮油旗下的金龙鱼食用油品牌，10 年来一直以绝对优势，稳坐小包装食用油行业第一品牌宝座，而其麾下的品牌元宝、胡姬花、鲤鱼，目前也位居全国十大食用油品牌排名之列。如果再加上其他 13 个品牌的销量，嘉里粮油差不多占据了全国小包装食用油市场的半壁江山。

多品牌策略是金龙鱼成功的一个重要举措。在品牌建设上，它建立了一个金字塔式的品牌王国，进行品牌经营。在金龙鱼的品牌金字塔中，金龙鱼是一个多品种的产品，有花生油、色拉油、豆油、菜油等多个品种。在市场推广上，金龙鱼虽然有自己不同的品质区别，但容易在专业性上给竞争品牌机会。于是，在每一个市场细分中，金龙鱼都推出了一个代表性的品牌，如元宝是豆油品牌，鲤鱼是菜油品牌，胡姬花则是花生油品牌，同时还推出了"海皇牌" 24 度精炼食用棕榈油、"花鼓牌" 33 度精炼棕榈油、"卫星牌" 44 度精炼棕榈油，以及粟米油和葵花籽油等抗衰老、降低胆固醇的高档健康食用油。嘉里多品牌的目标就是最大化地细分市场，满足不同的消费需求，追求最大化的市场利润。

9.1 单一品牌战略

9.1.1 单一品牌战略概述

单一品牌战略就是企业生产的所有产品都使用同一个品牌。这种品牌战略有利于形成强大的宣传声势，降低广告费用，如某种有良好声誉的品牌，可带动该种品牌的新产品迅速打开市场。佳能公司一直坚持单一使用"Canon"这个品牌，长虹集团就是利用自己的品牌优势来进行新产品的推广工作，这样可以更好地发挥品牌的协调效应，获得较高的经济效益。

9.1.2 单一品牌战略的优点

企业实施单一品牌战略有三个优点。

第一，有利于新产品进入市场，缩短投入期。新产品最初进入市场时，消费者对其比较陌生，一般不愿主动购买。如果新产品使用老品牌，则可以给消费者提供认识该产品的捷径，从而迅速消除消费者对该产品的不信任感。

第二，能降低产品的广告宣传和促销费用。只要对一个品牌做广告或其他促销活动，就意味着对该企业的所有产品都进行了宣传促销，尤其是在广告宣传费用在产品总营销费用中的比重越来越大的情形下，这一优势对企业极有吸引力。

第三，单一品牌有利于增强企业知名度，树立良好企业形象。不同的产品使用同一品牌，不同的产品针对的又是不同的目标消费群体，因而不同的目标消费群体接触到的只有一个品牌，这无疑会强化品牌的感染力，有利于提高品牌的知名度；同时，品牌与企业名称交相辉映，有利于树立企业形象，壮大企业声势。

9.1.3 实施单一品牌战略的条件

企业要从单一品牌战略中得到利益是有条件的。

第一，要求这种品牌在市场上已获得一定的信誉。能采用这种品牌战略的企业有一个很重要的条件就是企业的品牌要达到较高的知名度和美誉度，并被消费者所接受。

第二，要求采用单一品牌的各种产品在产品质量、市场价格和目标市场上具有一致性，即产品形象一致、市场定位一致。许多企业在其品牌在某一细分市场获得较高信誉的情况下对品牌进行无限制的延伸，结果当然是事与愿违。

案例　　　　　营销视点 9-1

荷兰飞利浦公司在品牌延伸上缺乏科学性，使其市场信誉大受损害的例子值得借鉴。在飞利浦公司生产的电器中，既有高档的，也有中、低档的。由于中、低档产品的质量一度存在明显的问题，这不但使该公司中、低档产品的市场声誉受到影响，也极大地影响了该公司高档产品的市场声誉。其实，飞利浦公司的高档产品质量并不亚于一些享有世界声誉的公司的产品，但由于该公司中、低档产品的影响，世界许多国家的消费者认为，飞利浦公司的产品只有中等质量，致使该公司高档产品的定位达不到它应有的价值。可见，使用同一品牌，但其产品质量差别较大时，会损害高质量产品的声誉。

9.2 多品牌战略

9.2.1 多品牌战略概述

所谓多品牌战略，是指一个企业同时经营两种或两种以上相互独立但又有联系的品牌。企业通过市场细分和市场定位，赋予不同细分市场的产品以不同的品牌，规范有序地参与市场竞争的品牌经营。

多品牌经营模式是宝洁公司首创的。第二次世界大战以前，该公司的潮水牌洗涤剂畅销，1950年公司又推出快乐牌洗涤剂。快乐牌虽然抢了潮水牌的一些生意，但是两种品牌的销售总额却远大于只经营潮水牌一个品牌的销售额。多品牌组合经营能有效地形成一道坚不可摧的品牌屏障，加大潜在进入者的进入障碍，增大替代品生产经营者的竞争压力，进而保住企业在市场竞争中的主导地位。

当一家企业的规模较大或者产品种类较多，并且每种产品都有自己不同的目标消费者时，企业就可能为每一种产品建立一个品牌，即采取多品牌战略。如青岛啤酒从1997年8月开始大规模扩张运动，运用兼并重组、破产收购、合资建厂等多种资本运作方法攻城略地，在华南、华北、华东、东北、西北等全国啤酒消费重点区域组建控股啤酒生产企业，截止到2001年，全国已有45家企业归入青岛啤酒麾下。被收购的家族仍会保持自己的品牌销售，只是加上"青岛家族系列产品"的称号。青岛家族的主打品牌是青岛啤酒，但是目前，青岛家族有40多个企业，使用的品牌多达上百个，已经形成了多品牌战略。

9.2.2 多品牌战略的优点

多品牌战略也就是对不同的产品采用不同的品牌战略。这种战略的主要优点如下。

第一，有助于企业全面占领一个大市场，扩大市场覆盖面。一个大市场是由许多具有不同期望和需求的消费者群组成的，根据若干消费者群的各自特点相应推出不同品牌的产品，有利于实现总体市场占有率的最大化。

第二，当某些细分市场产品实质差别不太明显时，赋予不同产品独立品牌有助于形成人为的产品差别。例如，几乎所有洗涤剂的成分都差不多，但各成分比例稍有不同，有的注重去污能力，有的重视保护织物纤维，有的强调适合于洗等。尽管产品的实际差别不大，但采用不同的品牌有助于突出各产品的特色，在消费者心目中形成较明显的产品差别，增强企业对市场的控制能力。

第三，有利于提高企业抗风险的能力。一种产品一个品牌，品牌间彼此独立，某一个品牌的失败不至于殃及其他品牌和企业的声誉。

第四，适合零售商的行为特性。零售商通常按照品牌安排商品货架，多品牌可以在商店占有较大空间，增加销售机会。

第五，有利于发挥被并购企业的品牌价值。有的企业虽然被更强的企业并购，但是它们本身也可能具有辉煌的历史，并拥有知名度比较高的品牌，在这样的情况下继续保留被收购企业的价值可以节省新品牌的宣传、促销费用。

> 案例　　　　　　营销视点 9-2
>
> 　　宝洁公司采用的就是多品牌战略。宝洁公司的这些品牌在相同的超级市场上相互竞争。但是，为什么宝洁公司要在同一品种上推出好几个品牌，而不集中资源推出单一领先品牌呢？答案是，不同的顾客希望从产品中获得不同的利益组合。这样，宝洁公司利用"集团军"效应，占领了洗衣粉市场，取得了巨大收益。
>
> 　　同样，宝洁公司在洗发水、牙膏、肥皂、除臭剂、尿布等市场也采用了同样的策略，同样在这些市场也取得了成功。

9.2.3　实施多品牌战略的条件

　　虽然多品牌策略自身具有多方面的优势，但它并不是万能的，不是在任何情况下都适合使用多品牌策略，而且该策略的运用也有一定的局限性，具有其独特的适用条件。

1. 企业的财力要雄厚

　　在市场竞争日益激烈的今天，发展一个新品牌投入大，周期长，风险也较高。国际研究机构认为：在欧美市场成熟的环境下，创造一个新品牌，一年至少要 2 亿美元的广告投入，且成功率不到 10%。北京名牌评估事务所在研究了中国最有价值品牌的广告投入后指出，要在中国维持一个在全国已经有较大市场的品牌影响力，每年要投入 6000 万~8000 万元；而要在中国创造一个新品牌，则一年要投入 1 亿~2 亿元。因此，只有财力雄厚且品牌推广经验十分丰富的企业才比较适合选择多品牌策略，普通的企业是很难负担得起如此巨大的投资的。若不顾忌自身实力盲目采用多品牌策略，非但不能培育出优势品牌，还会由于公司资源的过度分散而丧失其原有的优势。

2. 品牌的细分市场容量要足够大

　　多品牌策略是建立在市场细分、满足目标消费者特定的需要的基础上的，因此，品牌的细分市场容量问题非常重要。如果细分市场容量过小，每个品牌仅能获得很小的市场份额，其营业额很难承担成功推广一个品牌所需的费用，且在较长时期内不会有较大的改变，因此也就不宜实施多品牌策略。

3. 产品的消费需求个性化要较强

　　那些可以细分，需要突出其个性化、感性化和细腻化的产品比较适合使用多品牌策略，如生活用品、食品、服饰、汽车等行业均适合这一策略。而那些以质量、品质为重的产品则不适于使用多品牌策略而应使用品牌延伸策略（如电器类产品），因为消费者对于这一类产品看重的是其质量与品质，而对其所体现的个性则较少给予关注。若不注意在相应行业使用适合的品牌策略，有可能造成不必要的再次投资，失去利用原有品牌价值的机会，或者也有可能使产品因此失去塑造品牌个性的机会。

9.3 主副品牌战略

主副品牌战略是介于"一牌多品"和"一牌一品"之间的中间选择,既可以有效避免品牌延伸的陷阱,又可节约宣传费用。采用主副品牌战略的具体做法是以一个主品牌涵盖企业的系列产品,同时给各产品分别打一个副品牌,以副品牌来突出不同产品的个性形象。

9.3.1 主品牌的基本特征和运用战略

1. 主品牌不同于企业品牌

企业品牌有时候会成为主品牌。例如"海尔-帅王子冰箱"、"三星-名品彩电"中,海尔、三星是企业品牌,同时也直接用于产品,而且是消费者识别产品品牌的重心,故"海尔"与"帅王子"、"三星"与"名品"之间是主副品牌关系。

有些情况下,企业品牌不是主品牌,只是作为企业名称存在。比如通用别克旗下的凯越轿车,"通用"只是作为公司名字,驱动消费者购买的是"别克"这个品牌。

2. 主品牌驱动消费者购买

企业采用主副品牌有利于推广新产品,企业利用副品牌战略能最大限度地利用已有的成功品牌。在这里主品牌起主要作用,消费者识别、记忆及产生品牌认可、信赖和忠诚的对象也是主品牌,主品牌在消费者购买过程中起主要作用。

9.3.2 副品牌的基本特征和运用战略

1. 副品牌表达产品优点和个性形象

副品牌能直观、形象地表达产品优点和个性形象。"松下-画王"彩电的主要优点是显像管采用革命性技术,画面逼真自然,色彩鲜艳,副品牌"画王"传神地表达了产品的这些优势。长虹进行品牌战略策划时,给空调取的"雨后森林"、"绿仙子"、"花仙子"等副品牌,栩栩如生地把长虹空调领先的空气净化功能表现出来。"红心"是电熨斗的代名词,红心电熨斗在全国的市场占有率超过50%。其新产品电饭煲以"红心"为主品牌并采用"小厨娘"为副品牌,在市场推广中,既有效地发挥了"红心"作为优秀小家电品牌对电饭煲销售的促进作用,又避免了在消费者心目中早已形成的"红心=电熨斗"这一理念所带来的营销障碍。因为"小厨娘"不仅与电饭煲等厨房用品的个性形象十分吻合,而且洋溢着温馨感,具有很强的亲和力。

2. 副品牌具有口语化、通俗化的特点

副品牌采用口语化、通俗化的词汇,不仅能起到生动形象地表达产品特点的作用,而且传播快捷广泛,易于较快地打响副品牌。"画王"、"小厨娘"、"帅王子"等均具有这一特点。

3. 副品牌较主品牌内涵明确,适用面窄

副品牌由于要直接表现产品特点,与某一具体产品相对应,大多选择内涵明确的

词汇，因此适用面要比主品牌窄。主品牌的内涵一般较单一，有的甚至根本没有意义，如海尔、Sony 等，用于多种家电都不会有认知和联想上的障碍。副品牌则不同，"小厨娘"用于电饭煲等厨房用品就十分贴切，并能产生很强的市场促销力，但用于电动刮胡刀、电脑则会力不从心。因为"小厨娘"本身内涵引发的联想会阻碍消费者认同和接受这些产品。同样"小海风"作为空调、电风扇的副品牌能较好地促进销售，若用于微波炉、VCD 则很难起到促销的作用。

4．副品牌一般不额外增加广告预算

采用副品牌后，广告宣传的重心仍是主品牌，副品牌不用单独对外宣传，不另外增加副品牌的广告预算，可以依附于主品牌联合进行广告活动。这样，一方面能提高主品牌的影响力，尽享主品牌的影响力；另一方面，也使副品牌识别性强、传播面广，且张扬了产品个性形象。因此，企业利用副品牌战略，可以集中广告预算用于主副品牌的联合宣传，既节约了广告预算，又取得了较好的宣传效果：既体现了各副品牌在主品牌上的单一性，又体现了具体副品牌的差异性。故只要把在不采用副品牌的情况下，本来也要用于该产品宣传的预算用于主副品牌的宣传，其效果就已经超过只用主品牌的战略了。

9.4 联合品牌战略

9.4.1 联合品牌的概念

近年来，联合品牌战略在世界范围内受到越来越多的企业的青睐，越来越多的企业通过实施联合品牌战略扩大了品牌的影响，提升或更新了品牌形象，开拓了新市场。现在联合品牌战略已经被广泛应用在餐饮、零售、石油、便利店、汽车服务等行业。

联合品牌也叫双重品牌、多重品牌、跨系统特许经营，甚至品牌联盟。联合品牌战略涉及两个或两个以上的特许人，他们把品牌联合起来以创造更好的产品，或者从事有效的战略性或战术性活动。因为其他企业或实体可能拥有自己缺乏的能力或资产，通过联合双方的力量，就能够产生新的产品或资产，而采用其他方式则无法在短期内做到。

9.4.2 联合品牌的类型

根据联合品牌共同创造价值潜力的高低，由低到高可将其分为四种类型，并形成联合品牌共同创造价值的等级类型。

1．认知联合品牌

这类联合品牌共同创造价值的潜力处于最低层次。合作企业通过品牌合作向对方的顾客群展示自己的产品、服务和品牌，扩大企业在新的目标市场上的影响，提高企业品牌在新的受众中的认知度。由于品牌合作的目标仅仅局限于同受众进行接触并提高其认知度，因此该联合品牌共同创造价值的潜力较低。

美国运通（American Express）和德尔塔航空公司（Delta Airlines）进行合作，结合德尔塔航空公司的 SkyMiles 计划，以联合品牌形式推出了它的 Optima 信用卡。那些参加了 SkyMiles 计划的乘客如果飞行里程累积到了一定的额度，就可以得到德尔塔航空公司赠送的飞行里程，而美国运通的联合品牌信用卡 Optima 将会把这些奖励里程变现后返回给消费者。这一联合品牌使美国运通为自己的信用卡赢得了更多的客户和业务，提高了品牌的认知度，而德尔塔航空公司也从中受益。

2. 价值注释联合品牌

这种联合品牌表现为一方品牌对另一方品牌的价值或定位进行注释，或双方品牌相互注释。一般来说，这种注释通常是两个品牌进行联合的主要动因。价值注释联合品牌的实质是两个企业为了实现其品牌价值在消费者心目中的联合而进行的合作，而且这种品牌价值的联合又是通过消费者的品牌联想来实现的。同第一层次的认知联合品牌相比，价值注释联合品牌不仅仅以提高品牌的认知度为目标，而且还追求联合品牌的双方在价值、理念和信用上的相互支持和映衬。因此它必然拥有更大的价值创造潜力。

美国著名品牌营销专家凯勒教授认为，品牌知识包含两类要素，即品牌认知和品牌形象，前者表示熟悉的程度，后者反映消费者的态度。理想的情况是，品牌在消费者头脑中具有强烈的、正面的和独特的联想。品牌认识和品牌联想是品牌资产的两大要素。同品牌认知相比，品牌联想属于更高的层次。认知联合品牌正处于品牌认知的价值创造层次，而价值注释联合品牌则不仅实现了品牌认知，而且可以通过品牌的合作来引发品牌联想，进行价值注释和担保，从而共同创造更高的价值。

蓝带是法国著名的厨艺学院，它的品牌可以被看作是最高厨艺水平的代名词。而特福（Tefal）则是法国最主要的厨具生产商。特福以"Integral"品牌推出其高质量的系列厨具，并在其产品和广告中同时出现蓝带品牌。蓝带品牌在特福整个营销活动中都发挥着注释的作用，这一价值注释联合品牌策略已取得了极大成功。首先，蓝带品牌促成了自己的品牌受众对特福品牌的认知，发挥了第一层次的认知联合品牌的作用；其次，蓝带所具有的高水平厨艺的品牌特性，又引发了消费者的品牌联想——特福也是高质量产品的品牌。这时，蓝带则实现了对特福质量价值的注释。

3. 成分联合品牌

成分联合品牌是指两个品牌同时出现在一个产品上，其中一个是终端产品的品牌，另一个则是其所使用的成分或组件产品的品牌。例如，IBM 计算机和英特尔芯片，通用汽车公司的信用卡和维萨（Visa）信用卡网络，等等。

同联合品牌的第二个层次——价值注释联合品牌相比，成分联合品牌也同样具有价值注释的功能。英特尔公司一直是全球最大的优良芯片供应商，它拥有世界先进的芯片制造和研发技术，其奔腾系列芯片卓越的质量和性能得到了全球用户的认可。它能激发消费者的品牌联想，认为英特尔芯片是优秀计算机制造商的必然选择，采用英特尔芯片的计算机一定是质量可靠、性能出众的。计算机制造商正是利用了成分品牌的这种注释作用来创造更高的价值的。

成分联合品牌同价值注释联合品牌的不同之处在于，其产品中存在着一个可识别的实体成分，如英特尔芯片和维萨信用卡网络；而价值注释联合品牌则不需要这样的实体成分，其注释品牌提供的仅仅是品牌的形象、声誉、文化以及信用上的支持和保证，如前面提到的蓝带厨艺学院的品牌。

通过合作，成分品牌的供应商在确保了产品销量的同时也突出了自己品牌的特性，而终端产品品牌的供应商则强化了自己产品的特性和品牌形象。

4. 能力互补联合品牌

能力互补联合品牌是指两个强势品牌在能力上具有互补性，它们的合作并不是各个部分的简单相加，而是集中各自的核心能力和优势来共同生产一个产品或提供一种服务。能力互补联合品牌是最高层次的联合品牌，共同创造价值的潜力最大。它同成分联合品牌的主要区别在于，成分品牌向终端产品提供的是一个可分离的实体成分，而能力互补联合品牌的互补能力则不仅包含有形的、可分离的实体成分，而且还包含了无形的、不可分离的要素。

在英国，埃索（Esso）石油公司和特士古（Tesco）连锁超市合作，在全国的汽车加油站建立24小时微型超市，堪称运用能力互补联合品牌战略的成功案例。埃索在英国是三大汽油零售商之一，它拥有管理加油站的经验以及遍布全国的零售网络；而特士古则是英国目前最大的连锁超市之一，它熟悉不同消费者的购买习惯和消费模式，具有经营超市的丰富经验。同时，作为英国的顶级企业，这两家公司又都拥有良好的品牌形象和企业声誉。通过品牌合作，特士古利用埃索的加油站在高速公路边建立了微型超市，主要经营易耗性日用品，以便同分散在街头的便利店进行竞争。特士古由此迅速地占领了新市场，提高了市场占有率，降低了促销成本，丰富了特许经营的经验，同时也提高了人们对特士古品牌价值和品牌形象的认知度，赢得了众多的消费者。此外，埃索公司收获的不仅仅是特许费收入，合作也为它带来了新的顾客和销售额的增长；提供多样化服务使它赢得了顾客忠诚，强化了品牌形象，提高了品牌价值。

9.4.3 联合品牌的动因

联合品牌受到越来越多的特许经营企业的青睐，其原因有很多。促使特许人或受许人采用联合品牌经营模式最普遍的因素如下。

1. 市场变化

多数企业在动态多变的环境中竞争，要保持品牌的相关性、差异性、活力点非常困难。由于新技术的出现、产品的应用、消费者需求的不断变化以及竞争对手的创新活动，几乎每个特许经营市场都在发生着变化，伴随而来的挑战就是在资源、时间、经验上的局限性。因此，企业在研发、生产和品牌建设方面需要新的资源，同时现有的业务也需要资源，以保持活力和提高效率。克服这个问题的一个方法是尝试联合品牌。联合品牌能够使特许企业更精确地瞄准消费者的欲望，从而提供给消费者更加细腻的产品。

2. 消费者的需求

消费者总是想寻求方便，希望在一个地点能够得到他们所需要的东西。联合品牌的使用能够整合多种经营概念，从而方便消费者。例如百胜全球餐饮集团旗下拥有肯德基、必胜客、塔克钟三个非常出名的、以特许经营方式扩张的品牌。现在该集团又将三个品牌中最受欢迎的产品捆绑在一起，并在一家直营店或加盟店进行销售，向消费者提供更多的功能利益，以降低成本。

3. 容易获得店面

在特许经营领域，选址是赢得目标市场的关键。选择合适的位置对于特许人和受许人都至关重要，较好的选址能够影响许多特许经营加盟店的初始成本和赢利前景。随着市场的逐渐饱和，受许人很难选择合适的地点。为了节约选址成本，特许人或受许人可以考虑进行联合品牌战略，共同利用当前店面。据调查，受许人花费原先费用的40%或更少的费用就可以经营另外一个品牌。

4. 协同效应

两个品牌可以共同负担品牌打造过程的成本和推出新产品的风险。此外，联合之后还可以产生团体品牌的联想，这也是品牌差异化方面的一个亮点。联合的关键就是寻找到合适的搭档，并妥善解决两个不同体制和文化的品牌的组合以及在合作过程中可能出现的各种问题。

9.4.4 联合品牌的风险

联合品牌具有很强的利益相关性，这些利益的相互联系传递了一个信息：如果品牌运用得当，可以达到双赢的效果，但如果运用不当，合作伙伴的一方或双方就可能会遭受恶果。此外，如果联合经营的一方落后于另外一方，那么另一方也会受到影响。联合品牌有时还会存在以下的风险。

1. 光晕效应

任何商业合作上的关系都要承担一定的风险，特许经营企业实行联合品牌战略，有时会产生光晕效应——知名品牌与不知名品牌联合时，后者会消失在前者的光晕中。对于不知名品牌，如果与大公司联合，虽然可以增加销售收入，但是由于缺乏自己品牌的独特性，品牌建设将会停滞不前。

2. 商标退化

在某些情况下，联合品牌会导致品牌所有者失去使用商标的专有权。联合品牌把不同品牌的符号和商标进行组合，可能会危及双方品牌的独特性。因为商标在定义上是和一个业主独占的商品或服务有关，并指明了同一个贸易来源。当这个标志不再具有"出处标志"的功能时，它可能会变成不受商标注册保护的通用名词。这时竞争者就可能会趁机而入，申请取消已经注册的商标或者据为己用。

3. 扩张过度

在实现联合品牌的进程中，联合双方都应当考虑：同自己联合的企业的商业领域是否适合自己，联合后能否让消费者对新的产品做出正面的反应，能否给自己带来一些有价值的利益。然而，很多企业过度神化联合品牌的力量，过度扩展联合品牌的使用范围，导致自己本已成功的品牌遭受重创。

9.5 自有品牌战略

9.5.1 自有品牌概述

自有品牌战略是指零售企业通过搜集、整理、分析消费者对某类商品的需求特性的信息，提出对产品功能、价格、造型等方面的开发设计要求，进一步选择合适的企业进行生产，最终由零售商使用自己的商标对新产品注册并在本企业内销售的战略。零售商自有品牌（retailer private brand）是为零售商所拥有、控制和销售的品牌。

20世纪70—80年代，零售商自有品牌得到了迅速发展。欧美许多国家的大型超市、连锁商店、百货商店几乎都出售标有自有品牌的商品，一些较早涉足自有品牌的商家，也已在这一领域获得了巨大成功。全球最大的零售企业——沃尔玛集团30%的销售额和50%的利润来自它的自有品牌。

9.5.2 自有品牌的优点

1. 实施自有品牌战略对零售商的好处

1) 发展自有品牌最直接的好处是实现低成本经营

零售业的利润空间比较小，目前大多数零售商在竞争中采取简单的价格战。长期的价格战不但使供应商的利益受损，零售商自身的企业赢利水平也必然降低。由于自有品牌进货不经过中间环节，大大节省了交易费用，而且自有品牌商品仅在本企业内部销售，其广告宣传主要借助宝贵的商誉资产，所以单位自有品牌商品耗费的广告费大为减少，再加上自有品牌商品的包装费用少，这也使零售商得以降低成本。

2) 发展自有品牌可以形成零售市场的差异化优势

大多数零售商意识到不能仅靠价格来赢得消费者，他们必须实现商品品牌的差异化，改变现有的战略。但是现在各百货公司约70%的商品都相同，因此零售店必须成为品牌的商店。自有品牌可以成为零售公司不可复制的巨大财富。

3) 自有品牌使零售商在渠道中的地位提高

无论零售商采取自行组织生产的方式还是与制造商合作开发自有品牌，都使零售商有权参与商品的生产和经营，并且在制定价格上享有自主权和灵活性。而自有品牌也成为零售商制衡供应商的主要砝码。例如，宝洁公司曾经为了防止竞争对手抢得先机，答应为沃尔玛生产自有品牌产品的要求。自有品牌的出现使零售商和制造商的关系发生了变革。

4) 增强零售商内部的凝聚力

品牌是企业形象和素质的集中表现，是企业声誉的标志。自有品牌的出现可以提高全体员工的积极性，自觉维护自有品牌的声誉，使企业形成以品牌为中心的强大凝聚力，以推动企业不断发展。

5) 获得更大的操作空间

与传统的零售企业职能不同，开发自有品牌能使零售商掌握更大的自主权和主动性。一方面，零售商可以根据需要选择自有品牌的产品种类和供应商，为自有品牌设计富有特色的包装，制定灵活的价格。例如，酱鸭在江浙畅销却不合北方人的口味，花生油在北方更受欢迎,零售商根据对当地消费者的了解,可自由选择自有品牌的销售区域。另一方面,零售商拥有较大的议价空间。比如杭州超市出售的某品牌酱鸭15~30元/只,超市毛利率为20%,但超市提供的自有品牌酱鸭虽然低至9.9元/只,但进价低至8.0元,这样一来,毛利率反而增加了。由于零售商通常向供应商一次性买断产品,所以占有议价的主动权。零售商还可以根据销售情况随时调整价格。

2. 实施自有品牌战略对制造商的好处

1)有利于中小型企业的发展

中小型企业需要耗费大量的人力、物力和财力自创品牌,而为此承担的风险也随着投入的增加而加大。如果能成为大型零售商自有品牌产品的供应商,中小型企业只要把全部力量集中在保证产品质量上就可以获得稳定的利润,同时还节省了商标设计、品牌维护和市场营销等费用。

2)有利于制造企业利用剩余生产能力,获得规模经济

制造商可以借为零售商生产自有品牌之机,充分利用生产设备,降低单位产品的固定成本。需要注意的是,制造商为零售商生产自有品牌产品可能会反过来挤占制造商品牌的市场份额。

3)有利于打击竞争对手

自有品牌商品吞蚀竞争对手的市场份额是制造商最期待看到的。而且一旦制造商为零售商提供自有品牌产品,两者的合作关系就变得更加紧密,这对竞争对手来说,无疑是沉重的打击。当然,竞争对手也可以以其人之道,还治其人之身,争取与其他零售商的合作。这就是为什么许多制造商主动为大型零售商提供自有品牌产品的原因。

4)为制造商控制和调整产品价格提供条件和保证

假设某产品市场上有甲、乙两公司,分别拥有A、B品牌,A是领导品牌。如果甲提高品牌A的价格,它的部分顾客会转向B,甲公司的利润就有可能下降。如果甲公司为零售商生产自有品牌商品,获利反而会增加;同样的道理,如果竞争对手抢先为零售商提供自有品牌,甲公司将面临很大的竞争压力。不言而喻,消费者以较低价格购买到经济实惠的商品是自有品牌给消费者带来的最大好处。自有品牌的出现,虽然导致市场竞争更加激烈,但它促使制造商和零售商想尽办法使商品朝着满足消费者需求的方向发展。无论是商品平均价格的降低,还是整体质量水平的提高,真正受惠的是消费者。

9.5.3 实施零售商自有品牌战略的条件

尽管愈来愈多的业内人士主张零售商实施自有品牌战略,但是零售商不应盲目跟风,事先应了解符合怎样的条件才可以考虑实施自有品牌战略。

1. 一定的规模和实力

从欧美国家自有品牌的发展可以看出,采用自有品牌战略的多是实力雄厚的大型零售集团。零售商需要在连锁化程度、营业总面积、销售网络、商品销量达到一定规模后,才能考虑实施自有品牌战略。因为该战略的实施是一个庞杂的工程,包括市场调研、选定产品种类、研发与设计、品牌管理、委托生产或自行组织生产、制定价格和实施营销策略等步骤,没有足够的资金和技术,自有品牌是不可能取得成功的。而且为了推迟

"零售之轮"现象的出现,零售商必须通过实现大量销售,借大批量的订单实现规模经济,降低生产成本。

2. 良好的企业形象

零售商自有品牌可以被视为零售企业品牌的一种延伸。它的成败与否往往取决于零售商是否具备良好的形象和口碑。已有很多研究证明,消费者购买自有品牌的倾向与零售商的品牌形象正相关。消费者对零售商的信任和忠诚,削弱了其对自有品牌风险的感知,增强了消费者的购买信心。可见零售商树立的良好形象是实施自有品牌策略的前提。

3. 产品开发能力

通过前面对实施自有品牌过程的论述可以看出,零售商不仅要洞察市场销售规律,还必须对产品本身有相当的了解,这就需要零售企业必须具备了解市场、精于产品的专业人才,而这种对人才的需求随着自有品牌数量的增加和范围的扩展而不断加大。是否具备专业人才队伍已成为决定自有品牌实施与否的关键所在。

4. 质量控制能力

自有品牌以零售商的名义销售,其质量的好坏直接影响到零售企业的形象,所以质量控制显得格外重要。不同于对制造商品牌进货时的质量检验,对于自有品牌的质量控制是贯穿于生产——运输——销售全过程的,这就对零售商提出了更高的要求。零售企业质检人员必须对自有品牌生产的各个环节进行监控,并及时检验产品质量。质检人员除了应具备专业技术知识外,还要克服供应商分散、生产进度不一的困难。

5. 品牌管理能力

零售企业管理人员除了要为自有品牌制定合理的品牌结构外,还需要具备品牌管理的能力,如制订合理的营销计划、应对突发事件、利用事件营销、培养自有品牌与消费者的关系、维护自有品牌正当权益不受侵犯等能力。相对于制造企业,零售企业管理人员在这方面普遍缺乏必要的理论和经验。

6. 零售人员的凝聚力

零售人员面对的是最终消费者——自有品牌成败的裁判。一线员工是否能正确理解并执行管理层制定的自有品牌策略,将直接影响消费者的选择。要想让消费者接受自有品牌,甚至成为自有品牌的忠实追随者,就必须先让自己的员工认可自有品牌。

7. 资金实力

出于以下原因,零售商必须具备雄厚的资金实力方可实施自有品牌战略:①前期的市场调查需要资本,而分析的结果很可能是放弃开发自有品牌;②自有品牌的生产、销售周期长,需要占用大量资金;③需要选择供应商,而寻找合作伙伴、进行谈判、达成协议的交易成本巨大;④自建流水线或物流配送系统,甚至自建工厂,这些都需要投入大量的资金,而且成本收回的周期较长。

8. 稳定的供应商

出于选择供应商成本的考虑,零售商可以建立与供应商的稳定的合作关系。这样可以保证自有品牌生产的稳定和长期统一，保证相关市场信息和研发设计的保密性，确保自有品牌商品的质量。

当零售商具备以上条件后，可以考虑实施自有品牌战略。

案 例　　　　**自有品牌如何接近成功**

23岁的张娜是一个典型的屈臣氏迷，每当途经北京任何一家屈臣氏个人用品商店，只要有时间她都要进去逛上一会儿。她说："屈臣氏的一般品牌商品与别家相比较起来不算很便宜，但是屈臣氏里很多惹人喜爱的东西别家没有，哪怕看看它们也觉得是一种乐趣。"

张娜所言的"别家没有的东西"就是屈臣氏的自有品牌产品，在很大程度上这就是屈臣氏魅力的主要来源，也是屈臣氏获得成功的重要原因之一。

在屈臣氏的店铺里，产品组合一共分为"健康"、"美态"、"欢乐"三个主题，其中"健康"类产品从处方药到各种保健品、维生素等，占总数的18%；"美态"类产品从各种化妆品牌到各类日常护理用品，占总数的65%；而"欢乐"类产品包括各种服装、饰物、礼品、糖果、贺卡和玩具等，占总数的17%。

而其自有品牌则主要集中在健与美的产品领域，即护肤、美发产品等500种产品。这些产品都经过了市场调研，即对店铺销售趋势和消费者偏好进行了分析。屈臣氏有一个样本店，那里销售每一个品牌种类的产品，并进行SKU分析。SKU分析就是根据一个产品销售的情况、对消费者的吸引力和市场调查，描绘出未来一至两年品牌发展的蓝图，包括种类确定和产品跟踪。当产品种类确定下来以后，便进入自有品牌产品利润的检测阶段。如果这一利润证明是可观的，屈臣氏会通过竞争选择产品制造商，并按照严格的内部标准进行生产。

接下来制定正确的价格显得更加关键。这关系到能否扩大销售、增加利润和提高占有率，尤其是零售商提供给市场的最终价格直接影响着竞争效果，也影响着营销组合的其他因素。一般来说，自有品牌的价格是低于制造商品牌的。屈臣氏这些自有品牌的价格历来比同类竞争品牌的产品便宜20%~40%。

当产品被送入店内，摆放的技巧也十分重要。屈臣氏的经验是将自有品牌摆放在店里自有品牌区域比较显眼的位置，一般情况下，每个屈臣氏店内有25%的空间留给自有品牌，包括所有一般品类及特殊品类。

案例思考题

1. 零售商经营自有品牌与制造商品牌相冲突时，如何确保自己从自有品牌中获利，但又不使这种关系恶化？
2. 促使零售商做自有品牌的因素有哪些？
3. 影响零售商自有品牌成功的因素有哪些？

本章小结

本章主要介绍了品牌组合战略,主要内容有单一品牌战略、多品牌战略、主副品牌战略、联合品牌战略和自有品牌战略。

不同的品牌战略各有其优点和要求,企业应根据自身的情况加以判断和选择。

关键术语

单一品牌战略　　　　　　　多品牌战略　　　　　　　　主副品牌战略
联合品牌战略　　　　　　　自有品牌战略

思考题

1. 什么是单一品牌,它的优点和实施条件有哪些?
2. 什么是多品牌,它的优点和实施条件有哪些?
3. 在主副品牌中,主、副品牌的关系是怎么样的?
4. 谈谈企业实施联合品牌的动因。
5. 自有品牌对零售商、制造商各有哪些作用?
6. 零售商开发自有品牌的条件是什么?
7. 我国零售业自有品牌发展的机会和威胁是什么?

参考文献

[1]　曾朝晖. 中国式品牌——管理篇[M]. 北京:东方出版社,2005.
[2]　翁向东. 中国品牌低成本营销策略[M]. 重庆:重庆出版社,2003.
[3]　凯文·莱恩·凯勒. 战略品牌管理[M]. 李乃和,等,译. 北京:中国人民大学出版社,2003.
[4]　张良. 系列产品保江山　嘉里粮油:架构品牌金字塔[J]. 财经界,2005(12).
[5]　林佳. 零售商自有品牌策略研究[D]. 北京:首都经济贸易大学,2004.
[6]　王晶. 自有品牌如何接近成功[N]. 经济观察报,2005-03-06.

第10章 品牌延伸战略

📝 **本章提要**：本章主要介绍了品牌延伸战略。重点在于了解品牌延伸战略的概念、品牌延伸战略的动因和风险，品牌延伸的成功因素，以及如何进行品牌延伸决策。本章的难点在于要正确判断品牌延伸战略的条件，即在什么情况下进行品牌延伸获得成功的可能性较大。

引　例

20世纪80年代中期，办公室职员逐渐从"上班必须穿套装"的着衣模式中解放出来，工人们也慢慢地不用穿工作服了。于是，列维公司开始打造自己的休闲裤装品牌，并推出了Dockers品牌。直到1992年，也就是在列维公司推出Dockers品牌6年之后，海格公司还未进入休闲服饰的市场。

由于海格公司对于服饰文化的反应太迟缓，很多人都认为它是专门生产"成熟"男性的服装公司。所谓"成熟"男性，是指那些穿着西服套装或西裤衬衫、系着领带、穿着运动风衣的男士们。伯克斯（海格公司的高级领导）说："海格必须努力进军休闲服饰市场，因为在整个裤装市场上，休闲裤装已占据50％的市场份额，而且可望达到75％。"随后，海格公司便推出一种新的、改进了的产品——免烫棉布裤，与列维公司的Dockers抗衡。在6个月的时间内，海格公司的市场份额从零跃居到第二。

这次品牌延伸的成功使得海格服饰扩大了品牌内涵。从前海格公司只为年长男性生产服装，而现在在顾客眼中，它也是休闲服饰的生产商，这就使得海格服饰又很顺利地推出了针织、棉质衬衣。海格休闲服饰的销售量占该公司总销售量的20％。

伯克斯非常坦率地承认，有时候，品牌的延伸并不是品牌战略计划的结果，而是纯粹生存的需要，因为市场总在发生变化。他说："由于担心海格丧失其独特性，我们考虑过打造新品牌来推出新的产品。但是我们有一批了解并且信赖海格品牌的顾客和零售商，这使我们有能力在海格的名称下进行延伸，同时维持品牌的健康发展。正是在这个过程中，我们成功地改变了人们对品牌的认知，并顺利进军全新的领域。"

10.1 品牌延伸概述

10.1.1 品牌延伸的背景

任何事物都是一定历史条件的产物，都是在一定的历史背景下产生的。品牌延伸也不例外。品牌延伸是技术进步及市场经济不断发展和完善的必然产物。

1. 产品生命周期的缩短

当今社会，技术发展迅速，产品技术更新加快，任何企业都很难保持长久的技术垄断优势。今天还是新的技术，不久以后就可能过时了，这就使得企业需要不断地进行技术更新，推出新产品。

令人感触最深的是计算机，其更新换代速度太快了，以至于有时一款新的计算机上市不久就被市场淘汰了。而且，随着信息时代的到来，一个新产品的信息可以通过广泛的信息媒体为大众所了解并接受，使产品的市场导入、产品的成长速度加快。同样，一项更新的新产品也是如此。

因此，产品生命周期的缩短引起了一系列的矛盾：其一，新产品要被市场接受并不断扩大市场份额，需要培育自己的品牌优势，但著名品牌的培育又难以在短期内完成；其二，产品生命周期的缩短，增加了品牌培育的风险和代价，甚至出现品牌刚创立而产品就马上进入衰退期的尴尬境况；其三，如果其他企业采用品牌延伸推出新产品，本企业通过创立新品牌推出新产品，其他企业就会迅速占领市场，这使本企业十分被动，而且新品牌也难以立足。

随着信息时代的到来以及技术更新的加快，产品的生命周期正逐步缩短。为了解决产品生命周期缩短所带来的矛盾，品牌延伸逐步被企业所接受，并成为企业的最佳市场策略之一。

2. 品牌成为市场竞争的焦点

当今，全球经济一体化进程正在不断地加速，市场竞争日益激烈，竞争对手之间通过相互学习以求在竞争中生存，结果使产品出现同质化的趋势，厂商之间的同类产品要在性能、质量、价格甚至服务上有所区别也变得越来越困难了。而品牌不仅为消费者提供功能性利益，而且也为消费者提供心理满足，使品牌成为一种有社会、情感意义的东西。由于品牌的情感属性，不同厂商所拥有的品牌之间的差异还是相当显著的。

因此，无论产品是否相似，品牌依然可为其下属的产品提供差别化利益，而且由于品牌资源的独占性，品牌成了厂商之间竞争的重要筹码。当今，通过创立新品牌来推出新产品的行为耗资巨大，而且充满风险，在这种情况下，品牌延伸的广泛采用是企业理性选择的必然结果。

3. 发挥品牌资产效应需要做品牌延伸

随着人们对品牌认识的加深，品牌已被作为一项资产来看待。品牌资产作为企业的无形资产，是企业各部门共同努力的结果，是企业的共有资源，因此，一定要在不损害品牌资产的前提下充分使用品牌，以提高品牌资产的收益率。品牌延伸就是有效运用品牌资产的重要形式。

品牌资产作为虚拟资本具有很大的价值波动性。如果对品牌资产保护或处理不当，会导致品牌资产的大幅贬值。只有对品牌资产进行精心呵护并不断创新，才能确保品牌资产的保值和增值。

品牌延伸也是实现品牌资产保值、增值的有效手段。品牌是以产品为物质载体，如果不对产品进行更新，随着原产品的衰退和消灭，品牌就会随之衰退和消亡，品牌资产也会贬值，甚至会丧失。

10.1.2　品牌延伸的概念

研究品牌延伸就要从品牌延伸的定义开始。目前，学者们从各自的角度，对品牌延伸提出了自己的看法。

营销大师菲利普·科特勒认为，品牌延伸是指"公司决定利用现有品牌名称来推出产品的一个新品目"。凯文·莱恩·凯勒的定义是"一个公司利用一个已建立的品牌推出一个新产品"。卢泰宏认为，品牌延伸是指借助原有的、已建立的品牌地位，将原有品牌转移，使之用于新进入市场的其他产品或服务（包括同类的和异类的），以及运用于新的细分市场之中，达到以更少的营销成本占领更大市场份额的目的。

品牌延伸从广义上可分为两类：一是指产品线延伸（line extension），即利用母品牌在同一产品线下推出新的产品项目，具有不同的成分、不同的口味、不同的形式和尺寸、不同的使用方式；二是指产品种类延伸（category extension），即利用母品牌推出属于不同种类的新产品。大部分品牌延伸是采取产品线延伸这种方式，只有18%的新产品采用产品种类延伸。

10.2　品牌延伸分析

10.2.1　品牌延伸的动因

品牌延伸是许多企业曾经的选择，成功的企业有通用电气、雀巢、万宝路、索尼及国内的娃哈哈、TCL、海尔、海信等，它们对于当初的选择是满意的。如果没有品牌延伸的成功，或许就没有今天这些闻名遐迩的名牌。当然，也有一些企业选择了品牌延伸后并没有品尝到品牌延伸的"佳酿"，延伸的新品不是草草退出市场就是产生了负面效应，同时把主品牌也"株连"进去；更尴尬的是，新品抢去了主品牌的市场份额，进而削弱了主品牌的地位和形象，可谓"喧宾夺主"。

下面拟通过对曾经和正在实行品牌延伸的企业的研究，对企业实行品牌延伸战略的动因进行分析。

1. 最大限度利用品牌优势

一个品牌，特别是知名品牌的创立，是一个企业经过产品开发创新、营销努力、质量严格控制、广告巨额投放、企业制度革新等努力之后才实现的，这中间演绎过许多令企业骄傲和消费者动容的故事，如海尔的总裁张瑞敏怒砸有质量瑕疵的冰箱。

面对这些经过多少年千辛万苦拼出来的名牌，企业自然不会将"品牌金矿"放着不加以"开采"，它们必然会借助主品牌的知名度和美誉度来开发新的产品，进军新的行业，充分挖掘品牌金矿，以获取更多的收益。这是企业逐利本性使然，也只有这样，才能对得起企业对探寻和建设品牌金矿的付出。想必守着品牌金矿不加以利用，而是让其白白浪费和慢慢"过时"的"守望者"企业家是没有几个的。

2. 维护、挽救或激活主品牌的需要

有一些品牌曾一度是市场的领导品牌，但随着市场竞争的加剧或企业对大环境判断的失误，品牌有退出市场或萎缩的危险，这时企业便会采取品牌延伸战略来维护、挽救和激活主品牌。例如，蔡林记是武汉市有名的老字号，以做热干面而闻名，但它曾一度被洋快餐麦当劳、肯德基及国内一些新餐饮企业所"淹没"，后来，蔡林记通过增加服务品种和运用连锁加盟的方式，延伸蔡林记品牌，才使其品牌知名度和市场份额得以回升。

3. 提升品牌内涵

品牌延伸的成功可为主品牌注入许多新的元素，提升品牌内涵，特别是那些容易与某一产品产生强烈联系的品牌，可有效摆脱"品牌就是产品"的束缚，为品牌的提炼奠定基础。

实际上，品牌的最高境界是品牌个性，品牌个性是超越品牌定位层次的。只有具有个性的品牌才能在消费者认知中不断深入和清晰。海尔传播的是"真诚到永远"，TCL则是"科技取悦你"。这些理念随着海尔、TCL品牌延伸的成功日渐强化并成功走进消费者的心中。娃哈哈品牌最初是代表儿童营养液，属于保健品品牌，之后转向果奶、八宝粥等，在中国保健品行业全行业出现信用危机时，娃哈哈已抽出身来；后来又涉足纯净水，启用"明星+广告"模式为娃哈哈加入了快乐、时尚的元素；近年，娃哈哈集团又推出娃哈哈咖啡可乐。这些都使娃哈哈品牌超越了儿童品牌的局限，使娃哈哈品牌得以增值为"快乐和时尚"。

4. 捍卫主品牌

有许多小企业甚至是大一些的企业在进入一个新的行业时，往往采取低价渗透策略，以比主导品牌低许多的价格，去抢占领导品牌的市场份额。这时，处于领导地位的主导品牌便会对应地进行品牌延伸，推出低档品捍卫主品牌，让对手占不到丝毫便宜。

在计算机处理器市场，AMD公司为了尽快获取市场份额，采取了低价渗透的策略。而英特尔为了应对ADM的蚕食，在低价位市场上推出"赛扬"品牌。赛扬作为保护性品牌，与AMD进行较量，最终有效地保护了英特尔在美国的市场份额，成功地捍卫了主品牌。

5. 占领更多细分市场

在市场营销初期，企业一般都是针对某一特定的细分市场，在细分的基础上选定与自身资源最匹配的目标市场率先进入，并在这一市场上站稳脚跟，占据明显优势，建立自己的品牌。之后，企业会发现其他细分市场更有利可图，这时就采取品

牌延伸的方式来占领更多的细分市场。

企业或者采取产品线内的水平品牌延伸，即各延伸产品质量相同，但在大小尺寸和外观形式上做改动。例如，汰渍洗衣粉推出特大号的家庭装、小袋装和专门针对洗衣机用户的专用包装；德芙巧克力推出不同包装和重量的巧克力；喜之郎推出散装和精装的果冻等。企业或者采取产品线内的垂直品牌延伸，即各延伸产品质量是有质的不同的，高档品质量最好，然后依次减少其功能，价格也相应降低，以更好地满足目标市场的需求。

 案例　　　营销视点 10-1

牙膏是一种忠诚度极高的产品，一般消费者一旦喜欢用某种牙膏以后会一直购买和使用这种牙膏。

黑妹牙膏，原先只有薄荷香型、CPP钙牙膏，后来陆续推出现代中药牙膏、儿童牙膏，后来还推出了木糖醇牙膏。

一位黑妹牙膏的忠实消费者带着自己的女儿来买牙膏，自己径直到陈列架上拿起一支黑妹薄荷香型牙膏后，又"建议"女儿拿一支黑妹儿童牙膏。试想一下黑妹牙膏要是没有儿童牙膏，那小女孩只有在佳洁士、黑人等其他儿童牙膏中选择，母亲也只有无奈地让其进行"品牌转换"了。同样的，如果一位新潮的原佳洁士牙膏的忠诚消费者，想试试木糖醇牙膏是什么样的感觉，却发现佳洁士无此类牙膏，他会自然而然地试用黑妹木糖醇牙膏。

6. 防止顾客流失

顾客在面对让其眼花缭乱的产品时，通常都会喜新厌旧地转换产品，毕竟100％品牌忠诚的顾客是不存在的。一个企业如果只有单一品牌、单一产品，其所面临的顾客流失的风险就会相当高。为了防止这种不利情形的发生，企业往往通过品牌延伸的方式提供多种不同功能和形象的产品。一个本想转移的顾客，发现原来经常用的品牌也能提供与其他品牌同样功效的产品，自然就会优先选用原品牌的产品。这样，企业就会避免老顾客的流失。

7. 快速启动市场，把握市场机会

有时候市场机会是稍纵即逝的，企业如不能很快抓住，就会错过发展壮大、获取市场优势地位的机会。品牌延伸则为把握市场机会提供了一个强有力的手段。消费者基于对原有品牌的信任和良好认知，会易于接受和试用原品牌延伸出来的产品，这就解决了新品上市最难解决的消费者"不信任"的问题。

只要产品品质过硬，新品会迅速获取市场份额，特别是当延伸的行业尚没有强势品牌时，即使没有充裕的资金，企业也很容易借原有的品牌影响力，把握住市场机会。

案例

当年澳柯玛进入电动自行车行业时，业内企业已有1500家，但多是作坊式小企业。澳柯玛利用自己的品牌优势，斥资进入该行业，2002年投产，2003年实现销量6.8万辆，销售收入1.2亿元，而同期销量最大的捷安特也不过10多万台的销量。澳柯玛借此迅速跻身电动自行车行业前列，这全得益于其充分利用品牌延伸的策略。

8. 降低营销成本

乐百氏一位营销经理曾经说过，"推广新品牌的投资很大，要把一个新品牌培育成全国性品牌，一年没有2亿元的营销和广告预算是不可能的"。这种来自营销一线人员的声音表明，在竞争日益激烈、几乎每个行业都有强势品牌把持的今天，要想在新行业内取得成功谈何容易。而利用品牌延伸可以有效降低营销成本。

首要一点是广告成本的降低。新品上市的一个重要任务是通过广告打响知名度，而品牌延伸的新品由于是延伸过来的，很容易"沾"原品牌知名度的"光"。这样，企业形象广告和产品广告一起做，再加之在电视台单独播放新品广告，就又会放大企业形象。这种广告的互动放大效应是单一产品广告所难以获取的，于是延伸广告投放所产生的倍增效应，能够变相地节约广告费用。

同时，品牌延伸特别是产品线内的品牌延伸也可共享企业的渠道资源，节约渠道再建的成本。例如，娃哈哈的纯净水、茶饮料和非常可乐就可在同一渠道销售，延伸出的茶饮料、非常可乐加入到已经构建好的纯净水销售渠道，可将渠道的效能发挥至最大，而且每年同样投入几亿元的渠道维护费，由于卖的产品多了，分摊后，单位的物流、促销、经销商返利、人员费用、硬件投入自然便会降低。

况且延伸品牌的成功让渠道成员赚到更多利润，更易于维护其对企业的忠诚，企业处理纠纷、窜货乱价等的费用也降低了。另外，延伸的新产品借着原品牌也可在终端以较低成本获取较好的货架位置；品牌延伸的新品借助原品牌传递给消费者的高品质感，会使其比较容易接受较高的定价，有助于企业获取较高利润；延伸新品的包装上一般参考主品牌的设计，适当加入一些新元素即可，这样也降低了新品包装设计上的成本。

特别是品牌延伸进入新行业时，更易获取上游和下游资源及资本的支持，因为上游的供应商看中的是原品牌的知名度和美誉度，对原品牌有信心，有时甚至愿意先供货后收钱；下游的经销商出于对原品牌的信任也会力捧延伸产品。例如，娃哈哈童装推出加盟店，加盟者半数为原娃哈哈饮料的经销商。资本力量也愿与大品牌合作，因为那样相对风险较低。这些都会使企业的各种成本在无形中降低。

10.2.2 品牌延伸的风险

品牌延伸虽能给企业带来诸多好处，而且在有的企业看来短期内甚至全部是好处，不过，品牌延伸自提出和实践以来一直是褒贬各有。事物总有它的两面性，品牌延伸也有其自身特定的风险。

1. 损害原有品牌的高品质形象

特别是当一个高端品牌向下延伸时，这种情况更容易发生。一个原本代表高品质、高品位的高档品牌，如果贸然延伸至一个"大路货"的产品上，虽一时会让其销量大增，但长此以往，会将其高品质形象一点点销蚀殆尽，这就是为什么许多名牌公司不惜巨额投入也要去打击假冒伪劣了。

试想，如果宝马公司也推出售价五六万元的轿车，并同国内吉利轿车抢市场，那必然会损害宝马"贵族"车的品牌形象，也会给竞争对手乘虚而入的机会。那些品质一贯很高的产品，如果在延伸新品时，新品质量出现小小不足，也有可能损害到主品牌。这就是为什么许多世界知名企业在新车上市长期使用后，发现刹车系统有小毛病时，会不惜耗巨资，全部召回或免费为消费者更换部件。

2. 淡化主品牌原有的内涵

如果主品牌延伸的广度和深度过大，必然会淡化主品牌在消费者心目中的形象。娃哈哈品牌最初是儿童营养液的代表，随着娃哈哈一步步延伸到纯净水、可乐、八宝粥，娃哈哈儿童饮品的品牌形象已淡化了许多，以至于其想重拾儿童市场——进军童装时，并不是很成功，而这与其品牌的初始形象已淡化有很大关系。

五粮液集团开始将其品牌延伸到日化行业，随着延伸跨度加大，也会稀释其"中国白酒第一品牌"的形象。海尔这几年的品牌延伸到保险、计算机等行业，其家电品牌的形象也相应淡下来。TCL几年前是"王牌彩电"，现在则更多是被"中国手机新形象"所取代。

这种主品牌的淡化有的是企业有意为之，使其品牌上升为理念型而非产品型，以期将来能扩展到更多行业。但是，若主品牌能在新行业成功，当然可弥补损失；如若不成功，则会降低主品牌的价值。

3. 造成消费者的心理冲突

品牌如若延伸到一个与主品牌对应的原产品相对立或易引起消费者反感的产品或行业上，就会使消费者产生心理冲突。

例如，娃哈哈原想进军酒业，但由于娃哈哈在纯净水市场有很高的知名度，易给消费者造成"娃哈哈造的酒会不会掺水"的心理冲突，娃哈哈意识到这点后赶紧抽身退去。而三九集团是靠"胃泰"出名的，现在其做三九冰啤，也会让消费者感到心理冲突，毕竟多喝酒会伤胃，但三九又卖胃药，它会不会故意多卖酒"伤胃"，再让大家多买它的胃药呢？因而，许多企业通常是将品牌延伸到相关或互衬的产品或行业上，那样就会大大降低这类风险。

4. 延伸的新品牌抢去原品牌产品的市场份额

一般而言，每一品牌都会对应着原产品，正是原产品的巨大成功才撑起了品牌。但品牌延伸后，新品牌又常会抢去原产品的市场份额。这一情况主要表现在产品线延伸的类型上。

例如，家庭大号装的洗衣粉，因量大、实惠而引来许多家庭主妇的购买，同时这些主妇就会减少对小包装的购买。这种情况在现在的市场环境中已司空见惯，许多经理人也常以"你不推出大号装,竞争对手的这种包装就会将自己的顾客抢去,与其让别人抢,倒不如自己推出这种型号的产品去抢回顾客"这样的理由来安慰自己。

事实上,只要将分类产品的市场区域做好,是能有效降低这种风险的。还以洗衣粉为例,既然大号装主要以家庭主妇购买为主,那么小包装可定位于年轻的单身族,加入一些他们喜欢的元素,这样家庭装和小包装就形成一个明显的市场区分,各守各的目标消费者,不至于发生内讧。

5. 跷跷板效应

与上种情况不同的是,品牌若延伸到另一个类别的产品时,也可能会发生新产品销量上去了,原品牌产品的市场份额却被竞争对手占领了的情形。就像跷跷板一样,一边翘起,一边就落下。这种情况往往发生在主品牌地位尚未牢靠,便轻易延伸到别的行业的企业身上。

当然,一些实力强大的品牌由于在延伸时注意力太过集中于新产品,忽视了竞争对手对原品牌产品的进攻,也丢过阵地,不过它们相对那些实力弱的品牌较易收复失地。

因此,企业尚不具备"两线作战"的能力或时机时,不要轻易倾力去做品牌延伸。即使要延伸,也要提高警惕,严守原产品的阵地,以免受到竞争对手的"乘虚攻击"。

10.2.3 品牌延伸的成功因素

如今,众多的成功企业都愿意通过品牌延伸,来充分挖掘品牌的潜在优势。但品牌延伸并不是一本万利的经营秘籍,更不是一劳永逸的点金之术,而是一把双刃剑,运用适当则是一把营销利器,运用不当反伤自身。怎样规避失败,如何探求成功,应以整体营销思想为指导,系统地探讨促使品牌延伸成功的主要因素及其内在关系。

1. 品牌延伸成功的基石——强势品牌

强势品牌才具有延伸价值和延伸力量,仅就品牌延伸而论,强势品牌是品牌延伸成功的基础。强势品牌特征主要表现为品牌具有很高或较高的品牌知名度、品牌品质认知、品牌忠诚度和积极丰富的品牌联想。

品牌知名度即品牌为消费者所知晓的程度。一般而言,品牌的知名度越高,品牌就越会被更多、更广泛的人所熟悉,延伸后被消费者认出、忆起的可能性越高,品牌延伸成功的可能性也就越大。

品牌品质认知即消费者对品牌所代表的产品的整体品质的认知。消费者购买产品不仅要花时间成本、精力成本,还要耗费心理成本。现代社会生活节奏日益加快,消费者为节约更多的时间去休闲,往往不愿"高度卷入式"地购买产品,而通常是根据对品牌的品质认知去购买的。具有高品质认知的品牌具有一定的光环效应,在品牌延伸上具有更大的潜力,其品牌延伸也更容易成功,因为消费者会将原有的品质印象转移嫁接到新的产品上。

品牌联想即一提起某品牌,消费者脑中就会想到什么,它源于企业对消费者持久的品牌传播和教育,以及消费者对品牌的理解和消费者间的口碑相传。品牌联想可从三个方面评价:一是品牌联想的强度,即消费者看到品牌就想起别的事物的程度;二是品牌联想的喜欢度,即消费者看到品牌时产生正面、积极的联想的程度;三是品牌联想的独特程度，即消费者一看到品牌就产生的异于竞争品牌的独一无二印象的程度。

仅有品牌联想强度和喜欢度的品牌延伸出来的产品很容易被淹没，最好是同时具备品牌联想的独特性，那样延伸出来的产品就与众不同，引人注目，成功的概率也高些。由于品牌延伸的同时品牌联想也在延伸，所以品牌经营者要充分利用各种手段和工具，找出那些直接或间接影响购买行为的品牌联想，开展有益的品牌延伸。

品牌忠诚度即消费者对所用的品牌感到满意并坚持使用的程度。这一术语一般用来衡量消费者对所用品牌的依恋程度，或反过来讲是转换品牌的可能程度。品牌忠诚度应是前面所讲的品牌知名度、品牌品质认知和品牌联想的一个综合反映，也是消费者对品牌的态度在行为上的体现，而企业一切营销努力最终也是为了使消费者产生品牌忠诚。品牌忠诚度越高，说明品牌越有价值，消费者越易产生爱屋及乌的心理，因而越容易取得品牌延伸的成功。

品牌知名度是消费者对品牌的认识，品牌的品质认知和品牌联想是消费者对品牌的态度，品牌忠诚度反映了消费者对品牌的购买行为，从认识到最终的忠诚行为是品牌延伸效果的量化指标。

2. 品牌延伸成功的条件——相似性

品牌延伸成功不仅取决于它的强势及其大小，还取决于品牌强势可否被延伸产品利用以及利用的程度，被延伸产品对品牌强势的可否利用和利用程度又主要取决于品牌与被延伸产品的相似性。进行品牌延伸应保持与原有产品的相似性，不能盲目进行。

首先应考虑品牌的核心价值。品牌的核心价值，是企业具有的某种鲜明的、在一定程度上不可替代的能力。它根植于企业文化，表现于外部界面，可以是有形的产品专利，也可以是无形的创新机制；可以是卓越的产品质量，也可以是完美的营销服务，甚至是企业崇尚的一种经营理念。

一个成功的品牌有其独特的核心价值，若该核心价值能包容延伸产品，就可以大胆地进行品牌延伸。也就是说，品牌延伸应尽量不与品牌原有核心价值相抵触。

这里的品牌核心价值不是指产品之间表面的关联度（替代性、互补性、技术性），而是指品牌背后隐藏着的文化和价值观，它使得品牌不仅给消费者以物超所值的享受，更给消费者以民族文化、时代文化的享受。正是这种内在的核心价值解释了为什么许多关联度低，甚至风马牛不相及的产品共用一个品牌也能获得成功。

如登喜路、华伦天奴等奢侈消费品品牌麾下一般都有西装、衬衫、领带、T恤、皮鞋、皮包、皮带等产品，有的甚至还有眼镜、手表、打火机、钢笔、香烟等跨度很大、关联度很低的产品，但也能共用一个品牌。因为这些产品虽然物理属性、原始用途相差甚远，但都能提供一个共同的效用，即身份的象征，能让人获得高度的"自尊"和满足感。购买都彭打火机者所追求的不是点火的效用，而是感受顶级品牌带来的核心价值，即无上的荣耀。

值得一提的是，在品牌延伸之前应正确认识品牌的核心价值。如果狭隘地认识品牌的核心价值，就有可能延误品牌延伸的时机。如雀巢与咖啡的关系密切，消费者一提到雀巢，首先想到的就是咖啡，但这只是雀巢的核心价值之一，它还意味着"国际级的优秀品质、温馨、有亲和力"，这些才是雀巢品牌核心价值的主体部分，故能包容咖啡、奶粉、冰淇淋、柠檬茶等许多产品。

因此，在进行品牌延伸时，首先，要分析延伸产品与原有产品之间是否存在共同的核心价值，这是决定品牌延伸是否成功的关键。

其次，当延伸产品与原有品牌不具有内在的共同核心价值时，品牌延伸就应考虑延伸品牌与原有品牌表面的关联度，尽量使延伸产品与原来的品牌在其产品的定位、特色及消费对象等方面相吻合。如不然，便会损害其在消费者心目中已树立起来的品牌形象。

案例　　　　　　**营销视点 10-3**

"贴肚脐，治痔疮"，荣昌制药厂的这则广告，人们早已熟到出口成诵的地步。随着这一广告的广泛传播与渗透，荣昌制药厂的企业形象得到了较好的确立和提升。后来，电视上又推出了这家制药厂的另一新产品——甜梦口服液的广告，尽管起用了两位知名度较高的影视明星出镜，广告的制作也算精美，但其效果却十分有限。

这家企业一边向人们推销治疗痔疮的肛泰，一边又要人们买它的甜梦口服液，由于不良联想，消费者很容易在心里产生一种排斥情绪，当然就难以激发他们的购买欲望。不妨设想一下，"红塔山"牌护肝霜和"茅台"牌皮鞋油又会在消费者心目中产生怎样的品牌效果呢？

3．品牌延伸成功的保障——新产品本身的成功

上面论及的品牌延伸的基础——品牌是否强势，欲延伸的产品与原产品的相似度，都只是讨论了品牌延伸的理论可能，即有没有资格延伸，在多大范围内延伸较合适，拟合度如何，等等。但何时延伸、延伸到何种产品，还是得看天时、地利、人和，即新产品的营销环境和企业的支持力度是否正在其时，如正在其时，则新产品本身就会成功。

长期以来，人们没有认识到新产品本身的不成功也是导致品牌延伸失败的一个重要原因。如果新产品相当成功，就说明公众愿意或比较容易接受该产品，该产品在公众心目中的品牌形象肯定也不错。新产品的成功肯定会对品牌延伸的成功助一臂之力。如果企业的新产品不成功，那么企业的品牌延伸肯定不成功。所以，新产品本身成功是品牌延伸成功的保障，而影响新产品本身成功的因素又有哪些呢？

1）延伸新产品的市场需求量

在进行品牌延伸时，应考虑市场的需求量，看有没有可供挖掘的空间。在企业决定进行品牌延伸之前，要对目标市场做一番周密细致的市场调研，计算出市场的总容量，尽可能细分市场，达到量化指标，并结合自己准备推出的产品性能和特色，看是否值得进行品牌延伸，是否有胜算的把握，而不是看别的企业进行品牌延伸就眼红，不分青红皂白，脑门一拍就上。

2）延伸新产品面临的市场竞争态势

当延伸新产品的市场品牌纷杂、市场格局未定、没有或未形成强势品牌时，被延

伸的新产品就容易成功。即使有相对强势的品牌浮出水面，其地位不稳，实力有限，对于消费者的心理优势和市场优势尚未确立，从其他市场延伸过来的强势品牌的优势在延伸中凸现，原有市场品牌的相对优势也不可能对延伸品牌形成抗击优势，这样的市场有延伸空间，被延伸的新产品也容易成功。

在我国纯净水行业尚未出现一个全国性的领先品牌时，乐百氏、娃哈哈顺利地从乳酸业跨入到纯净水市场，成为这一行业的一流品牌。该情况就基本属于此类。相反，市场上的强势品牌，通常是该市场上最有购买力的品牌，它在三方面占据市场优势，并强烈地抵抗着延伸者的入侵。首先，它占据了市场最多的份额，实力最强，有能力抗击入侵者；其次，它的知名度和美誉度高，获得该市场多数消费者的肯定和喜爱，在消费者心目中占据了最有利的位置，并在心理上构筑起抗击入侵者的屏障；再次，它占据并控制了主要的销售渠道，因此它可能阻塞延伸者的销售渠道。在这样的情况下，其他市场强势品牌的延伸进入就难以获得成功了。IBM 进入复印机市场失败、施乐进入计算机市场败北、3M 公司闯入胶卷市场被柯达扼杀，就是这方面的例证。

在一般情况下，如果延伸产品市场早有强势品牌，市场格局早已定格，市场成熟，则该延伸产品是难以成功的。但是，只要延伸者能找出该市场有价值的空隙，并使延伸产品占领此空隙，那么，被延伸的新产品的成功就仍有可能。海尔由冰箱、空调延伸进入洗衣机市场之时，以小天鹅、小鸭为龙头的洗衣机市场格局早已形成并定格，两者是行业的强势品牌。但是，海尔找到了全自动滚筒这一高品质、高价格和优质服务的洗衣机市场空隙，并占领了此位置，使被延伸的新产品获得成功，品牌延伸大获成功。

3）企业的支持力度

企业是否采取有效的营销策略和有力的营销手段来确保延伸新产品的成功会直接影响到品牌延伸的效果。品牌延伸到一个新的领域，如果新领域内存在强大的品牌，那么仅靠延伸产品品牌的知名度和品牌核心价值的包容力是远远不够的，企业须在产品、定价、渠道、促销广告等营销方面付出很大努力。在产品方面，采取差异化战略，精确定位，切割对手市场空隙或薄弱环节的市场份额；在定价方面，可采取比对手稍低价格的策略；在渠道方面，给予经销商更高的返利和更强大的渠道支持，同时减少渠道成员层级，使渠道扁平化，以便更接近消费者和更快地顺应市场变化；在促销方面，加大终端人员促销的努力，做好终端货架的生动化陈列；在广告方面，则可采取加大广告投放力度、采取明星代言等策略。

10.3 品牌延伸决策

10.3.1 品牌延伸的原则

品牌延伸最基本的原则是充分利用品牌资产，以尽可能地获得品牌延伸的好处，同时把品牌延伸的风险降低到最低程度。收益和风险永远是一对不可调和的矛盾，收益越大，风险越高。要想享受品牌延伸所带来的好处，就必须承担品牌延伸的风险，关键是如何在控制风险的情况下提高收益。因而，遵循一些理论研究所提出的原则是有用的。

1. 品牌延伸过程中要不断地做宏观环境扫描

企业是经济活动的基本单位，也是社会的一个功能组织，不可能脱离社会而存在，品牌延伸作为企业的一项行为也不例外。因而在品牌延伸过程中，企业要做宏观环境扫描，以了解政治法律因素、经济因素、社会文化因素、科学技术因素及产业结构的变化，分析品牌延伸存在的机会与威胁，为进行品牌延伸做好准备。

如果政治、经济环境动荡，可能企业筹资就更难，成本就更高，员工流动性就更大，原料供应也难以保证，这时企业应尽力固守原有风险小的业务领域，少做品牌延伸等扩张性行为。在经济衰退尤其是出现经济危机时，人们购买力普遍下降，这时品牌延伸就不合适了。在日益强调环境保护的今天，向可能带来环境污染的新产品做品牌延伸就会面临法律问题。

2. 要充分考虑企业自身情况

品牌延伸是基于对品牌有良好的管理基础，品牌的创立和维护需要企业整体管理工作的配合。进行品牌延伸时，要对企业自身情况做全面的审视。

（1）企业是否能很好地执行顾客导向战略？

品牌资产是由于顾客的认可才得以存在的，而品牌只有很好地满足顾客的需求才能得到顾客的认可。如果企业在顾客导向方面的工作做得不够，则应加强企业文化建设，并对员工进行充分的激励，以真正实现顾客导向观念，这样品牌延伸成功的可能性会更大。

（2）企业各部门协调配合能力如何？

营销应是企业各部门的责任，而不仅仅是销售部门的事，这就要求各部门的协调配合。品牌资产是企业各部门共同营销努力所创立的结果。如果营销部门经过调查，认为应做品牌延伸来推出新产品，而生产部门却未能提供质量稳定且可靠的新产品，或者财务部门未能及时融到资金，或者售后服务部门未能提供所承诺的服务，那么即使一个很有市场前景的品牌延伸也会失败。

（3）企业内外信息沟通是否通畅？

企业只有具有良好的信息沟通能力，才能使内部管理更有效率，才能与顾客进行很好的沟通，以便及时地了解顾客的需要，而品牌延伸是一项有风险的企业扩张性行为，非常需要及时了解顾客的反应和市场的变化，也需要处理好品牌延伸所带来的企业内部冲突（如做产品种类延伸，可能要采取新的工艺流程，这就需要人事部门引进人才，而人事部门又一时无法挖取这样的人才），这些工作都需要良好的信息沟通做保证。进行品牌延伸之前，企业要对自身情况做一全面剖析，然后再量力而行。

3. 要保持合适的品牌延伸节奏

消费者对任何事物的认识都有一个心理接受的过程。因此，品牌延伸要实现品牌伞效应（品牌延伸使新产品尽快进入市场，缩短导入期的产品认知过程），就必须考虑到消费者对于品牌延伸产品也有一个心理接受的过程。

品牌资产从主导产品向延伸产品的传递需要时间，要在企业的不断宣传下和消费者使用以后，才逐步为消费者所接受，操之过急是无益的。当品牌向过多的产品延伸时，消费者一时难以对众多的新产品产生较好的认识，有时还会对众多的延伸产品产生混淆，从而稀释品牌个性，甚至误解企业传递的信息，对品牌造成不利影响。因此，品牌延伸即使可行，也要保持合适的延伸节奏，过快、过多的品牌延伸对企业是不利的。

案例　　　　**营销视点 10-4**

20世纪90年代高露洁和佳洁士两大外资牙膏巨头进入中国，中国牙膏行业进入了快速发展时期。当时中国牙膏市场容量巨大，市场规模以年均5%的比例保持快速增长，市场季节变化较为平稳。1998年，全国牙膏产量达到28.07亿支；2000年产量达到了36亿支，年人均使用量提高到了2.8支。

然而，云南白药集团经过国民口腔环境调研发现，中国人口刷牙率有85.65%，但达到口腔卫生良好指标的成人只有0.22%，牙周病的患病率达到99.4%，牙龈出血、牙龈肿痛、口腔溃疡、牙周病等症状更是成为很多国人的口腔常发病。加上东西方饮食和口腔观念差异，以防蛀、美白、清洁为诉求的传统牙膏，并不能满足国人日趋多样和复杂的口腔环境。

因此，以"让传统中药融入现代生活"为宗旨的云南白药集团，开始踏上了"改善国人口腔健康问题"的探索之路。

云南白药牙膏定位为药物牙膏，具有帮助减轻牙龈问题（牙龈出血、牙龈疼痛）、修复黏膜损伤、营养牙龈和改善牙周健康的作用。这次品牌延伸是很成功的，云南白药是"伤科圣药"，以此为背书可以提高云南白药牙膏效果的可信度，而且药物牙膏细分市场上的市场竞争不是很激烈，云南白药牙膏具有强有力的竞争优势。因此，云南白药牙膏上市之初就显示出强大的销售势头。

10.3.2　品牌延伸的步骤

1. 品牌形象调查阶段

这个阶段的任务是了解公众头脑中与品牌有关的所有联想，认识品牌的属性、个性、意图、内心承诺和隐藏的潜力分别是什么，消费者对品牌各方面的认识程度有什么不同，哪些因素在消费者头脑中更为重要，以及品牌和品牌形象的普及程度，从而清晰地了解消费者对品牌的认知结构。

这样就可以根据消费者的认知状况来选择延伸产品，提高品牌延伸的成功率。品牌形象调查是十分有必要的，因为企业所自认为的品牌形象以及品牌各要素的重要程度与消费者的实际认知不一定相同，而消费者的认知才是关键，即品牌延伸是否成功取决于消费者是否接受新产品。品牌形象调查包括定量和定性调查。定量调查可深入了解品牌信息，虽然比较复杂，但是十分有必要。

2. 选择可行的候选产品

企业选择生产什么产品，进入什么市场，要充分考虑消费者因素、企业自身状况、市场竞争程度等。营销决策者决定哪些新产品符合消费者心目中的品牌形象时，尤其要重视消费者因素，如消费者关于品牌的联想、品牌定位、品牌核心价值。这些要做消费者调查才能获得，虽然消费者调查不如市场试销效果好，但调查是非常有用的。根据对消费者调查研究结果并结合"头脑风暴法"，就可以选出做品牌延伸可行的产品组合。

3. 评估候选产品

在预测品牌延伸的成功性时，需要通过经验判断和调查研究了解消费者、企业和竞争因素，以判断是否能实现品牌延伸的好处，降低品牌延伸的风险。无论针对哪一个可行的候选产品，都要考虑上述两个因素。

1）消费者因素

首先，市场营销者要判断品牌延伸效力，判断品牌能否给延伸产品带来优势、消费者偏好和独特个性等（这些形成与竞争品牌相区别的意义），以筛选可行的候选产品。为了实现这个目的，先要进行消费者调查。比如说"延伸产品与品牌是否很适合"、你是否希望用该品牌推出这种新产品"，甚至可以问"你认为利用该品牌可立即推出什么样的产品"。如果大多数被调查者认为一个延伸产品早就应该推出了，那么这样的品牌延伸的风险就很小。

考虑消费者因素时要避免两个常见的错误。其一，营销者不能全面了解消费者对品牌的认识，而只错误地关注一个或几个品牌联想来判断品牌延伸的合适度，忽视了重要的品牌联想。如 Bic 在向一次性打火机、一次性剃须刀延伸成功后，推出香水产品，并花了 2000 万美元宣传其香水时尚而又便宜的形象，但未获成功，其主要原因是 Bic 品牌本身缺乏时尚的形象。其二，忽视消费者对延伸产品的认知有一个过程，消费者首先关注主导产品与延伸产品在具体属性上的联系，最后才认同延伸产品所带来的利益。如果品牌经理根据延伸产品的利益判断消费者反应，显然会有点不合实际。假想佳洁士推出口香糖，消费者首先会想到它像牙膏。

2）企业和竞争因素

消费者的反应是主要的，但也不能忽视企业和竞争因素，有时这两者直接决定延伸产品的命运。企业要做出判断，以现有的技术、设备、人力资源是否有能力推出该延伸产品，推出该延伸产品后能在市场上获得什么样的竞争优势，竞争者反应又如何。如百事可乐曾做过广泛的品牌延伸，推出多种果汁、冰茶、运动饮料，这些品牌延伸有的成功，有的一般。1993 年，它推出的水晶百事失败了，但这次失败不是当时公司主要的忧虑所在，因为其主导产品——可乐饮料的市场份额正在被可口可乐夺走。

4. 设计品牌延伸计划

人们都知道品牌延伸对于有效推出新产品来说是一条捷径，但很少有人注意到要使品牌延伸能最大限度地利用品牌资产的好处，必须制订可行的市场营销战略计划。即在筛选出可行的延伸产品后，还要制订具体的营销计划来执行品牌延伸。

首先要决定延伸产品使用的品牌元素。品牌延伸不仅仅是使用原品牌名，而是与其他重要的形成品牌资产的元素一起使用，如金宝汤料公司设计的包装，既可以区分不同的产品，又能表明产品的共同来源。然而，有时某些品牌延伸产品也会处于进退两难的境地。比如原品牌元素是品牌资产的重要部分，但又不得不考虑在延伸产品中使用它，而使用该元素又使延伸产品与主导产品难以区别开来。这种情况容易发生在产品线延伸时，如 Tanqaery 以鲜明的红条纹、绿身的酒瓶为标志，当它向伏尔加延伸时，只好使用银色酒瓶，虽然看上去时尚，但没有利用其重要的品牌元素。因而在品牌延伸中，既要使用原品牌元素，又要采用新的元素，既使品牌资产得到很好的利用，又可形成延伸品牌本身的特色。

其次是设计营销计划。在设计中要考虑建立与产品相关和不相关的品牌联想，用消费者认知价值指导价格制定，分销策略要混合使用"推"和"拉"的方法，营销沟通中要使用多种媒体。对于产品种类延伸，由于差别较大，应尽力诉求共同点，并加强宣传，以让消费者感知。如象牙牌从香皂向香波延伸时，就诉求其"温和"的特点。对于产品的延伸，要尽力宣传其特色，以创立新的联想，形成延伸品牌本身的特色。如通用汽车在澳大利亚小型车市场上只有一种品牌 Holden Gemini，当它想推出第二种车型 Holden Astra 时，由于没有做好宣传，让人们认为 Holden Astra 会替代 Holden Gemini 车型，即 Holden Gemini 是过时的车型，结果造成了 Holden Gemini 的滞销。

5. 评估品牌延伸及其对品牌资产的影响

对企业已做的品牌延伸及其对品牌资产的影响进行评估，总结成功的经验和失败的教训，发现一些有用的规律，提高企业对品牌延伸的管理水平，为正在进行或即将进行的品牌延伸提供指导。

10.3.3 品牌延伸决策

1. 品牌组合决策

品牌组合是指品牌经营者提供给消费者的一组品牌，它包括所有的品牌线和品牌名目。企业的品牌组合具有一定的广度、长度、深度和黏度。

品牌组合的长度是指品牌组合中品牌的数目。品牌线的平均长度就是总长度除以品牌线数。品牌组合的宽度是指企业有多少条不同的品牌线。品牌组合的深度是指品牌线中每一品牌产品有多少个品种。品牌组合的黏度是指各条品牌线在最终用途、生产条件、销售渠道或者其他方面的关联程度。

上述品牌组合的四个方面给品牌经营者提供了进行品牌延伸的大方向。品牌经营者可以从四个方面进行品牌延伸：增加新的品牌线，以扩大品牌组合的宽度；延长现有的品牌线，以成为拥有更完整品牌线的企业；为每一品牌增加更多的品种，以增加其品牌组合的深度；使品牌线有较强或较弱的黏度，这主要取决于品牌经营者是考虑仅在单一的领域内还是在若干领域内获得良好的声誉和业绩。

2. 品牌线决策

品牌线是指密切相关的一组品牌，因为它们以类似的方式发挥功能，售给同类消费者群，通过同一类型的渠道销售出去，或者售价在一定幅度内变化。例如，美国雅芳公司的品牌组合包含3条主要的品牌线：化妆品品牌、珠宝首饰品牌、日常用品品牌。每条品牌线下包括许多独立的品牌。如化妆品品牌可细分为口红品牌、胭脂品牌、水粉品牌等。

1）品牌线分析

品牌经营者需要知道两个方面的重要信息：第一，他们必须知道品牌线上的每一品牌的销售额和利润信息；第二，他们必须知道在同一市场内，他们自己的品牌线与竞争对手的品牌线的对比情况。

2）品牌线长度

在品牌延伸活动中，品牌经营者所面临的主要问题之一，就是品牌线的最佳长度问题。假如品牌经营者能够通过增加品牌数目来提高利润，那就说明现有的品牌线太短；

假如品牌经营者能通过削减品牌数目来提高利润，就表明现有的品牌线太长。

在品牌延伸活动中，品牌经营者可以用两种方法来系统地增加品牌线的长度：品牌线直接延伸和品牌线填补。

（1）品牌线直接延伸。从整个市场来看，每个公司的品牌线只是该行业中全部品牌的一部分，如果企业超出现有的品牌线来增加它的品牌线长度，就叫作品牌线直接延伸。品牌经营者可以向上或向下延伸其品牌线，或者同时朝两个方向延伸。

① 向下延伸。许多品牌最初定位于市场的顶端，随后将品牌线向下延伸。品牌经营者向下延伸其品牌线的主要原因有：企业在高档产品市场受到攻击或者是增长缓慢，前景不容乐观；企业最初进入高档市场是为了树立品牌形象；企业以某一市场的低端品牌填补市场，防止竞争者乘虚而入。

品牌经营者在采取向下延伸的策略时，会有一定的风险：新的市场低端品牌也许会与其高端品牌自相残杀；可能刺激竞争对手，使他们进入市场的顶端；经销商可能没有能力或意愿经营低端的品牌，因为这些产品价低利微，并且可能会损害经销商的形象；可能会败坏原品牌的美好形象。

② 向上延伸。位于市场低端的品牌经营者可能打算进入市场顶端。他们这样做可能由于：市场低端的品牌经销商不愿意经销，且挤压价格；消费者挤压价格，使其利润率极低；市场顶端的品牌利润率和增长水平较高；给消费者留下完整品牌线的形象；声东击西，不是真想进入高档产品市场，而是想借此来扩大低端产品市场的份额。

向上延伸的策略会带来一些风险：处于市场顶端的品牌不仅会严守阵地，而且会进军市场低端，以作为反击的措施；消费者也不大可能会相信该新品牌有着上乘的质量水平；企业的销售代表和分销商可能会因为缺乏该方面的经验和培训，不能很好地为高档品牌产品进行市场服务；原有销售网络不太适应高档新品牌的定位、形象和销售。相对于向下延伸策略，品牌的向上延伸需要更多的投入。

③ 双向延伸。定位于市场中端的品牌经营者可能决定向市场顶端和市场低端两个方向延伸其品牌线。这种策略的主要风险是有些消费者认为高档、中档和低档之间的差别不大，因而宁愿去选择价格更低的产品。另一个风险是可能模糊了原有品牌清晰的定位，给消费者造成一种"高不成，低不就"的印象。

（2）品牌线填补。品牌线填补是企业在现有品牌线的范围内增加一些新品牌，以拉长品牌线。

品牌经营者采取品牌线策略可能是基于这样几个动机：满足消费者多品牌的要求，扩大销售额和利润；满足那些经常抱怨由于品种单一而失去销售机会的经销商和推销员的需求；利用剩余生产能力；成为领先的品牌线饱满的企业；设法填补市场空缺，以防止竞争者的侵入。

企业采取品牌线填补策略要避免导致新旧产品的自相残杀，要避免在消费者心中造成混乱的印象。其解决的办法是给每一个品牌以明确的定位，显示各品牌之间的明显差异和个性。

3. 品牌线削减策略

在品牌线增加的另一面，有时还要进行品牌线削减，主要有以下情况：品牌之间没有严格的市场区隔，造成自相残杀；品牌的销售量和利润在经过了合适的销售努力后还是上不去；品牌没有足够的消费群；品牌缺乏具有吸引力的卖点。

当品牌存在以上问题时，品牌经营者应快刀斩乱麻，削减品牌，消除隐患，以提高企业的资源利用率、经济效益和社会效益。

案例　联合利华之多芬：在延伸中强化品牌

1995年，联合利华推出了多芬美容香皂。同一年，宾夕法尼亚大学的一位皮肤学学者证明了多芬美容香皂对于皮肤的干燥和刺激作用比其他香皂要小得多。以这份研究报告作为依据，多芬开始对医生展开激烈的营销攻势，结果25%的多芬美容香皂用户是因为医生的推荐而购买的。到了20世纪80年代中期，多芬已经成为最畅销的香皂，而且定价比一般香皂贵。其销售额达到了3.3亿美元，占市场份额的24%，远远超过了行业第二名。

多芬最早的品牌扩张尝试开始于1965年，品牌延伸到了餐具清洁剂领域，多芬的餐具清洁剂虽然没有被市场淘汰，但是结果令人失望。在餐具清洁剂方面，多芬当时最强劲的竞争者是棕榄公司，它的产品承诺"在您清洁餐具的同时呵护您的双手"。多芬希望通过品牌的延伸把"清洁乳液"的概念转移到餐具清洁剂的产品上，从而形成对棕榄公司的竞争力。但事与愿违，消费者认为，要停止使用定位明确的棕榄产品毫无理由。因为多芬"清洁乳液"的概念并不表明它也可以清洁餐具，所以也就不会成为餐具清洁剂有力的竞争者。面临市场对于品牌延伸行动很低的接受度，多芬开始降价，而这一行为却成为损害多芬高端品牌价值的另一因素。在多芬餐具清洁剂推向市场的15年之后，它还仅仅处于行业第七的弱势地位，市场份额仅占3%左右。多芬在餐具清洁剂方面的品牌延伸行动不仅没有加强多芬的品牌价值，它的失败还使得多芬在几十年间不敢扩张自己的特许销售网络。

1990年，多芬美容香皂的专利权到期，它的主要竞争对手宝洁很快开始研制一种含有保湿润肤成分的玉兰油香皂，并于1993年推向市场。一年之后，宝洁又推出了相同性质的玉兰油保湿润肤沐浴露，迅速占据了这一高利润产品25%以上的市场份额。多芬的品牌管理团队这时候才意识到，多芬是最适合在保湿润肤沐浴露方面进行产品延伸的，可惜最初都忽视了这一点，因此也就失去了在这个新的产品子类上成为"领袖"的机会。

作为对于玉兰油的回应，多芬迅速把保湿润肤沐浴露的产品推向市场。但是一直到1999年推出多芬Nutrium系列的创新产品，润肤营养成分的技术改善才使多芬能够让消费者接受它在沐浴露产品方面提价50%的行为。不久，多芬又推出了抗衰老型营养护肤沐浴露，它含有能够减少皮肤衰老特征的抗氧化物，这种产品帮助多芬在沐浴露市场上同宝洁展开拉锯战。通过不断地延伸其强大的品牌价值、追求新的科技创新，多芬克服了因较晚进入沐浴露市场而产生的劣势。多芬沐浴露的出现对多芬香皂的业务产生了很大的影响，使得多芬香皂的销售额提高了30%，而Nutrium子品牌在沐浴露方面推出子类产品之后，更是大大促进了多芬香皂的销量，加强了主品牌的价值。

联合利华同宝洁激烈争夺的另一个市场是发展相对成熟的除臭剂产品。其实最开始，多芬产品在这方面并没有多少优势。一方面，除臭剂最重要的是对于干燥的要求，这与多芬产品"保湿滋润"的概念相冲突，另一方面，除臭剂的目标消费群比那些典型的多芬产品消费者要年轻。尽管存在着这些风险，多芬还是推出了除臭剂系列产品。这一系列除臭剂也成为2001年非食品类十大新产品之一，销售额达到了7000万美金，市场份额与第一名仅差5％，成为女士除臭剂行业的第二名。在具有柔和的润肤清洁剂的定位基础上，多芬强调了腋下皮肤也需要保护的概念，这就使得多芬除臭剂的干燥功能与同类产品有了一定的区别。

尽管多芬在这个领域获得了胜利，宝洁还是在2000年中期推出玉兰油"日常面部护理产品"———一种注入了营养护肤成分的一次性面巾，并击败了多芬。多芬花了一年时间才做出反应，推出多芬水合物日用清洁面巾。在具备了沐浴露产品品牌延伸的经验之后，多芬这次的品牌延伸很好地适应了这个产品领域的竞争，从一开始就取得了很好的效果。

多芬下一个品牌延伸的产品是护发用品。保湿滋润是护发用品一直没有实现的两大功能缺陷之一，多芬直接针对它提出了"不增重的保湿用品"概念，与同类产品相区别。这种产品的销售量在日本和我国台湾地区成为行业第一，之后在2003年初通过大规模的市场促销进入美国市场。从此多芬护发用品也成为美国几乎三分之一家庭使用的多芬系列产品中的一员。

在多年持续20％到30％的销售额增长之后，多芬特许经营商店2002年的销售总额超过了20亿美元。

案例思考题

1. 竞争对品牌延伸有什么积极作用？
2. 进入市场的先后对企业有什么样的影响？
3. 多芬为什么能延伸到其他产品上面？

本章小结

本章主要介绍了品牌延伸战略，主要内容有品牌延伸的背景，品牌延伸的概念，品牌延伸的动因，品牌延伸的风险与成功因素，以及如何进行品牌决策。

信息时代的到来和技术更新的加快使品牌延伸的重要性越来越突出。另外，品牌资产作为企业的无形资产，是企业各部门共同努力的结果，是企业的共有资源，一定要在不损害品牌资产的前提下进行充分使用，提高品牌资产的收益率。品牌延伸就是有效运用品牌资产的重要形式。

进行品牌延伸能最大限度地利用已有的品牌优势，把握稍纵即逝的市场机会；可以低成本地推出新产品，降低营销费用。从另外一方面讲，它能给主品牌注入活力，提升主品牌的内涵和价值。此外，对于占领更多细分市场、防止顾客流失、快速切入市场等都有很重要的作用。

当然，进行品牌延伸也是有风险的。延伸不当，会损害原有品牌的高品质形象，淡化主品牌内涵，并造成消费者心理冲突；有时，延伸新产品会抢去原品牌产品的市场份额，还会发生跷跷板效应。因此，对品牌延伸要慎重。

本章还讨论了在什么情况下进行品牌延伸比较合适：首先，原品牌本身是强势品牌；其次，延伸品牌和原品牌有很强的相似性；最后，新产品本身也是品牌延伸成功的重要基础。

在制定品牌延伸决策时，要不断地做宏观环境扫描，充分考虑企业自身的情况，保持合适的品牌延伸节奏。

关键术语

品牌延伸　　　　产品线延伸　　　　产品种类延伸　　　　品牌线直接延伸
向下延伸　　　　向上延伸　　　　　双向延伸　　　　　　品牌线填补
品牌线削减

思考题

1. 品牌延伸战略的动因是什么？
2. 品牌延伸对主品牌有什么影响？
3. 为什么品牌延伸能降低营销费用？
4. 为什么品牌延伸会出现跷跷板效应？
5. 谈谈影响品牌延伸成功的因素。
6. 品牌延伸的原则有哪些？
7. 品牌延伸的步骤是什么？
8. 如何制定品牌延伸决策？

参考文献

[1] Constantine von Hoffman. 品牌过度延伸[J]. 王欣红，译. 首席市场官，2006(1).
[2] 卢泰宏，谢飙. 品牌延伸的评估模型[J]. 中山大学学报（社会科学版），1997(6).
[3] 罗志伟. 品牌延伸战略研究[D]. 武汉：武汉大学，2005.
[4] 大卫·艾克. 创建强势品牌[M]. 吕一林，译. 北京：中国劳动社会保障出版社，2004.
[5] 大卫·艾克. 品牌组合战略[M]. 雷丽华，译. 北京：中国劳动社会保障出版社，2005.

第11章 品牌管理模式

📖 **本章提要**：本章主要围绕品牌管理模式及其发展，阐述了传统品牌管理模式的局限性，论述了品牌经理制的优缺点，并介绍品牌管理模式的发展趋势。重点论述了品牌经理制的概念、品牌经理制的优缺点，以及品牌经理制在实践中的难点。

引 例

据国家人事部门2006年预测，在未来中国最热门的十大职业中，品牌经理人位居前三名。这对于具有前瞻性眼光的年轻人来说，是一个发展自己的人生机遇。企业要建立品牌，就必须有人来管理，而这个人就是品牌管理方面的最高执行者——品牌经理。

据有关数据统计，我国市场上前十名产品（还不能称为品牌）的消费占有率高达70%～80%，我国的消费者已经逐步从"商品消费"进入"品牌消费"，着力于品牌策划工作的人才也成为"抢手货"。

就深圳、广州的招聘情况来看，品牌策划已成为一个热门的招聘职位了。据相关媒体报道，仅一天的招聘广告中就有近十家企业招聘相关的品牌策划人才，包括品牌策划经理、助理等职位，其中以化妆品公司招收这类人才居多，占去近一半的份额。这些化妆品企业大都是一些民营企业。它们认为，国内化妆品要与国际知名品牌竞争，就必须建立具有自己特色的品牌，这就需要一些优秀的品牌策划人才去进行管理。此外，外资企业要进入我国市场，也需要对本地市场有充分的了解，确立合理的品牌路线是抢占新市场成败的关键，因而吸纳优秀的本土品牌策划人才也是必不可少的事情。

除了化妆品行业以外，诸如房地产、广告、服装等行业都有发出招聘品牌策划人才的需求信息。可见，品牌策划人才确实是近期招聘市场的一大热点。同时，从事品牌管理工作的人员的月薪也从4000元到上万元不等；一些外资企业的品牌管理经理年薪则可高达30万元。有专家预测，品牌管理人才的身价还将有可能达到近5%的增幅。

当然，有的大企业的首席品牌官的年薪达到几百万甚至上千万元也是很正常的。无数的中国企业需要建立自己的品牌，无数的企业品牌需要国际化，这都需要人才来管理。因此，首席品牌官品牌职位的提出与设立，将最有力地迎合这个时代。

在21世纪，首席品牌官品牌管理模式与制度的建立，将打造一个品牌经理职业阶层，使品牌经理成为"成色"最高的金领职业之一。

11.1 传统的品牌管理模式

传统的品牌管理模式主要是职能化品牌管理制度。在这种制度中，品牌管理的责任主要由各个职能部门的经理以及外部广告机构的专业人员来共同承担。企业每个品牌的管理职能都分散进行，没有一个规范的机制来处理企业内不同品牌之间的战略关系。

传统品牌管理模式在实践中存在一些问题，主要表现在以下两个方面。

1. 职能经理之间的合作问题

在职能化品牌管理制度中，品牌管理的责任主要由各个职能部门的经理以及外部广告机构的专业人员来共同承担。各个职能经理由于专业背景不同、从事工作的性质不同，利益目标也有所不同。因此，不可避免地导致他们对品牌及品牌管理的意见和看法也不尽相同，造成了合作中的矛盾和冲突。

例如，很多企业销售人员对品牌管理工作就不是很认可，销售人员坚信，企业过去的成功不在于品牌，而在于他们出色的销售工作，因此对品牌在销售中所起的作用丝毫不加以重视，对品牌管理工作也一直不予以支持和配合，直到该品牌衰落到几乎濒于灭绝的境地，这些销售人员才幡然醒悟。

2. 品牌之间的协调问题

在职能化品牌管理中，每个品牌的管理职能都分散进行，缺乏一个规范的机制来处理企业内不同品牌之间的战略关系，因此无法处理各品牌之间的协调发展关系。最初在企业内部的品牌数目较少，同类产品大多也仅有唯一品牌的情况下，这个问题并没有凸现出来。但随着企业规模不断扩大，产品种类与品牌不断增多，这个问题就开始凸现出来。

 案例　　　　营销视点 11-1

1926年，宝洁公司为了与联合利华公司的"力士"品牌竞争，推出了"佳美"香皂，但同时这种香皂又不得不和宝洁公司原有的老牌当家产品"象牙"香皂产生竞争，从而使公司本身第一次要面对自有品牌之间的竞争与协调发展的问题。

到1929年，"佳美"品牌一直未能取得成功，宝洁公司的高层经理将其原因归结于"佳美"广告内容让人容易将其与"象牙"香皂联系在一起，从而使得消费者宁愿选择"象牙"而不选择"佳美"。1931年他们指定了另一家广告商作为"佳美"的代理，请他们为"佳美"设计了全新的与"象牙"迥然不同的广告内容，终于取得了成功。

这一举动虽然在当时尚未引起太大的反响，但却使得品牌管理者第一次意识到管理自身品牌的最佳方法就是为它们设计能够相互区别的品牌战略，这在西方企业的品牌管理发展历史中是重要的一步，也直接促使后来品牌经理制的诞生。

11.2　品牌经理制

品牌管理由来已久，但品牌管理方式正如企业管理模式一样，随着经济的发展而不断地变化、完善。随着全球经济一体化步伐的加快，企业的规模正不断地膨胀，其经营方式也正不断地转换，企业的品牌管理方式也由此发生了巨大的变革，特别是当一个企业有多个知名品牌时，多个品牌之间的协调与管理显得越来越重要。这就要求品牌管理方式必须不断变化和完善，使之与企业的发展相适应，这对于现代企业而言，已是一种必然趋势。

品牌经理制是对品牌进行管理的一种制度模式，它打破了以往对各个品牌的管理工作进行职能化分割、分散进行的做法，让每个品牌都只有一个品牌经理全面负责。大的品牌除了一个品牌经理外可能还要配备数个品牌经理助理，几个小的品牌也可能同归一个品牌经理负责。品牌经理向企业的营销总监或直接向总经理负责，承担几乎全部的该品牌的管理与运营的责任。

品牌经理制是企业在新生产的各产品差异很大或数量太多时所采取的一种品牌管理方式，因其能够灵敏地适应市场的变化，能够改善企业参与市场竞争的机制而受到欢迎。在实施过程中，管理和控制都要严格地通过品牌经理发生作用。

11.2.1　品牌经理制的概念

品牌经理于1931年最早出现在美国的宝洁公司。当时，宝洁公司新研制生产了一种称为"佳美"的新品牌肥皂，但这种新品牌的市场销售景况始终欠佳，远没有预想得好。为了转变这一不利的状况，一位名叫麦克埃尔罗伊的年轻人受命专门管理这一品牌产品的开发和推销。之后麦克埃尔罗伊的工作取得了很大的成功，并被任命为公司的总经理。宝洁公司对于麦克埃尔罗伊的成功非常重视，随后增设了其他品牌的专门管理人员，品牌经理制也就由此应运而生。

所谓品牌经理制是指企业为每一个品牌的产品或产品线配备一名具有高度组织能力的经理，他对该品牌的产品开发（包括产品概念、价格与成本、材料要求、包装要求、上市时间等）、产品销售额、产品毛利率负全部责任，并且由他来具体协调与企业产品开发部门、生产部门以及销售部门之间的工作，负责品牌管理的全过程。

一般来说，在企业新生产的各产品差异很大或产品品种数量太多，以致按功能设置的营销组织无法正常运转的情况下，建立品牌经理制是适宜的。

11.2.2　企业需要品牌经理制

传统的职能化品牌管理模式在旧经济条件下，曾一度被企业普遍采用。但随着外部经济和企业自身的发展与变化，传统的职能化品牌管理模式的弊端越来越凸现出来。品牌经理制恰好能弥补其弊端，解决企业现在与未来对品牌的管理问题。

1. 企业自身发展的需要

随着经济全球一体化进程的加快，企业为了自身发展的需要，需不断扩张自身规模、不断开发与塑造新品牌，因此，企业的产品种类与品牌也越来越多。众多的品牌加大了品牌管理工作的强度和难度，对各职能部门间合作的要求越来越高，这使得传统的管理制度也越来越难以适应。这种现状就促进了品牌经理制的建立。

2. 企业资源合理配置的需要

随着产品种类越来越多，企业内部的分工越来越细，部门结构特别是营销部门的组织结构越来越复杂。一些新的部门如产品计划、市场调研等部门不断成立，这些部门的从业人员也越来越多。部门与部门之间的关系越来越复杂，营销主管协调各职能部门工作的难度也越来越大，增添了企业品牌管理的压力。

众多的西方企业的管理层逐渐认识到用庞大和复杂的职能机构来管理品牌的弊端。虽然专业化人员都能出色地完成自己的本职工作，但由于他们缺乏对问题的全局考虑，因此难以从战略的角度计划品牌的发展。品牌经理制的建立使企业能够集中一部分专业人员来全面负责各个品牌的发展，解决了各职能部门之间的协调问题，同时也可通过他们在各个品牌之间分配企业的资源，保证资源的合理配置。

3. 企业品牌发展的需要

企业要想在市场上谋求发展就必须遵守市场规律。有人说，将来的市场版图就是按品牌版图的大小来划分的。为了争取或维护企业在市场中的地位，现代企业正努力将自己的品牌塑造成名牌，使之长久地活跃在市场中。这意味着对品牌的管理必须由专人负责，特别是当一个企业拥有多种知名品牌时，传统的管理制度的确难以适应，而品牌经理制恰恰能适应这一形势发展的需要。

4. 企业抵御风险的需要

品牌经理要负责策划与产品或产品线有关的活动，具体分析市场需求、竞争对手和外部环境；明确界定产品线的成本、销售收入和获利能力，采取正确的营销策略，去掉非赢利产品，在企业多品牌运营时，实现"一荣俱荣"，避免"一损俱损"，有效分散企业风险。

11.2.3 品牌经理制的作用

品牌经理制的建立，为市场营销带来了一股清新的风。品牌经理通过对产品销售全方位的计划、控制与管理，灵敏、高效地适应市场变化，改善企业参与市场竞争的机能，减少了人力重叠，拉长了产品的生命周期，从而为企业赢得了更为广阔的市场和更具发展力的时空。品牌经理制具有以下优点。

1. 有利于协调各部门力量

过去，各职能部门通常容易从局部着眼去订计划、做方案，而各部门的计划方案又不能为一个品牌的整体做出全面的策划，因而品牌成功的概率不是很大。现在，一个熟悉企业各个环节的品牌经理，能够从整体上来考虑品牌的利益，并运用制度的力量去协调各部门之间的工作，使每个部门对每个品牌在每个时点上所承担的责任都得到明确的强调。

实行品牌经理制，在很大程度上消除了部门之间的推诿、扯皮现象，减少了因不熟悉情况而产生的盲目性及因贪图方便因循守旧的行为，并使企业的每一产品在追求商业机会的激烈竞争中都能得到全企业上下一致的有力支持,从而实现企业的整体优化。由于一人或一组人集中精力管理一项品牌,因此企业能以最快的速度对一些市场问题做出反应,并能迅速做出决策,采取有效措施。

2. 切实贯彻市场导向

以前,企业习惯于先开发新产品,再定价,最后卖给消费者。在品牌经理制下,消费者的要求一开始就被品牌经理所考虑。品牌经理在新产品研制开发实施前首先考虑消费者的需求、偏好,确定新产品的目标市场,确定新产品的档次、价格,对新产品进行了很好的市场定位,并根据这一市场定位来确定新产品的功能和要求,计算出产品的目标成本,使科研部门和生产部门在新产品开发之初就有明确的成本控制目标。

3. 维持品牌的长期发展

每个品牌都有专门的负责人,这就避免了某一种品牌遭上级管理层忽视的现象。由于有专门的品牌经理负责,企业更加注意品牌的保护,也对品牌的保护发挥了更直接的作用;由于品牌经理的存在,有人直接对品牌的成败负责,不像职能化管理制度下责任模糊,甚至无人负责,这对企业能否塑造好的品牌起着至关重要的作用。由此,企业通过品牌竞争,也更有机会获得高市场占有率和高利润率。

消费者往往喜欢有个性的产品,而品牌经理就犹如培养产品个性的保姆。品牌经理不但在产品线延伸方面会始终如一地去保护品牌个性,而且在销售工作中,也能有效地消除销售过程中很容易出现的短期行为,而是根据品牌的长远利益,做出正确的抉择,使品牌得到长期发展。

4. 明确产品毛利实现的目标管理过程

在职能化品牌管理制度下,由于管理工作由不同的部门协作完成,缺乏一个成本中心,因此难以控制品牌运作的成本问题。而在品牌经理制下,由一人全面筹划制定品牌的营销方案,品牌经理本人能够较全面地考虑各种因素,制定出具有成本效益的营销组合方案。

由于品牌经理要对产品的销售额和毛利率指标负责,这使得产品一开始就受到成本指标和毛利率指标的控制。品牌经理控制了各个环节的成本支出,一旦发现异常情况,便迅速做出反应,这大大改善了没有具体的人来为毛利率负责的情况。

5. 增强对环境做出反应的速度

品牌经理要花费大量的时间研究消费者调研报告,直接观察消费者行为,有时还亲自主持研究,对自己品牌的了解比其他任何人包括他的顶头上司都要全面。因此,品牌经理能够对环境的变化做出迅速反应。

6. 有利于高级经营人才培养

品牌经理接受的培训及其工作经验都是无价之宝,他们既具有与组织内部其他部门协同工作的能力,又掌握了推广产品所必需的说服和沟通技巧。因此,品牌经理的提升是一条"快车道"。例如,自 1931 年品牌经理制度这一系统实施以来,宝洁公司每位首席执行官均是沿着品牌经理的阶梯上去的。

11.2.4 品牌经理制的缺点

品牌营销是市场经济高度竞争的产物。经过多年实践，品牌营销已经发展得相当成熟，形成了一个以品牌经理制为代表的完整管理体系。但品牌经理制并非完美无缺，在实施品牌经理制的同时可能存在下列诸多的缺陷。

（1）为每个品牌分别做广告宣传，造成营销资源分散，费用开支较大。

（2）品牌众多，往往得不到消费者足够的注意力，难以建立品牌价值，形成不了强势品牌，易被竞争对手击破。

（3）同一类产品以多个品牌、不同风格出现，往往难以形成完整、统一、鲜明的企业形象。

（4）面对同一消费群体的品牌，为争夺市场往往导致互相"残杀"、"内部开战"，从而削弱企业的整体竞争力。

（5）低职高责。产品从设计、生产到销售，所涉及的多个部门都有其主管部门和高层主管人员。品牌经理对各部门的协调和调度难以得心应手，因而把大部分精力消耗在处理这些复杂的关系上，而不是专注于市场和产品的开发。

（6）品牌经理制是产品驱动型而非顾客驱动型的制度。品牌经理集中把他们的品牌推向每一个人。因此，他们经常过分地注重一种品牌，以至于忘了整个市场。

（7）不利于进行有效的绩效考评。绩效评估必须针对具体的、具有统一性特征的数量指标。在实行品牌经理制的企业里，品牌经理要对产品的销售和毛利率指标负责，企业也主要通过这些指标来对其进行绩效评估。但是由于产品从设计、生产到销售所涉及的多个部门都有其主管部门和高层主管人员，因此，品牌经理对于他们的干预力十分有限。一个品牌的成功，不仅取决于正确的市场定位和销售策略，还需要及时的产品开发、优质的产品质量、经济的成本以及销售渠道的全面配合。而品牌经理可以控制和选择的部分是很有限的，这使得品牌经理在某种意义上离开了"实际制定决策的地方"，各品牌经理又有大品牌与小品牌之分，所以销售和毛利率指标事实上并不能准确反映出品牌经理的工作绩效。

11.2.5 品牌经理制的实施

在品牌管理体制下，市场总监统一指挥和协调销售、市场研究、广告促销及各品类经理的工作，各部门向市场总监汇报工作。每个品类经理负责协调各品牌经理间的工作，并指导产品的营销计划和执行工作。每个品牌经理主要为品牌制定营销目标、制订战略营销计划和战术营销计划，并向其品类经理汇报工作。品牌经理助理主要是协助品牌经理工作的顺利开展。品牌管理制的核心管理层是品牌经理，品牌经理与其他各管理层的信息交流模式如图 11-1 所示。

品牌经理的职能主要可以概括为以下两项。

（1）品牌经理需要在对消费者、竞争者和外部市场环境进行分析研究的基础上，为品牌制定营销目标，制订战略营销计划和战术营销计划。具体来说，战略营销计划着重于细分市场的确定、品牌定位及在此基础上的品牌中长期发展策略；而战术营销计划涉及短期内的产品开发，价格的制定，分销渠道的选择，广告、促销、公关等营销战术的具体拟定。

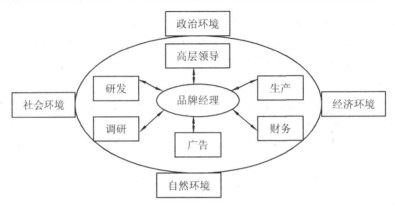

图 11-1　品牌经理信息沟通

（2）品牌经理需要组织、协调企业内外所有相关职能去实施围绕品牌的营销组合与相关决策，以实现品牌营销目标。形象地说，在企业内部，品牌经理是消费者的代言人；而对于外部市场，品牌经理则是企业内外营销力量的组织者和推动者。具体表现在以下两个方面。

其一，进行必要的市场调研，掌握并分析、处理市场信息，以增加利润。品牌经理需要在对消费者、竞争者和外部市场环境进行分析研究的基础上，为所辖品牌制定营销目标、制订战略营销计划和战术营销计划。品牌经理需要组织、协调企业内外所有相关职能部门去实施围绕品牌的营销组合与相关决策，以实现品牌营销目标，监管价格策略和销售策略的严格执行，对市场计划执行情况的信息进行连续跟踪测量和监控，掌握市场变化。

其二，建立产品定位，正确评估特定产品的市场前景，选择合适的品牌形象定位。维护品牌形象，利用营销手段，准确把握产品的投放时机；有效利用促销手段；提高服务，尽量避免无谓的消费者投诉；进行成本控制管理和利润考核，防止非正常损失。由于品牌所处的环境不断变化，品牌经理必须关注影响品牌的各种因素，诸如相关技术、原料、竞争对手、核心工作人员等。

11.2.6　成功实施品牌经理制的关键

必须清楚，品牌经理在企业整个营销运作过程中并不具有很大的权力，无权指挥其他部门。他们要获得成功，必须与其他同仁合作，创造机会，提供点子，帮助别人解决问题，以便未来别人也对他们提供同样的帮助。这就要求品牌经理具有一定的智慧和创造力。

从自身素质来讲，作为品牌经理，必须比企业里其他任何人都更了解自己所负责的品牌，要有不断被人挑战的精神准备和较宽的专业知识面。美国一组织通过对在若干家背景差别较大的企业里工作过的 25 名品牌经理的调查表明，大约半数的品牌经理有 MBA 学位，并有相关技术领域的背景。

从工作职责来讲，企业建立品牌经理制后，它的每一新产品的开发或现有产品的变动，均应由相应的品牌经理通过严格的程序来进行管理和控制，并对所管理品牌的产品或产品线的成功与否负最终责任。因此，品牌经理不仅要关心新产品的开发、生产和销售，而且还要关心原有产品和产品线的发展，以期利用品牌的知名度，求得最大的经济效益。

从市场需求来讲，新品牌的开发不能无的放矢，而是必须建立在广泛的市场调研、了解消费者需求、把握市场走势的基础上，真正降低新品牌开发的风险和成本，不能出现品牌研制出来却因缺少需求支持而"胎死腹中"的情形。

从品牌风格来讲，必须建立一个区别于其他品牌、独立明确的品牌形象，这个形象要与产品的本质属性相一致，并相对保持不变。同时这个形象既不和原有品牌形象撞车，又要与已有良好信誉的品牌相互配合、彼此呼应。

从生命周期来讲，一个品牌在成长时是最为脆弱的，需要以各种方式引起消费者的关注和兴趣。此时要利用消费者在消费方面的社会价值观进行引导，促使其尝试和购买；品牌经理要准确把握广告诉求点和市场卖点，让新品牌一下子就扎根于消费者心中。

从企业整体来讲，品牌经理虽有相对独立性，但又必须服从企业的整体计划，形成品牌的战略组合和整体推进。

由此可知，实行品牌经理制是一个极富挑战性的举措，品牌经理本身就是一个充满风险和挑战的工作。

11.2.7　实施品牌经理制的阻力

尽管品牌经理制得到了西方企业的广泛应用，但其施行的过程并非一帆风顺。1973年，百事公司宣布取消品牌经理制，由此涌起了一股反对品牌经理制的风潮。品牌经理制的阻力主要来自以下几个方面。

1. 品牌经理制的适用性

没有一种营销制度能够适用于所有的企业，品牌经理制当然也不例外。特别是对于那些未慎重考虑就跟随潮流建立品牌经理制的企业来说，品牌经理制的适用性更加值得怀疑。例如，在20世纪70年代，百事公司拥有的品牌数量相对较少，实行品牌经理制不但不能产生理想的效益，相反却由于增添了组织层次而使组织机构显得更加臃肿。

2. 品牌经理制的执行问题

品牌经理制的概念虽然容易表述，但到企业具体执行起来却是个较大的难题。

首先，企业中的职能部门一般可分为两种，即可完成一项特定职能并拥有一定实际决策权的职能型部门和只拥有建议权的参谋部门。品牌经理究竟作为哪一种，或者是两种兼而有之？这不仅会对营销部，还会对整个企业的组织机制产生重大影响，是企业在建立和施行品牌经理制时的一项艰难决策。

其次，品牌经理的权责划分存在问题。一般来说，品牌经理应该对其所管理的品牌业绩负责，但品牌业绩应该在多大程度上纳入品牌经理的考核和报酬体系？按照权责对等的原则就必须赋予其财务、生产、研究开发、销售等方面的相应权力。这些权力应该有多大？与相应的职能部门的权力之间应该如何分配和均衡？如果这些权责不能清晰界定，不但会严重影响品牌经理开展工作，而且还会由于其职位描述的模糊不清而使得对品牌经理的招聘及考核标准缺乏清晰的依据。

3. 来自企业内部的阻力

首先是观念更新的问题。任何一种革新思想都难以在短时间内得到企业内部的重视，引入品牌经理制必定会引起企业内部权力的重新分配，会触犯企业内部一些职能经理和部分高层领导的利益，从而引起他们的抵制和反对。这些阻力的克服最终都要靠环境给予的压力以及企业最高层领导的决心和意志。

上述因素在一定程度上阻碍了品牌经理制的普及。西方企业普遍开始意识到，为适应自身的需要，就必须对品牌经理制进行不断的调整和改良。

西方企业对品牌经理制的调整和改良一般可分为两类。一类是在原有品牌经理制框架内的改进。西方不少企业根据自身特点，明确界定了品牌经理的职责范围，特别是对他们与职能人员之间的职权划分、双方向谁提交争议并寻求解决等，都做了明确的规定，从而解决了品牌经理的权责划分问题。另一类则是对品牌经理制本身的调整。例如，不少企业都在品牌经理之上或之下增添了一些管理层次，使之更适合本企业的发展。例如，为了减少自有品牌之间的竞争，同时也为了加强与日渐庞大的零售商之间的合作，宝洁公司在其品牌管理结构中又加入了类别经理一职，同一类别产品下的各个品牌经理统一向该类别经理负责，并由他来统筹安排该类别产品的营销活动。同年福特公司也正式设立了类似的"计划经理"的角色。

从 20 世纪 60 年代西方企业普遍建立品牌经理制开始到 80 年代末，绝大多数的西方消费品生产企业都建立了品牌经理制或类似的制度。1996 年，《商业周刊》还特地总结了美国通用汽车公司采用这一制度后公司在各个方面的变化。这都表明，品牌经理制在西方企业中深得人心。

综上所述，西方企业之所以普遍采用了品牌经理制，是因为它们基于对传统品牌管理制度在现代市场竞争中的弊端的了解，以及通过实践操作对品牌经理制进行了检验，深刻认识到了品牌经理制的优势。我国企业应清楚这一趋势。

11.3　品牌管理的变革

品牌管理的历史迄今为止已有千年的历史了，然而作为真正意义上的品牌管理，却仅有几十年的历史。

随着经济的发展，品牌管理模式也从传统的职能式品牌管理模式，发展到品牌经理模式，并且还在不断地变化。随着外部环境和企业内部条件的变化，品牌管理制面临着前所未有的压力和挑战。品牌管理制变革的压力来自何方？品牌管理又将走向何方？

11.3.1　品牌管理模式变革的压力

1. 信息技术的不断发展

信息技术的发展，将对营销领域，包括品牌和品牌管理，产生深刻的影响。信息技术的发展，使得基于网络的直销方式成为可能。在所有直销形式中，最具革命性的是基于互联网的网络营销。网络营销被认为是当今最具有优势的一种直销方式。然而具有讽刺意味的是，网络营销对于所有营销人员来说都不啻是一场噩梦。

众所周知，品牌对于消费者而言，一个重要功能是可以减少消费者的寻找成本。

而信息技术的发展，尤其是互联网的发展，其实也是在显著地降低消费者的搜寻成本，并使市场变得越来越有效，因为消费者和卖方完全可以在一个既定的价格条件下实现交易。但是，市场越来越有效，反过来又对传统的以品牌管理为导向的营销的存在提出了质疑，因为营销只是在市场不是十分有效的条件下才出现的。

另一方面，消费者在互联网上使用各种搜索引擎，获取最低的价格，未来甚至可以实现在购物时邀请多个供应商同时进行投标竞争。

因此，随着信息技术的发展，市场将越来越有效，品牌对于帮助消费者减少寻找成本的作用将大大降低，而各种以提供搜索引擎为目的的企业或者信息提供者的作用和重要性将大大提高。

2. 消费者价值观念的转变

消费者价值观念在不断改变。一方面，随着竞争的加剧、产品供给的增加，消费者面临着更多的选择，他们变得愈加精明；另一方面，人口的老龄化趋势意味着有经验的购买者数量在增加。而且企业在提供高质量的产品的同时，还向消费者提供了越来越多的附加服务，又导致消费者对价值期望的提高。

所有这些趋势，都意味着未来消费者可能更加成熟，更加重视价值导向。消费者对价值的进一步关注，对品牌和品牌管理会产生重要影响，品牌的情感性利益对于消费者来说将变得更加重要了。

3. 零售商作用的扩大

在过去十几年中，零售的集中度越来越高，这是一个全球性趋势。在中国，我们也可以看到这一趋势，表现形式为大量的大型百货商场、大型超市，它们在整个社会零售商业总额中所占的比重越来越大。在这一趋势下，营销的重心开始由制造商转向零售商。一些制造商开始更关心整个品类的促销，而不是只关心品牌的促销，因为零售商占有货架空间，处于主导地位，且更关心整个品类的赢利能力。所有制造商的新品牌或者品牌延伸都要保证扩大整个品类的赢利能力。

零售商作用的扩大对品牌管理的影响是深远的，传统的以消费者为中心的品牌管理者必须意识到零售商的重要性，并开始逐渐由单一的品牌管理转向范围更广的品类管理。

11.3.2　品牌管理模式变化趋势

品牌及品牌管理所面临的环境发生的变化，将不可避免地导致品牌和品牌管理制度的变化，特别是在营销关系过程中，品牌对消费者和制造商的作用都会发生变化。那么未来品牌管理可能会往什么方向发展呢？品牌经理制又会发生怎么样的变化呢？

品牌经理制自1931年由宝洁公司创立后，不但在宝洁推行成功，而且被广泛地应用于企业界。这套品牌管理制度已行之多年了。但随着全球化趋势的来临，新兴市场的复杂度不断增加，竞争日益剧烈，渠道不断变革，加之多品牌、品牌延伸等营销策略的发展，品牌策略专家戴维·艾格指出，今天的品牌管理制已经朝以下三个方向改变。

1. 由技术性转为策略管理

今天的品牌经理必须具备策略性和前瞻性的眼光，而不只是从事技术性工作。他们必须参与企业政策的制定和执行，同时品牌策略必须遵循企业政策并反映企业文化。这种转变包括以下三个方面。

1）职位的提升

过去的品牌经理只是中层干部，任职不超过2～3年；今天的品牌经理不但是营销部门的最高主管，而且许多都是由执行长官担任，具有多年丰富的工作经验。

2）注重品牌资产的发展

过去的品牌经理注重的是品牌形象的建立，今天他们注重的是品牌资产的发展。品牌资产的发展是企业竞争优势和长期获利的基础，更需要由高级管理人员来负责。

3）衡量品牌资产价值

过去的品牌经理注重短期的销售和获利数字，今天的品牌经理必须进一步衡量品牌资产的价值。品牌资产的价值来自投资回报、获利、品牌的认知度和忠诚度、品牌认同等因素，是经过长期累积而成的。

2. 由狭窄转为宽广

过去的品牌经理通常只负责一个品牌、一个产品和一个市场，今天的品牌经理面临的挑战更大、复杂性更强，因此工作范围也较以前宽广。主要是因为环境出现了以下的改变。

1）多项产品和市场

今天的品牌经理必须负责多项产品和多个市场的发展，因此，产品和市场范围的规划成为一项重要工作。品牌经理必须决定品牌延伸和品牌授权的政策，例如哪些产品应该用哪些品牌；也必须考虑哪些品牌可以销售到不同市场，或者不同市场要采用不同品牌。今天的品牌经理在对待产品和市场的营销策略组合上必须更富有弹性，才能因应市场的多变性。

2）复杂的品牌工程

今天的品牌经理必须处理复杂的品牌工程，包括各种产品的延伸和副品牌的推出，而且能够让品牌之间达到明显的细分并发挥绩效互补作用。

3）注重品牌类别管理

过去的品牌管理制度鼓励同一类别的品牌之间彼此竞争，例如，宝洁在洗发类别中就有潘婷、海飞丝、沙宣等品牌；但是今天的品牌管理制度侧重于整个类别，即品牌类别管理，而非只是单一品牌，原因是许多大型零售业者要求厂商提供整个类别产品的单一窗口，以便于管理和信息处理。而且由于市场上充斥着越来越多的品牌，同一企业中若各品牌自行其是，就会使得品牌区隔模糊、销售重叠，因此有必要统一管理。

 案例　　　　营销视点 11-2

史密斯·克莱恩·比彻姆公司（主要生产抗酸药、康泰克抗感冒药以及口腔护理等产品）已经建立了一整套全球性的产品大类管理机构，每个产品大类机构都有一个调研、品牌和市场小组，并专门向一位副总裁级别的产品大类主管汇报工作。产品大类管理团队主要负责寻找拓展现有品牌的方法，以及向遍布世界的品牌小组提供新观念。

4) 全球化视野

过去的品牌管理制是把同一套品牌策略应用到不同的国家，今天的品牌经理必须具有全球化视野，了解哪些国家可以采取跨国品牌策略，哪些国家必须采取地区性品牌策略。

5) 整合营销

过去的品牌经理只要依赖少数的媒体，如电视，就可达到营销目的。今天的品牌经理面对分众市场的形成和媒体的开放及多重营销渠道，必须采取整合营销的方式，运用广告、促销、赞助、网络、直销、公关等发挥最大效果。

6) 内外沟通

今天的品牌经理必须兼顾组织内外的沟通，才能充分传达企业的价值和文化。

3. 由注重销售转为品牌认同

今天的品牌管理策略不仅注重销售和获利等短期绩效指标，更要注重品牌认同。品牌认同的发展有赖于品牌经理对消费者、竞争者和企业政策的全盘了解。

在消费者方面，要了解目标消费者是谁，如何区隔市场，消费者的购买动机和行为如何，等等。

在竞争者方面，要了解主要竞争者是谁，竞争者的优缺点是什么，竞争者的营销策略是什么，如何和竞争者有所差异，等等。

在企业政策方面，必须了解企业对消费者的承诺是什么，如何透过品牌营销来达成企业承诺和建立声誉等，必须了解消费者对企业品牌是否认同，这才是企业能够维持长期优势的基石。

品牌经理制的改变，表现为由执行面转为策略面，由单一品牌转为多品牌、品类或商品群管理，由单一市场转为多样市场、跨国性市场、全球化市场，由追求短期绩效转为建立长期优势。随着品牌经理的角色改变，其重要性增加，职位提高，任务和责任加重，面临的挑战也越来越多。

 案例　　**以品牌驱动的业务流程管理体系**

无论创建一个强势品牌还是维护一个强势品牌，都需要从战略的高度对企业运营流程进行管理和监控，并建立起以品牌驱动的业务流程管理体系和与之相配套的品牌管理绩效考核体系。

国内很多企业都把品牌管理职能放在营销部门。这种让品牌管理人员主要从事广告、公关、促销、策划等工作的做法是典型的业绩驱动，而非品牌驱动。采用以业绩驱动的业务流程管理体系去实现管理品牌的职能，无异于南辕北辙。

以品牌驱动的业务流程管理体系不仅强调协调、沟通，更强调监控；不仅要监控营销行为，更要监控与品牌有关的所有企业经营决策（如投资、预算、财务和兼并等）对品牌可能造成的影响。

F企业是一家内资企业。为了管理企业的品牌，F企业在2000年以后逐步建立起了以品牌驱动的业务流程管理体系。

在F企业内部，参与品牌管理的部门主要是品牌战略管理委员会和营销中心品牌管理部。品牌战略管理委员会的成员来自企业的高层，是品牌管理工作的最高统帅机构；营销中心品牌管理部是品牌管理的执行机构，主要职能是负责品牌建设与管理的日常工作和各项品牌管理活动的执行。这些工作主要包括：起草并制定品牌宪章、品牌规划、品牌管理制度，负责品牌规划执行的推动和品牌管理制度执行情况的监控，建立和维护品牌管理信息系统，就品牌管理事宜进行跨部门、跨职能的协调，等等。

F企业的品牌管理制度涵盖产品设计开发、质量控制、渠道、广告、公共关系、价格管理、售后服务、供应链管理、人力资源、投资、预算、外部并购、危机管理等几乎所有业务，并且每一项开展之前需要报请品牌战略管理委员会和营销中心品牌管理部评估和审批的业务项目做进一步详细的规定。

同时，F企业还建立了科学的绩效考核体系，对品牌管理制度的执行进行严格的考核。

对营销中心品牌管理部的绩效考核，既有依据品牌生命周期制定的阶段性目标考核（例如：近期目标——提高品牌知名度、接受度；中期目标——提高市场份额、顾客满意度；长期目标——提高利润率、品牌忠诚度，持续提升品牌价值等），也有由品牌知名度、品牌品质认知、品牌联想、品牌忠诚度和其他专有资产等可量化指标构成的品牌资产考核，还有市场占有率提升、品牌溢价水平提升和品牌管理成本等业绩指标的考核，形成了科学而全面的品牌驱动绩效考核体系。

经过几年的努力，以品牌驱动的业务流程管理体系为F企业带来了丰厚的回报。据权威调查机构的数据显示：2006年，F企业的品牌价值比2004年的16亿元增加近一倍，已经达到30亿元。

案例思考题

1. 以业绩驱动的业务流程管理体系和以品牌驱动的业务流程管理体系有什么不同？
2. 以品牌驱动的业务流程管理体系为什么更有效？
3. 以品牌驱动的业务流程管理体系对什么样的企业更有效？

本章小结

本章首先介绍了传统职能化品牌管理制度及其存在的缺点，例如职能经理之间的合作问题、品牌之间的协调问题。品牌经理制的作用主要表现在：能以制度力量聚集协调运作的合力，贯彻市场导向的营销理念，维持品牌的长期发展与整体形象，改变产品毛利实现的目标管理过程，能对变化的战略和环境做出迅速反应，也为将来的营销经理或更高层的营销管理人员提供了一条训练途径。

当然品牌经理制也是有缺陷的，表现在：营销资源分散，费用开支较大；品牌众多，往往得不到消费者足够的注意力，难以建立品牌价值，形成不了强势品牌，易被竞争对手击破；同一类产品以多个品牌、不同风格出现，往往难以形成完整、统一、鲜明的企业形象；面对同一消费群体的品牌，为争夺市场往往导致互相"残杀"，削弱企业的整体竞争力；品牌经理往往把大部分精力消耗在各部门的协调和调度上面，而不能专注于市场和产品的开发；品牌经理制是产品驱动型而非顾客驱动型的制度；不利于进行有效的绩效考评等。

最后，本章还介绍了品牌管理模式的具体实施及其变化趋势。

关键术语

职能化品牌管理制度　　　　　　品牌经理制　　　　　　品牌类别管理

思考题

1. 传统职能化品牌管理制度的缺点是什么？
2. 品牌经理制是怎么诞生的？
3. 品牌经理制的优点是什么？
4. 品牌经理制在实践中有什么障碍？
5. 品牌管理模式的发展趋势是什么？

参考文献

[1] 余明阳. 品牌学[M]. 合肥：安徽人民出版社，2002.
[2] 韦桂华. 21 世纪：品牌经理跃上前台[J]. 企业研究，2002(3).
[3] 龚立新. 关于"品牌经理"制的几个问题[J]. 企业经济，2004(9).
[4] 陈汉湘. 浅谈品牌经理制度模式的建立[J]. 武汉冶金管理干部学院学报，2002(2).
[5] 郑新安. 品牌制度经济学：阶层与远景[OL]. [2006-11-20]. http://www.globrand.com/2005/9531.shtml.
[6] 张长江. 21 世纪品牌管理的新趋势[J]. 中国品牌，2007(6).

第 4 篇

品牌资产管理

第 1 篇　品牌管理导论

第 2 篇　品牌的管理过程

第 3 篇　品牌战略部署

第 4 篇　品牌资产管理

第 5 篇　品牌的发展趋势

第 12 章　品牌资产概述

第 13 章　品牌资产的建立

第 14 章　品牌资产评估

第 15 章　品牌资产的保护

第 16 章　品牌危机管理

第 12 章　品牌资产概述

本章提要：从消费者的角度来看，一个经营成功的品牌不仅包含提供功能性利益的产品，还有足以让消费者掏钱购买的价值感，即品牌还可以成为一种产品质量的承诺，甚至是一种心理感受和情感依托。在这种情况下，品牌对企业来说已经是一项有生命力的资产了。

本章从品牌资产的概念入手，详细介绍品牌资产的有形组成要素、无形组成要素以及品牌资产的基本特征，以使读者对品牌资产及其特征有更深入的了解。

引　例

"品牌"是什么？

每个营销人都有自己的见解。出于自身个性、品位、喜好的不同，每个人钟爱的品牌也都不尽相同。从他们身上，我们可以读到更多关于品牌的洞察。

出于工作关系，营销人对品牌的认识和理解会更加深入。无论是在工作中还是在生活中，营销人对品牌总是格外关注，特别是在日常消费中，营销人总有几个自己钟爱的品牌。虽然这些品牌不尽相同，但一定是能体现营销人的个人品位和独特气质、个性的。

陈剑峰　伊利集团媒介部计划总监

- 品牌谏言

品牌首先需要有传播目标，然后在这个传播目标之下，将所要传递的信息准确传达给目标受众，并且最后被目标受众所认可。品牌应该在特定的目标群体中形成一种印象，这种印象是有共性的。

- 钟爱的品牌

奔驰、苹果、三星

- 钟爱的理由

奔驰：奔驰是第一个造汽车的品牌，在四大汽车制造厂商里面，奔驰的历史最悠久，更加沉稳，也更加大气。奔驰的造车理念我也非常认同，它不会突出汽车某一方面的特性，而是希望把汽车打造成一个全面的产品，不会一味地追求速度或者弯道上的表现，或者只追求安全的特性。

苹果：苹果本身的广告就很出彩，它的产品着重于用户体验，它的广告、营销也着重于用户体验。比如，你在购买苹果电脑的时候，苹果会对你进行一对一的教学和培训，让你在最快的时间内熟悉苹果电脑及其他产品的使用方法。另外，苹果产品本身非常好用。有意思的是，在2011年初我的朋友聚会上，同一个饭桌上苹果的占有率不到50%。但到了2012年年底，苹果在饭桌上的占有率已经上升到70%。现在，这个数字大概会增加到90%。

三星：很多同事跟我一样，是同时拥有苹果和三星两个手机的。因为两者分属不同的操作系统，都有自己独特的功能和特点，而且使用性都非常好。虽然苹果的品牌价值优于三星，但是出于使用习惯、通信商等的原因，很多人还是喜欢用三星手机。三星产品在研发速度、产品线的扩展能力和渠道铺设能力方面，都是非常强的。如果去智能手机柜台，苹果和三星挨在一起的时候，你会发现三星会有20款手机可以挑，苹果就只有4款。从价格上来讲，三星的手机从2000元到6000元的都有，这些都是它能够快速渗透市场并被更多消费者认同与购买的原因。

李轶弢(Kevin Lee)　麦肯健康中国区执行创意总监

- 品牌谏言

品牌可以理解成一个符号，也可以理解为一种精神、一种产品跟消费者之间的关联。品牌的创立是有道理的，不仅是为售卖一个产品，更要跟消费者建立起某种情感联系，跟他们的生活发生很多关系和互动。当消费者产生某种需求的时候，会首先想到它，这就是品牌。

其实我们在消费某些产品的时候，在潜意识当中是冲着品牌去的，而不是冲着产品本身，就是因为你已经跟品牌建立起了情感上的联系。

- 钟爱的品牌

Prada、星巴克

- 钟爱的理由

Prada：我在十几岁就听说了Prada这个品牌，那时候完全出于对奢侈品的向往，从来没有购买过。参加工作后，当我有能力消费某些所谓的奢侈品牌的时候，心里会不自觉地划分出哪些品牌是跟我"臭味相投"的。Prada就是这样一个品牌，正如它的创意总监所说，Prada要营造的就是一种低调的社会精英的风格，比如律师、高级白领，这群人喜欢低调但又有品质的生活格调。这点跟我的职业和个性都非常相符，所以我很偏爱Prada这个品牌。其实Prada的服装也好，箱包也好，在设计上没有什么特别创新之处，但是Prada一直以来坚持的那种低调、内敛的气质特别吸引我。

近期Prada在营销手段上出乎意料地进行了一些年轻化的尝试。比如，在国外网络上推出一部名为《A THERAPY》的微电影，这在奢侈品牌当中并不多见。值得一提的是，这部微电影的内容并不是一部浪漫的爱情片或者感人的故事，而是通过一位心理医生和一位浑身名牌的贵妇之间的对话，反映出Prada对人本身、对人的心理需求的关注。一个低调的奢侈品牌能做这样的事情，让它所针对的人群受到触动和思考，本身就是一种创新。

> 星巴克：星巴克是最早一批进入中国内地的咖啡品牌，当时的英文名字叫"Starbucks Coffee"，从店面装潢、服务员的特质都反映出星巴克卖的不仅是咖啡，还有咖啡文化。对于当时那些速溶咖啡的消费者来讲，要接受这种咖啡文化还需要时间。星巴克就是慢慢地、慢慢地成为消费者在咖啡饮料中提及率第一的品牌。当然近几年面对竞争品牌的进入，星巴克也在自身形象上进行调整，包括 VI 调整为"Starbucks"，店员服务的特质发生改变，店面陈设改变等。
>
> 星巴克是怎样保持顾客对它的好感度的？举一个发生在我身上的小故事。有一阵大家都提倡环保，都拿着自带杯去买咖啡，我也如此。有一次忘记带自带杯去星巴克，结果连续有三位店员问我同样的问题："李先生，今天怎么没有带自带杯呀？"你会发现，星巴克的店员除了跟顾客聊天，还会很认真地记录顾客平常的需求，包括我喜欢三个浓度的拿铁，他们都会记住。这就是一个品牌能提供的最高标准——被记住。就是这样的小事，使得星巴克和消费者之间建立起情感对接。我想这也是星巴克面对那么多竞争品牌，依然那么特征鲜明的原因吧。

随着市场营销实践探索和理论研究的深入，人们越来越多地从战略的高度去理解和分析它，即企业市场营销的终极目标是什么，评价市场营销效果的标准是什么。在这个过程中，人们对一个概念的关注也就越来越多，这就是品牌资产。那么，什么是品牌资产？品牌资产又具有哪些特征呢？

12.1 品牌资产的概念

品牌资产（brand equity）这一概念最早于 20 世纪 80 年代由广告公司提出来，随后因为一连串的并购案涉及与一系列的品牌名称、标示物相联系的有形资产和无形资产而使品牌资产这一概念被关注和深入研究，并引发了人们对有关品牌资产的概念、测度及运行机制的全面系统的研究。90 年代初，品牌资产概念开始影响我国，从《经济日报》及各地举办"中国驰名商标评选活动"，到北京名牌资产评估事务所 1995 年开始借鉴《财务世界》（Financial World）杂志的方法每年提供"中国品牌价值研究报告"，都可看到品牌资产概念的影响，品牌资产已为我国企业所重视。

像应用类学科的其他概念一样，品牌资产的内涵和外延一直是一个有争议的话题，但是品牌资产确实存在，它超越一般资产的价值，并且这种价值又基于品牌对消费者的动员力。消费者喜爱的品牌，其知名度高、美誉度好，消费者为了选择该品牌愿意付出更高的价钱。即品牌资产也可视为将产品冠上某种品牌后所产生的额外收益。本章将从三个不同的角度简单介绍品牌资产的概念：基于财务会计的品牌资产概念、基于市场品牌力的品牌资产概念、基于消费者的品牌资产概念。

12.1.1 基于财务会计的品牌资产概念

从财务会计角度提出的品牌资产概念是为了方便计算企业的无形资产，以便向企业投资者或者股东提交财务报表，为企业并购、合资等商业活动提供依据。这种概念认为，品牌资产本质上是一种无形资产，一个强势品牌被视为具有巨大价值的可交易资产。如美国食品和烟草巨人菲利普•莫里斯公司曾以 129 亿美元购买卡夫（Kraft）品牌，该价格是卡夫有形资产价值的4倍。

品牌资产的财务会计概念模型主要可用于以下目的：①向企业的投资者或股东提交财务报告，说明企业的经营绩效；②便于企业资金募集；③帮助企业制定并购决策。财务会计概念模型把品牌资产价值货币化，满足了公司财务人员把品牌作为资本进行运作的需要。

12.1.2　基于市场品牌力的品牌资产概念

基于市场品牌力的品牌资产概念是指一个强势品牌应该具有强劲的品牌力，在市场上可以迅速地成长，从而把品牌资产和品牌成长战略联系起来，即品牌资产的大小应体现在品牌自身的成长与扩张的能力上。例如，品牌延伸、品牌背书、主副品牌以及子品牌策略的应用等。对于企业来说，引入一个全新的品牌所花费的成本要比品牌延伸的启动成本高得多，而且失败的概率也要高。因此，品牌延伸已为绝大多数企业所使用，而这正是强势品牌品牌力的具体体现。

基于市场品牌力的概念模型是顺应品牌不断扩张和成长而提出的。该模型与财务会计概念模型最大的不同在于：财务会计概念模型着眼于品牌的短期利益，而基于市场品牌力的概念模型研究的重心则转移到品牌的长远发展潜力上。学者们开始在该模型中比较深入地研究品牌和消费者之间的关系，并第一次把品牌资产与消费者态度、品牌忠诚度、消费者行为等指标联系起来。

12.1.3　基于消费者的品牌资产概念

与前两种概念相比，基于消费者的概念模型是从消费者的角度来定义品牌资产的，这也是绝大多数学者所采用的方法。如果品牌对于消费者来说没有任何意义（价值），对消费者产生不了什么影响，那么它对于投资者、制造商或零售商也就没有任何意义了。因此，品牌资产的核心是如何与消费者建立起联系，消费者如何理解该品牌的意义和内涵等。大卫·艾可将品牌资产分为品牌知名度、品牌品质认知、品牌联想、品牌忠诚度和其他专有资产这五个方面，就是从这个角度出发的。

12.2　品牌资产的有形构成要素

品牌资产确实存在，学术界和业界从不同的方面描述和概括出了它的价值。但是，品牌资产是一种无形资产，它不可能由有形的实物资产来表示，而必须借助于别的因素，如品牌的名称、标志、包装等。由于品牌资产形成的基础和意义在于消费者看到品牌的方式以及由此产生的消费行为，因此，要使消费者对品牌所标示的产品进行购买和消费，就需要投资于品牌形象，获得消费者的认同和亲近，从而让消费者接受这一品牌，形成品牌忠诚度，最终达到企业经营的终极目标——积累品牌资产。

品牌资产可以分成两部分，即品牌资产的有形要素和无形要素。品牌资产是基于消费者对该品牌形成相对稳定的形象认知，并在此基础上对该品牌产生偏好和忠诚，形成品牌资产的无形要素；而品牌资产的有形要素则为无形要素的形成提供了物质层面的支撑。

品牌资产的有形要素是指那些用以标记和区分品牌的商标设计等有形的事物。从品牌发挥区分作用的情况和一些著名品牌成功的历史看，主要的有形要素有品牌名称、标志和标记、广告语和广告乐曲以及包装等。

12.2.1 品牌名称

品牌名称是信息传达中极有效的“缩写符号”，它简洁地反映了产品的中心内容或者企业所倡导的观念、文化等核心要素。消费者了解营销信息花费的时间往往在几分钟以上，而注意、理解并记住一个品牌名称却只需要几秒钟的时间。如 Lenovo 就是品牌名称的一个典范。2003 年，联想集团将其英文标识从“Legend”更换为“Lenovo”其中“Le”取自原标识“Legend”，代表着传承其一贯传统；新增加的“novo”取自拉丁词“新”，代表联想的核心是创新。联想集团的 LOGO 如图 12-1 所示。

lenovo联想

图 12-1　联想集团的 LOGO

12.2.2　标志和标记

标志和标记从产生之日起一直都是表示起源、所有权或组织的一种方式。研究表明，一些接触视觉的品牌要素往往在传播品牌和建立品牌资产时起着关键作用，因为与竞争对手相区别的属性必须包含鲜明的个性和特色的文化等抽象的内涵，而简洁、凝练的标志和标记则可将这些个性和丰富的内涵生动、形象而又直观地传达给目标群体。

深圳金地集团坚持以科学理性的精神和眼光为基础，以博大精深的专业知识为后盾，运用科学合理、适合消费者实际需求的规划设计，力求给消费者一个舒适完美的居住环境，实现业主高品质的生活，所以提炼出“科学筑家”作为金地（Gemdale）品牌的核心诉求点。金地集团的品牌标志如图 12-2 所示。

Gemdale　科学筑家 The Science of Living

图 12-2　金地集团的品牌标志

12.2.3　广告语和广告乐曲

广告语是用来传递有关品牌的描述性或说服性信息的短语，一句“孔府家酒，叫人想家"唤起了很多人的共鸣;"送礼就送脑白金"更是极具穿透力,传遍大江南北。此外,恰当、独特的广告乐曲也会加深消费者对品牌的印象和认知,很多年轻人正是通过《酸酸甜甜就是我》这段轻快的乐曲认识了蒙牛酸酸乳,再加上富有青春活力的歌手张含韵的精彩演绎,使这一品牌更加深入人心。

12.2.4 包装

包装是设计和制造产品的容器和外部包扎物,是整体产品中一个重要的组成部分。它不仅具有保护商品、便于携带和运输等基本作用,还能标明品牌,并传递描述性和说服性信息,从而促进销售、增加利润。因此,包装被誉为"沉默的推销员"。

 案例　　　**营销视点 12-1**

也许你未曾留意过牙膏的包装,其实它们的构图和色彩包含了很多商品包装设计的技巧和方法。"高露洁"牙膏的主色调为暖色。以大面积的红色为主,配以少量的黄色为阴影和背景,而右侧的图像部分却以冷色的蓝天和白云为主体(制作中以蓝白渐变代替),这样非但没有显得格格不入,反而与纯红色并列,使得色彩对比强烈,相得益彰;以深蓝色为阴影的"坚固牙齿,口气清新"好像浮动在广阔的天空中,点明牙膏的特性。"高露洁"牙膏的包装设计如图 12-3 所示。

图 12-3　"高露洁"牙膏的包装设计

12.3 品牌资产的无形构成要素

根据菲利普·科特勒的观点,品牌是一个复杂的符号标志,它能表达六个层次的意思,即属性、利益、价值、文化、个性和使用者。只有让品牌的内涵和消费者之间建立起某种联系,即让消费者对品牌所包含的意义有所认知、感受和体验,并在消费者的头脑中占有一席之地,才能形成品牌资产。正是从这个角度出发,通常将品牌资产分为品牌知名度、品牌品质认知、品牌联想、品牌忠诚度以及其他专有资产五个方面。如果把整体品牌资产看作是一株鲜花的话,那么品牌资产的各个要素就可以被看作是这朵鲜花的花瓣(见图 12-4)。

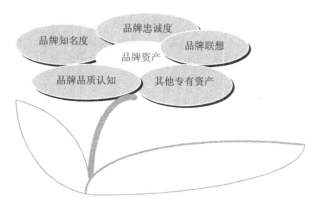

图 12-4 品牌资产构成要素

12.3.1 品牌知名度

品牌知名度是指品牌被公众知晓的程度，是评价品牌资产的量化标准之一。在消费者的行为中，品牌知名度表现为消费者认出特定的品牌（品牌再认）和想起特定的品牌（品牌回忆）两种形式。品牌再认旨在先认出品牌的有形要素，后想起是否有该类需要；品牌回忆是指先有某类需要，后想起是否有该类品牌。

从消费者的心理和行为反应来看，品牌知名度就是目标群体对产品、企业、商标等信息的学习和记忆的结果。而它作为一种条件联系，形成和消退也依赖于强化。这种强化的根源在于对产品各种物理特性（价格、款式、包装、质量等）以及消费者通过体验和感受这些物理特性而形成的认知，是一个由浅入深的变化过程。消费者对品牌认知的不同程度可用品牌认知金字塔来表示（见图 12-5）。

图 12-5 品牌知名度的层级

从图 12-5 中可以看到，最底层是"品牌无意识"阶段，即对该品牌没有更详细的认识和了解，仅仅是"知道有这个品牌"，或者"好像在什么地方见过"。在这个阶段，品牌不会对消费者的行为产生明显的影响，但是这是消费者对该品牌更深层次了解和认知的基础。比如，当人们通过电视或墙体广告的告知认识到"大红鹰，胜利之鹰"时，对它所要传达的信息并没有更真切和深刻的感受，但是能让目标群体记住这个名称就是该告知型传播要达到的效果。

第二个层次"品牌识别"位于"品牌无意识"的上一层，如果被测试者能够将产品类别和品牌联系起来（但不必十分强烈），那么该品牌在消费者的心目中就是处在品牌识别阶段。在品牌竞争的时代，如果没有"品牌识别"，几乎不会有任何购买决定的产生，更不会促使消费者的购买行为。

比"品牌识别"更高一个层次的是"品牌记忆"，它是指消费者在得不到提示和帮助的情况下能够对一品牌产生自主记忆和回忆的心理行为。在这个阶段，品牌明晰地存在于消费者的记忆中，并在他们的知识网络中处于优势位置。当消费者意识到对该产品类别的需要时，该品牌便已顺利地成为备选项。

品牌知名度的最高层次是"深入人心"，从图 12-5 中可以看出，该阶段位于金字塔的顶端。处于该阶段的品牌是消费者在无任何提示的情况下脱口而出的第一品牌。这种品牌在消费者的心目中处于一个特殊的位置，能够让人经久难忘。

消费者在购买产品时，面对众多的品牌，往往倾向于选择自己最熟悉、最喜欢的品牌。因此，一个能被人们认识、记住，尤其是深入人心的品牌，在消费者的购买决策中起着至关重要的作用。而要提高品牌的知名度，就必须在产品具有稳定质量的前提下，通过媒体和公共关系进行宣传和传播，使之为广大消费者所知晓。

12.3.2 品牌品质认知

1. 品牌品质认知的概念

对品牌所体现的质量的认知因消费群体的不同而各异，因为不同消费群体的目的、意图不同，个性、偏爱和需要等也千差万别，这些都影响他们对特定产品的关注点的选择。另外，在不同的市场阶段，消费者对产品要素的关注点也不同。品牌要与竞争者区分开来，就应该塑造和提炼不同的质量要素。

总之，当一种品牌所体现的质量被多数消费者看好，即消费者感觉很好时，这个品牌就会走俏、吃香；而当一种品牌所体现的质量在消费者的感性认知中处于不佳状态时，这个品牌就没有希望，甚至会走向没落。一般情况下，后者即使努力改进产品的质量也很难影响或改变消费者的成见。

2. 影响品牌品质认知的因素

消费者通过各种渠道对具体产品的接触形成对这一品牌整体质量的认知，而且这种已形成的认知会影响消费者对该品牌其他产品的感受，从而体现出品牌作为一种资产的价值。企业可利用品牌品质认知形成的途径，提高品牌品质认知质量。

12.3.3 品牌联想

1. 品牌联想的概念

由一种事物想起另外一种事物，或者由想起的一种事物的经验又想起另外一种事物的经验，这就是联想。联想是一种重要的心理现象和心理活动，而品牌联想是指透过品牌而产生的所有联想，是所有联系消费者与品牌的东西，包括产品的外观、功能性利益、企业形象、产品归属、品牌个性和符号、消费者的想象，等等。品牌联想是在品牌认知的基础上产生的一种消费者行为，它是品牌特征在消费者心目中的具体体现。这些联想往往能组合出一些意义，形成品牌形象，而健康的品牌形象对销售的促进作用是显而易见的，其个性、亲和力、良好的评价与感知对品牌资产管理者来说是梦寐以求的。但有时品牌联想是负面的，因此，应该加强和推进正面品牌联想的建设，克服和消除品牌的负面及不利联想。

　　品牌联想首先必须是强烈的，只有强烈的联想才会使消费者印象深刻并引起消费者回忆，才有可能影响消费者的购买行为。因此，最有效的品牌联想是那些具体的联想。品牌联想能刺激消费者的各种器官，而光线、声音和气味的刺激作用尤其明显。比如火锅城的味道几条街都能闻到，这种味道能激起人们的食欲。当然这种品牌联想一般都是积极的,同时积极的品牌联想也可以从成功的营销活动中创造出来；要让消费者认识到，品牌所拥有的特性和利益能满足他们的需要和欲望，只有这样才能形成积极的品牌形象。品牌之所以能影响消费者的购买行为，是因为消费者认为该产品能满足其需要，对其有价值。积极的品牌联想来源于品牌产品所具备的特性、所提供的利益或所带来的结果正好满足其价值，企业的产品设计和营销活动满足了消费者要求。

　　品牌联想还应当是独特的，即品牌联想不被竞争者共享，这些独特的联想往往是与产品有关或无关的特性、功能、经验或形象利益。确立独特的联想主要通过品牌定位来实现，品牌定位通过宣传其"独特的销售主张"或者竞争优势来突出表达产品的独到之处，从而给予消费者强烈的购买理由。所以，企业要为自己的品牌明确定位，并赋予产品鲜明的个性和特色。

　　根据消费者脑海中的品牌联想所形成的品牌感觉，品牌联想的内容包括品牌特性、品牌利益、品牌态度。品牌特性是形成品牌产品特色的各种特征，其中有些产品特性与产品有关，是实现产品功能所必需的元素，它决定着产品的特性和水平；而另一些特性与产品无关，它们只影响消费者购买，但不影响产品使用。品牌利益是指消费者从产品中得到的价值，即消费者认为产品能为他做些什么或品牌代表什么。最抽象和最高水平的联想是品牌态度，它是消费对品牌的总体评价，它通常取决于消费者对品牌特性和品牌利益的认识，取决于品牌特性和利益的强度以及受欢迎的程度。品牌态度也十分重要，它是消费者品牌行为的基础。

2 品牌联想的来源

　　一个成功的品牌包含着丰富的品牌信息，这些信息都可以成为品牌联想的来源。不同的消费者群体会从不同的角度理解和记忆这些信息，这就是品牌联想的支撑点，或品牌联想的来源。例如，日本人想到万宝路香烟时认为这是社交活动中一种优秀的道具，泰国人则会联想到它可以使人们的身心放松，而美国人则用它来标榜自己那种粗犷、豪放的牛仔作风。当然，对于不同类别的产品来说，消费者也会从不同的方面与该品牌联系起来，即不同类别的产品品牌联想的内容各不相同。例如，提到洗衣粉的各种品牌时，人们易于联想起不同品牌产品的特殊功效，而提到红酒和香水等产品时，人们更倾向于和其产地联系起来。

　　品牌联想的来源有很多种，而品牌管理者只对直接或间接影响消费者购买行为的联想来源感兴趣，同时，决定兴趣大小的不仅仅是品牌联想的特性，而且还包括这些特性是否有吸引力以及是否被广大消费者所共享。这里着重分析五种主要的品牌联想来源。

1) 产品特征

当消费者接触到一个品牌时，大多数情况下会想到该品牌所标示的产品所具有的特征。当人们看到宝洁公司的 Oxydol 品牌的产品时，就会想到该品牌的洗衣粉中添加了漂白剂，使衣服"绝对雪白，不会使衣服变灰"。如果这一产品特征联想与消费者需求之间完美契合，并且与竞争品牌之间可以很明显地区分开来，那么这一联想就会立刻转化为消费者购买该品牌的原因。

在品牌管理中，品牌定位的一个重要步骤就是使消费者很自然地将该品牌与产品特征联系起来，从而形成清晰的品牌联想。品牌经营者通常会挖空心思地寻找一个或几个被竞争对手忽视或者还没有被发现的产品特征进行定位，这样的定位会令消费者耳目一新，而且很具吸引力。

2) 价格

价格也是消费者经常与品牌联系的来源之一。考虑到品牌因素，这里将产品价格分为效用价格和溢价两部分，其中效用价格是指与产品内在效用相对应的价格，是产品价值的外在表现，是生产产品所花费的社会必要劳动的一种度量；溢价则是体现产品附加价值的那部分价格。一般来说，品牌的知名度和美誉度越高，即品牌给消费者带来的心理和情感的感受越鲜明、强烈并且具有竞争力，溢价部分就越大。例如在法国，每瓶香槟酒的零售价格为 70～100 法郎不等，而一般红、白葡萄酒的售价只有 15～30 法郎，高出的 55～70 法郎大部分就为溢价部分。而溢价部分的高低是与品牌知名度和美誉度（即品牌在消费者群体中的公信力）密切相关的，如果将知名度和美誉度都比较低的品牌以较高的溢价，势必使消费者产生质次价高的品牌联想，从而稀释了品牌资产。

优秀的品牌可以形成溢价的原因是多种多样的。品牌最基本的表现形式就是一组文字、图形和符号等的组合，以与竞争品牌的产品区分开来，而这种功能不足以形成溢价。当该品牌所标示的产品被消费者所认识和了解，并得到一定程度的肯定时，从消费者的角度来看，该品牌所承载的是产品质量的保证和承诺，消费者就会对该品牌形成一定程度的偏爱，愿意花费更高的价格购买该品牌所标示的产品，形成品牌溢价。同样的道理，当一种品牌可以给消费者带来独特的心理感受和情感上的依托时，同样会形成品牌溢价。图 12-6 所示为兰蔻香水的图文组合。

图 12-6　兰蔻香水平面广告

3）消费者

一个品牌所标示的产品选择了一个明确而又独特的目标群体后，人们有时会将品牌与特定的目标群体联系在一起，从而形成品牌的消费者联想。例如，法国贝阿尔牌高科技绳，主要是攀登山峰用的。公司每年大概生产250万米绳子，一半在法国国内销售，另一半销往世界各地。该公司采用"连续热处理"的高科技生产工艺，使一根绳子中有的部分非常坚硬，有的部分又非常柔软。据调查，有的顾客购买贝阿尔牌绳子并不用来登山。当问及为什么购买该品牌的绳子时，90％的人回答：一看到该品牌，就立刻想起运动员攀登山峰的情景，而登山运动员用的绳子的质量绝对是上乘的。

4）地区或国家

由于客观经济环境、自然环境以及历史传统等因素的影响，某些产品与竞争品牌相比会形成独特的优势和差异点，这个时候在品牌管理和策划中就应该以该地区或国家作为品牌联想的支撑点。例如，欧洲阿尔卑斯山出产的矿泉水，法国科涅克白兰地（干邑）、香槟以及巴黎时装、香水，苏格兰威士忌，比利时安特卫普宝石，中国的云烟、川酒（云南省的烟、四川省的酒）等。因此，接触到这些品牌，消费者就会立刻联想到相应的地区或国家，这非常有利于品牌延伸。

5）生活方式或个性

由于经济的发展和技术的进步，以及由此带来的人们生活富足，消费者群体在不断地分化，人们不断地关注和追求自己所向往的生活方式，并注重个性的张扬。很多企业也加强了广告的宣传，试图将品牌和人们所崇尚的生活方式联系在一起。如一则苏格兰威士忌酒广告中，一位英俊中年男士一只手握着盛有威士忌的酒杯，另一只手驾着他的游艇，寓意事业有成、生活富足、热情奔放。

12.3.4　品牌忠诚度

忠诚的消费者是企业宝贵的财富。美国商业研究报告指出：多次光顾的消费者可为企业带来20％～85％的利润，固定消费者的数目每增长5％，企业利润就会增加25％。因此，如何提高消费者对企业品牌的忠诚度，也是企业品牌战略的一项重要内容。

1. 品牌忠诚的概念

品牌忠诚是指消费者在与品牌的接触过程中，由于该品牌所标示的产品的价格、质量因素，甚至是由于消费者独特的心理和情感方面的诉求所产生的一种依恋而又稳定的感情，并由此形成偏爱并长期重复购买该品牌产品。品牌忠诚度是消费者对某品牌产生的感情的度量，它反映了一个消费者的偏好，即由一个品牌转向另一个品牌的可能程度。

品牌忠诚的形成不完全是依靠产品的品质、知名度、品牌联想及传播，它与消费者本身的特性密切相关，它的形成有赖于消费者的产品使用经历。提高品牌忠诚度，对一个企业的生存和发展、扩大其市场份额都具有极其重要的作用。

在中国，品牌经营刚刚开始，处于品牌知名度的建立阶段，其中不乏很多具有高知名度的品牌，但这些品牌在拥有高知名度的同时，却往往忽略了品牌其他资产的经营，而如果没有其他资产的支撑，空有知名度的品牌在市场竞争中就不会长久。拥有品牌忠诚是每个企业的奋斗目标。消费者究竟是怎样看待品牌的？有的消费者洗发水要用宝洁的，化妆品要用羽西的，洗衣粉要用联合利华的；有的消费者买电脑要看是不是Intel的芯片；有的消费者买运动服装要看是不是李宁、阿迪达斯的……大家关注的焦点不同，有的是关注母品牌，如宝洁；有的寻求联合品牌，如Intel-inside；有的追求高档，如奔驰、宝马。不管是学术界还是企业界，都能接受这样一个观点，即消费者决定了忠诚。离开了消费者，任何品牌忠诚都无从谈起。

研究忠诚行为肯定要从消费者的角度出发，但首先要明确品牌忠诚与顾客忠诚是不一样的。对两者进行区分有助于明确品牌忠诚中的品牌塑造对顾客的影响。在讨论忠诚行为的时候不能只强调顾客一方的重要性，认为只要满足了顾客需要就是忠诚，实际上有效的品牌形象的塑造对顾客的忠诚行为有重要影响。所以，在这里强调两者的互动，也有利于分清楚真正的忠诚与伪忠诚的区别。在营销过程中一般以百分比或时间来测量忠诚，实际上这种方式测量到的只是购买忠诚（包括了价格忠诚），而不是品牌忠诚。虽然顾客忠诚和品牌忠诚两者都体现了消费者的偏好，并且都是一种重复性的购买行为，但两者仍存在着区别。第一，认识的角度不同，顾客忠诚是从顾客的角度出发，主要着眼于对顾客消费行为的认识；而品牌忠诚是以消费者为基础的，从品牌的角度出发，主要着眼于消费者对品牌的态度和心目中某个品牌的形象及其对消费行为的影响。第二，顾客忠诚可以忠诚于多个品牌，而品牌忠诚只能针对一个品牌而言。比如某个消费者是宝洁的忠诚顾客，就不一定是其下属品牌潘婷的忠诚顾客。因为宝洁公司实施的是多品牌战略，同类的商品有不同的品牌。第三，顾客忠诚包括了品牌忠诚。相对于品牌忠诚而言，顾客忠诚的范围更加广泛。

获得对品牌忠诚的消费者是每个企业的奋斗目标，但这类消费者相对较少，品牌的购买者大部分并非品牌的忠诚顾客。因此，企业应做好针对性的营销和品牌推广，争取赢得更多的品牌忠诚顾客。

案例　　　　**营销视点 12-2**

根据2005年进行的一项"中国汽车行业研究"调查结果显示，中国的消费者缺乏对汽车品牌的忠诚度，价格是影响购车行为的主要因素。调查显示，消费者在购车时主要通过媒体渠道获取有关购车信息。54%、16%和19%的购买者分别将传统媒体、朋友和广告作为主要信息来源。16%的人会通过互联网获取购车信息，但是仅有8%的人称他们会去汽车经销商的产品展示厅获取相关资料。同时，价格仍然是决定购车意向的关键。关于购车时首要考虑的因素，选择"物有所值"的为36%，选择"品牌"的仅占17%，而汽车的性能、设计、安全性和舒适性目前也不是消费者最关心的因素，这与国外主要汽车市场有着很大的区别。中国的汽车经销商尚未树立起足够强大的影响力，或者说还没有与潜在的消费者建立起足够紧密的关系。虽然个别汽车品牌已经占有国内市场主导地位，但是其品牌尚未树立竞争优势。厂商还没有与顾客建立起密切的联系，价格继续主导购车的决策过程。中国购车者不习惯通过汽车经销商购车，原因在于：可供选择的汽车型号尚不丰富，经销商提供的服务水准也有待提高。汽车厂商要在中国市场上建立起消费者对自己的品牌忠诚还有很长的路要走。

影响消费者汽车品牌忠诚度的主要因素除了汽车本身的质量和价格外，还有消费者的从众心理和最近不断的汽车降价。

1. 消费者的从众心理

在我国，绝大多数民众对汽车品牌还没有很强的品牌忠诚度。国人买汽车有一种普遍现象值得注意：事先确定的车型，往往不是最后买到的车型，这说明消费者购车有很大的不确定性，需要与同价位的其他品牌反复进行多方面的比较。国人从众心理较重，买车亦是如此。造成从众现象的原因是，大家都缺乏对汽车的全面认识和研究，只能跟着感觉走。经常看到的是某一款车的消费者有30%都集中在某一行业，而且这个效应就像滚雪球一般，迅速扩散。

2. 汽车降价

汽车特别是轿车降价，其实从中国加入世贸组织前就开始了，而且从来没有中断过。从2001年开始，长期坚挺的国内轿车市场价格开始下调。近几年，国内推出的轿车新车型有上百种之多，国产轿车降价的也有上百个车型。降价的国产轿车，既有5万元以下的小型轿车和微型轿车，也有20万元以上的中高档轿车。除个别车型外，几乎所有的国产轿车都或多或少降低了售价。汽车降价一方面对将要购车的消费者是好事，另一方面则严重损害了已购车消费者的利益。他们多花了冤枉钱，买来的汽车余值大大缩水，同时也损害了消费者对该汽车品牌的忠诚度。

2. 品牌忠诚度的分层与衡量

品牌忠诚首先是消费者对一种产品的情感性利益，以及由此延伸而来的决策和购买行为。这种感情是有深浅之分的，即消费者的品牌忠诚度也可分为不同的层次。具体有以下几个层次。

1) 无品牌忠诚度

这类消费者对品牌漠不关心，无品牌意识，完全按照自己惯用的标准进行决策，而这个惯用的标准通常情况下是价格，即这个群体的消费者对价格非常敏感，哪个价格低就选哪一个，尤其是面对许多低值易耗品、同质化或习惯性消费品时。

而形成这种现象可能有以下两个方面的原因：第一，这类消费者是第一次消费该产品，没有消费体验，因而对产品没有感情，更谈不上对该品牌的忠诚；第二，对产品很不满意，自然也就没有忠诚可言。

2) 靠习惯维持的品牌忠诚度

这类消费者购买某一品牌的产品后，并没有明显的不满之处，于是继续购买该品牌，从而形成固定的消费习惯和偏好，并在购买时心中有数、目标明确。但是这种习惯是脆弱的，一旦有明显的诱因，如竞争者利用价格优惠、广告宣传、独特包装、销售促进等方式鼓励消费者试用，他们就有可能改变主意和以往的习惯，转而购买其他品牌，所以这类消费者的品牌忠诚度也不高。

3) 基于满意的品牌忠诚度

这类消费者对产品很满意，从而对某一品牌具有习惯性购买的行为。他们认为，更换品牌可能意味着风险，担心所更换的品牌不会令人满意，因此不会轻易更换品牌。

4) 以情感为纽带的品牌忠诚度

这种忠诚表现为消费者对产品品牌有着忠贞不贰的情感依赖，品牌已成为他们生活中的朋友或情人，一旦更换品牌，就会有背叛对方的愧疚感。

5) 完全的品牌忠诚度

这是品牌忠诚度的最高层次。这类消费者对某品牌有着强烈的偏好，有时可能发展成一种偏执，甚至把使用该品牌视为一种实现自我追求、自我价值的表现。他们坚定地购买该品牌的产品，为成为该品牌的使用者而自豪，并乐于向其他人推荐该品牌。例如，我国有些茶叶消费者，几十年来一直饮用"龙井"、"瓜片"、"碧螺春"或者"铁观音"等，在他们看来，他们所忠诚的茶叶不仅有较高的质量，而且也是传统文化的象征。

12.3.5　其他专有资产

作为品牌资产的重要组成部分，它主要是指那些与品牌密切相关的、对品牌的增值能力有重大影响的、不宜准确归类的特殊资产，一般包括专利、专有技术、分销渠道、购销网络等。

12.4　品牌资产的基本特征

品牌资产是企业的一项重要资产，是客观存在的。但它超越了商品、厂房、设备等有形资产的范畴，是一种特殊的无形资产。本节主要介绍品牌资产作为一项特殊资产的基本特征。

12.4.1　品牌资产的增值性

追求价值增值是资产的直接目的，也是资产最基本的特征。品牌资产也是如此，它可以在企业的持续经营与运动中保值增值。对一般有形资产而言，其投资和利用往往很明显，存在着明显的界限，投资会增加投资存量，利用会减少资产存量，而品牌资产则不同。

品牌作为一种无形资产，其投资和利用往往是交织在一起的，难以截然分开。品牌资产的利用并不会引起品牌资产的减少，而且如果品牌管理得当，品牌资产非但不会因利用而减少，反而会在利用中增值。例如，如果企业不失时机地将品牌延伸到其他产品甚至行业，业已形成的品牌知名度和美誉度会给新产品在拓展市场时提供保障和承诺，迅速获得消费者的接受和认可；如果新的产品能够支撑起品牌所提供的保障和承诺，更好地诠释品牌的价值和内涵，就会增加人们对该品牌的好感，从而为品牌资产的增加作出贡献。

12.4.2　品牌资产具有波动性

资产增值是在运动中实现的，品牌资产的增值是在品牌资产无限的循环和周转中实现的，而在这个过程中，品牌资产具有波动性。从品牌资产的构成要素上也可以看出，无论是品牌知名度的提高，还是品牌忠诚度的增强，抑或是品牌品质认知的改善，都不能一蹴而就。品牌从无到有，从消费者对其感到陌生，到消费者熟知并认同，再到对该品牌产生好感，都是品牌运营者长期努力的结果。

但是，虽然品牌是企业以往投入的沉淀与结晶，这并不表明品牌资产只增不减。事实上，企业品牌决策的失误、竞争品牌运营的成功，都有可能使企业品牌资产出现波动甚至是大幅度下降。而且在品牌发展的过程中可能会遇到品牌老化的现象,还可能有突发事件使品牌遭受突如其来的打击。此时,如果品牌管理者不能做出正确的决策,那么品牌资产价值就会急剧下降;如果采取了行之有效的措施,品牌资产非但不会下降,反而会上升。可以说,每个品牌资产都是处在变化之中的,即有的在上升,有的在下降。这种波动与市场环境有关,但最根本的影响因素还是因为品牌之间的激烈竞争。在这个多方博弈的过程中,即使拥有世界知名品牌的企业也不可能高枕无忧。

12.4.3 品牌资产具有竞争性

资产增值的本性决定了资产和资产之间必然会展开竞争,而竞争关系一旦形成,它对资产的存在和运动又会转化为一种外在的强制力,所以竞争性是资产内在属性的要求,又是面临外在压力的反映,品牌资产也是如此。品牌资产的竞争性体现在强势品牌不仅给目标群体留下了深刻的知觉印象,而且能给他们以质量和服务上的保证和承诺,拉近与目标群体之间的心理距离,甚至为目标群体带来鲜明而独特的心理感受和情感上的依托,从而与目标群体之间建立起稳定的关系。所以,品牌会与其他品牌之间形成抢夺客户的竞争关系,这也是品牌资产之所以重要的意义和依据。

12.4.4 品牌资产是营销绩效的主要衡量指标

品牌资产的实质是销售者(企业或其他品牌主体)交付给买者的产品特征、利益和服务等方面的一贯性承诺,为了维系企业与消费者之间互惠互利的长期交换关系,需要积极开展营销活动,履行各种承诺。可以说,品牌资产是企业不断进行营销投入或开展营销活动(包括市场调查、市场细分、市场选择、产品开发、制定产品价格、选择分销渠道和统配促销方式等)的结果。每一种营销投入或营销活动都或多或少地会对品牌资产存量的增减产生影响,正因为这样,分散的、单一的营销手段难以保证品牌资产获得增值,必须综合运用各种营销手段并使之有机地协调与配合。奔驰、可口可乐、SONY等世界著名品牌长盛不衰,与其品牌运营者拥有丰富的营销经验和娴熟的营销技巧是密不可分的。品牌资产是各种营销技巧和营销手段综合作用的结果,它在很大程度上反映了企业营销的总体水平。因此,品牌资产是营销绩效的主要衡量指标。

  案例 **青岛啤酒借体育营销提升品牌价值**

2013年2月24日,广州国际体育中心的中国男子篮球职业联赛(CBA)全明星赛上,作为CBA的官方合作伙伴,青岛啤酒与现场数万球迷共同点燃了得分过百的激情火焰。性感热辣的青啤拉拉队、令人捧腹的卖萌大炮、奇幻互动的全息投影显示屏使人目不暇接,让球迷们享受了一个前所未有的"激情周末"。而这一切只是2012年青岛啤酒签约中国顶级篮球赛事CBA以来系列活动的一个缩影。以运动之名、以激情之义,与消费者体验融为一体的青啤营销模式再一次得到了淋漓尽致的体现,成功打造了借助体育营销提升品牌价值、助推企业发展的优秀范本。

体育营销扩大品牌营销张力

体育作为一种没有国界的人类的共同语言，不仅蕴涵着健美、竞技等因素，也包含着民族的自豪感、世界的融合与团结等，因此，大型体育赛事也就自然成为世界上最吸引眼球、最具传播力的一个平台。

多年来，青岛啤酒品牌营销的张力更集中于体育营销。从2003年到2013年，从第一次赞助厦门国际马拉松赛，到奥运立体营销，再到联合美国职业篮球联赛（NBA），签约热火队，连续四年举办青岛啤酒炫舞激情拉拉队选拔赛，组建"冠军之队"开展"全民星周末"……十年磨一剑，青岛啤酒已经形成专注篮球、点线面结合、融国际与本土于一体的体育营销的鲜明性格，成为体育营销界的一面旗帜。而此次，青啤高调签约CBA，以期进一步赢得消费者的心理认同和价值认同。

随着马布里、麦蒂、兰多夫等NBA大牌外援的加入，CBA影响力急剧攀升。青岛啤酒敏锐洞察到了这一趋势，顺势而为，与CBA牵手，而这也符合青岛啤酒一以贯之的篮球体育营销策略。体育的激情已完全融入青岛啤酒品牌的基因之中，自身品牌主张与体育精神的融合拉近了品牌与消费者之间的距离，也提升了品牌价值。

"三位一体"锻造体育营销范本

回顾青岛啤酒十年来的体育营销历程，之所以能不断突破取得成效，关键在于产品销售、品牌传播与消费者体验"三位一体"的营销模式。青岛啤酒认为一个消费品的品牌，必须代表每一个时代的潮流，代表每一个时代的主流价值观，代表每一个时代年轻人所追求的梦想。青啤将自身"激情"的品牌主张与体育文化进行了紧密的结合，而体育又为企业和消费者之间搭建一个真诚交流的文化平台，其实施的关键在于企业能否将体育文化融入品牌文化中，使消费者对品牌文化产生认同。

接着，青岛啤酒立足消费者的体验、互动，并做到了持续性，从而形成了"点线面结合"的营销模式。通过激情、进取的文化理念，鼓励每一位消费者参与到互动体验式的体育活动中来，在支持体育事业发展与影响力增强的同时，又潜移默化地将品牌传达到了消费者的理念中，极大增强了消费者的认同感和忠诚度。

"中国体育市场蕴藏着惊人的潜力，这个潜力就体现在中国民众对体育的热情以及中国政府的全力支持上"，国际顶级体育营销专家克雷斯·雷诺如此评价中国体育营销的潜力。体育营销因其受众的精准性、广泛的覆盖面、有效的传播力，在中国将会有更大的发展前景。

案例思考题

1. 你认为青岛啤酒这个品牌包含哪些品牌要素？
2. 你认为像啤酒这样的快速消费品品牌该如何塑造？
3. 你如何评价青岛啤酒借助体育营销塑造品牌的方式？

本章小结

随着经营环境和消费者需求的变化，品牌塑造成为企业经营活动是否成功的一项重要考评指标，甚至是企业经营的终极目标。但是到目前为止，品牌资产的概念及其特征仍然是值得探讨的话题。

本章首先从三个不同的角度介绍了品牌资产的概念：基于财务会计的品牌资产概念、基于市场品牌力的品牌资产概念、基于消费者的品牌资产概念。其次，又从两个方面介绍了品牌资产的组成要素：品牌资产的有形要素和品牌资产的无形要素。最后，介绍了品牌资产的基本特征。品牌已不仅仅是它最初的含义——商标，其组成要素具有多样性和复杂性等特征。另外，品牌资产也具有增值性、波动性、竞争性等特征，这些都对企业塑造品牌具有深远的指导意义。

关键术语

品牌资产	品牌资产的有形构成要素	品牌资产的无形构成要素
品牌知名度	品牌品质认知	品牌联想
品牌忠诚度	其他专有资产	

思考题

1. 根据自己的理解，谈谈什么是品牌资产。对企业来说，培育品牌资产有什么意义？
2. 举例分析品牌资产由哪些要素组成，并描述该品牌资产的各个组成部分。
3. 品牌资产有哪些特征？
4. 试举例说明如何培育品牌资产。

参考文献

[1] 韩光军. 品牌策划[M]. 北京：经济管理出版社，2004.
[2] 刘凤军. 品牌运营论[M]. 北京：经济科学出版社，2000.
[3] 卢泰宏. 品牌资产评估的模型与方法[J]. 中山大学学报，2002(3).
[4] 王鹏飞，孙震雯. 对发展我国汽车品牌忠诚度的思考[J]. 汽车情报，2005(17).
[5] 陈凌馨，晓静. 青啤借体育营销提升品牌价值[N]. 中国经济日报，2013-02-28(7).
[6] 熊莉.营销人钟爱的品牌[OL]．[2012-12-01]．http://www.boraid.com/article/html/218/21826.asp.
[7] 从牙膏包装看商品设计的色彩和构图[OL]．[2006-04-03]．http://www.docin.com/p-240754391.html.

第 13 章 品牌资产的建立

本章提要：通用、IBM、英特尔、宝洁，这些品牌都在它们的领域里主导着全球的消费者市场，它们的共同点是：全是行业里数一数二的大企业，都拥有强力的品牌及雄厚的品牌资产。是什么因素使这些品牌表现得如此杰出呢？主要是它们善于运用品牌力量及扩大品牌威力。它们不仅是将品牌视为营销传播的一种无可取代的图腾，更是将品牌当作企业的重要资产，把品牌资产看得和企业员工、设备及资金一样重要，并给予了细心的呵护与培育。那么如何创建品牌资产？本章将围绕这一问题展开论述。

引 例

当美国耐克运用品牌资产这一魔方将耐克产品销售至全球时，中国的恒源祥也是运用了品牌资产迅速调动社会有形资产，仅以 150 人对其恒源祥品牌进行管理，使恒源祥品牌的产品年销售达 30 亿元，并遍布全中国。

恒源祥启动品牌战略仅 8 年，就用品牌资产在长三角培育出 70 多家资产几千万的民营企业，并在全国扶植起 2000 多个百万富翁、500 多个千万富商，为 4 万多人提供就业岗位。而造就这一奇迹的却源于一个品牌——恒源祥。这一奇迹背后的魅力就是恒源祥集团董事长刘瑞旗用无形资产调动了大量的有形资产。

恒源祥是一个老字号企业，诞生于 1927 年，但是从字号变成商标的那年是 1991 年，而将商标真正进行品牌资产运作又是在 1998 年。恒源祥在那一年上马了 5 个项目：羊毛衫、家纺、袜业、日化、制衣，从此改变了只生产单一的手工毛线的状况。历经 8 年时间，恒源祥现已成功延伸到针织、家纺等领域，羊毛衫市场占有率居全国第一。

恒源祥的模式是由加盟工厂生产恒源祥产品，位于上海的总部集中注意力打造品牌，并集产品研发、质量管理于一体，形成了品牌管理在上海，生产在长三角，销售遍布全国的模式。恒源祥这一品牌使 70 多家步履维艰的毛纺企业重现生机，并成为当地的纳税大户。恒源祥模式无意中成了中国早期的特许经营的先驱，而恒源祥的经销商们也在这一品牌的影响下，从最初的创业者成为一个个财富的拥有者。

> "恒源祥赢利模式"的成功让专家们颇感兴趣。它不仅成为北大学子的教案，还上了中欧工商管理学院的案例库。中欧专家在研究恒源祥的发展时甚至否认了恒源祥的老字号企业的说法，认为它是一个新兴的企业。因为恒源祥虽成立于1927年，但其注册商标是在1991年，1998年才开始真正进行品牌资产运作，恒源祥的运作模式实质上是国际上非常流行的以品牌为特许的经营模式。正是凭借这种模式，恒源祥虽起家于夕阳行业中的绒线行业，但最后以品牌特许扩张到针织、家纺、袜业、日化、服饰等领域，在"黄昏"中升起了一轮太阳，实现了30%的年增长率，完成年销售额达30亿元。刘瑞旗说：品牌是无形资产，品牌的有效经营管理能够推动和支撑一个国家、一个产业的永续发展。如果无形资产小于有形资产，那么自己的有形资产的价值就会流失，只有当无形资产大于有形资产的时候，企业才能获得利益和好处，无形资产的威力才可以无限制地复制。

1991年，美国加州大学伯克利分校教授大卫·艾克出版了《管理品牌资产》专著，从此，"品牌资产"引起了欧美企业界、营销界的高度重视，并迅速流行开来，成为当今欧美营销最热门的话题。艾克认为，品牌资产是连接品牌、品名、符号的一个资产与负债的集合，它可以增加或减少该产品对公司和消费者的价值，假设品牌名称或符号改变，其所结合的资产和负债可能受影响甚至消失。

艾克教授将品牌资产分为品牌知名度、品牌品质认知、品牌联想、品牌忠诚度、其他专有资产等五个方面。本章将主要介绍如何建立品牌忠诚、品牌知名度、品牌联想、品质认知等方面的内容。

13.1 创建品牌知名度

简单地说，品牌知名度是指一个品牌在消费者中的心智占有率，是指消费者提到某一类产品时能想起或知晓某一品牌的程度。如提到巧克力首先想起的是费列罗、德芙、金帝、吉百利、雀巢等品牌，而麦丽素、金沙、好时等品牌的知名度就稍低一些。品牌知名度是品牌资产的第一个环节，如果一个品牌消费者根本就不知道，那么就谈不上美誉度、忠诚度、品牌联想和市场影响，这也就是无所谓品牌知名度的价值了。

13.1.1 品牌知名度的价值

品牌知名度的价值体现在品牌知名度是品牌资产产生价值和增加价值的基础。消费者由熟悉某个品牌，进而引发好感，这个过程有利于品牌联想，有利于其成为被选购的对象，有利于品牌传播沟通。这些都能帮助品牌产生价值。

1. 由熟悉引发好感

消费者总是喜欢买自己熟悉的品牌，对不知道或不熟悉的产品会有距离感，购买时会很谨慎。所以企业可以先拉近与他们的距离，使之由熟悉而引发好感，然后再利用时机推销合适的产品。早在20世纪60年代就曾有两位广告大师提出把"建立熟悉感"作为创作广告的重要原则。如果你有一定的成功推销经验，对这一点你就会有更深的感受。

2. 有利于品牌联想

当以品牌名称为基础的品牌识别建立起来之后，消费者对品牌识别认知就自动形成一个网，进而有利于品牌联想，有利于对品牌的认知和记忆。

3. 暗示某种承诺

知名度可以作为企业存在、实力、表现及其产品质量特点的信号和暗示。如果一个企业投资那么多广告，中央台地方台都有，这自然就会使受众产生该企业是"有实力"的感觉。也有某些企业就在其产品包装盒上明确标示"中央电视台广告品牌"，暗示其品牌和企业的实力。

4. 成为选购的对象

购买过程的第一步，往往是挑选一些候选品牌，就像一个即将毕业的大学生准备出去创业或工作时，首先要选择几个候选城市。因而，进入这个候选的品牌目录对品牌经营至关重要。

据研究表明，深入人心的记忆与人们的购买态度和购买行为存在着一定的联系。各品牌在未提示的记忆测试中被记起的先后次序不同，它们在被优先选择和购买的可能性上也就会表现出很大的差异。

5. 有利于传播沟通

知名度是企业的一种资源，这种资源开发得好，就有利于受众传播、沟通、认可、记忆、购买。在购买前购买中和购买后，都会有传播沟通，达到良性循环和交流。知名度越高，传播沟通的障碍就越小。

13.1.2　品牌知名度的层级

如第 12 章所述，品牌知名度有不同的层级，有一个由浅入深的过程，即由品牌无意识、品牌识别、品牌记忆，到最后深入人心的发展过程。它们呈现出一个金字塔式的模型，越往上发展，就越难实现。从品牌管理的角度看，提高品牌知名度一般要考虑如何强化品牌识别、提升品牌记忆和让品牌深入人心三个方面。为此，企业就要总结和借鉴提高品牌知名度的策略。

13.1.3　创建品牌知名度的策略

1. 制造"第一"

中国第一位夺得奥运会金牌的运动员是谁?可能你会很快地说出许海峰这个名字。但第二位呢?你很可能说不出来!

世界上最高的山是哪一座呢? 第二呢?

中国最高的山是哪一座呢? 第二呢?

市场领先法则说明："第一"要胜过"更好"。一种新产品首次问世，在人们心目中必然先入为主。按照一般的经验，最先进入人们脑海的品牌，平均而言，比第二的品牌市场占有率要高一倍，而第二位比第三位又要高一倍。

对于品牌知名度而言，创造一个"与众不同"非常重要。实践中，最知名的往往是那些最先进入人们心目中的名牌。如啤酒中的青岛啤酒、葡萄酒中的张裕以及瓶装水中的娃哈哈等。

当然，并不是所有的"第一"都能取得成功。这里，时机也非常重要——你的"第一"也可能出现得太早了。例如，万燕是第一家生产 VCD 的企业，但在今天，人们早就听不到它的声音了。

2. 侧翼定位

在竞争对手很强大的情况下，正面竞争往往凶多吉少。这时，不如反其道而行之，另辟蹊径，在同类品牌中迅速打响知名度，脱颖而出。

"白加黑"是反常规定位的典范。"白天服白片，不瞌睡；晚上服黑片，睡得香。清除感冒，黑白分明。"白加黑的广告语准确地表达了其定位。"白加黑"感冒片，率先提出"日夜分开服药"新概念，白天黑夜服用配方不同的制剂，白天服用的白色片剂，能迅速解除一切感冒症状，且绝无嗜睡的副作用，保证你工作学习时仍能精力充沛；夜晚服用的黑色片剂，能使患者休息得更好。"白加黑"就是凭借其反常规的定位，在一大堆感冒药中声名鹊起。

3. 利用名人效应树立品牌知名度

浙江绍兴咸亨酿酒厂能够在较短的时间内脱颖而出，关键是利用了鲁迅的名人效应，打响了"咸亨"的知名度。由于鲁迅小说的影响，人们对咸亨酒店很熟悉，绍兴酒厂通过广告告诉消费者，不仅鲁迅笔下有咸亨酒店，现在绍兴还有咸亨酒，使消费者欲一品咸亨酒为快。

绍兴酒厂在商标上大做文章，借助于鲁迅的影响，突出"咸亨"商标。在广告的表现风格上，突出绍兴的乡土特色。在鲁迅的笔下，鉴湖水、乌篷船、八字桥、石桥、纤道、毡帽，还有古老的莲花落曲调等，往往与绍兴老酒联系在一起，形成独特而浓郁的乡土气息。绍兴酒厂用这些富有特色的景物与咸亨酒艺术地溶合在一起，使消费者能产生良好的联想。

在 1936 年的柏林奥运会上，美国运动员欧文斯独得四枚金牌，他所穿的阿迪达斯运动鞋随即一夜走俏，阿迪达斯从此成为世界名牌。

案例　　　　**营销视点 13-1**

借助名人的名气也是许多品牌成功的法宝之一。企业惯用的手法是聘请名人做形象代言人，许多品牌屡试不爽。2003 年，连一向保守的汇源果汁都聘请韩国著名影星全智贤作为形象代言人，为其品牌推广摇旗呐喊。聘请代言人除了邀请影星、歌星、笑星、体育明星等公众人物外，还可以邀请专业人士或普通员工做代言人，但需要进行系列包装。另一种名人借势方法是借助名人在行业内的影响发展相关行业，比较成功的如李宁运动服和杨澜的阳光文化。第三种方式是与名人合作开发名人资源，这种模式将来会成为一种发展主流。

4. 制作独特并易于记忆的广告

应用品牌口号和品牌音效，拍摄独特并易于记忆的广告，协助消费者加速对品牌的认知速度。1989 年，韩国 Orion 公司准备推出一种新品牌朱古力"献给你"（To You）。

但在韩国朱古力市场上,其领导品牌是由乐天公司生产的甘娜(Gana)和好时公司特别授权、由韩太公司生产的"Hershey"。于是,Orion 公司请来张国荣来拍摄广告,并颇费苦心地打造出一个曲折而富有情感的广告片。通过张国荣的演绎建立起忧愁、浪漫而多情的品牌个性,这明显区别于其他竞争产品;张国荣演唱的广告歌,成为家喻户晓的广告歌,更荣登韩国流行歌曲龙虎榜,风靡韩国。结果 Orion 一举成名,"献给你"成为韩国朱古力市场的盟主。

5. 运用悬念广告

2000 年 4 月 12 日,一则悬念路牌广告在北京及全国十几个城市同时推出。广告上,新新人类谢霆锋蓦然回首:4 月 18 日,谁令我心动?许多人第一直觉是谢霆锋又要开演唱会了。但转念一想,这么大规模的投入,仅仅是为了一场演唱会,举办单位不是血本无归?可如果不是演唱会又是什么呢?人们百思不得其解,一些敏感的记者开始了追踪调查。

4 月 18 日,悬念揭开谜底,谁也没想到,原来的路牌广告一夜之间全部变换,谢霆锋转过身来,伴随着"真情互动"几个字,他捧出一串"FM365.com"的字样。原来这是联想推出的新网站广告。通过这一次悬念广告运作,联想进军互联网的信息已是路人皆知,FM365 网站也因此一举成名。

6. 利用非传统方式进行宣传

为提高知名度,还可以利用一些非传统的手段对品牌进行宣传。例如,一些大商场只展车不卖车的做法。

在人们的传统印象中,汽车展销应该摆在汽车专卖店或汽车交易市场里才对,可如今在北京的一些大商场里也同样可以看到奔驰、甲壳虫、高尔夫等名车的靓影。原来,商场只是提供场地,幕后的策划者是那些精明的汽车经销商。一位正在商场展车的经销商解释说,在大商场展车,目的是提高公司的知名度,让潜在的用户了解公司的实力;当然,如果能达到销车的目的就更好。

汽车经销商展示汽车一般是在专卖店的展厅或大型汽车交易市场内进行,而这些场所一般离繁华的城市中心比较远,那些不急于买车的人是很少光顾的。而大商场平时客流大,在这里展示新车型,对潜在用户了解新车型和将来决策购买哪些车型,会起到潜移默化的影响。

13.2 创建品牌品质认知

1997 年初,中国社会调查事务所进行了一项名为"中国百姓名牌意识"的调查。当问到"你认为什么是名牌"时,被调查者中有 90.16% 的人认为是"产品质量好"。由此可见,品质是品牌的内涵和基础,是企业生存之本,是产品的生命和追求。品牌包含着人们对该品牌产品品质的认知,包含着品牌经营者对品牌的寄托。建立品质认知,应该是品牌经营者的重要任务之一。

13.2.1 品牌品质认知的内涵与价值

1. 品牌品质认知的内涵

如前所述,品牌品质认知是消费者的一种主观判断,它是消费者对于品牌所标示的产品的全面质量和优势的感性认知,是对品牌全面的、无形的感知,如一个品牌有吸引力还是无吸引力,受欢迎还是不受欢迎。品牌品质认知并不一定与产品本身真正的品质相符,原因有二:一是它是一个主观认识;二是不同的消费者有着不同的偏好和要求。有的消费者可能因为他对产品性能要求不高而感到满意,有的消费者可能对价格较高的高品质产品持有一种消极态度,还有的消费者可能因对产品的品质过分信赖而不惜代价。

品质认知本身是一种总结性的、综合性的结构,是一种感知的结合体。对品牌的品质认知可以从内在要素和外加要素两方面去理解、去认识。

内在要素是指产品的具体的、物理性资产。只有改变产品本身,内在属性才会发生变化,而且只有当使用产品时才会消耗内在要素。例如,打开一包刚买来的维维豆奶粉,从起初打开直到用完为止的过程中,产品的内在要素都在不断地变化。

据有关学者研究,耐用品有六大内在品质:使用简易性、功能件、使用表现、耐久性、服务能力以及社会地位;对于服务行业来说,其内在品质包括信赖、负责、保证、认同和可见性。

外加要素与产品实体无关。即使改变它们,产品实体也不会有所改变。例如,价格、品牌名称、标志、广告、分销渠道、促销、质量保证和售后服务等都是品质的外加要素。

总之,品牌品质认知是一种对于品牌无形的、整体上的感觉集合体。

2. 品牌品质认知的价值

品质认知的价值主要体现在提供购买理由、有利于产品定位、产生溢价、增加渠道筹码、提高品牌延伸力等方面,从而创造或增加品牌资产价值。

1) 提供购买理由

在现代社会,如果产品品质认知过硬,再加上适当的广告和促销,该品牌产品就很容易被消费者选中购买。当今,各种各样的信息铺天盖地,消费者往往依赖于自己的消费经验和认知。如果消费者用后相当满意,他们很可能会再次购买,还可能向他人推荐使用。推荐使用的效应非常明显,尤其是向亲朋好友推荐。在信息时代,传播速度不再是一传十、十传百的概念了。

2) 有利于产品定位

在选择具有竞争力的产品定位时,必须确定诉求点是否是消费者的关心点。如果能够找到品质上的差异优势,并且是消费者真正所需要的,这种定位就是一种强而有效的定位。定位是品牌成功的关键。

3) 产生溢价

品质的优势为厂商提供了索取溢价的选择权,意味着厂商可以采取高价位的策略。溢价产生的额外利益可以用来对品牌进行再投资。

如果厂商以竞争价格而不是溢价提供品质卓越的产品，那么，这种增值将会赢得更广泛的消费群、更高的品牌忠诚度，尤其是在经济疲软时期。

4) 增加渠道筹码

产品品质影响销售渠道和经销商的选择。经销商乐于出售大家公认的且受消费者青睐的品牌，这是因为它关系到经销商的形象和效益。如果该产品品质好，那么也比较容易找到好的经销商合作。

5) 提高品牌延伸力

具有高品质印象的品牌会产生一定的光环效应，它在品牌延伸上有更大的潜力，因为消费者会将原有的品质印象转嫁到新的产品（线）上。消费者在这棵品牌树上，曾经摘下过甜果子，所以他就有信心相信另一颗果子也是甜的。这无论对于老产品（线）而言，还是新产品（线）而言，都有很大的帮助。

13.2.2　创建品牌品质认知的策略

品质的认知在品牌资产中可算是一种长期的资产，也是品牌产权中重要的部分，对它的建立和维护也就需要较高的能力，花费较长的时间及较大的成本。总体来说，创建品牌品质认知的策略有以下几个方面。

1. 保证高品质

首先是要提高产品品质和服务能力，这是提高品质认知的第一步。获得高品质的一些通常做法如下。

1) 承诺高品质

对品质的追求是永无止境的。企业要把提高品质放在首要位置上，实施企业质量管理战略系统，实现每个零部件和每道工序百分之百合格，动员全体员工付诸实际行动。强势品牌无不是以其过硬的质量称雄国际市场的。奔驰600型轿车的广告是："如果有人发现发生故障、中途抛锚的奔驰车，我们将赠10万美金"。

海尔集团的成功，关键一点是它一直坚持其产品高品质的形象。张瑞敏到任，首先当众砸烂76台不合格冰箱，唤起了全体员工质量控制意识和高品质意识。

2) 重视顾客参与

品质认知的决定权在于消费者。从营销角度讲，只有消费者认为你的产品拥有高品质，你的产品才真正拥有高品质。不同类型的消费者对品质的关注存在差异，即使购买相同品牌产品，理由也是不一样的，且每个理由的重要性还千差万别。因此，要不断地注意、观察和搜集消费者及经销商的反馈信息，总结影响消费者偏好的各种因素，做好针对性营销。

3) 追求品质文化

由于品质的获得是系统性、全局性、细节性的，因此，只有创造出一种对品质追求的组织文化、行为准则、思想意识，才能使行动根深蒂固，才能保证品质过硬，才能将人为误差降到最低点。

案例　　　　**营销视点 13-2**

六西格玛（6Ω）是企业开展全面质量管理过程中实现最佳绩效的一种质量观念和方法，也是企业在新经济条件下获取竞争力和持续发展能力的一种有效的经营战略。六西格玛的含义是指通过设计、监督每一道生产工序和业务流程，以最少的投入和损耗赢得最大的顾客满意度，从而增加企业的利润。六西格玛意味着每百万次运作中只有 3.4 个错误或故障，即合格率达到 99.999 66%。六西格玛与传统的质量改进方法最明显的区别在于认知方面，它是一种经营过程全面改进的方法，尽管它测量的是单位产品的缺陷和每百万次运行所存在的缺陷，但它强调在提高顾客满意度的同时降低经营成本和缩短循环周期，通过提高核心过程的运行质量，提升企业整体赢利能力。作为一种高度有效的业务流程设计、改进和优化技术，六西格玛已成为企业追求卓越的重要战略举措。国际上许多著名的大公司，如通用电气等，通过引进、推广六西格玛取得了极大成功。

4）确定具体标准

没有具体标准就没有评价的依据和参照物，因此必须确定具体标准。海尔集团"日事、日毕、日清、日高"，就是企业每天所有的事都有人管，做到控制不漏项；所有的人均有管理、控制内容，并依据工作标准对各自的控制事项，按规定的计划执行；做到每个环节、每个零部件都有依据，都有标准，都有目标。如果品质目标过于笼统，很容易劳而无功，不易控制，浪费资源，降低效益。

5）发挥员工积极性

俗语说，"人心齐，泰山移"。如果一个企业内部所有工作人员目标明确，且积极性高涨，那么这个企业所遇到的一切问题都可以解决。日本人已经证明团队工作不仅能非常有效地改进品质，也有利于发现问题、解决问题，而且更擅长创新和突破。

2. 设计认知信号

仅有客观的、真实的品质是不够的，必须把它转化为消费者认知上的品质。在很多情况下，人们对品质的判断并不具备客观的标准、可靠的途径。他们往往借助于产品本身传达出的象征信号来判断。因此，产品的设计、产品的包装、服务的环境、服务的水准、广告的水准和数量、品牌的名称和标志等都具有重要的作用和意义。为了使"品质"可见，商家对产品进行刻意的创意设计，尤其在品牌包装设计上表现较为明显。

3. 利用价格暗示

价格是一种重要的品质暗示。一般人感觉：高价格意味着高品质。当一个人没有能力或热情去评估一种产品的品质时，他对价格暗示的依赖性就会增大。这种暗示作用也因产品类别不同而有所差异，难以评估的产品类别更可能将价格作为品质暗示。例如，在首饰、酒、药品、化妆品、电子产品上，价格暗示的作用更大。

4. 使用广告工具

使用广告工具来传达品质信息是最常见的策略。利用广告来传达品质信息，不能一味空洞地吹捧自己，而应"事出有因"，解释并展示产品的原理、生产过程、服务水平等方面。有效的广告应包括震撼的创意，精美的制作，巧妙、科学的传播，有效、系统的反馈。

5. 提供有效保证与可信支持

一份具有实际意义的、有效的说明书能够给产品品质提供可信的支持和有效的保证。它应该做到：无条件的、易懂的、易执行的、有实际意义的、简洁具体的、精美可信的。但目前我国许多产品说明书，甚至强势品牌产品的说明书，都做得不尽如人意，晦涩难懂；也有些企业认为，说明书如果做得不深奥，就不专业，就显示不出水平。

6. 完善的服务系统

良好的服务能给人一种高品质的感觉和信得过的感受，能解除消费者的后顾之忧。海尔集团在提供优质服务方面堪称典范，许多人评价海尔集团真正做到了"真诚到永远"的服务承诺。良好的服务系统还能产生更高的溢价和强劲的营销组合力。在产品趋于同质化的今天，服务的地位和作用更加突出。现代商战的赢者往往是拥有较好的网络渠道和优质服务的企业。

13.3 创建品牌联想

当看到耐克这个品牌名称时，人们可能会联想到运动鞋、耐克的品牌标识、NBA巨星乔丹等；提到麦当劳品牌时可能会联想到M形标志、麦当劳大叔、儿童餐、汉堡包、美国文化等；看到海尔品牌时可能会想到海尔兄弟、青岛、高质量、中国造、国际化等。这是每个人都能亲身体会到的品牌联想。

13.3.1 品牌联想的内涵

品牌联想是消费者记忆中与某品牌相关联的每一件事情，是品牌特征在消费者心目中的具体体现。当人们想起一个特定的品牌时，会很自然地与某种特定的产品、形象甚至愉快的场景等联系起来；或者当对某种产品存在需求或者体验到某种场景时，就会和某一特定的品牌对接起来，这些都是品牌联想的具体表现。例如，提到肯德基，人们就会想到和蔼可亲的山德士上校白色的西装、满头的白发、饶有兴味的山羊胡子、亲和的微笑，还有香辣鸡翅、土豆泥等美味，温雅、恬静的氛围以及令人"吮指回味"的感觉……

品牌形象是品牌定位与沟通的结果。品牌定位是具有操作性、参考性的销售点，经过传播之后，在消费者脑海中形成许多品牌联想，最终构成一个具有销售意义的品牌形象。

13.3.2 品牌联想的类型

联想的种类有很多，根据不同的分类方法有不同的联想方式。

通常按照品牌联想是否为企业刻意经营，可以分为自然联想和创新联想。

1. 自然联想

不管企业是否刻意经营，品牌联想总是存在的，不经过企业的刻意培养，自然而然成长起来的品牌联想称为自然联想。如果是具有建设性的正面联想，自然联想对品牌维护过程具有很高的价值，不过如果是负面联想，企业就应该立即阻止这种联想。任何品牌牛奶的联想都会让人想起奶牛，这就是自然联想的一个例子。

2. 创新联想

创新联想就是经过品牌小组选择，用来代表品牌的联想。通常企业要花很大一部分精力从最初的品牌经营过程中解脱出来，从而创造出新的品牌联想，其原因是自然联想不一定新颖独特或足以吸引消费者兴趣。不要把一个站不住脚或者昙花一现的特征作为品牌联想的核心，而是要寻找一种代表消费者基本利益的品牌联想。比如安全、专业控制等都是很好的创新联想。沃尔沃汽车的创新联想就是安全，公司也确实是朝着这个方向在不懈努力，并且在消费者心目中也确立了这样一种能代表企业形象的联想。但沃尔沃在安全方面获得的盛誉绝不是偶然的，而是公司几十年来不断奋斗的结果。沃尔沃始终将安全作为品牌的核心理念，并全方位地经营这个核心价值，倾注了大量心血。每一年，沃尔沃都要投入大量的费用进行安全方面的产品研究和开发，并不断地对已有成就进行批判。这种永不自满的精神使沃尔沃在汽车安全产品的研制方面，一直走在世界最前列，为汽车工业奉献了许许多多的创新发明，如 20 世纪 40 年代的安全车厢、60 年代的三点式安全带、90 年代的防侧撞保护系统等。沃尔沃还专门设立了自己的交通事故研究部。这不是从商业赢利的角度考虑，而是一种对社会、对消费者负责的态度。在制造每辆沃尔沃汽车的过程中，公司越是负责，用户在驾车时就越能体会到驾驶的安全与愉悦。沃尔沃的这种做法，赢得了世人的广泛赞誉，同时也赢得了消费者的信任，因此，其核心品牌联想内涵"安全第一"能深入人心也就不足为奇了。

品牌也可以通过与其他事物的联系建立起某种联想，即某些联想可以从其他事物转化或借鉴到该品牌上。

13.3.3 品牌联想的作用

品牌联想是座资源丰富的"金矿"。对品牌联想的投入是一种投资行为，应谨慎行事，搞好品牌联想规划和发展。积极、正面的品牌联想意味着接受、认可、喜爱、有前途、有地位、有竞争力等。对于购买频率高的产品，品牌联想是十分重要的。

1. 有助于消费者处理和提取信息

品牌联想可以帮助消费者回忆起很多有关购买的信息，如品质、服务等，这些联想信息是品牌所独有的，可以使消费者更加了解本品牌以及本品牌的产品。要是没有品牌联想，就不可能记住产品本身。消费者遇到的最大的烦恼是不知道如何选择，可能要在浩如烟海的产品中查找自己所需要的商品。而现在只要消费者说出他要购买的产品种类，就有一系列的品牌产品供其选择，而且品牌联想可以使他们有明确的购买目标。

2. 实现品牌的差别化

品牌联想本身就凸现了品牌的定位和品牌的个性，有助于把一个品牌同其他品牌区别开来。在品牌众多、消费者难以区分的产品中，品牌联想在区别品牌方面担当着重要的角色。品牌名称、标志、包装、定位、广告、服务等沟通手段都可以创造差异化联想。例如，同是白酒，茅台的品牌联想就是高贵的国酒，五粮液是高雅的优质酒，二锅头是普通老百姓爱喝的酒。

3. 生成购买的原因

品牌联想往往涉及产品的特征，这就为消费者购买某一品牌提供了一个特别的理由。例如，同是洗发水品牌，海飞丝是"头屑去无踪，秀发更出众"，潘婷是"拥有健康，当然亮泽"。

4. 产生积极的态度和感知

如耐克的广告语"想做就做"（Just do it）就强烈地暗示大家心动不如行动，有了设想，就要马上付诸行动，倡导一种积极的生活态度和"与其坐而论道，不如起而行之"的人生哲学，给潜在的消费者一种心灵的震撼和心理的认同。

5. 为品牌延伸提供基础

品牌联想可以扩展企业经营范围，前提条件是扩展行业与原来的行业有相同或相通之处；否则，经营范围的扩展不但不能给企业带来利润，反而会使企业陷入困境。例如，海尔集团核心产品是海尔电冰箱，它具有国际一流的制冷设备、技术、人才、经验等，这种联想便于它从电冰箱生产延伸到空调器生产上。

13.3.4　创建品牌联想的策略

1. 讲述品牌故事

品牌在发展过程中可以将那些优秀的东西总结、提炼出来，形成一种清晰、容易记忆又令人浮想联翩的传导思想。其实，品牌故事是一种比广告还要高明的传播形式，它是品牌与消费者之间成功的情感传递。消费者购买的不是冷冰冰的产品，他们更希望得到产品以外的情感体验和相关联想，而且这种联想还有助于诱发消费者对品牌的好奇心和认同感。

哈佛堪称世界教育第一品牌，有关哈佛的故事很多，最著名的有两个：一个是关于哈佛创始人（一说捐献人）的，另一个是关于哈佛的"傲慢与偏见"（据说，这个故事的始作俑者是以"西海岸的哈佛"自居的斯坦福大学）。尽管这两个故事并不一定是真的历史，但真真假假，却像磁石一样年复一年地吸引着新生和来自全世界的旅游观光者，更为这座古老的大学增添了几分神秘的色彩。

哥本哈根未来研究学院的主任罗尔夫·詹森，早在 1999 年就预测，在 21 世纪，一个企业应该具有的最重要的技能就是创造和叙述故事的能力。正如詹森提出的，这是所有企业都面临的挑战——不管是生产消费品、生活必需品和奢侈品的企业，还是提供服务的企业，都必须在自己的产品背后创造故事。

其实，很多品牌背后都有一个精彩的故事。甚至可以说，一个成功的品牌就是由无数个感人至深的故事所构成的，没有故事就没有品牌。但遗憾的是，中国本土企业尚未真正领悟编故事、讲故事和传播故事的真谛，因而也未能成功地在每一个品牌接触点或品牌时刻，始终如一地将品牌故事传递给消费者。

2. 借助品牌代言人

品牌代言人，是指品牌在一定时期内，以契约的形式指定一个或几个能够代表品牌形象并展示、宣传品牌形象的人或物。

米开朗基罗说过，艺术的真正对象是人体。那么，在现代社会，品牌最好的载体就是人，特别是耀眼的名人，他们浑身都是"星闻"。名人代言不仅音调高，而且反响大，况且消费者有崇拜名人的心理。因此，巧用名人、明星代言品牌能讲述很多故事，使品牌传达到事半功倍的效果。

对我国企业而言，聘请名人代言品牌的现象不仅司空见惯，而且有可能形成泛滥之势，但在借助有影响力的用户代表来建立品牌联想方面却显得有些不足。事实上，很多传播机会就来自那些有影响力的用户，以用户为资源进行传播，同样可以建立有价值的品牌联想。

 案例　　**营销视点 13-3**

在现代营销理论中，寻找合适的品牌形象代言人，扩大市场影响，促进销售业绩，是常见的竞争手法。在国外，请演艺明星和体育明星代言汽车品牌已经司空见惯，而且只要选对了人，对新车的销售效果非常明显。比如别克公司请著名高尔夫球选手"老虎伍兹"代言 Rendezvous，广告一出就大受好评。

东风悦达起亚选择刘翔作为旗下千里马汽车代言人无疑是最佳的例子。2004 年初，在国际田联黄金联赛分站赛中为中国取得第一项奖牌的刘翔，引起了东风悦达起亚的注意，虽然当时很多人还不认识刘翔，但东风悦达起亚做了一个大胆的决定，聘请刘翔作为千里马轿车的代言人。事实证明了这个决定所具有的远见，东风悦达起亚不仅在资金投入上得到了实惠，后来刘翔在奥运会的优异表现更将千里马的形象提升数倍，投资决策的成功，让东风悦达起亚做成了这笔绝对超值的品牌形象策划。

3. 建立品牌感动

但凡优秀品牌的传播无不充满了人类美好的情感，并给消费者带来了丰富的情感回报。比如，钻石彰显永恒之爱，一句"钻石恒久远，一颗永留传"的广告语，便将一段刻骨铭心的爱情与一颗光彩夺目的钻石联系了起来，并在消费者心目中建立了一种发自内心的品牌感动。

举例来讲，希望在消费者和最终使用者心中塑造"环保、亲近自然"形象的著名石油公司雪佛龙，曾拍摄了一则旨在让消费者感动的形象广告。广告片的诉求表现十分真实：当太阳升起的时候，奇异好斗的松鸡跳起了独特的求偶之舞。这是一个生命过程的开始，但一旦有异类侵入它们的孵育领地，这一过程就会遭到破坏。这就是铺设输油管道的人们突然停止建设的原因，他们要一直等到小松鸡孵化出来之后，才回到管道旁，继续工作……企业为了几只小松鸡，真的能够搁置其商业计划吗？雪佛龙这样做了！

这就是雪佛龙广告为消费者创造的一种品牌感动，这种感动不仅加深了消费者对该品牌意欲树立的环保形象的认知，而且使得社会大众将他们对环保的需求在该类联想中得到理解和融合，从而愈加认同乃至忠于雪佛龙品牌。

13.4 创建品牌忠诚度

企业有了品牌并不等于可以永远占领市场。在同行业同类商品的品牌竞争日趋激烈的这个泛品牌时代，一些品牌消失、一些品牌崛起，屡见不鲜。一个品牌创建后并不能一劳永逸，同行业产品品牌的竞争日趋激烈，对品牌进行维护，不断提升它的竞争力，从而形成顾客对品牌的忠诚是一项长期任务。拥有大批品牌的忠诚用户是企业财富源源不断的有力保证。

13.4.1 品牌忠诚的内涵

品牌忠诚是品牌价值的核心。品牌忠诚营销理论认为，通常人们把品牌看作是资产，但实际上真正的资产是品牌忠诚，品牌忠诚度是消费者对品牌情感的量度。如果没有消费者的品牌忠诚，品牌不过是一个几乎没有价值的商标或用于识别的符号。从品牌忠诚营销的观点看，销售并不是营销的最终目标，它只是与消费者建立持久有益的品牌关系的开始，也是建立品牌忠诚，把品牌购买者转化为品牌忠诚者的机会。

13.4.2 品牌忠诚的作用

消费者的品牌忠诚是一种战略资产，如果对它进行适当的管理和利用，它就会在如下几个方面发挥重大作用。

1. 有利于企业降低营销成本，赢得丰厚利润

有远见的企业重视消费者的忠诚，并把这些忠诚者看作是自己巨大的市场资源。成功品牌的利润，有80%来自于20%的忠诚消费者，而其他80%的消费者，只带来20%的利润。品牌忠诚不仅可以带来巨额利润，而且可以降低成本。因为拥有一批对品牌忠诚的消费者，特别是当他们对品牌的态度已经稳定后，即使企业降低品牌宣传的投入，消费者也能保持对特定品牌的印象和感受，不会轻易舍弃已使用习惯的品牌。并且，保持现有消费者比获得新消费者所花费的代价要低得多。由于潜在的新消费者通常缺乏改变他们目前所使用品牌的动力，因此，要使其转换所使用的品牌需付出昂贵的代价，即使面对替代品，他们也需要一种重要的原因来冒险购买和使用另一品牌。然而，企业所犯的一个常见的错误就是试图吸引新消费者，却忽视了现有消费者。

2. 有利于带动、吸引新的消费者

对某个品牌忠诚的消费者往往会自发地向周围的亲朋好友推荐这个品牌，从而起到活广告的作用。在信息膨胀的现代社会，消费者向身边的人传达自己的亲身经历，其获得的信任度远远胜过一般的广告宣传。因此，高忠诚度的品牌有利于吸引更多的、新的消费者；另外，具有高忠诚度的品牌本身就可以树立一种品牌形象，是对品牌的有利宣传。

3. 提高销售渠道拓展力

消费者对品牌的高度忠诚会保证这些品牌的产品有优先的货架空间，因为商家知

道消费者会把这样的品牌列在他们的购物清单上。有时，品牌忠诚可能会左右商家的选择决策。例如，一个超级市场，除非它有像金龙鱼食用油、青岛啤酒这样的品牌，否则，一些消费者将去其他商家购买。因此，拥有高忠诚度品牌的企业在与销售渠道成员谈判时处于相对主动的地位，有利于其销售渠道的拓展。

4. 能缓解竞争品牌带来的冲击

拥有了消费者的忠诚，品牌就有了一道较为坚固的屏障，可以抵御或者缓解来自其他品牌的冲击和影响。如果竞争者开发了更高级的产品，那么消费者的忠诚能给企业提供必要的时间来改进产品，使之胜过竞争者的产品。

5. 有利于品牌的延伸和扩张

品牌忠诚是品牌延伸的一个关键要素。忠诚的消费者容易产生"爱屋及乌"的心理，喜欢甚至也忠诚于延伸品牌，延伸策略容易取得成功。因此，企业在进行品牌延伸决策时，可以充分借助品牌忠诚的现状，尽可能恰当地进行品牌延伸。

13.4.3 提高品牌忠诚度的策略

成功品牌的建设，均是通过增加消费者价值来使消费者达到完全满意，进而创造和提高消费者的品牌忠诚度的。真正的品牌忠诚，其基础在于品牌能够提供持续的令消费者满意的价值效用。因此，应该通过增加消费者价值的途径来提高品牌忠诚度。

1. 提高并保持产品的质量

产品质量是消费者获得核心利益的基本保证。因此，优质的产品质量是建立消费者品牌忠诚的前提条件。企业产品质量显著，并高于竞争对手，又能够被消费者感知，是吸引和培养自身品牌的忠诚消费群体的有效办法。消费者选择某品牌产品，往往是因为他们相信品牌代表着质量承诺，同时，这种品牌承诺也迎合了消费者规避购买时所面临的知觉风险的心理。从这个意义上讲，品牌就是在为产品性能和消费者利益背书。很多品牌影响力强的企业，品牌就等于产品品质，让消费者既放心，又对其产生依赖心理，因此消费者愿意为品牌付钱。但是，如果品牌产品品质不能保证"始终如一"，消费者也会及时地感知到并生出质疑，进而选择转向其他品牌。

2. 制定合理的产品价格，保持一定的稳定性

一看质量、二看价格是消费者的普遍做法，因此，合理制定产品价格是保持并提高品牌忠诚度的重要手段。首先，要坚持以获得合理利润为定价目标，坚决摒弃追求"暴利"的短期行为。定价在合理的范围之内才能为消费者接受，如果漫天要价，即使是名牌产品也会无人问津。其次，定价应尽可能地符合消费者的预期价格。预期价格是消费者根据以往经验在心中所形成的对某个产品的估价。如果定价超过消费者的预期价格，消费者就会认为价格过高，名不副实，这样就损害了品牌在消费者心目中的形象。最后，还要保持价格的相对稳定。从世界知名的品牌经营过程看，企业非常注重和恪守其对消费者的承诺，既不为了获取高额利润而提价，也不为了促销而降价；既不被眼前利益所左右，更不会以牺牲品牌承诺为代价。因此，只有企业制定了合理的价格并保持其稳定性，才能获得稳定的消费者，并提高消费者对品牌的忠诚度。

3. 建立完善的服务体系，提供优质的服务

在产品同质化越来越明显的今天，服务日渐成为企业营造品牌忠诚、获取竞争优势的关键。1999年，美国波士顿咨询集团在调查中发现，消费者从一个品牌转向另一个品牌的原因，十人中有七人是因为服务问题，而不是质量或价格的缘故。既然消费者真正购买的不仅仅是产品实体本身，而且更多的是产品所提供的利益，那么，消费者就希望在购买产品的时候能获得尽可能多的利益，其中优质服务是满足消费者这种利益要求的一个重要方面。同时，对某些产品来说，咨询、操作培训、安装和调试、维修等附加服务项目是消费者顺利消费的必要条件。围绕着有形产品提供的各类服务正是为了满足这种要求，现在的消费者越来越重视购买产品时所能获得的附加项目。因此，企业要获得消费者对品牌的高度忠诚，就必须在向消费者提供优质产品的同时，提供相应的优质服务，而提供优质服务的关键在于管理者转变经营思想，变产品导向为消费者利益导向。

在构建和提高品牌忠诚度中所实施的具体服务策略如下。

1）提供一体化服务

一体化服务也称全程服务，包括售前服务、售中服务和售后服务。售前服务包括根据消费者需求开发设计产品、提供技术咨询服务、介绍新产品的功能和特点、解答消费者的疑问、消费者教育与培训等；售中服务包括优惠的付款方式、提供产品担保、做消费者的参谋等；售后服务包括免费送货、安装调试、保质、保量、保时维修等。

2）提供精细服务

提供精细服务是指企业在服务中，从小处着眼，从细微之处着手，尽可能为消费者提供周到、体贴入微的服务。服务无小节，消费者的事再小也是大事，小处最能体现服务的精神和功底。这就是精细服务的出发点和指导思想。从小事着眼，为消费者创造舒适而温馨的服务感受，才能使品牌经久不衰。

3）实施超值服务

按照现代服务营销理念，消费者对服务质量的评价取决于服务感受质量与服务预期质量的比较，如果感受质量超过预期质量，那么消费者会觉得物有所值，其忠诚度就会大大提高，同时，消费者对企业和品牌的印象也会更加深刻。所谓超值服务就是企业尽一切可能让消费者亲身感到服务比想象的好，给消费者一个惊喜。

4）设立有效补救服务

即便是最优秀的企业也难免出现服务上的失误，这时，及时采取补救措施，消除对消费者的不良影响，是重新获得消费者对品牌忠诚的有力武器。据美国学者的研究结论，如果投诉得不到企业的重视，60%以上的消费者会"投诚"其他企业；如果投诉最终得到了解决，70%的消费者会继续光顾该企业；如果投诉得到了妥善、及时的解决，继续光顾的消费者比重就会上升到95%。一项有效的服务补救策略应包括这样几个方面：鼓励消费者向企业投诉；设立专门机构、配备专职人员接受和处理消费者投诉；培训一线员工做好消费者投诉工作；培育乐于接受消费者投诉、善于从补救失误中学习的企业文化。

4. 塑造稳定的品牌个性，创建良好的企业品牌形象

任何一个品牌都有两方面的特征，即理性功能和感性功能。它不仅说明该品牌能干什么（理性功能），还说明它意味着什么（感性功能）。消费者在挑选产品时，除了考

虑该产品的理性功能外，更与感性功能联系在一起，即该产品在消费者心中被唤起的想法、情感、感觉等感性要求。因此，消费者对品牌的忠诚不仅是出于对品牌使用价值的需要，更带有强烈的情感色彩。日本最大的企业形象设计所兰得社曾评说，松下电器和日立电器在质量和价格方面并没有多大区别，可更多的消费者却购买松下电器，就是因为松下电器的良好品牌形象使得他们钟爱于这个品牌。与价格、质量不同，品牌形象是提高品牌忠诚度的"软件"，它要求企业做长期的、全方位的努力。任何一个有损于企业形象的失误，哪怕是微小的失误，都有可能严重地削弱消费者的忠诚度，甚至导致忠诚的转移。正是由此，每一个品牌都有自己的品牌定位，即建立一个与目标市场相关的品牌形象的过程和结果。任何一个成功的品牌，不仅使消费者能够充分了解该品牌的功能，同时又同消费者心理上的需求联系在一起。与众不同的品牌形象会使消费者易于接受，同时也非常适应现代社会追求个性的特色。

5. 提高人员素质

企业人员素质的高低是影响企业创造顾客价值，进而影响到品牌忠诚的重要因素，主要表现在：一方面，无论是优质产品还是优质服务，都是企业的人员创造的；另一方面，员工在与顾客交往时的表现，即言谈举止，也是创造顾客利益的独立要素。按照菲利普·科特勒的顾客让渡价值理论，顾客利益不仅包括物质性利益，而且还包括情感性利益。情感性利益的一部分可以通过有形产品来满足，但是，很多情感性利益是在顾客与企业的交往和交易中由企业人员的行为和态度来满足的。所以，如果企业人员在与顾客交往中能使他们身心愉悦，这实际上就是增加了顾客的情感性利益，就会激发顾客的购买动机，甚至获得顾客的品牌忠诚。

6. 利用整合营销传播创建完善的营销信息通路

沟通是信息提供者或发送者发出作为刺激的信息，并把信息传递到一个或多个受众，以影响其态度和行为的活动。在市场经济的条件下，企业最为关注的是企业与其目标消费者之间进行的说服性沟通。通过沟通把产品及相关信息传递给目标消费者的同时，试图在特定目标消费者中唤起沟通者预期的意念，从而对目标消费者的行为和态度产生有效的影响。可见，品牌忠诚的形成也是信息沟通的结果，作为企业与消费者进行有效沟通的整合营销传播会深刻地影响到品牌忠诚的形成。

案例　从娃哈哈纯净水广告谈品牌忠诚度建设

娃哈哈第一部纯净水的广告主旨是"我的眼里只有你"。

娃哈哈与当时的乐百氏采取的是不同的广告诉求方式。当时乐百氏采取的是理性诉求的方式，以证明它的纯净：27层净化。而娃哈哈反其道而行之，采取感性诉求的方式：我的眼里只有你！大胆起用当时出道不久的王力宏做品牌代言人。广告片讲述一对男女相见的故事，通过对一个纯洁少女的追求，通过纯情少男少女最为纯洁的、情窦初开的感情来诉说自己的品质。结果一炮打响，树立了娃哈哈纯净水比较纯洁、纯净的形象。随着王力宏知名度的提升，娃哈哈的知名度、美誉度与销售收入也节节攀升。

经过一年左右的市场积累与巩固，娃哈哈开始对品牌进行了第二步提升："我的心里只有你"。

在广告攻势与市场维护的共同作用下，娃哈哈纯净水的市场占有率、销售额迅速攀升。这个时期需要对品牌注入新的内容。经过一段时间之后，娃哈哈纯净水的第二版广告主打"我的心里只有你"，正式开始在全国媒体上演。多么顺理成章的事情呀！两个人的恋爱从最初的陌生、接触、认识，到对对方的认可，然后不再让其他异性在自己眼中占有地位，即便是能够看到其他的异性，但是看到的异性都没有自己眼里的那个Ta好，这就是"我的眼里只有你"。随着时间的推移，双方的情感进一步升级到了"我的心里只有你"，从眼里只看到对方自然而然地过渡到了心里只有对方的地步。基于人们对于美好爱情的渴求与梦想，娃哈哈在少男少女心目中的地位得到了进一步的提升与巩固。娃哈哈通过这则广告的传播，进一步加深了品牌在少男少女心里中的地位与分量。

而少男少女正是纯净水最大的消费群体，在这样的唯美爱情故事的演绎下，娃哈哈的品牌开始在自己的目标客户中逐步建立起来。

娃哈哈依然沿袭着自己独特的销售模式继续进行市场开发。此时乐百氏因为被达能收购，放弃了对于乐百氏的推广，乐百氏节节败退市场；农夫山泉采取与娃哈哈不同的策略路线，采用纯天然水的概念推广，最后赢得高端的消费人群，当然后来由于出现了一些更高端的品牌，目前农夫山泉属于中端品牌了。

虽然纯净水市场后来又出了康师傅、统一、雀巢、可口可乐，但是因为娃哈哈前期的品牌建设，通过唯美的爱情故事初步建立起来的品牌形象，使娃哈哈纯净水在中低端市场上的占有率一直处于第一的位置。

经历了大概有三年的时间，娃哈哈的第三版广告正式出笼，宣称"爱的就是你，不用再怀疑"！

我们看到了一对纯情的少男少女经历了时间的考验，经历了风雨之后终于牵手一起，走向婚姻的殿堂。娃哈哈唯美的爱情故事有了一个完美的结局——"有情人终成眷属"。我们不得不佩服娃哈哈在整个品牌推广及建设上所下的功夫。

其实娃哈哈最早的产品是酸奶产品，那是一个儿童品牌。当初娃哈哈进军其他品类时，很多人都断言娃哈哈肯定会失败，但是娃哈哈通过这个爱情故事的推广，把自己的品牌形象不但从儿童延伸到少男少女，并且还伴随着他们的成长、恋爱、结婚。我们有理由相信，娃哈哈的部分消费者会把自己对于娃哈哈的品牌忠诚传递给自己的孩子。这就是企业的初衷与目的所在。

品牌忠诚度的建设不是一朝一夕的事，需要大量的幕后工作与市场传播。娃哈哈品牌建设的经验表明，品牌忠诚度建设要台前幕后一起抓，短期和长期一起抓。

案例思考题

1. 娃哈哈是如何建立品牌忠诚度的？
2. 你认为在品牌忠诚度建设中最重要的是什么？
3. 在娃哈哈品牌忠诚度建设策略中，有哪些方面是值得其他企业借鉴的？

本章小结

以大卫·艾克提出的品牌资产的五个维度为基础，本章重点阐述了如何创建品牌知名度、品牌品质认知、品牌联想、品牌忠诚度等问题。

创建品牌知名度的策略主要有：制造"第一"；侧翼定位，另辟蹊径；利用名人效应树立品牌知名度；制作独特并易于记忆的广告；运用悬念广告；利用非传统方式进行宣传。

创建品牌品质认知的策略主要有：保证高品质，如提高产品品质和服务品质；设计易于识别的认知信号；利用价格暗示产品的高品质；运用广告工具传达品牌认知；提供有效保证与可信支持；提供完善的服务系统。

创建品牌联想的策略主要有：通过讲述品牌故事创建品牌联想；借助品牌代言人建立品牌联想；以建立品牌感动来创建品牌联想。

提高品牌忠诚度的策略主要有：提高并保持产品的质量；制定合理的产品价格，保持一定的稳定性；建立完善的服务体系，提供优质的服务；塑造稳定的品牌个性，创建良好的企业品牌形象；提高人员素质以促进品牌忠诚；利用整合营销传播创建完善的营销信息通路。

关键术语

侧翼定位　　　　　自然联想　　　　　创新联想　　　　　整合营销传播

思考题

1. 提高品牌知名度有哪些策略？
2. 品牌品质认知的价值何在？如何提高品牌品质认知？
3. 品牌联想的作用有哪些？如何让消费者产生正面的品牌联想？
4. 品牌忠诚的重要性体现在哪些地方？提高品牌忠诚度的策略有哪些？

参考文献

[1] 小羊. 恒源祥品牌资产造就千万富商[J]. 中国纺织，2005(7).
[2] Aaker, David A. Managing Brand Equity: Capitalizing on the Value of a Brand Name[M]. New York: Free Press, 1991.
[3] 于毅敏. 从娃哈哈纯净水广告谈品牌忠诚度建设[OL]. [2013-08-01]. http://blog.sina.com.cn/s/blog_4e92f1b40100lpfm.html.

第 14 章 品牌资产评估

▢ **本章提要**：品牌是一个企业的灵魂，它是企业所有的有形要素、无形要素和企业行为等在社会公众头脑中的总体反映，所以有人说：企业经营的终极目标是积累品牌资产，形成有价值的品牌。然而，不能衡量就无法管理，也无法有效地激发起企业创建品牌的主动性和积极性。正是基于此，品牌资产评估的价值凸现出来。

本章首先介绍了品牌资产评估的现象和现状，着重论述品牌资产在企业经营过程中的重要意义。即品牌资产评估有助于企业对其无形资产和有形资产进行有效的管理，有助于激励企业塑造强势品牌。本章还列举了在理论上很成熟的品牌评估模型和各项指标，这也是本章的难点。从不同的角度出发，品牌资产评估的方法也不同。本章最后一部分将介绍几种品牌资产评估方法。

引　例

英国品牌鉴价顾问 Brand Finance 公布的 2013 年全球品牌价值调查结果显示，苹果遥遥领先，以品牌价值 873 亿美元登上冠军宝座，紧追在后的三星为 588 亿美元，接下来是 Google 的 521 亿美元、微软的 455 亿美元。值得注意的是，三星是从 2011 年的第六名升至亚军位置的，让 Google 和微软都退了一位，而三星 2012 年最突出的表现，就是 Galaxy S3 销量在第三季首次超越 iPhone 4S。

排行榜中的英国品牌遭遇寒冬，上榜的只有电信业者 Vodafone、汇丰银行和特易购，其中特易购从第 24 名跌至第 41 名。

14.1 品牌资产评估概述

20 世纪 80 年代，西方营销界学者们广为传播和关注一个概念——品牌资产，这个概念将古老的品牌思想推向了新的高峰。人们开始把品牌看作是公司最有价值的资产。由于品牌资产是一种无形资产，所以品牌资产评估又成为人们关注的一大焦点，相关的研究也大量展开，一直到现在，每年都有"最有价值品牌"的报告发布，并引起人们的厂泛关注。

品牌作为一种资产也越来越多地影响着企业的经营行为。在企业的资产评估、兼并、收购及合资过程中，品牌都作为资产的一部分通过货币化的形式表现出来。例如，2005年，美国华尔街的老牌投资人和金融家卡尔·爱康花了4000多万美元购得Pan Am品牌使用权，期望在将来重振企业，并恢复企业往日的声望。1998年，德国大众汽车花了10亿美元购买了劳斯莱斯的所有有形资产（包括机器和厂房），而宝马则花了6600万美元购得劳斯莱斯品牌所有权。许多分析家认为，相比之下，宝马占了便宜。

案例　　　　营销视点 14-1

2004年6月28日第一届"中国500最具价值品牌"发布后，在全球第一搜索引擎Google上有262000个相关新闻，在百度上计有28500个相关新闻，编制单位世界品牌实验室的相关信息多次出现在国家领导人讲话和省部级政府文件中。品牌的价值评估，正为越来越多的各界人士所关注。

品牌资产评估是将品牌这种重要的无形资产用货币计量单位衡量和表达出来的过程。近年来，品牌资产评估活动越来越普遍和频繁，这背后隐含着很多驱动因素，即品牌资产评估有着重要的作用和意义。首先，越来越多的企业开始使用品牌资产进行融资活动，这是因为品牌评估将品牌资产化，可以使企业的一些投资所形成的负债比率降低，企业资产负债表结构更加合理，显示企业资产的担保良好，获得银行大笔贷款的可能性将大大提高。

案例　　　　营销视点 14-2

什么样的品牌适合企业收购？如何操作品牌收购？这是一个理性的思考与决策过程，品牌收购是战略思想指导下的理性行为。品牌作为"猎物"是否可口，这要考虑很多因素，而不是把猎物"活剥硬吞"，结果导致梗阻。2000年以来，雅诗兰黛在世界各地连连发起品牌收购，旗下18个品牌中有13个是通过品牌收购获得。其全球总裁连翰墨依然认为，品牌收购是一件很谨慎的事情。他说："我们只收购对公司具有战略意义的品牌，收购的品牌必须与公司现有品牌形成互补而不是相互削弱的关系，并给公司带来独特的商业机会。"基于雅诗兰黛公司的高端品牌定位，连翰墨认为，中国没有可收购的本土品牌。

其次，品牌资产评估能够激励员工，提高企业的声誉。品牌价值不仅是外部人对企业所形成的整体认知，传达企业品牌的健康状况和发展形势，肯定品牌是企业发展的长期目标，它同样也向企业内部的员工传达企业的信念，激励员工的信心。品牌资产评估可以告诉人们自己的品牌值多少钱，以此来显示该品牌在市场上的显赫地位，增强人们的自豪感和凝聚力。

另外，品牌资产评估的结果还可能激励投资者的信心。评估可以让金融市场对企业的价值有较正确的认识，从而提高投资的交易效率。可口可乐公司总裁伍德拉夫曾自豪地对世界宣布，即使公司在一夜之间化为灰烬，凭着可口可乐的品牌资产获得银行的贷款，可口可乐仍会在很短的时间内重建帝国，就是这个道理。

品牌作为一种无形资产，它不仅仅是对人们的信心产生影响，企业更是把它作为一种资产出售、收购及投资。近期兴起的品牌兼并、收购热潮，使得许多企业意识到，对现有品牌资产的价值进行更好的把握和经营是必要的，对兼并、收购的企业品牌价值掌握也同样重要。此外，在某些情况下，品牌资产评估又促进了合资事业和品牌延伸的发展。将品牌从企业的资产中分离出来，当作可以交易的财务个体的做法，有日渐增长的趋势，这些都为合资（将有价值的品牌作为资产投入合资企业）与品牌繁衍（如出现的联合品牌名称）奠定了稳定的基础。相反，在与外商合资的过程中，许多国内企业未对品牌资产做过评估，就草率地把自己的品牌（如洁花、孔雀、扬子等）以廉价的方式转让给合资方，造成了不必要的损失。

总之，研究品牌资产评估的原则和方法对于建立和管理品牌资产是非常有价值的，它使人们加深了对品牌这种无形资产的了解，也强化了人们对品牌资产重要性的认识，更进一步引导企业将品牌作为一种重要的资产进行管理和经营。

14.2 品牌资产评估指标和模型

最早人们对品牌进行测评是为了衡量广告代理公司的工作业绩，测评的指标主要有认知和回忆两个方面。在独立的认知度上获得高分是广告代理商工作出色的最终标志，也表明更多消费者能够识别该品牌。消费者对品牌的认知和回忆虽然为衡量广告代理公司的工作业绩提供了依据，但是这两个方面与企业的成功与否并没有直接的关系。美国学者曾做了一项关于"21世纪品牌资产管理"的研究，结果证实，大部分公司对衡量品牌的现状很不满意，并且仅有40%的公司测评了品牌价值，而这40%的公司中仅有一半对其使用的品牌评估方法感到满意。

品牌资产是无形资产，并不像有形资产（机器、厂房等）那样根据其生产成本和效用就可以确定其价值。为了不同的目的，或从不同角度，品牌资产评估的方法和结果都可能不尽相同，因为人们在评估过程中选择了不同的评估指标。

14.2.1 品牌资产评估指标

不同的品牌资产评估模型和方法会使用不同的评估指标，但总的来看，在实际评估过程中值得考虑和借鉴，并被经常用到的指标有19种，如表14-1所示。

表14-1 品牌资产评估指标

品牌资产评估指标	评估指标释义
品牌的了解、认知、识别、回忆	测评品牌力量，反映不同条件下消费者区分品牌的能力
定位理解	通过目标市场或细分市场的鉴别定位和销售信息而确定的市场认知水平
契约履行	测评一个品牌对其品牌契约的支持程度
角色识别	测评品牌与品牌角色一致性的程度

续表

品牌资产评估指标	评估指标释义
关联阶梯	类似于角色识别评估指标，有助于确定在品牌价值金字塔上，品牌价值是在上升、下降还是在原地不动
赢得的消费者	统计那些由于品牌吸引力才联想起企业的消费者
流失的消费者	统计那些遗忘某品牌，而转向竞争对手的消费者，或者是离开我们所服务的行业的消费者
市场份额	使用某品牌的潜在消费者（处于该商品的类别中的人）的百分比
现有消费者渗透	评估依靠品牌力量向现有消费者销售其他产品的数量
客户忠诚度	测评顾客持续购买某品牌的程度以及这种忠诚维持的时间
购买频率	评估品牌能提高购买频率的程度
社会影响	计算既定时间内正面的公共关系影响品牌进步的次数
品牌关系	了解消费者对品牌持何种感受以及如何对他人谈论起该品牌
推荐指数	确定消费者、影响者或其他利益相关者向新的潜在消费者推荐我们品牌的百分比
顾客满意度	顾客对产品表现的满意程度打分
财务价值	明确品牌在市场上的财务价值（假如品牌被出售、转让或用于投资）
溢价	与其他品牌以及关键的竞争对手相比，某品牌可以在多大程度上索要溢价
广告回报	广告预算方面的财务回报
顾客终生价值	因品牌的影响力而长期维系于顾客的关系所获得的价值

其中，顾客终生价值是量化忠诚顾客相关价值的评估指标，也是品牌化的企业普遍认可的指标。在这里不妨拿娃哈哈品牌的例子加以说明（例子中的人物和数字都是假设的）。

小王从3岁就开始喜欢喝娃哈哈的奶品饮料，每天一瓶。假设每瓶1元钱，那么小王每年在娃哈哈品牌上的花费是365元，而这个习惯一直维持到她13岁。那么这10年的时间，她大概花了3600元。基于对这个品牌的忠诚，小王读初中（13岁）后，同样消费娃哈哈生产的其他饮料（比如碳酸饮料、果汁饮料等），假设她以同样的消费量一直坚持到了25岁，那么她在娃哈哈品牌其他饮料上花费了将近4400元。也就是说，从小到现在一共花费了8000元左右。如果小王的这个习惯维持70年呢？

而小王现在又初为人母，她的这个消费行为又会影响到她的孩子。如果她的孩子和她的消费量是一样的，她和她的孩子又会向他们身边的人推荐他们所忠诚的品牌，那么小王的一生会给娃哈哈品牌贡献多大的价值呢？

虽然这是个假设的例子，但是它却可以说明把顾客终生价值作为一个评估指标来评估品牌资产的思路。很多房地产企业组织业主联谊会，汽车销售商保持与老客户之间的密切关系，其实就是让顾客在二次置业或第二次购车时能够体现对该品牌的忠诚，并能积极地向身边的亲朋好友推荐，形成良好的口碑效应。

顾客终生价值表明了维系顾客忠诚的重要性及影响力，即顾客可以持续不断地为该品牌贡献价值，还可以影响他人，让他们同样对这个品牌形成忠诚。这个评估指标的相关数据越准确，对未来回报和销售潜力的描述就越简单。

14.2.2 品牌资产评估指标的选择

在品牌资产评估过程中，不同的评估目的和方法所选择的评估指标是不同的。有的企业只选择品牌知名度、品牌美誉度和品牌忠诚度等简单的评估指标，大致估算品牌资产价值，而可口可乐则以全球为基础，每个月通过 24 种不同的方法来评估品牌。一般情况下，人们所选择的认为合理的评估指标还无法达到可口可乐公司所要求的深度和复杂程度，但是，应该尽可能地保持结果的简单性，重点选择那些能够指引企业取得品牌资产管理进步的评估指标。

1. 美国学者戴维斯基于经验的品牌资产评估指标选择

美国戴维斯（Scott M. Davis）教授根据自己的经验，认为 8 种评估指标非常有价值，并把这 8 种评估指标分为定量指标和定性指标（见表 14-2），以帮助人们有效地进行品牌资产管理。

表 14-2　品牌价值评估的八大指标

定性评价（半年）			
品牌认知	品牌定位理解	品牌形象识别	品牌契约履行
测评当前对品牌名称的了解、认知、识别、回忆的程度	测评对定位和销售信息的当前认知度，以便检验对特定细分市场的传播是否有效	测评品牌角色和品牌联想如何被感知，以及要对哪些部分进行修改和完善	测评消费者对品牌契约要素表现的满意程度
定量评价（每年）			
品牌赢得的消费者	品牌带来的顾客维系和忠诚	品牌带来的渗透和频率	品牌的财务价值
测评通过品牌资产管理努力所获得的真正消费者	测评如果没有品牌资产管理的努力，品牌将流失的消费者数量	测评依靠品牌资产管理的努力，现有消费者多买产品的数量	品牌所能获得价格溢价与竞争对手的价格之差乘以销售数量（或类似变量）

这些目标有着共同的中心，就是它们能够衡量人们是否明智地利用了品牌投资，以及是否得到了所谋求的回报。

品牌资产管理评估指标要求对品牌价值从两个视角进行理解：一是定性的了解，这建立在品牌相关的市场感知和购买行为的基础上；二是定量的把握，考察品牌对未来收入的影响，这些影响是建立在财务与市场基础上的。

2. 四种品牌资产评估模型中对评估指标的选择

随着有关品牌资产的理论越来越受到重视，人们总结出几种品牌资产评估模型，不同的模型从不同的角度出发，所选择的评估指标也有所区别。下面简单介绍四种评估模型，它们分别是品牌资产评估（brand asset valuator）电通模型、品牌资产趋势（equitrend）模型、品牌资产十要素（brand equity ten）模型和品牌资产引擎（brand equity engine）模型，以及每种模型所选择的评估指标。

1）品牌资产评估电通模型

品牌资产评估电通模型针对消费者，用以下 4 项指标对每一个品牌的表现进行评估：

（1）差异性（differentiation），即品牌在市场上的独特性及差异性程度；

（2）相关性（relevance），即品牌与消费者相关联的程度、品牌个性与消费者适合的程度；

（3）品牌地位（esteem），即品牌在消费者心目中受尊敬的程度、认知质量以及受欢迎程度；

（4）品牌认知度（knowledge），用来衡量消费者对品牌内涵及价值的认识和理解的深度。

在消费者评估结果的基础上，该模型建立了两个因子：其一，品牌强度（brand strength），等于差异性与相关性的乘积；其二，品牌高度（brand stature），等于品牌地位与品牌认知度的乘积，并构成了品牌力矩阵，可用于判别品牌所处的发展阶段。

2）品牌资产趋势模型

品牌资产趋势模型选择以下 3 项指标来衡量品牌资产：

（1）认知程度（salience），即消费者对品牌认知的比例，也可以分为第一提及、提示前及提示后知名度；

（2）认知质量（perceived quality），这是品牌资产趋势模型的核心，因为消费者对品牌质量的评估直接影响到其对品牌的喜欢程度、信任度、价格以及向别人进行推荐的比例；

（3）使用者的满意程度（user satisfaction），即品牌最常使用者的平均满意程度。

综合每个品牌在以上 3 项指标的表现，能够计算出一个品牌资产趋势模型的品牌资产得分。

3）品牌资产十要素模型

品牌资产十要素模型是由大卫·艾克教授于 1996 年提出的，从五个方面衡量品牌资产，并提出了这五个方面的 10 项具体评估指标。

（1）品牌忠诚度评估：①价格优惠；②满意度或忠诚度。

（2）感觉中的品质或领导品牌评估：①感觉中的品质；②领导品牌或普及度。

（3）品牌联想或差异化评估：①感觉中的价值；②品牌个性；③公司组织联想。

（4）认知评估：它只包括一项，即品牌认知。

（5）市场行为评估：①市场份额；②市场价格和分销区域。

4）品牌资产引擎模型

品牌资产引擎模型建立了一套标准化的问卷，通过专门的统计软件程序，可以得到所调查的每一项品牌资产的标准化得分，得出品牌在亲和力（affinity）和利益能力（performance）这两项指标上的标准化得分，并进一步分解为各子项的得分，从而可以了解每项因素对品牌资产总得分的贡献，以及哪些因素对品牌资产的贡献最大，哪些因素是真正驱动品牌资产增长的因素。

选择合适的品牌资产评估指标以测定品牌塑造努力的效果，这对于品牌建设至关重要。选择评估指标时，在保证合理的前提下，要选择简单易用、容易获得以及可重复进行的指标，以便能够简洁而又有效地搜集到信息，并能根据这些信息做出合理的决策。

14.3 品牌资产评估方法

根据不同的评估目的，品牌资产的价值有几种不同的表述方式，这取决于评估人的角度，即"价值前提"。一般来说，品牌资产的价值类型有三种：内在价值、交易价值和非公开交易价值。在品牌资产发生交易前，其价值称为"内在价值"。如果着眼于过去，则物化的活劳动决定其价值量，往往用历史成本来表示其价值量的大小；如果着眼于未来，则按其效用的大小来衡量价值量，此时往往用未来收益法来计算品牌资产的价值。在品牌资产发生交易时，其实际价值即"交易价值"，不仅取决于"内在价值"，还受到供求机制和竞争机制的影响，并会或大或小地发生偏离。如果此交易并非发生在公开、公正的市场上，其价值即"非公开交易价值"，还会受到其他更为复杂的因素的影响。品牌资产的价值类型如图 14-1 所示。

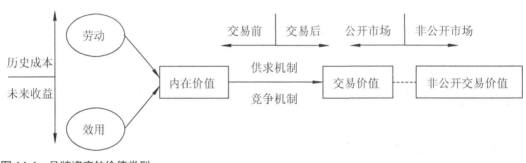

图 14-1　品牌资产的价值类型

而在品牌资产评估时，有两种基本取向。一是侧重从企业或财务角度，赋予品牌以某种价值。在公司购并、商标使用许可与特许、合资谈判、税收交纳、商标侵权诉讼索赔等许多场合都涉及或要求对品牌进行估价。二是从消费者角度评估品牌强度，即品牌在消费者心目中处于何种地位。比如消费者对品牌的熟悉程度、忠诚程度、品质感知程度以及消费者对品牌的联想等。正是从这些角度出发，研究人员在试图为品牌估算一个具体的财务价值时，总结出了几种不同的方法（见表 14-3）。

表 14-3　品牌资产评估方法分类

评估方法的要素	评估方法的特点	代表性方法
财务要素	品牌资产是企业无形资产的一部分，是会计学意义的概念	成本法、重值成本法、股票市值法
财务要素+市场要素	品牌资产是品牌未来收益的折现，因此对传统的财务方法进行调整，加入市场业绩要素	国际品牌公司的方法 金融世界的方法
财务要素+消费者要素	品牌资产是相对于同类产品品牌或竞争品牌而言，消费者愿意为某一品牌所付出的额外费用	品牌-价格抵补模型 联合分析法

14.3.1 财务要素评估方法

财务评估方法利用会计学原理来测量品牌资产,主要有以下几种方法。

1. 成本法

依据用于建立和发展品牌的实际投入费用(如研发费、广告费等)来估算品牌资产。但是,品牌资产属于无形资产,而无形资产的投入与产出的相关性比较弱,再加上企业对品牌投资通常与整个投资活动联系在一起,很难将品牌投资单独分离出来;另外,价值比较大的品牌一般成长时间比较长,企业往往不可能保存关于品牌投资情况的完整数据。所以,这种方法在实践中很少被采用。

2. 重值成本法(替代成本法)

计算建立一个与某一特定品牌影响相当的新品牌所需费用来估算品牌资产量的大小。其基本思路是:首先估算品牌所在行业的新品牌开创费用,在此基础上根据该品牌影响力大小确定一个成本因子,两者的乘积即是该品牌的品牌资产价值。这里涉及两个变量:重置成本和因子系数,一般按照品牌的市场占有率来确定因子系数。例如,假如人们认为市场占有率在3%以上的品牌为成功品牌,而符合该标准的品牌有20个,这20个品牌总的市场占有率为90%,企业又有一市场占有率为45%的品牌,则其影响因子系数为10,即

$$影响因子系数 = 被评估品牌占有率/成功品牌平均市场占有率$$

将上述数字代入公式,得

$$10 = 45\% / (90\%/20)$$

另外,运用该方法还应考虑的一个问题就是风险因素。假设开创新品牌的平均费用为200万元,而开创新品牌的成功率为1/3,其平均开创费用则为600万元。故

$$品牌重置费用 = 行业平均费用/成功率 \times 成功因子$$

3. 股票市值法

由美国芝加哥大学西蒙(Simon)和苏里旺(Sullivan)提出,以公司股价为基础,将有形资产与无形资产相分离,再从无形资产中分解出品牌资产。这种方法适用于对上市公司进行品牌资产评估,其步骤如下。

第一步,计算出公司的总市值 A(以股价乘以股数即得公司市值)。

第二步,用重置成本法计算出公司的有形资产 B(厂房、商品、设备等),则无形资产总值 $C = A - B$。无形资产由三部分组成:品牌资产 $C1$、非品牌资产 $C2$(如专利等)以及行业外可以导致获取垄断利润的因素 $C3$(如法律因素等)。

第三步,确定 $C1$、$C2$、$C3$ 各自的影响因素。

第四步,建立股市价值变动与上述各影响因素的数量模型,以得出品牌资产占公司有形资产的百分比(也可导出不同行业中品牌资产占该行业有形资产的百分比)。由 B 即可得出品牌资产 $C1$。

股票市值法的困难之处在于确定公司市值与影响无形资产各因素间的模型,该过程不但需要大量的统计数据,而且要经过极为复杂的数学处理,这在很大程度上限制了它的适用性,而且这种方法要求股市比较健全,股票价格能较好地反映公司的实际经

营业绩,这些在我国现阶段都还不太现实。

14.3.2 财务要素+市场要素评估方法

引入非财务因素进行调整,其中最著名的两种方法以其创立机构命名,它们分别是:国际品牌公司(interbrand)的方法和金融世界(financial world)的方法。这两种方法主要加入了反映品牌市场业绩和市场竞争力的若干评估的新因素。

1. 国际品牌公司的方法

英国的国际品牌公司被公认是世界上最著名的品牌资产管理公司。1990年,该公司发表第一本国际范围的评估结果 *World's Top Brands*,1996年书名被改为 *World's Greatest Brands*。国际品牌公司认为,与其他资产的价值一样,品牌的价值也应该是品牌未来收益的折现。因此,采用国际品牌公司的方法评估品牌资产分为两步:首先,确定品牌收益和现金流;其次,根据品牌强度确定折现率。

1)品牌资产价值等于品牌收益乘以品牌强度

品牌收益(brand earning)能够反映品牌近几年的获利能力。国际品牌公司方法中的品牌收益的衡量方法非常复杂,不仅要从品牌销售额中减去品牌的生产成本、营销成本、固定成本和工资、资本报酬以及税收等,还要考虑许多其他因素。首先,并非所有的收益和利润都是来自于品牌,可能有部分收益或利润来自于非品牌因素,如分销渠道因素。其次,品牌收益不能用某单一年份的利润来衡量,而应该用过去3年历史利润进行加权平均。

2)品牌强度

品牌强度决定了品牌未来现金流入的能力,其最大值为20。国际品牌公司先后提出了两套计算品牌强度的模式:七因子加权综合法和四因子加权综合法。它们均运用国际品牌公司设计的详细问卷搜集品牌在各因子表现的得分。品牌强度七因子加权综合法中的因子包括市场领先度(leadership)、稳定性(stability)、市场特征(行业增长能力、进入障碍等,market)、国际化能力(internationality)、发展趋势(与消费者的相关性,trend)、品牌支持(support)、法律保障(protection)。四因子加权综合法中包含的因子有比重(同类产品中的市场占有率,weight)、广度(市场分布,width)、深度(顾客忠诚度,depth)、长度(产品延伸程度,length)。

2. 金融世界的方法

《金融世界》杂志每年公布世界领导品牌的品牌资产评估报告,所使用的方法与国际品牌公司的方法基本接近,而主要不同之处是金融世界更多地以专家意见来确定品牌的财务收益等数据。该方法强调市场品牌的市场业绩,首先从公司销售额开始,基于专家对行业平均利润率的估计,计算出公司的营业利润;然后再从营业利润中剔除与品牌无关的利润额,例如资本收益(根据专家意见估计出资本报酬率)和税收,从而最终得出与品牌相关的收益。根据国际品牌公司的品牌七因子模型估计品牌强度系数,品牌强度系数的范围大致在6到20之间。计算结果为:金融世界品牌资产 = 纯利润×品牌强度系数。

国际品牌公司和金融世界这两种方法多年发表的评估结果,已经形成了国际性地位,具有较强的权威性和通用性,可用于任何产品类别或品牌,特别是在品牌收购、兼并或租赁等市场行为中，用途较广。但它们也存在以下不足：① 只提供品牌总体绩效指标，却没有揭示品牌资产内部的因果关联，对品牌管理指引不够；② 过于简单化，难以确定品牌资产中有多少价值来自母品牌，又有多少价值来自子品牌。

14.3.3　财务要素+消费者要素评估方法

本方法尽管引入消费者的新角度进行评估，但没有摆脱财务方法的影响，将品牌资产定义为：相对于同类无品牌产品和竞争品牌而言，消费者愿意承担为某一品牌产品所付的额外费用。这是在两种要素组合基础上的评估。比较有代表性的方法有溢价法、消费者偏好法、品牌-价格抵补模型（brand-price trade off）、联合分析法（conjoint analysis）。具体操作采用实验模拟，向消费者提供品牌和价格的多种组合，让消费者进行选择，从而通过专用的统计软件计算出品牌资产价值。其特点是运用实验方法，操作比较繁杂，且过分依赖消费者的直观判断和电脑统计过程。限于篇幅，在此不再详述。

案例　品牌资产评估的其他方法

1. 品牌评估的意义

"工厂生产产品，顾客购买品牌。竞争对手虽然能够仿制产品，但无法仿制品牌，因为品牌具有独特性。一种产品可能会稍纵即逝，但一个成功的品牌确是经久不衰的。"
——斯蒂芬·金，WPP集团。

21世纪的经济是一个知识的经济、一个品牌决胜的经济，品牌代表着企业的竞争优势，决定着企业的生死存亡。实践表明，唯有基于品牌的竞争优势是能够跨越生命周期的，品牌已经成为众多国际知名企业倾力打造的焦点。在品牌这个概念体系中，品牌资产尝试量化品牌的价值，而且这个概念可以帮助人们对品牌进行动态的跟踪以及评估，并以此为依据，确立品牌的战略意义，也因此受到理论研究人士和企业界越来越多的关注。

2. 品牌资产评估的成功模式

国际上跨产品衡量品牌资产的成功模式主要有以下几种。

（1）杨-罗必凯（Young & Rubicam）公司的品牌资产评估法（brand asset valuator）：从品牌差异性、相关性、尊重和认知四个维度衡量，目前其采用的问卷有48个问题。

（2）全方位研究公司（Total Research，代表人物为大卫·艾克）的权益趋势法：该方法的问题很少，但是问题的力度很大，其主要指标第一项是显著性，即对某个品牌发表意见的受访者的百分比。另外一项是认知品质，其品牌资产=显著性百分比×认知品质均值。自1989年以来，该公司就一直发布相关数据，这种持续动态的长期数据有力地加强了判断品牌资产动态发展及其影响力的能力。在《品牌领导》一书中，作者大卫·艾克和埃里克·乔基姆塞勒以全方位研究公司的权益趋势（equitrend）资料库为基础，指出了品牌资产和股票回报率之间的因果联系。在品牌资产上获得高收益的企业，其股市回报率平均也达到30%；反之，品牌资产收益低的企业，股市回报率平均是-10%。从2004年开始，全方位研究公司拓展了其品牌资产的研究指标，增加了购买意向（认同度）

的调查,并且把知晓率调查指标调整为对某品牌的了解程度指标,并赋予不同了解程度的人群以不同的权重。但是,新的方法在计算品牌资产的时候,不再考虑知晓某品牌人群的百分比,只考虑知晓某品牌人群的评价分值。因此,新、老方法的结果可能差异很大。新方法考虑了品牌资产对购买意向的影响,这是它相对于老方法的一个重要进步,但同时却忽略了品牌认知度的影响,这是它相对于老方法的一个重要不足。

3. 迪纳品牌资产指数模型

大卫·艾克的品牌资产模型在该研究领域中影响非常大,但存在一定的问题。首先,品牌忠诚是"果",而品牌知晓、品质认知、品牌联想是"因",把品牌忠诚这个"果"和上述"因"放在一起定义品牌资产是不符合逻辑的。此外,其他专有资产虽然对品牌资产的构成有间接影响,但如果消费者或潜在消费者不知道这些专有资产,也就不能直接影响消费者或潜在消费者对其的评价。消费者只能凭借自身对产品质量的感知和基于品牌联想导致的对品牌的认同来评价一个品牌。对某品牌熟悉程度越高,对该品牌的认知就更加深入,其判断就能影响更多的人。

在对艾克研究成果分析的基础上,同时也对国外几种实际评价品牌资产的方法进行系统的分析比较,综合考虑各种方法的优劣势,以及调查实施的难易程度,迪纳借鉴了全方位研究公司的测评方法,同时对品牌资产的计算公式进行了调整,使其同时反映品牌知晓率、品牌熟悉程度、品质认知和品牌认同的作用,从而更好地评价品牌资产的大小。另外,这里要强调一下模型中的知晓率和人们通常提到的知名度的区别。知名是指听说过某品牌名称,而知晓需要受访者对该品牌的产品有所了解。光知道有某品牌的产品,不足以对某品牌的品质认知和品牌联想进行评价,也就无从谈起是否认同该品牌。所以,在评价品牌资产的时候,迪纳没有采用品牌知名度,而是采用品牌知晓率这一指标。

迪纳品牌资产指数模型主要涉及以下五个指标。

1)知晓率(%)和熟悉度(1~5分)

一个品牌要能够持续在市场上存在,消费者必须对它熟悉。假设很简单:如果这些人喜欢某品牌的话,对该品牌了解的人越多,就越有可能购买该品牌。

2)品质认知(1~10分)

这个指标提供了整体人群针对某品牌的一个意见标杆。感知质量是一个抽象的指标——不管是否感觉到,人们印象中存在一个由高到低的品牌序列。感知质量受到广告曝光、怀旧感等的影响。

3)认同度(1~10分)

这个指标描述了消费者和品牌之间发生联系的可能性。问题是这样问的:"如果不考虑价格,你愿意购买该品牌的可能性有多大?"这个问题能够搜集某品牌被人们确实视为与自身相关并且适合自身的程度,也就是说,人们认为某品牌适合自身生活的程度。

4)美誉度(1~10分)

针对熟悉某品牌的消费者,综合对品质的评价和认同度的评价,计算品牌的美誉度。品质认知好,适合广大消费者的生活,消费者愿意和这个品牌发生联系,这样的品牌在了解它的人群中才具有高的美誉度。品牌美誉度的构成如图14-2所示。

图 14-2　品牌美誉度的构成

5) 品牌资产（1~100 分）

基于对知晓率和美誉度的计算，计算品牌资产得分，并整体用来对品牌进行排序。品牌资产得分用来评价不同品牌在知晓率、熟悉度、感知品质和认同度方面的综合表现。一个品牌，如果在知晓人群中具有非常高的美誉度，但是知晓率很低的话，也不会有很高的品牌资产。只有知晓率高、美誉度也高的品牌，才具有最高的品牌资产。迪纳品牌资产构成如图 14-3 所示。

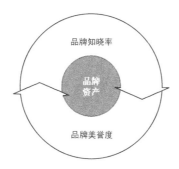

图 14-3　迪纳品牌资产构成

案例思考题

1. 简要总结迪纳品牌资产指数模型评估品牌资产的思路。
2. 结合本章所学内容，试分析与其他品牌资产评估方法相比，迪纳品牌资产指数模型有哪些优点？

本章小结

品牌是一个很复杂的概念，企业要树立塑造品牌的经营导向，就要对品牌资产进行衡量和评估。本章内容共分为三个部分。

第一部分阐述了品牌资产评估的概念。这部分介绍了品牌资产评估,也详细介绍了企业品牌资产进行评估的意义:首先,它为品牌在企业的融资活动中提供担保找到了依据;其次,经评估的品牌资产可以激励员工,培育企业信誉;第三,品牌资产评估为品牌资产的出售和并购等企业行为提供了帮助。

第二部分介绍了品牌资产评估时常用的评估指标、评估指标的选择和几类常用的品牌资产评估模型,即品牌资产评估电通模型、品牌资产趋势模型、品牌资产十要素模型和品牌资产引擎模型。

根据不同的评估目的,品牌资产的价值有多种表述方式,这取决于评估人的角度,即"价值前提"。第三部分详细介绍了三类常用的品牌资产评估方法:财务要素评估方法、财务要素+市场要素评估方法以及财务要素+消费者要素。

关键术语

品牌资产评估指标　　品牌资产评估电通模型　　品牌资产趋势模型
品牌资产十要素模型　　品牌资产引擎模型　　　重值成本法
股票市值法　　　　　　国际品牌公司的方法　　　金融世界的方法
财务要素+消费者要素方法

思考题

1. 品牌和品牌资产是什么关系?
2. 品牌资产评估的模型有哪些?它们之间有哪些区别?
3. 品牌资产评估有哪些方法?对应每一资产评估方法,试各举一例分析其中的品牌资产。
4. 搜集相关资料,看看品牌资产评估还有无其他方法,并加以简要说明。

参考文献

[1] 斯科特·戴维斯. 品牌资产管理[M]. 刘营,李哲,译. 北京:中国财政经济出版社,2006.
[2] 王静. 品牌有价:1995—2004 中国品牌价值报告[M]. 北京:经济科学出版社,2005.
[3] 王连森. 品牌资产及其衡量与创建[J]. 山东经济,2005(1).
[4] 贾昌荣. 品牌收购:战略驱动下的品牌革命[J]. 科技咨询导报,2005(9).
[5] 为什么要评估品牌的价值?[OL]. [2006-12-02]. http://brand.icxo.com/htmlnews/2005/08/06/644180.htm.

第 15 章　品牌资产的保护

本章提要：当一个品牌培育成功以后，它的生存环境就变得异常复杂。由于品牌是一项十分重要的无形资产，尤其是名牌、驰名商标等具有极高的经济价值，这就使它们容易成为不法商人眼中的"唐僧肉"。创名牌不易，保名牌更难。缺乏品牌管理经验，使自己的商标被抢注，企业在不知不觉中失去了辛辛苦苦创立的品牌，这样的事件接连发生、层出不穷。为使企业巨大的无形资产和宝贵财富不受侵犯，企业必须对自己的品牌实施有效的保护。本章将讨论品牌保护的概念、背景，以及品牌资产之法律保护和市场保护的内容和策略。本章的重点是了解品牌保护的概念、类型和策略。

引　例

《星光大道》是中央电视台综艺频道推出的一档大型综艺栏目。该栏目以"百姓自娱自乐"为宗旨，为大众提供展现才艺的舞台。随着原生态歌手阿宝等人的走红，《星光大道》成为与《梦想中国》、《超级女声》齐名的平民选秀节目。不过，中央电视台曾经面临无法继续使用《星光大道》的危险。

2003 年 7 月 9 日，北京星光大道影视制作有限公司（以下简称星光公司）申请注册商标"星光大道"，申请号为：3624619，服务项目为：组织竞赛（教育或娱乐）；安排和组织培训；组织表演（演出）等。2005 年 1 月 7 日，星光公司的商标注册申请获得初审通过，在此后 3 个月异议期的最后一天，中央电视台（以下简称央视）向国家商标局就"星光大道"的商标注册提出异议。央视的异议被驳回后，央视又申请复议，要求该商标不予通过审批。2011 年 3 月，央视的复议再度被驳回。央视将国家商标局商标评审委员会（以下简称商评委）诉至北京第一中院，要求撤销商评委的裁定。

央视起诉称，"星光大道"是央视 1999 年开播的《星光无限》栏目的一个子栏目，后来《星光无限》改版为《星光大道》，拥有大量观众，属于"使用在先并有一定影响的商标"，因此央视拥有在先的栏目名称权及商标权。央视还认为，星光公司在理应或已经知道上述情况时，仍然申请注册该商标，这种行为属于搭便车，是"恶意抢注"，请求法院撤销商评委核准注册该商标的裁定。

在庭审中，被告商评委认为，央视虽称"星光大道"很早前作为其节目板块名称使用，但并未提供相应证据。商评委还指出，央视虽然称星光公司注册"星光大道"商标具有不良影响，星光公司具有构成以不正当手段申请注册的恶意，但并无充分证据支持上述观点。

法院认为，央视未提交《星光大道》栏目先于"星光大道"商标申请之前就已经播出，并在相关公众中具有一定影响力的任何有力证据。央视提交的其他证据只能显示，《星光大道》栏目开播于2004年10月9日。相反，星光公司提交的证据可以证明在央视《星光大道》栏目开播前，该公司于2003年就已经将"星光大道"作为青年演员表演大赛的相关名称及标识进行了使用。星光公司注册"星光大道"商标，既没有对公众利益和公共秩序产生消极负面影响，在注册中也没有采用欺诈手段，并不违反商标法的规定，央视该节目开播"落后于"同名商标的注册，在先使用的说法难以成立。法院判决维持了商评委的裁定。

15.1 品牌保护概述

15.1.1 品牌保护的概念

品牌保护被菲利普·科特勒认为是"区别专业的营销者的最佳方式"之一。他说，区别专业的营销者的最佳方式是看他们是否拥有对品牌的创造、维护、保护和扩展的能力。可见品牌保护是企业品牌管理与战略的重要内容。通过品牌保护，不仅可以保持产品销量的稳定，使消费者愿意以溢价购买，而且可以提高市场进入壁垒，增强品牌的市场竞争力，维持其市场地位。因此，品牌保护对于企业来说，既关系到企业品牌的存续，也关系到企业的生存与发展。

品牌保护的经典概念是指企业法定权利的注册与打假，即对品牌所有人、合法使用者的品牌实行资格保护措施，以防范来自各方面的侵害和侵权行为。但在全球经济一体化时代，这一概念已不能适应品牌日益被侵害的现实。品牌遭到的攻击不仅仅是法律意义上的，而且越来越是全方位的，更多时候是来自市场的攻击。例如，品牌的随意延伸、品牌形象的老化、品牌技术的退步、品牌个性的平庸化，等等。这些问题均会引起竞争对手向自己的品牌发动更具针对性的营销战役，从而危害品牌的市场地位。因此，品牌保护必须包括对品牌的市场保护，而不只是法律保护。

根据上述分析，本书将品牌保护定义为，企业在品牌运营中所采取的一系列维护品牌市场竞争优势的活动。它包括巩固、提高品牌的竞争力与市场影响；延长其市场寿命；维持品牌与消费者之间的长期忠诚关系，树立良好的品牌形象；促进品牌资产不断增值。因此，品牌保护应包含三个方面的内容：品牌的法律保护、品牌的经营保护、品牌的自我保护。

15.1.2 品牌保护的背景

自品牌的概念诞生以来，品牌保护就应运而生。如前所述，品牌的主要作用之一就是区别不同品牌的产品，使产品保持差异化，防止混淆。只要存在两个以上的品牌，就会出现比较。有比较就有鉴别，消费者也就会从比较中选择能给自己带来最大让渡价值的品牌产品。于是品牌之间的竞争开始了，品牌保卫战随之展开。

1. 品牌保护的社会与心理背景

兰德公司的创始人华特·兰德先生说过，工厂制造产品，心灵创造品牌。产品更多是物理性的，而品牌则更多是心理性的。由此可见，品牌竞争是指商家对消费者心灵的争夺。消费者对品牌的偏好源于对品牌个性的认同，而对品牌个性的认同似乎又与消费者自己的个性密切相连。品牌个性与品牌的其他所有属性一起，构建了品牌形象。

品牌形象被定义为消费者对品牌的看法。品牌形象论强调：区别产品的功能属性越来越难，并且很容易被模仿，而产品所对应的形象则可以做到独一无二，容易让消费者识别并认同。著名广告人大卫·奥格威曾让"品牌形象论"成为一阵旋风，风靡营销界。奥格威从霍普金斯的科学理论和鲁宾凯姆的形象传统中寻求灵感，认为人们不是因为产品本身的原因去购买某种产品，而是因为他们把这种产品与某种特殊的形象联系起来了。在产品功能利益点越来越小的情况下，消费者购买时看重的是实物与心理利益之和，而形象化的品牌就是带来品牌的心理利益。消费者透过品牌形象，可在自己的头脑中联想到一系列与此品牌有关的特性与意义，这些内容深深地定位于消费者的思想与情感中，最终影响到他们做出的购买决策。

品牌形象源于消费者的心理，这种现象使某些品牌在消费者心目中占据了独特而显著的位置，使得该品牌大受欢迎，销量倍增，还有些消费者甚至为获得该品牌不惜花高额溢价。消费者对著名品牌趋之若鹜的消费行为，使品牌拥有者获得超额利润，并在同行业中处于竞争优势。这种竞争局面，是那些处于不利地位的企业不愿看到的，于是他们中的某些人就会铤而走险，利用消费者对名牌产品的喜好，混淆品牌之间的差别，达到浑水摸鱼的目的。这种情形构成了品牌保护的社会与心理背景。

2. 品牌保护的经济背景

在品牌竞争的时代，强势品牌是企业真正的利润增长点，它能获得高于平均利润的超额利润。因此，实施品牌战略已成为企业的经营战略之一。但在急功近利的企业行为驱动下，品牌建立的长期性使某些企业疏于品牌管理，而采取"傍名牌"的不法行为，假冒现象由此而生。品牌的知名度越高，假冒者就越多，技术失窃的可能性也就越大。品牌商品，尤其是名牌、驰名商标商品被侵害的比例远远高于一般品牌。

假冒现象被一些经济学家喻为"黑色经济"。在全球经济一体化时代，这种黑色笼罩的已不仅仅是某个国家或者某个区域，而是整个世界。像国际贩毒网一样，假冒商品已在世界某些地方形成了生产、运输、走私、批发、销售的严密网络。有人估计，假冒商品交易额约占世界贸易额的百分之二，甚至更多。

假冒伪劣也已成为我国经济生活中的一大公害。假冒商品品种多、数量大，从生活日用品到生产资料，从一般商品到高档耐用消费品，从普通商品到高科技产品，从内销商品到外贸出口商品，假冒伪劣几乎无所不在，无所不有。这其中又以制作容易、利润丰厚、销售快捷的假冒名烟、名酒和药品的问题最为严重，而且假冒伪劣商品有向大商品和高科技产品方向发展的趋势。

假冒伪劣给不法企业带来的是短期利益，给消费者和企业带来的是严重伤害，这种情形构成了品牌保护的经济背景。

15.1.3 品牌保护的意义

如何看待品牌保护，这个问题已超出了一般保护企业利益或保护消费者利益的层面，并涉及国家利益和人类知识的合理有效运用。

2005年10月，中国共产党的十六届五中全会将增强自主创新能力作为贯彻落实科学发展观的重大原则，强调"十一五"期间经济社会发展的一个重要目标是形成一批拥有自主知识产权和知名品牌、国际竞争力较强的优势企业。在这一战略的指引下，各级政府纷纷采取政策、措施，支持企业自主创新，制定品牌发展战略。然而，落实这一重大战略决策的一个重要条件就是如何保护知识产权。这个问题解决不好，企业将缺乏创新的动力。因此，品牌保护涉及一系列重大问题。

首先，品牌保护是对企业创新力的保护。企业是经济活动的主体，也是创新的主体。企业创新活动为社会提供了丰富的商品，满足了人类的生活需求，提高了人类生活的质量。企业创新表现在技术创新、管理创新、制度创新、企业文化创新、营销创新等方面。当我们强调企业自主创新的时候，自主品牌是企业创新的重要内容，而当企业建立了自主品牌时，对品牌的保护无疑是对企业自主创新能力的保护。

其次，品牌保护是对知识产权的保护。企业创新活动不仅表现在对社会生活质量的提升，还表现在推动科技进步和人类知识合理有效运用上，最终推动人类社会的发展和进步。企业创新实现的技术进步和知识积累，是人类社会精神财富的重要组成部分。企业为技术创新投入了巨额资金，技术成果是其投入的回报。在一定时期内，企业的创新成果理应得到应有的回报，所以在制度上要保护企业的创新成果，这就是从法律上对知识产权进行保护。品牌保护与知识产权保护有一定区别，但品牌，尤其是名牌，一旦成为驰名商标，就被纳入了知识产权保护的范围。所以，在一定意义上我们可以说，品牌保护是对知识产权的保护。而知识产权保护是保护企业创新力的制度保障。

再次，品牌保护是对消费者合法利益的保护。品牌保护的一个重要原因，就是保护消费者的利益。由于在全球范围内信息不对称，某些假冒伪劣商品肆意横行，消费者往往被这些外表绚丽的商品所蒙蔽，结果深受其害。假烟、假酒、假药和不合格的食品严重损害了消费者的健康，有的甚至危及消费者的生命。通过信息的有效沟通，对品牌进行保护，让消费者识别品牌，是保护消费者合法权益的有效手段。因此，对品牌的保护就是对消费者利益和权益的保护。

15.1.4 品牌保护的基本机制

与其他品牌管理活动一样，品牌保护是一个复杂的管理系统，具有自己的特点与运行机制。为有效提高企业的品牌保护工作效率，就必须了解品牌保护的基本机制。它们分别是整合机制、预防机制、创新机制与效益机制。

1. 整合机制

整合机制是指由企业主导的，以相关国内、国际法律为基础，整合企业、社会、企业的合作者、消费者等各方面的力量来对品牌进行综合保护的活动机制。整合机制的含义包括两层：第一，由于对品牌的侵害活动影响到社会、企业的合作者与消费者等多方面的利益，有些活动如假冒伪劣还会使企业的竞争对手遭受同样的损失，因此，企业的品牌保护必须整合可以利用的一切力量，包括企业自身、社会、消费者、企业的合作者（甚至竞争者），来实施全面的品牌保护。第二，由于品牌自身的含义越来越复杂，品牌面临着全方位的市场竞争，因而单一的法律手段并不能有效地保护品牌。要想较好地保护品牌，就必须整合企业可以采取的一切手段来对品牌进行综合保护。

品牌保护的整合机制由两部分组成：整合机构与整合方法。首先，企业应建立自己的品牌保护机构，与国家各级负责品牌（商标）管理的相关部门、国内外品牌权威机构、消费者权益保护组织等建立联系，以了解国家相关的法律动态、咨询品牌保护对策、宣传企业的品牌保护宗旨，并整合所有可能的力量进行品牌保护工作。其次，尽快建立企业自身的品牌保护方法体系，从法律、技术、市场拓展等多个方面来开展品牌保护工作。

2. 预防机制

预防机制是指企业监控品牌受伤害的状况，以便及早采取有效保护措施的活动机制。预防机制的根本目的就是提高品牌对环境的适应性，用尽可能少的投入达到保护的效果。在大多数情况下，采取预防的手段能够降低企业品牌被伤害的风险，减少可能带来的损失，并提高品牌的生存能力。

为了建立这种预防机制，企业必须构建与国际互联网连通、资源共享的营销信息系统，尤其要强化其中的品牌运营监控信息系统，提出一套完整的品牌保护监控指标，加强对品牌未来发展状况的预测，建立定期评估制度。

3. 创新机制

创新机制是指企业因应不断变化的品牌运营形势，促进品牌保护手段与体制不断变革的活动机制。品牌并不是一劳永逸的，品牌保护也必须与时俱进。由于企业自身的品牌生态环境在不断变化，品牌保护的手段、体制都必须不断创新，以提高品牌保护的适应性。

创新机制包括树立鼓励创新的观念、设立创新开发部门、策划激励创新的奖励制度以及建立有关品牌保护创新的评价体系等多方面内容。

4. 效益机制

效益机制是指企业从经济效益出发，按照自己的资源条件开展品牌保护活动的约束机制。品牌保护是以获得更高的经济效益为其目标的。它作为企业的一项管理活动，必须服从经济规律的制约，也就是说企业应考虑品牌保护的成本与收益的配比关系，通过严格的经济核算，结合自身实际，提出适合自己的品牌保护策略。

企业可在原有效益考核机制的基础上，增加对品牌保护的经济核算，建立有关品牌保护的经济核算指标，并注意将企业的品牌保护利益与企业的长远发展目标结合起来。

15.2 品牌资产的法律保护

15.2.1 品牌法律保护的概念

品牌的法律保护是品牌保护的经典含义，即从法律制度上对品牌所有人、合法使

1. 商标独占使用权、禁用权、转让权和使用许可权

商标专用权是指品牌注册申请人对经过商标主管机关核准注册的商标所享有的权利，简称商标权。商标权包括商标的独占使用权、禁用权、转让权和使用许可权等，其中独占使用权是基本的核心的权利，其他权利都是从独占使用权中派生或延伸出来的。

1）商标独占使用权

它是指经核准获得注册的商标的所有人在该注册商标的范围内有独占使用其商标的权利。商标权赋予商标权人"专用"注册商标，其他任何人未经许可不得使用。也就是说，非商标权人不拥有同一商品或类似商品上使用与商标权人相同或近似商标的权利。法律只保护商标注册人专用的权利。需要注意的是，商标独占使用权是有范围界限的。商标专用权只能在规定的范围内使用，即商标权人只能在品牌注册国的范围内，在该商标所指定的商品范围内享有独占使用权。但是，商标使用权的独占性并不排除其他人通过合法渠道（如转让等）取得其使用权。

2）商标禁用权

它是指商标权人有权禁止他人不经过自己的许可而使用该注册商标的权利。也就是说，商标权人有权排除和禁止他人对商标独占使用权进行侵犯。如果他人将与商标权人的注册商标相同或近似的商标使用在已注册的商标所指定的商品或类似商品上，商标权人有权请求工商行政管理部门进行行政处理或提起诉讼，要求停止这种侵权活动，赔偿损失，以维护商标权人的合法权益。

3）商标转让权

它是指注册商标所有人有权将其享有的商标权依照商标法规定的程序转交给他人所有的权利。如此，原商标所有人就成了"转让人"，接受这一注册商标专用权的一方则成了"受让人"。商标权的转让可以是有偿转让，也可以是无偿赠与，即受让人成为商标权的继受主体。但是，商标权的转让，要求受让人必须保证与转让人使用该商标的商品在质量上保持一致，这是商标转让的先决条件。值得注意的是，转让商标专用权，不能形成商标专用权的分割，这就要求转让商标必须把同一种或者类似商品上的相同或者近似的商标（即防御性商标）一起转让，不得保留，以免形成商标权的两个所有人或两个权利主体。

还需要注意的是，如果转让的商标已与他人签有商标使用许可合同，转让人（原商标权所有人）则应向受让人和被许可人说明情况，协商一致意见后办理，不得因商标转让而损害被许可人的利益。

4）商标使用许可权

它是指商标权人通过与他人签订使用许可合同，许可他人（被许可人）使用其注册商标的权利。商标使用许可是作为一种租借使用注册商标的契约形式出现的。它的出现，丰富了商标权的内容，也赋予了商标权人具有依法许可他人使用的权利。正因如此，商标权既包含了商标所有人的专用，也包含了商标权人许可他人使用。但需注意，在实

施商标使用许可过程中,必须将按照双方自愿互利原则签订的使用许可合同报商标局备案,同时要求被许可人保证其商品质量必须与许可人的商品质量一致。

2. 商标权是一种知识产权

品牌或商标是企业的无形资产,是企业无形资产中"知识产权"项下"工业产权"的重要内容。商标权作为一种工业产权,是知识产权的重要组成部分。因此,商标权具有知识产权的独占性、时效性和地域性等特征。

1) 独占性

商标权是商标申请人依照一定的申请、审查、注册等法律程序而获得的对商标使用、转让、许可等方面的特殊权利。商标权一经取得就具有独占性。商标权的独占性又称专用性或垄断性,是指某注册商标的使用权只能归该商标所有者独家占有、使用;而且在行使商标权时,还具有排他性,即只有商标权所有人才能享有商标使用权,未得到商标权所有人许可,其他任何人不得擅自使用。独占性或说专用权是商标权最主要的特征,其他特征都是围绕这一特征引发的。正因为商标权具有专用性,所以才常把商标权称作商标专用权。

2) 与商品的不可分割性

依照商标法的规定,核准注册的商标必须具有商标权的客体——专指商品,没有专指商品的商标无法表现商标权利。核准注册的商标与核定使用的商品是组成商标专用权的一个整体,两者不能分割,也不能改变,在两者同时具备的情况下,商标注册人才享有商标专用权,并且受到法律保护。这就是说,商标专用权以核准注册的商标及其核定使用的商品为限,或者说,法律保护的商标专用权范围仅限于该商标和登记在注册簿上的该商标的指定使用商品。在我国,商标注册采用国际分类标准,即将商品分为 36 类,服务分为 9 类,一共 45 个大类。按照我国商标注册"一类商品,一件商标,一份申请"的原则,在一份商标注册申请书中,只能申请注册一件商标,不能同时申请两件或两件以上,而且这一件商标也只能限定在一类商品之中,不能跨类申请。若使一个商标在 36 类商品中全部注册,就必须提出 36 件申请。

3) 时效性

商标权作为知识产权,它具有严格的时间效力。商标经核准注册之后,在正常使用情况下,可以在某一法定的时间内有效使用,受到法律保护。这一法定时间称为注册商标的有效期。绝大多数国家都规定了商标注册的有效期,即商标的保护期限。

4) 地域性

商标权的地域性是指在一国核准的商标,其有效的、受保护的范围只在该国领域内,超出注册国或注册地域,商标的专用权则不发生效力。也就是说,经过一个国家注册的商标,仅在该国法律管辖的范围内受到该国法律的保护,其他国家对这一商标没有保护的义务。对于要开拓国外市场的品牌来说,企业欲使自己的品牌获得目标市场所在国的法律保护,还必须按照规定到目标国及时申请注册,取得在该国地域内受到法律保护的商标专用权。

3. 商标权受到法律保护，不允许侵权

由前述可知，商标权作为由国家确认的一种权利，它由注册产生，并以核准注册的商标与核定使用的商品为限。商标权人有权按照自己的意志处理其商标专用权，可以转让，也可以许可他人使用。如果他人侵犯商标权人的商标专用权，那么，商标权人可以依法要求法律的保护。这是世界各国商标法通用的准则。

商标权是商标法的核心，保护商标专用权也是世界各国商标立法的宗旨和核心。可以说，商标法主要就是围绕商标权的取得、商标权的利用、商标权的保护而制定的。商标专用权的保护范围，是区别和判断商标侵权与非侵权之间的一条根本界限，也是工商行政管理机构和人民法院正确区分侵权与非侵权、制止和制裁商标权行为的根本依据。商标侵权行为，即侵犯他人商标专用权的行为，通常是指他人出于商业目的，未经商标权人许可而擅自使用其注册商标，或是把其商标的主要部分用作自己的商标，用在商标权人的相同或类似的商品上，以混淆商标，使消费者误认商标，进而欺骗消费者的行为。

15.2.2　品牌的法律保护

国家运用法律手段保护商标权，使商标权人的合法权益不受非法侵犯，这是商标立法的宗旨。依据商标法，商标权人在享有商标专用权的同时，还享有禁用权。保护商标专用权、行使商标禁用权，实际上是企业运用法律武器（国家法律的强制力作为后盾），抵制和禁止一切商标侵犯行为的权利。商标权只有受到法律的严密保护，商标权人才能放心地依法使用品牌或商标，品牌或商标的功能与作用才能得到充分发挥，才能维护注册商标的信誉，保证商品质量，保护商标权人的合法权益，维护市场经济运行的秩序。

1. 商标权的及时获得

及时获得商标权是企业品牌战略的必要保障，也是品牌法律保护的基本前提。根据我国《商标法》第 3 条规定："经商标局核准注册的商标为注册商标，包括商品商标、服务商标和集体商标、证明商标；商标注册人享有商标专用权，受法律保护。"这就是说，获得商标专用权，是品牌受到法律保护的先决条件。如果品牌不能及时注册，就不能获得商标的专用权，其品牌也不能受到法律保护。

依据我国法律规定，企业获得商标使用权，可以通过注册续展、转让购买和特许加盟等方式实现。

1）及时注册，勿忘续展

商标申请人按照商标法规定的法定程序，将自己已使用或将要使用的商标向商标局申请注册，经商标局审查核准，发给商标注册证，交纳规费后，商标申请人就获得了商标专用权，同时也受到商标法的保护。任何人未经商标权人许可，都不得使用该商标，否则，即构成商标侵权行为，受到法律制裁。

必须指出，商标权的保护是有时间限制的。对此，各国的法律规定不尽相同：在英国及沿袭英国制度的国家，商标权的保护期限为 7 年；古巴、斯里兰卡、坦桑尼亚等国的保护期限为 15 年；而美国、意大利、瑞士、菲律宾等国的保护期限长达 20 年。我

国现行的《商标法》规定，注册商标的有效期为 10 年，自核准注册之日起计算。如果商标的有效期即满，则应当在期满前 6 个月（按我国商标法规定，最迟不超过有效期满后的 6 个月，即宽展期）内申请续展注册（注册商标有效期限按法定程序延续），每次续展注册的有效期为 10 年。

至于续展次数，《商标法》则没有限制。只要企业愿意并能在法定期限内及时续展，商标专用权就可以成为企业的一种长久的权利，进而受到法律的长期保护。

2）通过转让购买获得商标权

商标权转让是指商标权人依照法定程序，将其注册商标的专用权转移给他人所有的行为。通过商标权转让，原商标权人不再享有商标权，而受让人获得商标权，成为该注册商标的所有人，获得了完整的商标权。作为一种法律行为，商标权转让是指全部商标权转让，而不是部分商标权转让；商标权转让后，受让人使用该商标不能超过原来核定的使用范围；转让注册商标由转让人和受让人共同提出书面申请，并经国家工商总局商标局核准、公告；商标转让属于自由转让。商标转让的这些特点，使得转让成为企业获得商标权的一种有效方式。

在商标权转让过程中，受让人要向商标权人支付一定数额的转让费。由于这种有偿转让需要通过合同来实现，所以也常被称为有偿的合同转让，或简称合同转让。商标权转让，除了有偿转让形式以外，还有无须支付转让费的继承转让。作为无偿的合同转让形式，它是指原商标权人不复存在或丧失经营能力，由法定继承人无偿地继承其注册商标的法律行为。与合同转让一样，继承转让也可以使受让人获得注册商标的专用权，只是这种继承转让仅适合于受让人与转让人有继承关系情况下的商标权转让。一般认为，受让人在无偿地承受原商标权人法律地位的同时，自然也获得了原商标权人的商标专用权。

关于商标权的转让，无论是继承转让还是合同转让，都必须依法办理转让手续。只有依法办理转让手续，才能使商标权转让产生法律效力。

3）通过特许加盟方式获得商标使用权

特许加盟也是常用的一种获得商标使用权的可选方式。关于特许加盟，在第 7 章中已有阐述，此处不再详解。

 案例　　　　　营销视点 15-1

三一重工是中国上市公司，在国内外享有一定知名度和美誉度，于是成为"李鬼"寄居的载体。

马鞍山三一公司与三一重工毫无关联，但它却以"三一"及"三一重工"的名义在全国范围内销售及宣传其机床等机械产品，其互联网站、公司厂房、宣传资料均与"三一"极为相似，存在严重侵权行为。三一重工将该公司诉至长沙市中级人民法院。

该案件的难点在于：①马鞍山三一公司主要经营机床类机械产品，其成立时间早于三一重工在"机床"商品上注册"三一"汉字商标的时间。②虽然三一重工在"工程机械"上拥有的最早一枚"三一"汉字商标早于马鞍山三一公司成立时间，但只有驰名商标才能进行跨类别保护，而汉字"三一"还未曾被认定为驰名商标。基于以上两点，三一重工决定将汉字"三一"作为驰名商标展开诉讼。

为使汉字"三一"商标能够成功被认定为驰名商标,承办此案的律师搜集了三一重工自创立以来历年的发展情况、荣誉、经营业绩、商标宣传范围、公众认知度、社会影响力等各方面资料500余份,这为法院认定"三一"汉字为驰名商标奠定了坚实的证据基础。

在充分的证据面前,长沙市中级人民法院一审判决认定"三一"汉字商标为中国驰名商标,并判决马鞍山三一公司停止一切侵权行为,赔偿三一重工经济损失40万元。

一审判决后,马鞍山三一公司不服,向湖南省高级人民法院上诉,但在三一重工翔实的证据面前,二审法院判定驳回上诉,维持原判。至此,三一商标维权再次取得突破,"三一"汉字商标成为中国驰名商标。

2. 驰名商标的法律保护

驰名商标是国际上通用的、为相关公众所熟知的享有较高市场声誉的商标。驰名商标起源于《保护工业产权巴黎公约》(以下简称《巴黎公约》),现已为世界上大多数国家所认同。我国也是公约成员国。根据《巴黎公约》的规定,我国于1996年8月14日由国家工商行政管理局发布并实施了《驰名商标认定和管理暂行规定》。

1) 驰名商标具有超普通商标的保护力

驰名商标为世界多数国家和地区所公认,但对于什么是驰名商标却未形成一致的概念,《巴黎公约》是这样定义驰名商标的:经过法定机构认定的,在一国或世界范围内具有相当的知名度和广泛盛誉的商标。我国《驰名商标认定和管理暂行规定》第2条给驰名商标下了个定义,即驰名商标是指在市场上享有较高声誉并为相关公众所熟知的注册商标。所谓相关公众包括与使用商标所标示的某类商品有关的消费者、生产上述商品的其他经营者以及经销渠道中所涉及的销售者和相关人员等。这表明,在我国,未经注册或不为相关公众所熟知的商标,不能成为驰名商标。

与一般或普通商标相比,驰名商标有其独特的专属独占性特征。主要表现为以下两个方面。

(1) 驰名商标的注册权超越优先申请原则。世界上许多国家都实行品牌注册及优先注册的原则,我国也是如此。就一般品牌来说,只有注册后才受到法律的保护,不注册的品牌则不受法律保护。但是,驰名商标则不同,如果某品牌被商标主管机关认定为驰名商标,那么,按照《巴黎公约》的规定,即使驰名商标未注册,也在公约成员国内受到法律保护。即对驰名商标而言,他人申请注册的商标与驰名商标相同或相近似,即使在非类似产品上注册,只要该拟注册的商标可能损坏驰名商标所有人的权益,负责商标注册的部门就会将其驳回,不予以注册。不仅如此,驰名商标注册的优先权还表现在,即使他人经申请已获准注册,驰名商标所有人也有权在5年内请求撤销该注册商标。这个5年期限是《巴黎公约》的规定,也是我国《驰名商标认定和管理暂行规定》中的规定;如果他人以欺诈手段恶意抢注,驰名商标所有者的撤销请求权不受时间限制。

(2) 驰名商标的专用权跨越国界。驰名商标的专用权,不同于一般法律意义上的有严格地域性的商标专用权,而是超越本国范围、在公约成员国范围内得到保护的商标权。如果某一商标在注册国或使用国被商标主管机关或其他权威组织(如最高法院或其法律机关）认定为驰名商标，即表明该商标得到《巴黎公约》的保护。按照《巴黎公约》对驰名商标专用权的规定，若某一商标构成对该驰名商标的伪造、复制或翻译而且用于相同或类似商品上，则应禁止其使用该商标（拒绝或取消其注册）。这些规定，还适用于主要部分系伪造、仿冒或模仿驰名商标而易于造成混淆的商标撤销。这种做法常被称为"相对保护主义"，在大陆法系诸国被采用。在英美等国，驰名商标所有人不仅有权禁止其他任何人在未经许可的情况下在相同或类似商品上使用驰名商标，甚至有权将这一禁止使用其驰名商标的范围扩大到其他一切商品上。

可见，驰名商标不受注册限定（普通商标只有在注册后才能受到法律保护。但对于驰名商标，根据《巴黎公约》规定，如果成员国的商标主管机关认为是驰名商标，在成员国范围内，不管是否已经注册，都将受到该成员国的法律保护），保护的地域范围更广（普通商标仅在其获准登记注册的国家或地区范围有效，若要在国际范围内受到法律保护，还必须到国外注册；而驰名商标则受《巴黎公约》所有成员国的法律保护），保护的权利范围更大（对于普通商标，它的保护范围只局限在注册时核定使用的商品范围，而驰名商标的保护范围，不仅包括注册时所核定的商品，而且还可能延伸到与指定商品完全不同的商品上；在我国，他人将与驰名商标相同或近似的商标使用在非类似的商品上，且会暗示该商品与驰名商标注册人存在某种联承，从而可能使驰名商标注册人的权益受到损害的，驰名商标注册人可以自知道或应该知道之日起 2 年内，请求工商行政管理机关予以制止）。

营销视点 15-2

"同仁堂"这个传诵了 300 多年的老品牌，正是借助其"驰名商标"这一金字招牌才使其在日本失而复得。

"同仁堂"问世于 1669 年，以"同修仁德"的理念从事药品经营，塑造了良好的品牌形象。"同仁堂"也成了消费者有口皆碑的真正的名牌，享誉海内外。也可以说，"同仁堂"是我中华民族文化遗产的重要组成部分。就是这样的品牌，在受中华文化影响至深、颇信中医的日本却无法打开销路，原因是"同仁堂"品牌在日本已被他人抢先注册。中国的"同仁堂"欲进占日本市场，要么用重金收回本该属于自己的商标权，要么更易其名；否则，即侵犯他人商标权。不幸中的万幸是，"同仁堂"被国家商标局认定为驰名商标。拥有金护身符的"同仁堂"依据《巴黎公约》中有关驰名商标可以受到特殊保护的规定，对"同仁堂"被抢注事件向日本商标主管机关提出争议裁定申请，使得"同仁堂"商标失而复得，"同仁堂"拥有了它应有的商标权。

2）驰名商标由国家工商行政管理总局商标局认定

由于驰名商标在国际、国内市场上享受特殊的法律保护，所以，积极努力争取获准驰名商标认定是企业在开拓国内外市场过程中获得竞争优势的重要选择。在我国，驰名商标的认定是由国家工商行政管理总局商标局负责。凡在市场上有较高的知名度和较高的市场占有率的商标都可以申请认定驰名商标。截至 2012 年底，我国已经先后认定了 3000 件驰名商标。

3）驰名商标在防止其被用作他人企业名称中的作用

品牌（或商标）与企业名称是两个不同的概念。品牌（或商标）是区别商品不同出处的一种名称及其标记；而企业名称则是区别不同企业的标志。企业的品牌须到国家工商行政管理局商标局统一注册后才取得商标专用权；而企业名称在县级以上工商行政管理局登记注册后就可以取得一定地域范围的企业名称专用权。可见，品牌（商标）和企业名称这两种专用权有不同的注册要求，也有不同的保护范围。

但是，品牌（商标）与企业名称也不是断然无关的。有的企业把企业名称的核心部分作为品牌并予以注册，如华北制药厂将"华北"注册为服务商标，钓鱼台国宾馆注册了"钓鱼台"服务商标；也有的因品牌（或商标）知名而将品牌（商标）作为企业名称使用，如日本的"SONY"和中国的"海尔"等均属此种情况。

若企业的商标或驰名商标被他人用作企业名称，则会损害商标权人的利益或声誉。故此，企业可以给予警示，并运用法律武器保护自己的合法权益。根据我国《驰名商标认定和管理暂行规定》的规定，自驰名商标认定之日起，当他人将与该驰名商标相同或近似的文字作为企业名称的一部分使用时，且可能引起公众误认，工商行政管理机关不予核准登记；已登记的，驰名商标注册人可以自知道或应当知道之日起2年内，请求工商行政管理机关将侵权的商标予以撤销。

3. 证明商标与原产地名称的法律保护

1994年12月30日，国家工商行政管理局首次公布了《集体商标、证明商标注册和管理办法》，对当时的《商标法》和《商标法实施细则》进行了补充。2013年《商标法》最新修正后，集体商标、证明商标已纳入《商标法》保护范围，这使企业品牌运营多了一项可选择的策略。

1）证明商标能保护权益人的合法权益

证明商标，是指由对某种商品或者服务具有检测和监督能力的组织所控制，而由其以外的人使用在商品或服务上，用以证明该商品或服务的原产地、原料、制造方法、质量、精确度或其他特定品质的商标（包括商品商标和服务商标）。依此概念，证明商标是商品或服务本身出自某原产地或具有某种特定品质的证明，借以区别商品或服务的不同产地、不同的特定品质，而不用以区别商品或服务的不同来源（来源于不同的生产经营者）；证明商标的注册人应该是具有检测和监督能力的组织，而不是某个具体企业单位；注册人自身不能使用自己注册的证明商标，而必须由其以外的其他人来使用（只要当事人提供的商品或服务符合这一特定的品质，并与注册人履行了规定的手续就可以使用该证明商标），注册人与使用人是分离的；证明商标是由多个人共同使用的商标。

证明商标用来证明其标定商品或服务的特定品质，如纯羊毛标志，它作为证明商标，消费者见到它，就知道这个标有纯羊毛标志的商品是纯羊毛的。可见，证明商标有利于企业向市场推销商品或服务，也有利于消费者选择商品或服务。证明商标由具有监控能力的组织注册、管理，将证明商标置于法律保护之下，使生产经营者能够按照规定的条件生产商品或提供服务，保证商品或服务特定的品质，使证明商标的注册人和使用者有章可循，依法使用，因此证明商标具有保护权益人合法权益不受损害的作用。

证明商标与集体商标相似，但又有区别。第一，证明商标与集体商标都是由多个生产经营者或服务提供者共同使用的商标；但证明商标是表明商品或服务的质量达到规定的品质，而集体商标则表明商品或服务来自同一组织。第二，证明商标与集体商标的申请人都必须是依法成立、具有法人资格的组织，但证明商标的申请人还必须对商品或服务的特定品质具有检测和监督能力。第三，集体商标的使用限于该集体成员内部，该组织以外的成员不得使用；证明商标则比集体商标更有开放性，只要经营的商品或服务达到使用管理规则规定的特定品质，就可以要求使用证明商标。第四，集体商标的注册人可以在自己经营的商品或服务上使用集体商标，证明商标的注册人却不能在其经营的商品或服务上使用该证明商标。第五，集体商标注册后不能转让，而证明商标注册后可以转让给其他依法成立、具有法人资格并具有检测和监督能力的组织。

2）原产地名称对特定品质的产品有特殊的保护作用

原产地名称是《巴黎公约》保护标志中的一种。根据《里斯本协定》中的定义，原产地名称是指一个国家、地区或地方的地名，用于指示一项产品来源于该地，其质量或特征完全或主要取决于地理环境，包括自然和人为因素。这表明，"原产地名称"虽是一个地名，但它已不仅仅是普通的地理含义了。当某个地名与某一商品联系起来，其商品的特定品质完全取决于当地的地理因素（包括当地的土壤、水、气候以及传统工艺等）时，该地名就成为这一商品的原产地名称。如，法国的香槟和干邑都是法国地名，因当地的环境因素使其盛产的葡萄不同于其他地区生产的葡萄，加之当地几百年形成的传统酿酒工艺，使其生产的葡萄酒具有特定品质，所以香槟和干邑是"葡萄酒"原产地的名称，即香槟是法国 Champagne 这一地区生产的酒，干邑是法国 Cognac 这一地区生产的酒。我国作为《巴黎公约》的成员国，有保护原产地名称的义务。依照《巴黎公约》的原则，国家工商行政管理局于 1989 年发布了《关于停止在酒类商品上使用香槟或 Champagne 字样的通知》。

原产地名称是该地的生产、制造、加工者的共同财产或处于"公有领域"之中，任何人只要符合规定的工艺标准，其生产、加工的商品达到"特定品质"，在依法履行手续后均可使用。所以，原产地名称不能为某特定生产经营者作为商标取得注册或视为与其注册商标有同样效力的标记而被专有或独占。但是，如果当某特定厂家在过去长期使用某一原产地名称作为其品牌，在商品交换活动中产生了商标的"第二含义"时，则有可能被当作普通商标注册而受到法律保护。如茅台酒（茅台是我国贵州省内的地名，茅台酒商标于1987 年被工商局核准注册），泸州老窖、青岛啤酒等也都属第二含义注册商标。

15.3 品牌的经营保护

品牌的经营保护，是指品牌经营者在具体的营销活动中所采取的一系列维护品牌形象、保持品牌市场地位的活动。不同的品牌，由于所面临的内部环境和外部环境的差异，经营者所采取的保护活动也各不相同。但是，不论采取何种经营活动对品牌进行保护，都须遵循以下几项原则。

15.3.1 以市场为中心，迎合消费者需求

对品牌经营者而言，以市场为中心就是以消费者为中心。因为品牌不是经营者的品牌，而是消费者的品牌。品牌的经营保护与消费者的兴趣、偏好密切相关。如果品牌

的内容不随着市场上消费需求的变化而做相应的调整,品牌就会被市场无情地淘汰。例如,宝洁公司的"佳洁士",该品牌在几年里已经换过好多次"改良新产品"的标签,不断迎合消费者的兴趣爱好。

以市场为中心就要求品牌经营者建立市场动态调控系统,随时了解市场上消费者的需求变化状况,及时地对品牌进行调整,只有这样才能确保品牌在市场竞争中不会处于劣势。

15.3.2 维持高质量的品牌形象

在提高品牌的知晓度时需要依靠高质量,维护品牌形象;在保持品牌的市场地位时,也需要高质量。在市场上消失的品牌中,有些是假冒伪劣产品,而有些则是生产企业自身存在"皇帝的女儿不愁嫁"的思想,导致品牌质量下降而造成的。

维持高质量的品牌形象可以通过以下途径。

(1)评估产品目前的质量。在品牌组合中,目前被顾客认为质量低的是哪些品牌?是整个品牌还是某个方面?企业的销售人员是缺乏训练还是缺乏与产品有关的业务知识?品牌经营者如果不能确定,那么就直接询问顾客对该品牌产品的质量有什么意见。

(2)设计产品时要考虑顾客的实际需要。

(3)建立独特的质量形象。

(4)随时掌握顾客对质量要求的变化趋势。

(5)让产品便于使用。

(6)倾听顾客意见,对现有产品质量进行改良;倾听专家意见,以便在产品质量上有所突破。然而,品牌经营者必须要小心,倾听顾客意见固然重要,但这些意见不一定能指出未来的方向。

15.3.3 进行品牌再定位

不管一种品牌在市场上的最初定位是如何适宜,但到后来品牌经营者可能不得不对它重新定位。竞争者可能继该品牌之后推出新的品牌,以削减该品牌的市场占有率。此外,消费者的兴趣偏好也许已经转移,使对该品牌的需求减少。因此,只有重新定位,才能保持该品牌。

在进行品牌重新定位的选择时,品牌经营者必须考虑两个因素。

一个因素是将品牌转移到另一细分市场所需的费用,该费用包括产品品质改变费、包装费和广告费等。一般来说,更新定位离原位置越远,所需费用就越高;改变品牌形象的必要性越大,所需的投资也就越多。

另一个因素是定位于新细分市场的品牌能获得多少收益。收益的大小取决于有偏好的细分市场的消费者人数、这些消费者的平均购买率、在同一细分市场内竞争已有的数量和实力,以及在该细分市场内为品牌所要付出的代价。

15.3.4 保持品牌的独特性

品牌是企业拥有的无形资产,在市场上享有较高知晓度、美誉度的品牌能给企业带来巨大的经济效益。只有在保持品牌独立性的前提下才能维持品牌形象,使品牌不断得以发展、壮大。品牌的独立性是指品牌占有权的排他性、使用权的自主性以及转让权的合理性等方面的内容。

占有权的排他性是指品牌一经注册,就成为企业财产的一部分,归本企业独家占有,其他企业或产品不得重名。

使用权的自主性是指品牌经营者有使用自己已经注册的品牌的自主权,能够自主地开展品牌营销调查,进行品牌推广和品牌延伸,提高品牌的知晓度,增加消费者的品牌忠诚。

转让权的合理性是指企业可以将自己的品牌依照法定程序转让给其他企业。转让时要有利于维持品牌形象,提高品牌的市场占有率。

例如,沃尔沃被中国吉利集团收购以后,能否保持其品牌独特性,成为沃尔沃未来发展的关键。实践证明,在中国市场上,沃尔沃成功地保持了其品牌的独特性。被收购后的沃尔沃管理层与吉利集团领导人在中国市场运营和产品开发方面存在不同看法,但吉利领导人尊重沃尔沃品牌运营的独立性。

通过对中国市场和竞争对手的深入分析,沃尔沃管理层提出的品牌定位是"安全、低调、高品位"。在同类型豪华轿车越做越豪华、越做越大的形势下,沃尔沃独辟蹊径,走"小型、节能、环保"的路线。沃尔沃全球 CEO 斯蒂芬·雅克布认为,沃尔沃要集中精力打造豪华品牌,停止追赶和模仿奥迪、宝马。2013 年 12 月 13 日,瑞典光明节这一天,专为中国市场打造的豪华轿车 S60L 上市,引来现场经销商代表们的阵阵欢呼。

独特的定位和专为中国市场打造的豪华品牌,为沃尔沃带来了骄人的业绩。截至 2013 年 11 月底,沃尔沃的销量同比增长达到了 44.7%,远远超过中国豪华车市场平均增速。

在谈到沃尔沃未来发展时,沃尔沃汽车集团中国区负责人拉尔斯·邓强调,沃尔沃将继续重点沟通其品牌的独特性,秉承"以人为尊"核心价值和经典的北欧设计,同时,将不断强调沃尔沃产品本身的优势。他认为这些优势都是沃尔沃品牌特性的直接体现。

对于国产之后的沃尔沃,2014 年也是它实现"中国梦"的第一年。其不断完善的产品系列和品牌的独特性将让更多的中国消费者开始向往和期待与众不同的北欧豪华体验。

15.4 品牌资产的自我保护

品牌除了注意法律保护和经营保护之外,还要注意自我保护。品牌自我保护是指品牌所有人在品牌经营中通过可控的方法维护自身的合法权益,并使品牌免遭伤害的管理过程。品牌自我保护涉及保护的类型及如何进行品牌保护等内容。

15.4.1 品牌自我保护的类型

1. 技术方面的自我保护

品牌技术保护是指品牌所有人以技术为手段对品牌实施保护的过程。它包括技术领先、技术保密和技术标准等手段。

1）保持技术领先

技术领先是企业产品名牌地位赖以确立和长久维持的先决条件。技术领先意味着在相同市价条件下，企业提供的产品比同类竞争产品具有更多的功能和更优的品质，能给消费者带来更多的价值和效用，使之产生"物有所值"乃至"物超所值"的满足感；能将广大消费者吸引在自己周围，促使他们对企业产品形成品牌偏好。技术领先还意味着企业凭借其对先进技术的创造与把握，能以最新的理念、材料、工艺与方法，不断开发出先人一步或高人一筹的新产品，执掌产业发展牛耳，引领消费潮流变化，从而使竞争者只能望其项背，而不敢贸然触犯。日本索尼公司在这方面的运作是比较成功的。

2）严格技术保密

差异化是现代企业参与市场竞争的基本战略之一。差异化的实质就是形成企业产品独有的特色，以明显区别于竞争者提供的同类产品，从而形成某种相对垄断局面，在激烈的竞争中赢得一席之地。产品差异可以存在于多个方面，但相当一部分企业产品与其独特的原料、配方、工艺或其他技术秘密有关。可口可乐自1886年诞生以来，因其独特的口味而逐渐风行全球。可口可乐公司现已成为世界最大的软饮料厂商，日销量达2亿多瓶，其中70%以上的营业收入来自美国本土以外的世界各地。其实，可口可乐生产工艺并不复杂，关键是在其神秘配方上。可口可乐的成功在很大程度上就得益于其100多年来严格的技术保密。与此相反，由于缺乏保密意识，我国一些传统产品丧失了在国际市场上的长期垄断地位，令人十分痛惜。

3）统一技术标准

在激烈的竞争中，一些拥有良好效益和品牌声誉的企业往往会突破原有企业、地域乃至国界的局限，通过购并、控股、合资、联营、承租乃至纯粹的品牌特许方式，将生产扩大至别的单位或允许他人有偿使用本企业品牌生产产品，以求获得更多的市场份额和利益。必须牢记的是，质量是品牌的生命，企业在扩大生产规模时一定要视自己的控制能力而行，对特许单位坚持统一的技术要求，严格按母公司的质量标准组织生产，绝不能因盲目追求规模而牺牲企业品牌声誉。我国北方有一家啤酒企业，20世纪80年代中期已成为全国啤酒业几大名牌之一。后因盲目在各地发展联营，而对联营厂啤酒质量又无法进行有效控制，致使大量贴着母公司商标、质量又达不到要求的劣质品流向市场，严重损害了母公司的品牌声誉。短短几年，一个兴旺发达的企业因盲目扩大生产规模而陷入重重危机，其教训极为深刻。

2. 生产方面的自我保护

1）按有效需求组织产销

在现实生活中，由于一些商品固有的消费周期或更新周期、厂商普遍差异化经营以及消费者购买力增长有限等条件制约，企业面对的往往是一个扩张潜力有限的市场需求。在此情形下，为维持企业品牌已有的良好形象，就不宜为盲目扩大产销而一味降价竞销，更不宜片面追求一时的市场占有率。对名牌企业来说，即使在激烈竞争的市场环境中，也应保持清醒头脑，坚持自己产品特有的品位、风格与个性。按照目标市场的有效需求，有计划地安排产销量，巧妙维持供求平衡，甚至可以刻意营造一定程度的需求饥饿状态，保持旺盛的市场需求，避免因扩产过量而最后不得不降价竞销，导致品牌声誉受损的不良后果。英国劳斯莱斯高级轿车的名牌形象，就是通过其长期坚持的厚利限销政策实现的。

2）审慎开展品牌延伸经营

在现代社会，企业往往从专业化经营起步，经过若干年艰苦努力之后，一些企业获得了成功，并在行业中有了相当地位，其品牌也有了较大影响。为了谋求进一步发展，不少企业走上多元化经营道路，有的甚至涉足与所在产业毫无关联的新行业，如卷烟厂涉足制药业，电器厂涉足建材业，制造商涉足酒店业。出于对节约新产品市场开发费用的考虑，不少企业实施了所谓品牌延伸战略，将老产品的成功品牌嫁接到新进入行业的产品上。但隔行如隔山，各个行业有各个行业的特点。企业在某个行业获得成功，不等于在其他行业也能取得成功，其间风险很大，稍有不慎就有可能掉入"多元化陷阱"。盲目地开展品牌延伸，一旦新行业开发不成功，不但新行业受挫，还极可能殃及老产品，伤害企业来之不易的品牌形象。

IBM 曾经投资数十亿美元将品牌延伸至复印机产品，施乐为了反击，同样耗费十几亿美元将品牌延伸至 PC 领域。尽管它们在各自的领域都是领导性的强势品牌，但仍旧在其不擅长的行业败得七零八落。很多品牌延伸并未如预期实现业绩延伸，这是在决策中缺乏系统周密考量的后果。

3. 市场方面的自我保护

1）恰当选择营销渠道

除了部分直销企业外，多数企业的产品都要通过一个或几个中间环节才能最后送达目标市场的顾客手中，这就有个渠道与中间商的选择问题。对名牌企业来说，渠道选择不仅关系到产品的流通效率与利益分割，而且关系到品牌声誉。如果说人们在儿女婚配上讲究门当户对，那么，对拥有良好品牌的企业而言，也应该注重中间商的实力、地位与声望，不能让自己的"靓女"嫁个"丑夫婿"。

一些商品只能在一定的场所出售，这是现代厂商应当遵循的商业原则，服装、首饰、工艺品、化妆品、字画等讲究品位与身价的商品尤为如此。皮尔·卡丹、鳄鱼、花花公子等名牌服饰，就只在大型百货公司与厂商特许的专卖店展卖，其他商业场所是见不到的（如果有，则通常是仿冒产品）。企业如此做的目的在于维持产品的名贵形象，吸引那些欲跻身"上流社会"的男女前去购买。相反，对那些以广大消费者为对象的日用品，渠道选择应以强调商品的市场渗透力为要义，尽量接近民众并方便其购买。正因此理，人们才可在包括小摊贩在内的各种营业场所见到可口可乐、娃哈哈、喜之郎、旺旺食品以及两面针牙膏、力士香皂这样的名牌产品。

2）重视产品销售保证

在现代条件下，销售保证甚至比产品品质本身更重要。对许多商品而言，特别是对那些价值较高的机器设备和耐用消费品而言，人们的购买选择往往取决于企业提供的销售保证程度。因为在较成熟的产业市场上，各厂商提供的产品品质并无太大区别，品牌往往是人们购买时的首选因素。销售保证首要的内容是退货自由，向买主免费或优惠提供的送货、安装、维修、培训、零配件供应等也都非常重要，名牌企业无一不是高度重视销售保证的。IBM 的品牌优势在很大程度是建立在其可靠而及时的售后服务上。海尔电器之所以能在短短十多年里成长为中国家电业的龙头老大，除了其优异的产品质量外，还在于它所提供的完美服务。海尔产品的上市是以其相应服务保证为前提的，凡相应服务一时达不到的地方，海尔公司宁肯暂时放弃。

3) 保持价格控制权

价格也是企业品牌保护要点之一。价格不仅关系到企业利润，而且对企业品牌形象产生影响，因为一定的品牌是与一定的价格水平相联系的。厂家应尽可能将价格控制权掌握在手中，保持市场价格的统一性和相对稳定性，以维护产品品牌的声誉。统一性指在同一区域或同一业态的商场中，产品按统一价格出售，要求商家严格执行，不允许经销商随意变价，更不能放任他们恶性降价竞争。否则，你降他也降，商家的损失是一时性的，而给生产商带来的伤害则可能是久远的。维持价格的统一性，除了生产商有雄厚的实力和良好的产品销路外，还在于其定价要科学合理。这就要求企业根据区域内各种业态合理的经营费用、赢利要求并结合要货数量有差别地加以规定，而不是简单按商家每次购买数量随机确定。目前，一些厂家实行的、要求商家按指定价格销售产品，再根据其销量多少给予推销奖金或按比例返利就是维护企业统一价格的有效办法。

保持价格的相对稳定性对维护品牌声誉也非常重要。价格随意变动，朝令夕改，不仅让商家难以适从，而且易给消费者以企业定价不严谨甚至有投机取巧之嫌。企业定价要有战略眼光，应根据产品长期成本和赢利要求确定，而不是随短期因素变化做频繁调整。一般而言，企业促销也不宜直接采用变价手段，而是以相机采取奖售返还、附量馈赠、增加服务或其他变通办法为好。

品牌自我保护要求企业具有战略观念，将其具有市场发展前景的商品品牌及时注册，使之成为受法律保护的商标，并积极预防他人抢注。

15.4.2　品牌自我保护的方法

对品牌进行保护，除了在上述各方面予以注意之外，还要掌握品牌自我保护的方法。综观国内外品牌保护的经验，可资借鉴的方法有如下几种。

1. 积极开发和应用专业防伪技术

有些产品品牌和包装的技术含量低，使制假者伪造极为容易，这是有些品牌的假冒伪劣产品屡禁不止的一个重要原因，所以必须采用高技术含量的防伪技术，从而有效保护企业品牌。

1) 防伪技术的概念、分类及技术类型

所谓防伪技术，是指能增加加工难度、降低其制造仿真度的技术措施或手段。

防伪技术可以从不同角度进行分类：①从功能上分为保真防伪和辨假防伪，也就是人们通常所说的积极防伪和消极防伪；②从应用领域分类，分为产品防伪、标识防伪、信息防伪；③从防伪技术使用与辨识的范围分类，分为公众防伪（明防）、专业防伪（暗防）和特殊防伪。

防伪技术的主要类型有：①物理学防伪技术，也就是应用物理学中的结构，如光、热、电、磁、声以及计算机辅助识别系统建立的防伪技术；②化学防伪技术，即在防伪标识中加入在一定条件下可引起化学反应的物质；③生物学防伪技术，是指利用生物本身固有的特异性、标志性为防伪的措施；④多学科防伪技术，也就是通过两种或两种以上学科方法的综合利用来实施防伪；⑤商标的综合防伪技术。

2）企业开发和应用防伪技术的有效途径

企业可以自己独立开发和应用防伪技术，或者企业与专门防伪技术部门合作开发和应用防伪技术，也可以直接向防伪专业部门定购已开发出的防伪技术产品。

不论哪种防伪方法，只要行之有效均可采用，或者结合采用。采用现代高科技含量的防伪技术是有效保护品牌的重要手段，这要求企业品牌经营者们能够有清晰的认识，保持高度的警惕，综合运用多种高科技尖端技术，使一般人难以仿制。

例如，娃哈哈纯净水就采用了电子印码、激光防伪、图案暗纹等多种防伪技术。事实上，世界上几乎所有的知名品牌都采用了各种防伪标志，对保护自己的品牌起到了一定的积极作用。

但从实际情况来看，防伪措施的力度还不够，企业还应积极打假，把防伪与打假结合起来。

2．运用法律武器参与打假

1）提高认识，立足长期打假

假冒伪劣作为一种社会公害，是会长期存在的，不可能一谈打假，假货就会退出市场。打击假冒伪劣是一场长期的、持久的战斗，企业经营者们要有长期作战的思想准备。

2）成立专门机构，有组织地进行打假

假冒伪劣历来都是一个毒瘤，渗透在市场的每一个角落，若没有专门机构和人员去负责打假，其效果绝对大打折扣。鉴于此，我国许多知名企业都吸取了被假冒的沉痛教训，成立了专门打假机构，配备专职打假人员，积极参与打假，取得了一定成效。

但是，打假要花费人力、物力和财力。怡宝食品饮料有限公司的"怡宝"品牌影响较大，不法分子便为牟利不惜铤而走险。为了打假，怡宝公司设立打假专员，进行打假活动。但是不法分子造假一般都会选址于较隐蔽地方，很难被发现，公司自行打假成本高、难度大。一是打假取证的难度大。二是公司没有执法权，打假效果差，长期持续打假的成本却没法计算。

我国家具行业家具外观抄袭已经成为行业潜规则。据报道，2012年9月11日在上海举办的国际家具展变成了"打假阵地"。在展会开幕首日，北京厂商就向展会组委会相关部门提交了维权申请，指称参展的另一家家具企业旗下品牌的几款家具涉嫌侵犯自己的外观设计专利权。但是由于家具企业专利官司一般只涉及知识产权侵权，即使胜诉赔偿金额也不高。现在有些品牌企业花费巨资调查侵权行为，官司打赢了也只能得到几千元的赔偿。家居企业盼望着国家能够继续完善有关的法律、法规，降低打假维权成本。

另一方面，企业必须加强对知名品牌商标的管理，制定专门的商标管理制度，将商标管理纳入全面质量管理之中。对商标的使用、标识的印制、出入库、废次品标识的销毁等，都要进行严格管理。企业应设立科学、完善的商标档案，设立专门的商标管理机构，配备熟悉商标知识和商标法规的管理人员，使他们成为品牌的捍卫者。此外，还可以向消费者普及品牌的商品知识，以便让消费者了解正宗品牌的产品；与消费者结成联盟，协助有关部门打假，从而组成强大的社会监督和防护体系。

3. 严守品牌机密

当今世界是信息的世界，谁掌握了信息，谁就有了主动权。在知识经济时代，信息可能比资产更为重要。在和平年代里，经济情报已成为商业间谍猎取的主要目标，严酷的现实要求品牌经营者必须树立信息观念，高度警惕、妥善保护自己品牌的秘密，防止泄密。

1) 要有保密意识

当今社会，各种间谍技术高超，获取信息的手段高明，使得品牌秘密很难保住，稍不留神，就会给品牌造成不可估量的损失。有时重要信息的失窃是在没有保密意识下由不自觉的行为造成的。20世纪80年代末，我国成功地发射了一枚一箭多弹火箭，在国际上引起了强烈反响。国外情报部门纷纷指派情报人员搜集相关资料。正在一筹莫展之时，我国有位工程师在某全国大报上发表文章，详细介绍了这次火箭的发射情况，情报间谍们大喜过望，不费吹灰之力就获得了相关资料。

2) 谢绝技术性参观和考察

经调查显示，世界上每一项新技术、新发明领域中，有40%左右的内容是通过各种情报手段获得的，而许多经济间谍正是打着参观的幌子来窃取情报的。所以，品牌经营者有必要谢绝技术性参观和考察。

对于无法谢绝的参观，各企业通常需要采用专人陪同，进行监视，防止技术秘密外泄。一次，一批日本客人到法国一家著名的照相器材厂参观。在观看一种新的显影溶液时，一位客人俯身靠近盛溶液的器皿，精明的陪同人员发现，这位日本人的长领带已沾到了溶液。他马上向一位服务员吩咐了一番。当那位日本人走出实验室门口时，服务员马上走到他跟前说：“先生，您的领带脏了，请换条新的。”随后递上一条崭新的领带，保住了新型显影溶液的配方。

3) 严防家贼

正所谓"明枪易躲，暗箭难防"，品牌的失密常常是自家人所为。家贼又可分为两种：一种是竞争对手派来卧底的；另一种则是本企业的技术人员，窃取机密是为了获取更高待遇或跳槽到竞争对手那里去。针对这两种情况，企业必须严格限制接触品牌秘密的人员的范围。

4. 避免互相杀戮

随着经济的发展和市场的繁荣，品牌之间的竞争日益激烈。1992年我国就有了中原商城大战，1993年变成矿泉壶品牌大战，1997年惊爆VCD品牌大战，1999年又有水制品品牌大战，2001年出现了房地产品牌之战……竞争自然是无可避免的，但绝对要采取正当的竞争手段，坚决避免品牌间的互相杀戮。

1) 切忌互相搞降价比赛

价格是商品价值的货币表现形式，消费者常以价格的高低来判断商品质量的好坏。降价是一种极为有效的促销手段，可以增加企业产品的销售工作，我国的民族企业更是把它作为杀手锏来用。君不见格兰仕几乎每日降价，清洗整个微波炉市场；君不见联想集团、清华紫光用降价占领笔记本市场；君不见国美的发展壮大就是靠价格战取胜的。然而价格绝不是万能工具，它极易破坏消费者的品牌忠诚，也使品牌经营者受到了巨大损失。

1992年的中原商战，最后也演变为降价大比武，先是紫荆商场推出"同类商品全市最低价格"，而后，商城大厦把价格降到不能再降的地步，华联、商业大厦也不甘寂寞加入战团，亚细亚更是变成只要你比我价格低我就再降价。由此，郑州陷入了前所未有的价格大战，其结果是利润下降，名誉受损。若不是后来商家们醒悟过来，恐怕都得全军覆没了。

2）切忌互相攻击

品牌经营者们在激烈的市场竞争中不应攻击竞争品牌，更不能互相诋毁；否则，很容易两败俱伤，甚至搬起石头砸自己的脚。

前些年，麦当劳快餐店曾在荷兰各地推出一系列促销广告，其中一则广告上醒目地写着"不！不！不要吃中国餐"，这一变态招数立刻引起荷兰华人社团的严重抗议，他们与法律顾问取得联系，准备诉诸法律。该广告拙劣的攻击行为使得麦当劳的形象和声誉都受到了严重的损害。

 案例 <u>**王老吉、加多宝之争背后的真相**</u>

2013年4月26日是第13个世界知识产权日。

从2010年开始，围绕知识产权纠纷不断的王老吉与加多宝之争也经历了第3个知识产权日的洗礼。

王老吉商标案以广药完胜落幕后，红罐包装归谁成为双方争议的又一焦点。双方各说各的理，一度交锋激烈。纵观整个"凉茶之争"，背后的真相到底是什么？企业又该如何提高知识产权保护意识，做到合法合理维权？

众专家力挺红罐归王老吉

2012年6月初，广药集团正式推出红罐王老吉。加多宝在归还王老吉商标后，想拿到红罐作为第二个筹码。加多宝认为，早在1997年，公司就已经申请红罐外观设计的专利，红罐应归当年的申请者。王老吉则声称红罐与商标不可分割，鸿道作为商标租赁方，当年绕过广药直接申请外观设计专利无效。

在王老吉看来，早在1995年广药与鸿道签订的商标使用许可合同中就明确约定，授权鸿道生产经营红色罐装、红色瓶装王老吉凉茶。如果没有所有权，又何来授权？如今，广药收回红罐王老吉的生产经营权后，其特有装潢权也随生产经营权一并转移至广药。王老吉商标和特有红罐装潢合为一体，不能人为剥离，都应归王老吉品牌及广药所有，具有独占性和排他性。因而即使加多宝红罐新产品不再出现王老吉字样，也一样侵犯了广药的合法权益。

装潢与商标不可分割的观点得到了众多权威法学专家的认可。清华大学法学院教授陈建民认为，王老吉商标作为该特有装潢中最核心的部分，如果其不存在，那红色罐体包装是无任何意义的。红色罐体包装，其特有性的指向只能是王老吉商标而非其他。

原最高人民法院知识产权庭庭长蒋志培也表示，王老吉凉茶特有装潢与该知名商品本身具有不可分割性。当一个有注册商标的知名商品形成后，便具备完整性与统一性，其特有装潢在很大程度上将通过商标在消费渠道中形成认知并建立商誉。在商标权属明确的前提下，该装潢不应与商标权割离，否则势必会对相关消费群体造成混淆困扰。

在商标权与专利权的对峙处于下风后,加多宝又提出这样的论点:加多宝经过17年做大红罐凉茶,就应该拥有红罐的装潢权。

对此,清华大学法学院崔国斌教授指出,"知名商品特有的包装装潢"之所以受到《反不正当竞争法》的保护,本质上并非因为该包装装潢本身是一项智力成果,而是因为该包装装潢通过使用,起到了区别产品来源或标示产品品质的作用。

加多宝使用"拖"的策略

面对证据不足和多位法学专家为王老吉举证,与商标案相同,这场事关包装的诉讼中,加多宝胜诉的概率并不大。加多宝又再次延续了商标权争夺中的路线,向法庭申请延期。

在广东省高院召开的2012年度广东法院知识产权审判工作会议上,广东省高级人民法院民三庭庭长陈国进透露,除了加多宝在4月15日交换证据时申请延期外,由于鸿道一直没有签收或拒签法律文书,整个案件程序审理进展一直缓慢。

据陈国进介绍,当前广东三级法院受理的涉及王老吉、加多宝的案件共8宗,还主要在做程序审理工作,进展缓慢源于案件涉及的当事人比较复杂。为保证在香港注册的鸿道集团收到法院送达的相关法律文书,法院采取了三种域外送达法律文书的办法:采取邮件送达、委托香港高等法院送达、委托中国法律(香港)服务有限公司送达,但这些法律文书都被鸿道退回或拒签。

此消息一出,让众人大跌眼镜。"加多宝选择逃避,看来心里还真是没底。""国家给予外资各种优惠支持,但这并不代表这些企业就可以无视中国的法律。"网友的批评之声一浪高过一浪。加多宝的直接"触法"彻底改变了以往人们心中一直营造的"弱势群体"形象。有业内人士指出,加多宝的拖延之举是在最大限度获取红罐使用时间,为其败诉后的"换装"做准备,这对王老吉来讲是不公平的。

配方之争:谁更正宗?

面对归还王老吉商标、广药王老吉凉茶上市以及红罐之争尚未定论,"正宗凉茶"、"王泽邦后人"也成为加多宝争夺消费者与市场的另一条线路。

谁拥有正宗的王泽邦凉茶配方,成为红罐之争以外的另一看点。

2013年3月26日,加多宝在深圳举办"凉茶创始人王泽邦后人媒体见面会",将矛头直指王老吉的正宗性,王泽邦后人王健仪指出,王氏家族从未将王泽邦秘方传授给广药。

面对质疑,广药拿出有力的证据予以回应。王老吉品牌创立于1828年,晚清时期分为广州和香港两脉。王健仪属于香港支脉,该支脉在1890年前后已经单独到香港发展,1913年正式和广州王老吉分家,100多年来与广州王老吉无任何经营关系。广州王老吉才是真正传承了创始人王泽邦的祖业和秘方,并在民国时期注册了王老吉商号、商标、王老吉公孙父子图商标等一系列无形资产。新中国成立后,1956年按照公私合营政策,国家以赎买方式承接广州王老吉商标、秘方、工艺等所有生产资料。1996年广药集团成立,王老吉商标等无形资产按有关规定划归广药集团持有。

目前,广药已经从王泽邦家族的谱系传承,王老吉秘方、工艺,王老吉第四代后人的档案等各方面进行了公证。10份公证材料,权威证明了从王老吉凉茶祖铺到广州王老吉之间一脉相传,广州王老吉拥有王泽邦凉茶独家秘方。

直面法律，尊重知识产权

2010年11月，广药在"中国知识产权（驰名商标）高峰论坛"上宣布，旗下的王老吉品牌价值经北京名牌资产评估有限公司评估为1080.15亿元。广药将借助王老吉品牌向大健康产业进军，提出了2015年实现500亿元的销售目标。

加多宝与王老吉这场"凉茶之争"，已不仅仅是商标和装潢权的争夺，更涉及真正经济利益的得失，而加多宝一旦败诉，将同时失去商标和红罐，对其产品营销会将造成巨大障碍。

品牌战略专家李光斗在做客新华网《舆情解码》栏目时对该案进行了分析。他指出，加多宝和王老吉商标案给中国所有的企业家一个深刻的教训，企业最宝贵的是知识产权，如果你忽视了知识产权，这个恶果只能由自己承担。

著名律师岳成则指出，市场经济有三个特点：首先市场竞争必须是竞争的，不竞争不是市场经济；其次市场经济必须诚信，没有诚信市场经济不会健康发展；最后市场经济必须是法制经济。所以不能忘记竞争、诚信和法制，这样的市场经济才能健康有序发展。这也可以作为加多宝与王老吉整个纠纷的总结——直面法律，进行诚信、良性的竞争，企业才能更快、更好地发展。

案例思考题

1. 加多宝能否继续使用红罐包装？请谈谈理论依据。
2. 王老吉与加多宝红罐之争的真相是什么？请谈谈理由。
3. 从这个案例中你学到了什么？

本章小结

本章论述了品牌资产的保护。品牌经营一旦成功，其品牌资产就会水涨船高，其受到侵犯的可能性也大大增加。本章较全面地介绍了品牌资产保护的概念、类型、内容和方法。品牌保护是指企业在品牌运营中所采取的一系列维护品牌市场竞争优势的活动。它包括巩固、提高品牌的竞争力与市场影响；延长其市场寿命；维持品牌与消费者之间的长期忠诚关系，树立良好的品牌形象；促进品牌资产不断增值。

品牌保护应包含三个方面的内容：品牌的法律保护、品牌的经营保护、品牌的自我保护。

品牌的法律保护是指从法律制度上对品牌所有人、合法使用者的品牌实行资格保护措施，以防范来自各方面的侵害和侵权行为。要成功地对品牌进行法律保护就要及时获得商标权，对驰名商标进行保护，等等。

品牌的经营保护，是指品牌经营者在具体的营销活动中所采取的一系列维护品牌形象、保持品牌市场地位的活动。在经营活动中，要对品牌资产进行保护，要做到以市场为中心，迎合消费者需求；维持高质量的品牌形象；在适当的时候对品牌进行再定位；保持品牌的独特性。

品牌除了注意法律保护和经营保护之外，还要注意自我保护。品牌自我保护涉及保护的类型，以及如何进行品牌保护等内容。品牌自我保护是全方位的，即要在技术、生产和市场等三个方面进行自我保护。品牌自我保护的方法有专业防伪技术保护、运用法律武器进行保护以及在经营中严守品牌机密等。

关键术语

品牌保护	品牌法律保护	品牌经营保护
品牌自我保护	注册商标	商标所有权
商标独占使用权	商标禁用权	商标专让权
商标使用许可权	驰名商标	

思考题

1. 品牌资产保护有几种类型?
2. 谈谈品牌保护的机制。
3. 谈谈商标权与知识产权的关系。
4. 品牌的法律保护涉及的内容有哪些?
5. 品牌的经营保护应如何进行?
6. 品牌的自我保护应注意哪些问题?

参考文献

[1] 刘凤军. 品牌运营论[M]. 北京：经济科学出版社，2000.

[2] 世界知识产权日，还原王老吉加多宝之争背后的真相[N]. 新民晚报，2013-04-27(14).

[3] 邝宪平."恶意抢注"还是"申请在先"[OL]. [2013-07-16]. http://www.110.com/ziliao/article-260216.html.

[4] 三一商标一年四遭侵权 还有多少"李鬼"在"傍名牌"？[OL]. [2013-07-17]. http://www.sanygroup.com/group/zh-cn/media/34690/_for_news_text.htm.

第 16 章 品牌危机管理

📝 **本章提要**：对于竞争中的品牌来说，危机就像死亡和纳税一样不可避免。尽管危机发生的时间和环境不同，但任何危机的出现往往都具有突发性、破坏性、欲望性、聚众性和持久性。如果对各种突发的危机事件处理不当，就有可能使一个正在走俏的品牌抑或是有百年历史的品牌，瞬间跌入冷宫，甚至就此消失。因此，管理学上提出了品牌危机的管理课题。然而长期以来，人们对品牌危机管理却没能引起应有的重视和研究，我国国内品牌也普遍缺乏危机管理经验，"成功时得意忘形，危机发生时不知所措"是其真实的写照。

本章的目的在于通过对品牌危机管理的学习，掌握品牌危机管理的理论和知识，并学习在实践中处理危机的技能。

引　　例

一个靠 30 万元起家的民营企业——三株公司，创造了连续三年的销售神话。其销售额从 1994 年的 1.25 亿元猛增至 1996 年的 80 亿元，短短三年就提高了 63 倍，这是不是神话？但这个神话却被 1996 年湖南省常德市陈然之的一场官司浇得无影无踪。

这场始料不及的突发性事件，暴露出三株公司对危机管理的乏力和不足，造成直接经济损失 40 亿元。

1999 年，湖南省高级人民法院做出终审判决，常德陈然之诉讼案，三株公司胜诉，常德事件就此画上了句号。就三株而言，虽终胜诉，却成了事实上的失败者——神话再也无法延续下去了，三株的品牌形象、企业形象也因此大打折扣，企业就此一蹶不振。

16.1 品牌危机概述

当今时代是一个科技进步和信息爆炸的时代。一方面，科技进步增加了企业各项产品的内在复杂性，从而使得企业难以把握自身产品潜在瑕疵可能导致的产品责任；另一方面，企业的品牌经营活动处在一个透明度日益增大的空间里，信息充分披露并在全球范围内迅速传播。在这种背景下，企业只有进行全方位的、全过程的品牌管理，才能提升其品牌的整体价值。品牌危机管理，包括从品牌危机预警系统的建立到危机后品牌重振的全部管理活动过程，是摆在品牌经营者面前的一个重要课题。

危机管理作为一门科学，其发端可以说始于1962年的古巴危机，哈佛大学肯尼迪政府学院时任院长艾理森（G. Allison）据此写出《决策的本质》。到了20世纪90年代，罗伯特·希斯（Robert Heath）的专著《危机管理》一书，从各个方面对危机管理进行了较全面的探讨和研究。我国国内学者也开展了一些相关研究，比如吴宜蓁曾对我国台湾地区的危机管理进行了较为详细的梳理，并出版专著《危机传播——公共关系与语艺观点的理论与实证》，而大陆也出版了许多关于危机管理的文献，比如朱德武编著的《危机管理：面对突发事件的抉择》、苏伟伦编著的《危机管理：现代企业实务管理手册》等。

16.1.1 危机管理的基本理论

1. 品牌危机的概念

在了解品牌危机之前，需要了解危机的概念。

根据罗森塔尔（Rosenthal）的定义，危机就是对一个社会系统的基本价值和行为准则架构产生严重威胁，并且在时间压力和不确定性极高的情况下，必须对其做出关键决策的事件。

赫尔曼（Charles F. Hermann）将危机定义为一种形势，在这种形势中，决策者的根本目标受到威胁，做出反应的时间有限，形势的发展出乎决策者的意料。

福斯特（John Bellamy Foster）认为，危机具有四个显著特征：急需快速决策，严重缺乏训练有素的员工，严重缺乏物质资源，时间极其有限。

巴顿（Laurence Barton）提出，危机是一个引起潜在负面影响的具有不确定性的大事件，可能对组织及其员工、产品、服务、资产和声誉造成巨大的损害。巴顿明确地将危机的影响扩大到组织及其员工的声誉和信用层面，并认为组织在危机中的形象管理是非常必要的。

班克斯（Fern Banks）对危机的定义与巴顿有近似之处，认为危机是对一个组织、企业及其产品或名声等产生潜在的负面影响的事故。

里宾杰（Otto Lerbinger）将危机界定为：对企业未来的获利性、成长乃至生存发生潜在威胁的事件。他认为，一个事件发展为危机，必须具备如下三个特征：一是该事件对企业造成威胁，管理者确信威胁会阻碍企业目标的实现；二是如果企业没有采取行动，局面会恶化且无法挽回；三是该事件具有突发性。里宾杰的定义尽管是针对企业提出的，但实际上对各类社会组织都具有借鉴意义。

斯格（Seeger）等人认为，危机是一种能够带来高度不确定性和高度威胁的、特殊的、不可预测的、非常规的事件或一系列事件。

危机是一种状态，它往往是由特定事件引发的，其表现形式也主要是威胁性事件，人们总是能在危机中清理出一条或几条事件线索。但是，当人们透过现象探究本质时就会发现，危机的发生是社会组织内部与外部的构成要素、运作规则和发展环境由常态异化，进而裂变为威胁性系统的过程。

在危机中，组织面临的挑战不单纯是一个或多个威胁性事件，而是一种涉及内部与外部多重利害关系的复杂情境。与此相应，危机管理也不单纯是事件处理，而是对组织威胁性生存环境、运行规则乃至价值系统的修复和改造。因此，我们认为，危机本质上是一种威胁性的形势、情境或者状态。

将危机定义为一种状态，具有重要的现实意义：它更准确地反映了危机的本质，有利于人们加深对危机的认识和理解；它明确了危机管理的方向——异化生存状态向正常生存状态的转换；拓展了危机管理的范畴——不单纯是突发事件的处理。更重要的是，状态而非事件的危机观念，有利于组织树立危机意识，建立危机应对机制，形成战略性的危机发展观。

2. 危机管理的 4R 模式

罗伯特·希斯提出了危机管理的 4R 模式。4R 是指缩减（reduction）、预备（readiness）、反应（response）、恢复（recovery）。4R 模式涵盖了危机管理的全过程。

1）缩减

缩减是指减少危机的成本和损失。这个工作在危机发生之前进行，是整个危机管理的初始阶段。如何减少危机带来的损失？一个重要的工作就是对组织内可能存在的风险进行评估，利用科学的方法，把组织中可能存在的风险列出来，按可能产生的危害大小进行分级，通过风险管理，减少或避免危机的发生。

2）预备

通过建立预警系统，对组织内可能产生的风险进行监视和控制，并组织员工进行培训和针对危机情形的演习，加强员工应对危机的能力，可以将损失控制在最小的范围之内。

3）反应

反应指的是危机发生时的管理，对于危机的发生要迅速做出反应，及时分析危机的类型和影响程度，选择应对危机的方法，制订危机应对计划，评估计划是否可行，最后付诸实施。这一系列的工作要在极短的时间内完成，否则会错过处理危机的良机，使危机进一步扩大，造成更大的危害。

4）恢复

恢复是危机管理的最后一步，在危机消除后，要评估危机对组织的影响程度，评估企业在这一次的危机当中损失有多大、应该吸取的教训和在处理危机中值得借鉴的地方，制订恢复计划，尽快地恢复组织正常运转，稳定员工心态，使组织中的各个系统尽可能地恢复到危机发生之前的状态。

16.1.2 品牌危机管理

从前面的品牌理论和危机管理理论中，可以得出品牌危机管理的概念。它是指在品牌生命周期中，采取恰当的管理活动，尽可能地避免导致品牌价值损失事件的发生，以及在发生品牌危机后尽可能降低品牌价值的损失的管理过程。

在一个完全确定的世界里，品牌管理只需要品牌战略管理和品牌运营管理两个部分就够了。然而现实中，企业竞争的环境不可能是完全确定的，不确定性和潜伏的危机无处不在，所以企业品牌战略管理和运营管理在防止不需要的、不希望的和不可预料事件的发生等企业品牌危机防范、处理方面先天不足。而这类事件的发生将侵蚀到企业品牌原先取得的成功，损害企业形象，有时甚至威胁到企业的生存。因此，企业经营管理者们的任务就是对品牌危机进行主动积极的管理，一方面从战略高度来规划企业的品牌危机管理；另一方面将危机管理渗透到企业日常的品牌运营中，随时准备迎战品牌危机，以确保品牌成长，降低品牌价值的损失。

16.2 品牌危机概述

16.2.1 品牌危机的概念及特点

品牌危机是危机的一种类型。它对组织基本目标的实现构成威胁，要求组织必须在极短的时间内做出关键性决策，并对突发性事件做出紧急回应。

1. 品牌危机的概念

品牌危机是指由于企业外部环境的变化或企业品牌运营管理过程中的失误，而对企业品牌形象造成不良影响并在很短的时间内波及社会公众，进而大幅度降低企业品牌价值，甚至危及企业生存的窘困状态。品牌危机的形式多种多样，主要有经营危机、形象危机、信誉危机、文化危机、质量危机、服务危机等。如果企业的产品在市场上被发现有缺陷和瑕疵，这类事件无疑将影响企业品牌在社会公众中的形象，处理不好就可能导致后果严重的品牌危机。

2. 品牌危机的特点

1）突发性

品牌危机的发生都是突然的、难以预测的，发生之前，虽然有时可以预见其发生的可能性，但通常无法确定其一定会发生，更无法确定其发生的具体时间、形式、强度和规模等。例如，"泰莱诺尔"危机是因为美国芝加哥地区连续发生了7人因服用强生公司生产的"泰莱诺尔"胶囊而中毒的事件，2001年三菱"帕杰罗"事件起源于当时国家出入境检验检疫局的一纸进口禁令，这些危机事件事出突然、时间急、影响大，往往置企业于仓促应战的境地。

2）严重的危害性

由于品牌的脆弱性，危机一旦发生，就会对品牌形象造成巨大的破坏，并引发由于品牌价值的降低而带来的多方面损失，使组织陷入困难窘迫的境地，严重时可使一个组织灭亡。比如2000年11月国家药品监督管理局的一个通知，使中美史克的康泰克一夜之间销售额由6个亿锐减到零。

3）强烈的冲击性

品牌危机一旦爆发，其来势之凶猛、发展之迅速、涉及面之广、影响之深，往往使组织有无法招架、无能为力的感觉。

4）舆论关注性

品牌危机爆发时，品牌原来的知名度必然会令这场危机引起广泛的舆论关注，媒体大张旗鼓地报道常常成为危机处理中最棘手的问题，舆论的导向直接影响到品牌的存亡。在互联网时代，这一特点表现得尤为突出。

16.2.2 品牌危机的表现及成因

1. 品牌危机的表现

1）品牌形象受损

所谓品牌形象受损是指由于不利事件的发生致使品牌形象和增值效应受到破坏，品牌的经济和战略优势大为降低。而对品牌形象受损处理不当，就会进一步加深品牌危机。

2）顾客信任度下降

品牌危机如果是由产品危机导致的，一般会令消费者对其品牌的信任度下降。产品危机事件的发生总会使消费者对产品产生一定的物质和非物质的联想，物质联想导致消费者对品牌或品牌产品功效失去信心；非物质联想导致消费者对品牌接受度的降低，这些都可能使品牌危机事件升级。

3）销售利润率下降

由于品牌危机的发生，消费者对公司品牌的信任度下降，势必导致产品销量下降，从而使销售利润率下降。

4）企业内部人员流失

当企业品牌危机发生时，企业的内部员工是最直接的感受者，员工的情绪会受到影响。如果企业管理层对危机管理不当，往往会导致危机影响程度加深，品牌的负面报道增多，公众对品牌的信任度下降，员工对企业管理层失去信心，对企业的忠诚度下降，从而造成企业内部的人员流失。

5）媒体的负面报道

媒体是连接企业与公众的桥梁。当企业的品牌发生危机，消费者对品牌的信任度产生怀疑时，媒体总是同情弱者，这时它们就会首先站在公众的角度，发表一些对企业品牌不利的报道。如果这时企业不能与媒体进行有效沟通，就会激化品牌危机。

2. 品牌危机的成因

企业要正确地进行品牌危机管理，就势必要对危机产生的原因有深刻的认识。一般来说，危机产生的原因可以从外部与内部两方面来分析。

1）组织外部的原因

组织外部的原因主要是组织外部的伤害，它包括竞争对手的陷害、媒体的错误报道，以及其他来自组织外部、与组织直接或间接相关的其他组织和个人的恶意与非恶意的伤害等。

（1）恶意伤害。恶意伤害是指进行这些伤害活动的目的是使该组织受到破坏和损失。这种情况多来自竞争对手，也有公众或其他对组织出于报复或嫉妒心理进行的诬蔑和陷害，这是每一个企业都应该警惕的。但如果是非竞争对手所造成的恶意伤害，则不能仅仅归结为外部原因，它在很大程度上可能是由于组织内部的公共关系工作失效所造成的，如与相关组织沟通渠道不畅引起的误解等。

（2）非恶意伤害。非恶意伤害是无心的过失造成的，比如媒体由于时间的紧迫和知识的局限或不负责任所导致的错误报道。2000年2月27日，英国《星期日泰晤士报》刊登了一篇题为《秘密报告指控甜味剂》的报道，指出包括可口可乐在内的许多饮料使用一种叫作阿斯巴甜的甜味剂，这种甜味剂能分解出有毒物质，从而影响大脑的正常工作，同时它还会诱使消费者喝更多的这类饮料。消息很快传遍全球，引起舆论大哗。但事实上，可口可乐系列产品并没有使用阿巴斯甜，而且经美国全国饮料协会证明，阿巴斯甜并不存在上述问题，已被全球90多个国家批准使用。

非恶意伤害也可能是由和品牌有关的个人自身的错误、谣言或灾祸引发的。现在许多品牌都有形象代言人，代言人的一举一动如果不妥，必然使该品牌形象受到负面影响。例如，1999年可口可乐公司选择张惠妹作为雪碧的代言人，高质量的电视广告与张惠妹的旺盛人气使雪碧销量一度大增。但后来由于张惠妹支持"台独"的行径，其所代言的电视广告被全面封杀，而接替张惠妹担任代言人的伏明霞又因在新闻发布会上穿了一条标有不雅文字的裤子而遭到媒体指责。可口可乐代言人的不当行为给可口可乐的品牌形象带来了严重的损害，其损失是难以估量的。

非恶意伤害也是指由社会上与组织生存发展本无直接关系，但又因某种巧合或相似性而祸及组织，造成品牌危机的灾难。如南京冠生园劣质月饼事件等。

案例　　　　　　**营销视点 16-1**

"毒胶囊"事件爆发以来，涉事药企终于走到了产品召回这一步。

2012年4月24日，有消息称修正药业正在全国召回所有胶囊类产品，修正药业对此事未做回应。但从相关渠道证实了这一消息。

据四川某医药公司市场部负责人向媒体透露，修正药业正在全国通过合作的医药公司从终端回收涉事产品，"目前回收的只是涉事批号的产品，按照批发价回收，每盒再给医药公司1毛钱"。

修正药业的产品终端，主要在零售药店和基层医院。广州某连锁药店公司负责人也向媒体证实，修正药业当地合作医药公司的业务员已电话通知所有胶囊类产品暂停销售，药店正配合其做好封存工作。

据该人士的描述，药监部门也要求涉事企业召回产品。而国家食品药品监督管理局4月21日的公告同时透露，自从"毒胶囊"问题曝光后，连日来，各级食品药品监管部门及时采取措施，封存问题产品。

据广东一家地级市医药公司透露，修正药业的胶囊产品召回分两个渠道进行：一个是正规的医药批发渠道，另外一个则是修正本身针对终端的销售渠道。

此前，国家药监局发布公告称，包括修正药业、四川蜀中药业等在内的9家药企的14个批次的胶囊铬含量超标。其中修正药业除了此前央视《每周质量报告》披露的羚羊感冒胶囊之外，还有另外两个品种即芬布芬胶囊和酚咖麻敏胶囊也被国家药监局检出铬超标。这意味着"毒胶囊"已经从央视曝光的羚羊感冒胶囊，延伸到所有的胶囊类产品，甚至包括明星产品"斯达舒"胶囊。

斯达舒2010年的销售额就达8亿元，2011年这一数字更高。上述四川医药公司人士告诉《第一财经日报》，虽然此次修正药业按照批发价回收，但他估计修正药业召回所有胶囊产品至少要损失 20 亿到 30 亿元。

此前，修正药业号称到 2015 年实现销售收入 1000 亿元，这意味着修正从 2012 年起要连续四年保持 35% 以上的复合增长率。如今深陷"毒胶囊"风暴，修正药业既面临产品召回的损失，也面临重建市场信心的挑战，千亿目标恐难实现。

(3) 由宏观原因所引起的组织外部伤害。该种外部伤害是指由社会不可抗力所造成的组织外部伤害，例如，国家方针政策的变化、新法律条文的颁布、战争、恐怖主义、劫机等，这些改变与发生不是针对某个品牌的，也不是只对某个品牌或某些品牌造成伤害，而是会造成全社会性的变动或伤害，属于社会背景的变化。

(4) 自然灾害。组织外部的原因除了组织外部的伤害以外，还包括自然灾害。这里的自然灾害是一个广义的概念，是指非人为原因造成的品牌危机的总称，既包括地震、台风、火灾、洪水、瘟疫等自然现象带来的狭义的自然灾害，也包括迫于其他自然规律的非人力所能控制的原因造成的伤害，如组织关键人物的突然死亡、经济规律导致的国际经济形势的变化、流行趋势的变化、社会的不断发展进步等。

2）组织内部的原因

组织内部的原因主要是组织内部的错误，它是指组织内部成员造成的对品牌形象、品牌价值的损害，包括错误决策、低水平管理、生产性错误、广告公关方面的错误引起的危机等。

(1) 错误决策。错误决策是最可怕的一种错误，它是由企业的决策层即最高层做出的，极具权威性，并且常常是有关整个组织生存和发展的全局性问题，因而影响范围大、程度深，纠正时往往要伤筋动骨。错误的投资、不适当的开发新产品、品牌定位错误、漠视市场变化而故步自封、盲目扩大规模都属于决策性失误。例如，1985 年可口可乐创始人伍德刚刚去世，新的领导层就改变整个配方，推出新配方的可口可乐，结果遭到消费者的强烈反对，加上老竞争对手百事可乐公司的趁火打劫，可口可乐遭遇到极大的危机，其品牌险些被挤出市场。

(2) 低水平管理。低水平的管理包括机构设置的不合理、组织文化的败坏、规章制度的不严格等。比如组织内部矛盾导致的组织成员对本组织的恶意报复（如纵火、设置计算机病毒、制造流言），组织内人员贪污腐化、挪用公款、制造假账或者泄漏组织机密、产品秘方、特殊工艺等，生产工具设备长期不检修，高级人才的突然离职等。

(3) 生产性错误。它是指由产品质量、数量、技术或服务等生产性原因造成的企业内部错误。比如以次充好、以假乱真的弄虚作假行为，故意减少产品数量，不履行服务承诺等。品牌的实质是承诺，是企业就其产品特征、利益和服务等对顾客做出的一种保证。正是品牌的这种承诺，才使得企业与消费者联系在一起，也是企业获取效益的源泉，而这种关系能否维系或保持取决于企业是否履行承诺以及履行承诺的程度，如果企业提供给消费者的产品或服务未能履行或未能全部履行其品牌承诺，那么该品牌的整体形象在消费者心目中就会受到损伤。所以，生产性错误是产生品牌危机的重要成因之一。

(4) 广告公关方面的错误。广告是一种很好的打造品牌、美化品牌的手段，但广告使用不当则会导致毁灭品牌的效果。比如广告与东道国的文化相冲突、广告所选择的表达方式不当等。公共关系方面则有可能是由于不了解东道国政治法律、法规、文化禁忌等造成的企业与政府及公众之间的误解，招致消费者对产品的抵制等品牌危机发生，如

2004年耐克的恐怖囚笼广告对中国人情感造成伤害,就属于此类问题。

16.2.3 品牌危机的类型

1. 按性质分类

品牌危机按照性质可分为两类:第一类是产品质量问题引发的危机;第二类是非产品质量问题引发的危机。

第一类危机事件之所以引人关注,原因在于此前该产品品牌的高知名度和良好信誉,或者产品为大众日常消费品的特征及由此形成的庞大消费群体,或者产品直接关乎消费者的身体健康和生命安全。如前面提到的南京冠生园食品公司陈馅月饼事件就属此类。比较而言,第二类非产品质量问题是由企业内部某方面决策失误而引起的经营危机和困难,如资金问题、法律诉讼、人事变动、公共关系和广告问题等。

由于两类危机引发的原因不同,其影响也就有较大区别。第一类危机直接引发消费者不信任和不购买,随之造成销售量的大幅下滑,甚至引发企业经营危机和困境。第二类危机,消费者对其的关注程度要低得多。如麦当劳公司"跪求打折"广告的影响只是存在于一部分公众中,造成部分客户对企业的不信任,并未引起太大的负面影响。

2. 按形态分类

品牌危机从形态上可分为突发型和渐进型两大类危机。

1) 突发型品牌危机

(1) 形象类突发型品牌危机。该类危机是指品牌形象力的减弱现象,往往由反宣传事件引发。一般来说主要表现为品牌知名度下降、认知度降低和品牌联想度下降。而反宣传一般有两种:一种是对品牌的不利情况的报道(情况是属实的),如品牌产品生产条件恶劣或者企业偷税漏税、财务混乱、贪污舞弊等报道;另一种是对品牌的歪曲失实的报道,对这些不实传闻和报道如不及时加以处理,对品牌形象、产品信誉十分有害,并导致公众对品牌丧失信心。

(2) 质量类突发型品牌危机。该类危机是指在企业发展过程中,由于企业自身的失职、失误,或者内部管理工作中出现纰漏,造成产品在质量上出现问题,从而引发的突发型品牌危机。

(3) 技术类突发型品牌危机。该类危机是指已经投放市场的产品,由于设计或制造技术方面的原因,而造成产品存在缺陷,不符合相关法规、标准,从而引发的突发型品牌危机。如中美史克"康泰克"PPA风波、三菱"帕杰罗"刹车油管风波等。这类危机与技术有关,它发生在人们认为本应万无一失的尖端科技出现偏差时。

(4) 服务类突发型品牌危机。该类危机是指企业在向消费者提供商品或服务的过程中,由于其内部管理失误、外部条件限制等因素,造成了消费者的不满,从而引发的突发型品牌危机。此类危机与企业品牌意识和服务意识相对薄弱有关。

(5) 品牌的法律权益受到了侵害。品牌资产中的一个重要组成部分就是品牌的法律权益。品牌商标(或者品牌名称或标志)一旦被假冒和盗用,就会出现严重的品牌危机,甚至被假冒盗用者拖垮品牌。因此,企业应该建立一套商标安全监控系统,搜集各种损害和有可能损害企业品牌商标安全的行为,尽可能在实际损害发生之前消除有损品牌商标安全的各种诱因，做好品牌商标安全的防御工作。

在我国，许多企业的品牌商标被其他企业或机构抢注，许多国内驰名企业的品牌商标被国外企业机构抢注。在被国内或国际抢注的商标中，有包括"红塔山"、"金华火腿"、"熊猫"、"伊利"等在内的一批我国的著名品牌。除了抢注名牌商标之外，傍名牌的现象也十分严重。众所周知的案例有北纬通信公司对腾讯公司品牌的侵权，最后法院判决北纬通信公司向腾讯公司赔偿25万元，并终止一切侵权行为。对于品牌的假冒伪劣现象，企业应该提高对品牌的保护意识，注意与消费者保持密切的沟通，并积极研究和开发防伪技术。

2) 渐进型品牌危机

渐进型品牌危机的发展是循序渐进的，容易被忽视，一旦爆发则具有毁灭性。我们主要研究其表现的几种类型，以便从根本上把握该种危机爆发的真正原因。

（1）品牌战略制定和执行失误。从狭义上讲，品牌战略制定失误是所制定的品牌战略本身的失误；从广义上讲，还包括品牌战略展望提出的失误、目标体系建立的失误。另一方面，有了正确的品牌战略，如若执行不当或失误，同样会造成不良影响。

（2）品牌延伸策略失误。品牌延伸使用得当不仅能使新产品迅速进入市场，取得事半功倍的效果，而且可利用品牌优势扩大生产线，壮大品牌支持体系。但是企业一定要注意品牌延伸安全，否则，就会进入品牌延伸误区，出现品牌危机。这主要表现为三种情况：一是品牌本身还未被广泛认识就急于推出该品牌的新产品，结果可能是新、老产品一起死亡；二是品牌延伸后出现的新产品的品牌形象与原产品的品牌形象定位互相矛盾，使消费者产生心理冲突和障碍，从而导致品牌危机；三是品牌延伸速度太快，超过了品牌的支持力。

案例　　　　　营销视点 16-2

2011年7月，美国著名财经新闻网站 24/7 Wall St.做了个大胆的预测：到2012年下半年，将会有十大著名品牌从人们的视线中消失，其中就有大名鼎鼎的诺基亚。

曾几何时，诺基亚是全球手机行业老大。但仅仅13年的时间，诺基亚就从顶峰直接坠向了谷底。目前诺基亚已沦为从属于微软的二线品牌了，对于一向骄傲的诺基亚人来说，这也许比品牌的消失更痛苦。

诺基亚品牌危机是一种渐进型危机。根源在于创新不足，没有及时跟上移动互联网技术的发展。等到诺基亚觉醒时，其后续努力，如收购塞班、开发软件和提升服务等创新已无法撼动苹果公司的 iPhone 在行业里的领导地位了。

（3）品牌扩张策略失误。品牌扩张策略主要有两种：一是收购品牌进行扩张的策略；二是自创品牌进行扩张的策略。两种方式实质都是通过收购、兼并、控股等资产重组的方式，实现产品的规模扩张。此外，产品扩张还可以通过授权经营、品牌共享、联盟等方式扩大品牌的控制规模。品牌扩张的风险有很多方面，如品牌扩张策略本身的失误、消费者需求重心的转移、国家及地方政策的影响，等等。一些具有代表性的品牌如巨人和春都就是在多元化道路上越走越远，偏离了核心业务，丢弃了赖以生存的根本，结果导致资源分散，战线拉长，管理失控，核心竞争力锐减。

（4）品牌内、外部环境的恶化。品牌的内部环境是指品牌持有企业的内部状况；品牌的外部环境主要包括消费者、竞争对手、分销商、市场秩序、舆论和宏观环境等主要因素。企业内部环境状况是对品牌未来发展具有重要影响的一个因素，如果没有一个良好的组织环境，品牌就不可能健康地成长和发展。

16.3 品牌危机管理的策略

16.3.1 品牌危机的防范与准备

品牌危机的防范是品牌危机管理的首要任务。所谓"防患于未然"，就是强调预防。若无有效快速的危机防范和预警系统，一旦危机发生，企业只能仓促上阵，被动应付。因此，企业一定要做好危机防范工作。

1. 以良好的品牌形象，提高消费者的忠诚度

树立良好的品牌形象，培育与提高消费者对品牌的忠诚度，是企业能够成功度过品牌危机的一个重要的先决条件。企业是否能够安然度过其面临的品牌危机，其中一个很重要的因素就在于企业在发生品牌危机时是否已经建立起足够的信誉。对企业而言，信誉是指企业品牌值得信赖和有信用，是诚实的、谨慎的、坦率的、可以亲近的、有效率的及成功的。这种信誉度是通过企业每天、每月、每年与企业主要公众建立起来的信任、忠诚和信用而获得的。它是企业的信誉银行，总有一天会派上用场，特别是在企业品牌危机发生时更是如此。例如，1999年的可口可乐公司在欧洲事件爆发后的处理行动上有些迟缓，但是，这次品牌危机仍然在短短的两周时间内获得平息，这在很大程度上应归功于可口可乐公司自1885年以来形成的良好的品牌形象，以及可口可乐公司引领消费者而形成的无可比拟的品牌忠诚度。换言之，如果企业在"风和日丽"的日子里，为其品牌建立良好的信誉，那么当品牌危机到来的时候，企业就多了一把"保护伞"。消费者、股东、新闻媒体、执法者等，可能会批评企业的品牌，但同时也会给企业一个改过自新的机会。

在树立良好的品牌形象与提高消费者对品牌的忠诚度方面有许多方法可供企业选择，如生产好的产品、制订顾客奖励计划、赞助有价值的活动、致力于公共慈善事业等。

2. 做好品牌的保护工作

品牌保护，首先要培养消费者的品牌忠诚。先入为主的观念和思维惯性对人们的行为影响很大。一旦消费者对某品牌产生忠诚，一些风吹草动是很难对其产生影响的。世界性的一些大品牌，如可口可乐、麦当劳、强生等都曾遇到过危机，但最终都解决了，这一方面是由于它们的危机预警和处理工作较好，另一方面也是由于有一大批忠实的消费者。除此之外，还要采取以下一些保护措施。

（1）法律保护。如商标及时注册、及时续展、异国注册、全方位注册等。

（2）生产保护。指产品的质量、包装保护等。名牌产品首先得有好的质量，这是使消费者忠诚、保持产品长盛不衰的关键，质量一丝一毫的差别都可能被细心的消费者发现，或是被对手利用，引起危机。质量保护主要依靠生产过程中严格把关。在包装保护中使用防伪标志已是通用的方法，但也可以采用一些高技术的方法，如"五粮液"的一次性防伪酒瓶就是很好的例子。

（3）技术保护。有些品牌就是靠一些秘密而保持长盛不衰的，如果这些秘密被公开，这个品牌就很难存在了。在对于机密的保护方面，许多著名的品牌都有自己一套行之有效的方法，如可口可乐公司规定可口可乐的配方只能让两个人知道，并且这两个人不能同时乘一架飞机，以免飞机失事，秘方失传。如果其中一人死亡，剩下的这个人就要为秘方选择另一名继承人。

3. 注重品牌的创新与品牌开发

当品牌缺乏创新而逐步老化时，企业也会因不能很好地满足消费者变化的需求而引发品牌危机。当企业本身对自己的品牌不再创新、缺乏广告创意时，消费者对品牌失去兴趣也就是很自然的事了。当品牌失去活力、毫无生气时，品牌也毫无魅力可言，品牌发生危机也就为期不远了。

由于品牌生命周期与产品生命周期相关联，许多品牌可能随着产品的消长而消长。但是，产品与品牌毕竟是两个不同的概念，有许多品牌产品，经营者已经换了好几代，但是品牌依旧不变，比如通用、松下、福特等。这说明品牌的生命可以通过不断创新加以延长。企业可以通过不断创新延长品牌的寿命，重振品牌，使品牌价值得到保值和增值，更好地回避品牌老化带来的品牌危机。

在品牌的不同发展阶段，品牌的创新策略也是有所不同的。

1）品牌初创期的品牌创新

这个时期的品牌创新强调的是创造出不同于竞争对手的、有鲜明个性的品牌，品牌个性的差异是界定品牌的重要因素。

众所周知，百事可乐与可口可乐竞争激烈，但百事可乐避其锋芒，为自己选择了一个新的消费群体，它看到了新生代与其父辈之间的"代沟"，不仅意味着因价值观的迥然不同而形成的心理隔阂，而且还孕育着十分诱人的商机。百事可乐把握住这一商机，亮出"新生代的选择"这一旗帜，从年轻人入手，对可口可乐实施了攻击。这个创意使百事可乐比可口可乐历史短的劣势转化为优势，使其品牌拥有了强劲的影响力。

因此，在品牌初创时期，传播中的创意取向应从产品优势入手，找准市场空档，通过相应媒体策略做介绍性工作，以求得到消费者认同，并区别于其他的竞争对手。也就是说，品牌在这一状态时的创意，首要的是通过各种手段和方法对产品、市场、消费者明确定位。一是快速提升品牌的知名度，力争在较短的时间和目标区域内，将广告信息送达到目标消费群体；二是快速提高品牌认知度，并适当建立和引导联想。

2）品牌成长期的品牌创新

在品牌成长阶段，创意策略应在进一步提升品牌知名度，加强品牌认知，完善、明晰品牌联想上下功夫，并在整体上把握和平衡区域市场之间的认识差别，谋求重复购买人群，加强与消费者的当面沟通和直接利益沟通，检索各项方案及品牌状态，不断做出调整，灵活运用创意策略，推动品牌更快、更好的发展。

美的空调在竞争日益激烈的空调市场能站稳脚跟，就在于注重品牌创新下的创意策略。美的在其发展策略上，每一步都诉求一个字，达到环环相扣，紧紧把握消费者的心。首先是"静"，创意从层层遮罩去除噪声的形象比喻来打动人心；后来为"大"，创意为其吉祥物将居室顶的空间变得更广，很说明变频一拖二的问题；第三是"康"，当今的环保话题在家电产品中处处体现，美的创意的广告又紧紧把握住这一点，用负离子产生的技术"炮弹"攻击烟尘中的"飞机",使空气更洁净。这些创意对美的产品系列及其所体现的品牌认知与品牌成长功不可没。

3）品牌成熟期的品牌创新

本阶段的创意策略应在不同区域认识融合和品质认识提升及品牌联想完整化上下功夫,尤其是要在上一阶段的基础上,下大力气巩固消费者的品牌忠诚度,让越来越多的消费者认同品牌的观点,从根本上认同购买和再购买的理由,甚至形成先导意识或习惯,创造生成转移成本及转移惰性。

4. 唤起全员危机意识,加强全员危机训练

伊索寓言里有这样一则故事:森林里有一只野猪不停地对着树干磨它的獠牙,一只狐狸见了不解地问:"现在没有看到猎人,你为什么不躺下来休息享乐呢?"野猪回答说:"等到猎人出现时再来磨牙就来不及啦!"其实,野猪抗拒被捕猎的利器,不是它锋利的獠牙而是它超前的危机意识。同理,在激烈的市场竞争中,一个企业如果在经营红火时缺乏忧患意识,在顺境时无身陷逆境的准备,那就意味着困难和危机即将出现。因此,企业的决策者和全体员工要树立危机意识,进行品牌危机管理教育。只有广大员工真正认识到市场竞争的残酷性,感到危机时刻就在他们身边,才能及早防范,将危机消灭在萌芽状态。

另一方面,企业在灌输危机意识的时候也不应该忽视了对员工的相关培训和预案演练。如果员工不具备应有的应变能力和应急处理的知识、技巧,那么即使他们具有很强的危机意识,在危机发生的时候,企业品牌危机管理实施的效果也肯定会大打折扣。因此,企业要组建一个由职位相对较高的公司经理或其他专业人员领导的品牌危机管理小组,并通过规章制度的制定、灌输和执行,以及组织短期培训、专题讲座、知识竞赛等活动,加强对员工的危机培训,增强企业员工的应变能力和心理承受能力。

5. 建立有效的品牌危机预警系统

品牌危机的预防应着眼于未雨绸缪、策划应变,建立危机预警系统,及时捕捉企业危机征兆,并为各种危机提供切实有力的应对措施。其具体措施如下。

1）建立信息监测系统

建立高度灵敏、准确的信息监测系统,及时搜集相关信息,并加以分析、研究和处理,全面、清晰地预测各种危机情况,捕捉危机征兆,为处理各项潜在危机制定对策方案,尽可能确保危机不发生。

危机信息监测系统要便于对外交流,适于内部沟通。其信息内存要突出"优",信息传递速度要强调"快捷",信息的质量要求"再确认"。分析后的紧急信息或事项要实施紧急报告制度,将危机隐患及时向主管领导报告,以便能及时采取有效的应对措施。

2）建立品牌自我诊断制度

通过建立这一制度,从不同层面、不同角度进行检查、剖析和评价,找出薄弱环节,及时采取必要措施予以纠正,从根本上减少乃至消除发生危机的诱因。这种自检、自诊不是有了问题才检查,而是通过检查防止问题的发生。一个有效的办法就是调查研究品牌危机的历史,其目的有两个:一个是以自己或他人的历史为前车之鉴,避免再犯类似错误;二是从以往的危机处理中吸取经验、教训,找出有效的解决危机的方法。

16.3.2 品牌危机的处理

当品牌遭遇危机时，企业应迅速做出反应。一般采取如下处理措施。

1. 迅速组成处理危机的应变总部

在危机爆发后，最重要的是应该冷静地辨别危机的性质，有计划、有组织地应对危机，因此，迅速成立危机处理的应变总部，担负起协调和指挥工作是十分必要的。一般来讲，这类机构应该包括以下小组：调查组、联络组、处理组、报道组等。每个小组的职责要划分清楚。

一旦危机事件发生，调查组要立即对事件进行详细的调查，并尽快做出初步报告。调查内容包括：突发事件的基本情况，即事态现状及具体情况，事态所造成的影响，是否已被控制，控制的措施是什么，是否有恶化的趋势；事件发生的原因；事件涉及的公众对象，与事件有关的组织和个人，与事件处理有关的部门机构、新闻媒体等；企业与有关人员应负的责任，等等。联络组要马上投入到各方面的联络工作，如接待外部人员、要约见何人、需要哪一方面的力量协助等，都需要通过联络小组统筹安排。如果是灾难性事故，还要及时向事故伤亡人员的家属通报事故最新进展。处理组应马上投入抢救，保护现场，及时进行死亡人员的善后和伤员的治疗，慎重进行次品的回收和环境污染的治理工作等。报道组马上统一组织对外传播沟通工作。一般来说，以传播信息、报道新闻为主要责任的机构是公关部门。

当品牌遭遇危机时，这个应变总部是处理危机的核心机构，而公关人员则扮演着主宰成败的角色。此时，应变总部应该迅速判断是否聘请外部公关专家和其他有关专家来协助指导工作。危机处理不是无经验者的训练场，在困难和压力面前，只有专业的、经验丰富的专家才能帮助公司控制住灾难。另一方面，负责危机公关的人应该是决策成员，至少必须拥有接近最高领导人的途径。这样公关人员才有可能在处理危机时及时、果断，不致因贻误时机而造成更大的损失。处理危机的人与经营管理过程、各职能部门绝缘的情况是不可想象的。

2. 迅速启动产品召回制度

产品质量问题所造成的危机是最常见的危机，一旦出现这类危机，企业要迅速启动产品召回制度，不顾一切代价收回所有在市场上的不合格产品，并利用大众媒体告知社会公众退回这些产品的方法。1982 年 9 月 30 日早晨，有消息报道说，芝加哥地区有 7 人因使用强生公司一个子公司生产的泰莱诺尔解痛胶囊而死于氰中毒，据说还有 250 人生病或死亡。这一消息顷刻间引起了全美 1 亿使用泰莱诺尔解痛胶囊的消费者的巨大惊慌，该公司的形象一落千丈。在这种情况发生后，强生公司做出的第一个决定就是以高达 1 亿美元的代价，撤回了市场上所有的泰莱诺尔解痛胶囊药品。当时的《华尔街日报》报道说："公司选择了自己承担巨大损失而使他人免受伤害的做法。如果它当时昧着良心干，将会遇到更大的麻烦。"美国第二大舆论调查公司的负责人伦纳德·斯奈德（Leonard Schneider）博士指出："药品全部回收是一个深谋远虑的营销决策，当今盛行的市场营销做法，是把利润和消费者的利益联系在一起，而不是过去的把利润仅仅看成销售的结果。"强生公司在品牌危机中获得了新生，美国公共关系协会为其颁发了银钻奖。

启动产品召回制度，回收不合格产品，表现了企业对消费者负责的态度，表明企业始终是以消费者的利益为第一位的，为此不惜承担任何损失。这种做法首先就从心理上打动了公众。如果放任这些产品继续流通，就有可能使危机涉及的范围进一步扩大，引起公众和媒体群起而攻之，最终达到不可收拾的地步。

3. 进行积极的、真诚的内外部沟通

1) 搞好内部公关，取得内部公众的理解

面对各种突发性的品牌危机，企业只有处变不惊，沉着冷静，正确把握危机事态的发展，有条不紊地开展危机公关工作，才能处理好内部公众关系，避免人心涣散、自顾不暇、各奔前程的局面。

企业要迅速组建由首席执行官领导的危机公关小组，小组成员由企业相关部门人员组成，必要时可以根据情况聘请社会专业公关资源做顾问进行协助。危机公关小组制定出公关方案，统一口径后对外公布消息。

企业要向企业内部成员通报有关危机真相和处理进展，号召大家团结一致，同舟共济，共渡难关。同时向经销商、供应商及所在社区等利益相关的组织或群体通报消息，使其第一时间得到消息而不是被动地从媒体上接收信息，争取合作和理解，避免一连串的危机连锁反应。

企业应努力使企业继续正常的生产经营工作，使危机公关小组的工作和经营管理人员的工作不受干扰。同时设立24小时开通的危机处理信息中心，接受媒体和公众的访问。

2) 外部沟通

（1）与消费者和其他外部公众的沟通。品牌是一种承诺，生存于消费者心中。品牌企业首先要关注消费者的利益和感情，当重大责任事故导致消费者和公众利益受损时，要以最快的速度直接和受害者进行坦诚的深层沟通，尽量满足他们的要求，给予一定的精神和物质补偿，与消费者达成和解，使危机能朝着有利于企业的方向发展。

另外，要通过媒体向所有受影响的消费者及外部公众致以诚挚的歉意，公布处理和改正措施，承担应有的责任，最大限度地争取公众的谅解。即使责任不在企业，也要给消费者以人道主义的关怀，为受害者提供应有的帮助，以免由于消费者的不满，使他们的关注点转移到事件之外，使事件危机升级。

总之，品牌企业要表现出诚恳和对公众负责任的态度，才能在公众心目中树立良好的社会形象，甚至抓住契机，把危机转化为宣传自己的机遇。尤其要强调的是，无论哪种危机发生，都不能为了短期利益而一味地为自己辩解，推脱责任，这只能使品牌丧失信誉，毁坏原有品牌形象。

（2）与媒体的沟通。媒体是舆论的工具，从某种程度上讲，品牌危机常常由于新闻媒体的报道而扩大了影响范围。媒体又是企业和公众沟通的桥梁，是解决危机的重要外部力量。因此，要做好危机发生后的传播沟通工作，就要坦诚对待媒体，积极主动地让媒体了解真相，争取新闻界的理解与合作，引导其客观公正地报道和评价事件。

危机一旦发生，企业要在最短时间内通过媒体发表坦诚说明，并通过新闻发布会等形式向媒体通报全部事实真相和处理危机所采取的具体措施。千万不要向媒体提供虚假信息，因为外界一旦通过其他渠道了解到事实真相，将会增加危机的杀伤力，使品牌

在危机中越陷越深。

此外，面对危机，企业决不能采取鸵鸟政策，保持沉默状态，用"无可奉告"回避媒体的采访和报道。因为沉默不仅会延误缓解事态的最佳时机，而且会辜负公众期盼了解真相的热情，进而导致小道消息和谣言四起，使企业陷入被动，使危机不断升级，增大企业的损失以及后期解决危机的难度。

在处理危机时，必须把握好以下原则。

（1）主动性原则。任何危机发生后，都不可采取回避和被动性应付的态度。当务之急是积极直面危机，迅速采取措施阻断、控制其蔓延、扩散，有效地控制局势，挽救品牌生命，为重塑品牌形象、度过危机奠定基础，切不可因急于追究责任而任凭事态发展。

（2）快捷性原则。对品牌危机的反应必须快捷，无论是对受害者、消费者、社会公众，还是对新闻媒体，都尽可能成为首先到位者，以便迅速、快捷地消除公众对品牌的疑虑。危机发生的第一个24小时至关重要，如果危机处理失去最佳时机，即使事后再努力，往往也于事无补。

（3）诚意性原则。消费者的权益高于一切，保护消费者的利益、减少受害者的损失，是品牌危机处理的第一要务。因此，品牌危机发生后，企业应及时向消费者、受害者表示歉意，必要时还得通过新闻媒体向社会公众发表致歉公告，主动承担应负的责任，以显示企业对消费者、受害者的真诚，从而赢得消费者、受害者以及社会公众和舆论的广泛理解和同情，而切不可只关心自身品牌形象所受的损害。

（4）真实性原则。危机爆发后，必须主动向公众讲明事实的全部真相，不可遮遮掩掩，像挤牙膏一样，那样反而会增加公众的好奇、猜测乃至反感，延长危机影响的时间，增强危机的伤害力，不利于控制局面。只有真实传播，才能争取主动，把品牌形象的损失降低到最低程度。

（5）统一性原则。品牌危机处理必须冷静、有序、果断，指挥协调统一，宣传解释统一，行动步骤统一，不可失控、失真、失序。因为危机一般来得突然，处理时不可能事先有周密安排，需当机立断、灵活处理，才能化险为夷，消除公众对企业包括品牌的误解、怀疑甚至反感。

（6）全员性原则。企业全体员工都是企业信誉、品牌的创建者、保护者、巩固者，当危机到来时，他们不是旁观者，而是参与者。提高危机透明度，让员工了解品牌危机处理的过程，并参与品牌危机处理，这样不仅可以发挥其整体宣传的作用，减轻企业震荡和内外压力，而且可以使公众通过全员参与，重新树立对企业及品牌的信心。

（7）创新原则。世界上没有两次完全相同的危机，当然也就没有完全相同的处理手段和办法。因此，品牌危机处理既需要充分借鉴成功的处理经验，也得要根据品牌危机的实际情况，尤其要借助新技术、新信息和新思维，进行大胆创新。

16.3.3　品牌危机管理的善后处理

品牌危机对企业经营管理的影响是巨大的。要摆脱危机的影响、恢复元气，企业就要以危机为契机，采取一系列措施，重振雄风。

1. 教育员工，并修正、补充危机管理的内容

危机事件的正确处理能使企业绝处逢生，化险为夷，但危机中暴露出来的企业管理、中工素质、公共关系状态等方面的问题却不能忽视。企业应以此为典型、生动的教材，对员工进行一次深入的公共关系教育和培训，使每一个员工都能从中找到差距和存在的问题，自觉将自己的行为、形象与企业的命运、形象连在一起，让"我就是企业形象代言人"的观念深入到每个员工心中，并化作行动的指南。

2. 吸取教训，制订危机管理计划

品牌危机是任何企业都不愿遭遇到的。无论是处理危机还是重新获得公众好感、恢复形象，都需要投入大量时间和精力，其代价高昂。特别是对于那些"临阵磨枪"、仓促上阵的企业，必须吸取深刻的教训，危机过后应立即着手制订企业危机管理计划，必要时请专家和公共关系公司进行指导和帮助，这样才不至于再犯同样的错误。

3. 企业外部品牌恢复和重振的具体要求

危机过后，企业必须进行一系列恢复品牌形象、重振企业精神的工作，以保护品牌形象和企业声誉。具体来说可从事如下工作。

1) 实事求是地兑现企业在危机过程中对公众做出的承诺

企业在危机后实事求是地兑现在危机中的各种承诺，体现了企业对诚信原则的恪守，反映了企业对完美品牌形象和企业信誉的一贯追求。承诺意味着信心和决心，企业通过品牌承诺，将企业的信心和决心展现给消费者及社会公众，表示企业将以更大的努力和诚意换取消费者及社会公众对品牌、企业的信任，是企业坚决维护品牌形象与企业信誉的表示。承诺也意味着责任，企业通过品牌承诺，使人们对品牌的未来有了更大、更高的期待。若企业在危机后不能兑现承诺或者不能足额兑现承诺，那么企业必将面临消费者及社会公众的信任危机。他们会对企业言行不一而感到失望，进而淡化对品牌及企业的感情，降低对品牌及企业的忠诚度与信任感。由此，企业不仅容易失去较多的忠诚顾客，而且也将为再度出现危机留下隐患。鉴于此，危机过后重振企业品牌形象，企业必须认真履行危机中的承诺。

2) 以富有成效的公共关系活动密切与社会公众的关系

危机过后企业要继续传播企业信息，举办富有影响力的公关活动，提高企业美誉度，创造良好的公共关系氛围。企业与公众之间的信息交流和沟通是企业获得公众了解和信任、争取公众支持与合作的有力手段。危机期间，品牌形象和企业信誉大为减损，在经历危机考验之后更需要加强企业对外信息传播，消除公众心理和情感上的阴影，让消费者及社会公众感知品牌新形象，体会企业的真诚与可信，提高企业美誉度。只有通过富有成效的公共关系活动，消费者才能感知到某某品牌又回来了，它还是那样一如既往地关心公众利益，而且更加值得信赖。可以说，危机平复后富有成效的公共关系活动是品牌重获新生并有所提升的不可或缺的条件。

案例 恒天然三次自曝"家丑" 欲用"透明"保品牌

事件的由来

2013年8月,炒得沸沸扬扬的肉毒杆菌事件,再次把全球最大的乳企之一恒天然集团推到风口浪尖。

本来,这家以乳业原料供应为主的企业并不为年轻妈妈们所熟知,然而,回溯起来,恒天然却与中国乳业的几次重大危机有着密切关联,除了是此次肉毒杆菌事件的主角,其还曾在影响中国乳业历史进程的三聚氰胺事件中扮演重要角色,也是奶粉中二聚氰胺的首个发现者。

三次事件虽然恒天然均是主要参与者,却又同样都是"自曝"者。

虽然短时间恒天然的品牌受到质疑,但长远看,恒天然选择对供应链透明化的态度和做法,却让它从危机的泥淖中抽身而出。

自曝家丑维护品牌形象与价值

恒天然与中国的渊源可以追溯到1972年中国与新西兰刚刚建交的时候,当时中国就派代表团访问了新西兰乳品局(恒天然的前身之一),也是从那时起,恒天然就开始为中国市场提供婴幼儿配方奶粉,并开始了与中国的业务往来。

2005年,恒天然才以8.64亿元人民币入股三鹿集团成为其第二大股东,却落得"出师未捷身先死"的无奈境地。

恒天然与三鹿合作后,获知三鹿等国内乳企在婴幼儿奶粉中添加三聚氰胺。恒天然不顾三鹿和当地政府官员的反对将信息上报新西兰政府,最终由新西兰政府出面,通过外交途径将情况通报中国政府,三聚氰胺事件得以公之于众,而恒天然因对三鹿的投资泡汤蒙受了2亿新西兰元的财务损失;其旗下奶粉品牌安怡、安满,也因由三鹿经营且部分奶源由三鹿供应而受牵连,不得不退出中国市场。

彼时的中国乳业,处于一个一有问题就灭火、遇到问题藏之不及的市场环境,更不用说"自曝家丑"了,恒天然的举动让中国乳企"惊叹"。

2010年,恒天然高调宣布重返中国,除了旗下的自有品牌安怡、安满重返中国市场,恒天然还在中国投资新建牧场,并试图发展加工处理产业。

三聚氰胺后,二聚氰胺事件可谓再次挑动了中国消费者敏感的神经。虽然二聚氰胺并没有演变成食品安全事件,但由于其与三聚氰胺名称非常接近,也着实让公众恐慌了一把,也对恒天然的品牌形象带来重创。

恒天然集团相关负责人解释称,二聚氰胺在全球都没有纳入检测范围,恒天然检测出的量也在欧盟法规允许范围之内,可以说并不是一起食品安全事故,但是为了让贸易伙伴了解这一情况,避免产生不必要的误解,恒天然及时向外公布了这一情况。

这次自曝家丑,虽然问题不大,不属于食品安全事故,也不需要召回,但公布这样的情况需要顶住很大的压力。彼时,恒天然二次布局中国已经处于关键时期,并且二聚氰胺与三聚氰胺名称相近,很容易引发公众不必要的联想,最后对品牌带来伤害。

就在大家都以为恒天然会消停一阵的时候,时隔不到一年,恒天然再次"自曝",肉毒杆菌事件的爆发,令恒天然再次陷入系统危机:上百吨奶粉召回、合作伙伴控诉、全球消费者质疑、新西兰政府的批评……这一系列事件令恒天然再次深陷泥淖。

恒天然选择"自曝"的做法仍令国内一些乳企不解，但是它深谙危机的解决方案必须要以透明化、开诚布公作为前提，因此，让自己的供应链尽量透明化，同时不在供应链上相互"掩护"，拒绝找理由，也的确将危机和常态有效地"区隔"出来。

供应链透明对消费者负责

当然，供应链出问题及时公布仅仅是供应链透明化的重要一环。一位乳业专家表示，真正的供应链透明化包括从奶源、生产加工、检测、包装直到上市都进行开诚布公的透明化，让公众了解到他们手中购买的每一份乳制品奶源产自哪家牧场、由谁生产加工、谁来检测、包装在哪里，又通过哪些渠道进入消费者手中，每个环节出了任何问题都能够及时让消费者获知。这样的供应链才算是真正的透明化。

反观国内企业，虽然在三聚氰胺事件后也掀起一场供应链透明化的运动，乳企纷纷开始着手对产业链上下游展开透明化改革，让一瓶牛奶从奶源到加工到包装到检测出厂都能更加公开透明，可以追溯；但国内的这场透明化运动更多是政府在起主导作用，公布乳业出现问题的也几乎都是政府，几乎很少见到企业"自我曝光"。

"如果连遇到问题都不能够及时透明公开，那么供应链上再多的透明化也都只是作秀。"一位乳业专家表示。

事件的后续追踪

2013年9月1日，新西兰初级产业部发布声明称，8月初发生的恒天然奶清蛋白粉中检测出的并非肉毒杆菌，不会产生致命毒素。

最终检测结果表明奶粉污染事件只是"虚惊一场"，但在是否存在危害还没有定论的情况下，奶粉企业的集体召回属明智之举。

案例思考题

1. 谈谈你对恒天然公司自爆家丑的看法。
2. 你认为恒天然公司对危机的处理有哪些方面值得中国企业借鉴？
3. 你认为这场"虚惊"体现了企业品牌管理的哪些原则？

本章小结

本章首先讨论了危机管理的基本理论，如危机的概念、品牌危机的概念、品牌危机管理的概念等。危机是指对一个社会系统的基本价值和行为准则架构产生严重威胁，并且在时间压力和不确定性极高的情况下，必须对其做出关键决策的事件。西方学者把危机看成是一种状态，这种看法具有重要的现实意义。状态而非事件的危机观念，有利于组织树立危机意识，建立危机应对机制，形成战略性的危机发展观。

危机管理有一定模式，罗伯特·希斯将这个过程总结为4R模式，即缩减、预备、反应、恢复模式，该模式涵盖了危机管理的全过程。

品牌危机管理是指在品牌生命周期中，采取恰当的管理活动；尽可能地避免导致品牌价值损失事件的发生，以及在发生品牌危机后尽可能降低品牌价值的损失的管理过程。

本章还论述了品牌危机的基本知识。

品牌危机主要有突发性、严重的危害性、强烈的冲击性和舆论关注性等特点。

品牌危机的成因，一般来说可以从企业外部与内部两方面来分析。企业在组织外部可能遇到恶意伤害、非恶意伤害、由宏观原因所引起的组织外部伤害以及自然灾害等。组织内部的原因则主要是组织内部的错误，包括错误决策、低水平管理、生产性错误、广告公关方面的错误等。

品牌危机按照性质可分为两类：第一类是产品质量问题引发的危机；第二类是非产品质量问题引发的危机。品牌危机从形态上可分为突发型和渐进型两大类。

本章最后论述了品牌危机的管理策略，包括品牌危机的防范与准备、品牌危机的处理和品牌危机管理的善后处理等问题。

关键术语

品牌危机	品牌危机管理	危机管理 4R 模式
突发型品牌危机	渐进型品牌危机	品牌危机管理策略
全员危机意识	品牌危机预警系统	品牌自我诊断制度

思考题

1. 什么是品牌危机？
2. 品牌危机有哪些类型？
3. 品牌危机形成的原因有哪些？
4. 结合中国企业营销管理实践，谈谈危机管理的重要性。
5. 根据本章所学的知识，设计一套生产企业品牌危机预防处理方案。

参考文献

[1] 钟可芬. 贪小利吃大亏 修正药业召回所有毒胶囊 损失或达 30 亿[N]. 第一财经日报，2012-04-25.
[2] 诺基亚品牌的危机[OL]. [2013 07-07]. http://blog.163.com/giant500@126/blog/static/52048567201161441 42962.
[3] 方家平. 危机公关：巧渡危机的营销策略[J]. 中国住宅设施. 2003(4).
[4] 马吉军. 五粮液数招并用狠打"李鬼"[N]. 中国消费者报，2006-03-17.
[5] 杨梅. 论危机处理和危机管理[D]. 北京：对外经济贸易大学，2002.
[6] 朱宇. 精细管理——潜力挖掘不断的源泉[OL]. [2007-03-15]. http://www.tobaccochina.com/manage/data/20055/s31115039.htm.
[7] 何天骄. 恒天然三次自曝"家丑" 欲用"透明"保品牌[N]. 第一财经日报，2013-08-14.

第 5 篇

品牌的发展趋势

第 1 篇　品牌管理导论

第 2 篇　品牌的管理过程

第 3 篇　品牌战略部署

第 4 篇　品牌资产管理

第 5 篇　品牌的发展趋势

第 17 章　建立强势品牌

第 18 章　品牌国际化

第17章 建立强势品牌

📑 **本章提要**：我国直到20世纪90年代才有了品牌的概念。企业是在经历了改革开放初期的产品竞争、价格竞争、广告竞争、公关大战等战术策略比拼之后，才进入以品牌为主导的综合实力较量的时代。从某种意义上说，企业经营的终极目标就是培育强势品牌。

本章主要介绍强势品牌的概念和基本特征，以及强势品牌创新方面的知识。

引　例

基于对中国豪华车市场从过去的超高速增长回归到稳定、温和增长态势的判断，上海车展前夕，新任宝马集团大中华区总裁兼首席执行官安格宣布了宝马在中国的2013战略规划。该战略规划表示，由于未来一个时期中国汽车市场的竞争将更加激烈，宝马的品牌营销也将进入"精耕细作新时期"。

随着宏观经济增势趋缓和销量基数的提升，宝马集团2013年在中国市场的主要目标是：销量增速保持在两位数，且继续高于豪华车市场平均水平，赢得更多市场份额；销售和售后服务质量在豪华车市场继续保持领先，专注于客户满意度绝不妥协；保持和强化最具情感魅力、最受尊敬的品牌形象；保持经销商赢利水平健康和可持续发展。

在销量增长方面，宝马（中国）汽车贸易有限公司总裁许智俊表示，2013年一季度宝马的进口车数量为37274台，国产车数量为43296台，国产车成为主导力量。"从发展趋势看，未来增长量最大的肯定是国产车，因此，这个比例还将进一步扩大。一个成功的汽车企业，销量分布肯定应侧重在国产车。"许智俊认为2013年一季度中国乘用车市场增长了17.2%，豪华车市场只增长4%，而宝马一季度取得了7.6%的增长，达到了预期的业绩。"我们对全年的增长表示谨慎乐观，将会是一个微弱的两位数增长。"

在提升客户满意度方面，许智俊说，前几年宝马在一、二线城市的产品覆盖率增长很快，而近年来三、四、五线城市发展速度也非常快，所以，宝马未来增长的空间将首先在三、四、五线城市进行横向的快速大面积覆盖，然后在一、二线市场根据市场需求继续增加竞争力。

在保持品牌良好形象方面，宝马刚刚在上海建立了品牌体验中心，这个品牌体验中心意在使更多的人能够贴近宝马品牌，了解宝马品牌文化，体验宝马品牌精神。许智俊认为，个性化定制对于宝马品牌具有重要作用，它可以让客户更多的自我价值得以体现。从5系到3系的一些紧凑车型，客户不需要花很多时间去选择每一个个性化项目，宝马可提供不同的设计套装让客户自己选择。"这是很好的开始，当客户慢慢熟悉了以后，我们让客户更容易去定制他们的需求，这方面我们会进一步地做好。"

在保持经销商赢利能力方面，许智俊坦承："2012年确实有一些环境因素影响了部分经销商的赢利水平，但也有一些新的经销商是因为售后服务业务还没有充分开展起来，在新车销售遇到波动时就造成经营比较困难的情况出现。2013年，我们采用了比较合理的市场策略，对市场的判断也回归理性，因此，大部分经销商反馈一季度同比业绩有大幅度提升。"

许智俊表示，中国已经是宝马全球最大的市场，因此，宝马对中国的承诺也会不断加大力度。"到目前为止，有180位宝马的产品工程师在中国从事有关采购和研发的工作。我们将进一步加强生产能力，比如发动机工厂2015年可以达到40万台产能；同时在上海启动的宝马技术研发中心将进一步加强在中国的研发；而华晨宝马新品牌——之诺，也将会在2013年晚些时候召开的广州车展上首发。"

安格在阐述他的2013中国发展战略时说："我们希望传达明确无误的信号：我们继续对中国经济和市场的长期趋势充满信心，我们继续奉行把最新、最好的内容带到中国的原则，我们也准备好在中国市场续写成功篇章。"

17.1 强势品牌概述

随着经济和技术的发展，能够满足消费者需求的产品越来越多，技术含量越来越高，这就加剧了厂商和消费者之间的信息不对称状况。那么，消费者凭借什么对一家企业及这家企业所提供的产品的整体状况形成认知呢？答案是：品牌。并且随着消费者消费观念、消费习惯以及消费水平的改变，他们对产品的需求已不仅仅局限于产品的功能性利益，而是更多地看重其所带来的心理感受和情感依托。

所以，培育品牌，培育一个让消费者有着明确的认知、良好的美誉度和忠诚度的品牌是企业迫在眉睫的任务，即建立企业的强势品牌。

17.1.1 强势品牌的概念

关于强势品牌，国内外有三种主要观点。一种观点认为，强势品牌即"专注品牌"，要成为强势品牌，企业必须专注于某一核心领域，并在这一领域将企业做大做强，例如可口可乐、英特尔、麦肯锡等；第二种观点以业绩长青为核心，指出一个企业或一个品牌，不管它经营多少产品、涉足多少领域，只要该品牌能够持续增值并取得稳定的财务业绩，便可称为强势品牌，例如3M、索尼、松下等；第三种观点认为，企业的品牌作为一种无形资产，其所拥有的品牌价值随着企业经营时间的延展达到一定程度以后而不断增加，这便是强势品牌的主要标志。

以上三种对于强势品牌的界定是基于不同角度提出的。我们认为，品牌的塑造最终是为消费者服务的，目的是希望通过消费者的认同获得持续增长的核心竞争力。因此，强势品牌可以被定义为：它是企业在长期经营过程中积累起来的，在品牌知名度、美誉度、忠诚度、人格化、链动能力等方面建立了较大优势的一类品牌。

首先，强势品牌是一个高品质产品的承诺，它能使购买者或使用者获得相关的或独特的、最能满足他们需要的价值，与竞争对手相比形成具有差异化的优势。这种优势可能是有形的，也可能是无形的。从某种程度上说，强势品牌之所以成为强势，关键是其差异性。如果没有一点差异性，品牌根本不能称为强势品牌。一些品牌如 Snapple、Dr.Pepper 以及宝马都与竞争对手在定位和品牌形象等方面保持着距离，这为它们的强势品牌地位奠定了基础。

其次，强势品牌一般都是市场的领导者。强势品牌具有强大的竞争力，它网罗了大量的消费者甚至是市场的追随者，所以，强势品牌对整个行业市场具有较大的影响力。比如，软饮料行业的可口可乐是目前强势品牌的典范。"可口可乐"曾作为一个行业的代名词，一直到现在它仍然是饮料行业的领导者。

案例　　　　**营销视点 17-1**

一项相关调查显示，对于同质楼盘，万科比没品牌的开发商每平方米能多卖 1500 元。在中国房地产行业，万科等地产大鳄所到之处往往先声夺人，备受媒体市民的关注和青睐，令对手"未战而身先寒"。

为什么万科有这样的威力呢？

其实，道理很简单——品牌的魅力！

随着经济的发展和人们生活品质的提升，品牌价值对房地产市场的作用日益凸显。房子不再是"钢筋+混凝土"的遮风避雨的缩影，而成为一种拥有者身份、地位、品位的标志，而品牌赋予房屋尊贵、典雅、时尚、温馨、运动等更人性化的价值内涵，带给人们精神和文化的体验。

再次，一般情况下，强势品牌通常都具有很长的历史。强势品牌之所以强势，是因为它在消费者头脑中形成了清晰印记，而这种印记是在岁月的流转中慢慢积累起来的，并且随着时间的积累，它在消费者心目中占据着越来越重要的位置，从而奠定其强势地位。如可口可乐从19世纪末创立以来，已经走过了100多年的岁月。悠久的历史使强势品牌像人类的老朋友，很亲切，时常会被想起，在消费者的心目中拥有不可改变的形象地位。

最后，强势品牌通常具有跨越文化和地理疆界的能力，并具有极高的财务价值。通常情况下这些强势品牌能够跨越文化和地理位置的限制，凭借品牌本身的魅力让世界各地的消费者信赖。如可口可乐不仅是美国人生活中的一部分，并且作为美国文化的一部分跨越重洋，进入世界其他各国。索尼也为大多数国家消费者所接受。

17.1.2　强势品牌的特征

品牌建设的目标是将品牌建设成强势品牌。强势品牌最直观的衡量标准就是该品牌在特定市场上的市场占有率排在前五名或前三名。深入地研究强势品牌，人们发现它还具有其他方面的特征。

1. 广泛的品牌知名度

广泛的知名度是指品牌在消费者头脑中的存在程度非常牢固。品牌知名度是品牌资产最基本的组成部分，是衡量品牌价值的重要指标之一。强势品牌的公众知名度一般都很高。

2. 较高的品牌美誉度

强势品牌在社会公众中具有较好的社会形象，受到消费者的好评，具有较高的美誉度。例如，提到雅芳，消费者就会在脑子里将其定位为一个关爱女性健康的品牌，因为它为女性防范乳腺癌作出了贡献。奔驰公司一向将高质量看成取得拥护、信赖、巩固和加强其品牌地位的最重要一环，讲究精工细作，强调"质量先于数量"，要"为做得更好、最好而奋斗"，从而使奔驰在消费者心目中成为国际汽车质量的先驱。

3. 一定的品牌忠诚度

忠诚度是指消费者某次买了某个品牌的产品，下次还要去买，于是就源源不断地购买这个品牌的产品。强势品牌具有高的用户品牌忠诚度。例如，有些可口可乐的消费者每天不喝一瓶可乐不能安心睡觉。品牌忠诚度能保证品牌维系老顾客，增加品牌价值。据有关统计显示，每增加5％的忠诚度，能够为银行的分支机构多产生85％的利润，为保险公司增加50％的利润，为自助连锁店增加30％的利润。

4. 鲜明的人格化形象

强势品牌具有普通品牌难以比拟的鲜明的人格化形象。例如，当人们提到奔驰汽车时，在消费者的心目中就会浮现出成功中年男士的人物形象；当人们提到麦当劳快餐时，就会把它同儿童联系在一起；当人们提到欧莱雅化妆品时，很多人认为她是一位追求时尚的成熟女性。那些具有较长历史的强势品牌，通常会形成独树一帜的品牌形象，这种形象一旦形成，不但可以帮助品牌在激烈的市场竞争中形成清晰化的产品定位和牢固的消费者心理印记，同时为该品牌针对特定细分市场进行广告传播提供了良好的诉求基础。

5. 较强的品牌链动能力

强势品牌具有较强的品牌链动能力。品牌链动能力是指消费者一直在用某个品牌的产品，假如该品牌公司推出了新的产品，消费者依然会愿意尝试这个新产品，或者说会选择跟该品牌特性相近的产品或选择该联盟品牌，在广义的范围内表现为选择与该品牌具有同一特征的品牌，那么这种品牌就是具有链动能力的品牌。强势品牌能依靠这种品牌的链动能力推销产品，降低市场营销成本。相反，一般品牌只能靠独立的促销攻势让人们购买，因为它不具有让消费者持续购买的链动能力，其市场营销的总体成本通常会偏高。

6. 富有个性的品牌主张

强势品牌具有鲜明的品牌个性，在消费者脑海中留下自己的位置。品牌个性是品牌的灵魂，它可以动起来，和消费者主动地沟通。例如，海尔多年来一直宣传"真诚到永远"，形成了海尔品牌真诚的个性，它帮助海尔顺利地从电冰箱延伸到彩电、洗衣机、计算机等产品，其产品定位虽有改变，但个性使这些定位都得以保存。品牌定位和品牌个性结合在一起，就构成了强势品牌的特征。

7. 情感性利益传达

强势品牌给人们带来的不仅仅是它所代表的产品的功能性利益，更能让消费者因为购买和使用了该品牌而产生一种积极的感觉，即该品牌提供的情感性利益。强势品牌通常包含了情感性利益，例如沃尔沃的安全、乘坐宝马或观看 MTV 的激动、饮用可口可乐时的活力和激情。

8. 准确而有力的品牌定位

定位准确而有力，是强势品牌的最核心构件。品牌定位是品牌传达给消费者某产品为什么好，与竞争对手产品的不同点及主要购买理由。那些经过市场洗礼并在市场上留下来的强势品牌都具有准确而有力、消费者认可并接受的品牌定位，如消费者一提到海飞丝就联想到它能有效地去除头皮屑，一提到奔驰就联想到豪华的设计，等等。

17.1.3　培育强势品牌的策略

在强势品牌建设的过程中，人们把强势品牌分为区域强势品牌、全国性强势品牌和国际著名品牌。这些不同区域的强势品牌建设有着不同的策略，甚至不同企业成功的策略和手段也不尽相同，在这里我们列举一些建设强势品牌的通用规则。

1. 开发有竞争优势的产品和产品概念

有差异和有竞争力的产品才能吸引消费者的眼球，才能赢得消费者的心。在市场产品同质化越来越严重的时代，差异化的产品设计能为企业建立优势品牌地位埋下有利的伏笔。这些产品的差异化可以体现在该产品的功能、包装、式样和服务等方面。如星巴克在宣传产品的口味时，它的主要诉求点是为广大顾客提供一个办公室、家以外的第三空间，因而迅速赢得了消费者的青睐。

有时候即使是同一种产品，在不同的市场环境下消费者对其核心需求也不同。企业应该引导前卫的产品概念，塑造优势品牌地位。比如，过去人们把月饼看作是一种节日食品，消费者关注的是其材料、口味等产品的实体要素，而现在也可以作为一种礼品，相当一部分消费者更在意的是月饼的包装。企业应该把握消费者需求的变化，适时地倡导切合消费者需要的产品概念。

2. 确立准确而有力的品牌定位

在产品越来越同质化的今天，要打造一个品牌，品牌定位举足轻重。所谓品牌定位是指要为品牌提炼一个与竞争者相比具有差异化和竞争力的识别点，以使该品牌在消费者的心目中占有一个与众不同的位置。品牌定位是技术性较强的策略，离不开科学严密的思维，必须讲究策略和方法。

3. 持之以恒的品牌识别建设

品牌在任何时候、任何宣传情况下，必须具有一致性的品牌识别建设和投入。如宣传产品的安全，品牌需在任何媒体上都宣传其安全的特性；宣传产品的高贵，要在发生任何变化时都不能改变其宣传口号。因为不一致的识别容易混淆消费者的认识，对品牌持有前后矛盾的认识，消费者会认为，品牌是为了赢利而在愚弄消费者，从而对品牌报有敌对的态度，这不利于品牌强势地位的建立。

其中广告投入是品牌建设中的重要环节。虽然广告投入和品牌资产的大小并不是线性的高度相关关系，但是广告毫无疑问会提高品牌的知名度、强化品牌的美誉度以及维护消费者的品牌忠诚度。我国改革开放30多年来的经验屡屡证实，当企业投入较大的广告费用时，品牌知名度和产品销量会迅速提高。20世纪90年代中后期，中央电视台的每一届标王都会迅速成长为行业品牌中的佼佼者。当然，除了广告之外，品牌建设还包括其他与消费者的沟通环节，比如与消费者的深度交流、互动沟通以及消费者的体验等。

4. 建立有效的品牌营销网络

强势品牌除了要有广告或其他促销形式的支持外，还要有渠道建设的支持，让消费者熟悉品牌及其质量，增加购买者的方便。这就需要处理好品牌与分销商、内部销售人员、广告代理机构的关系，取得他们对品牌建设的支持。获取流通渠道的优势要尽力做到：消费者容易买到，这需要将区域零售网络全面铺开，产品的铺货面要比竞争品牌广；让消费者在购买场所容易发现，这要求将产品陈列在商店最显眼的位置；加强人员推销，在销售终端获得品牌展示优势。

例如，广西漓泉啤酒在当地获得成功，成为区域强势品牌，与其掌握了广西各大片区的最大经销商、掌握了广西最有影响力的营销网络有关，因为漓泉啤酒可以做到竞争对手很难做到的铺货率和渗透率。又如，即使像国际名牌可口可乐，每年为了答谢广大分销商的大力支持，都会举行分销商会议，感谢他们的支持；同时为了在一些海拔较高的旅游景区让消费者能接触到其产品，可口可乐公司会自己雇用挑夫帮助零售机构把产品运送到山顶，使商品出现在消费者需要的每一个角落。

5. 丰富品牌的文化内涵

随着技术的进步和生产力的提高，产品的同质化现象日益严重。而随着经济的发展和消费者消费水平的提高，人们的需求已不仅仅局限于对产品功能性的需求，更看重心理和情感方面的需求。在这样的背景下，赋予品牌明确而深刻的文化内涵是品牌建设的重要方向。

日本学者本村尚三郎强调在现实条件下建立强势品牌文化内涵时说："企业不像过去那样，只生产东西，而是要出售生活的智慧和快乐。"品牌的文化内涵不仅在于它所体现的人的物化、生产者的本质力量，而且还在于它所体现的时代性、社会性和个性的完美组合。强势品牌在成长过程中所凝聚的品牌文化内涵是品牌资产的重要组成部分，对于消费者来说，也是一种重要的精神财富。

6. 精心管理品牌资产

品牌越来越受到企业的重视，品牌也应该被看作是一种重要的无形资产，需要精心管理。在企业内部，企业要为品牌设立专门的管理机构和管理人员，如设立品牌经理、品牌资产经理、系列品牌经理、全球品牌经理、品牌委员会、产品大类经理等职位。这种品牌经理制度最早起源于宝洁公司。宝洁的品牌管理一直堪称全球品牌管理的典范。

在企业外部，企业要处理好与广告代理商、产品分销商、产品经销等的关系，要求广告代理商制作的广告向消费者传达一致的品牌信息。同时协调分销商与经销商的业务，使他们能快速地对消费者的要求做出反应，向消费者传达品牌爱护他们利益的信息。如此这般，这些机构就能一直帮助企业去树立品牌形象。

17.2 强势品牌的创新

管理强大品牌的企业可能会太满足于过去和当前的胜利，太专注于日常问题，因而对竞争环境中的变化失去了辨别力。由于忽视市场中的基础变化以及潜在的技术突破，管理人员使其品牌暴露在其他产品的攻击之下，忽略丧失机会的风险，使得原本是强势的品牌沦落为弱势品牌的例子很多。像日本的麒麟啤酒，在朝日啤酒出现后，市场份额丧失了50%。这是因为麒麟啤酒满足现状不去创新。强势品牌要保护现有的地位需要创新。强势品牌的创新要认识到品牌已有的优势，确认品牌已有的优势；确定消费者真正想要什么，决定公司需要具备的特殊能力；再根据这一切进行技术革新、产品改进或重新设计、品牌形象提升或重塑、品牌管理人员调整和营销手段等方面的创新，以此达到品牌创新的目的。

17.2.1 强势品牌创新的动力

强势品牌的创新和变革需要推动力，这些推动力有些是外在的环境因素，有些是内在要素，总结起来大致有以下几种。

1. 竞争者的挑战

强势品牌在成功之后总是引来无数的竞争者，这些竞争者通过各种方式与手段对强势品牌进行挑战，以图瓜分市场。如果强势品牌没有持续地创新，没有不断地为品牌进行技术服务的"升级"和创新，那么就可能失去现有的市场，从强势地位沦落到弱势地步。

特别是我国市场处于高速成长阶段，居于领导地位的强势品牌和处于追随地位的品牌之间的竞争越来越激烈。以智能手机为例，无论是强势品牌还是处在挑战梯队的品牌，均使出浑身解数展开对市场份额的争夺，短短几年间让我们看到没有永远的强者，弱者也不是一直处于劣势地位。据市场研究公司 Canalys 测算，2013 年我国的智能手机销量达到 2.4 亿部，继续保持全球最大的智能手机市场的领先地位。虽然苹果手机风靡一时，但小米、华为、中兴、联想等国产品牌凭借着价格优势及不断改进的质量迅速扩展业务，我国智能手机市场到底谁主沉浮，尚难定论。

2. 消费者的需求

在以消费者为导向的市场经济中，消费者的需求具有关键性的作用。品牌不是企业经营者的品牌，而是消费者的品牌，因此，品牌的维系与消费者的意愿和偏好紧密相关。消费者对品牌的信赖度、认知能力决定了品牌的前途。消费者的意愿与偏好随着生活水平、社会进步等而不断变化，品牌只有不断地创新才能满足消费者品位的变化，才能吸引消费者的注意和购买，强势品牌也不例外。事实上，有些时候强势品牌应该主动走在消费者品位变化的前端，引领变化，才能保持其强势地位。

同样是一件衣服，在我国 20 世纪七八十年代，人们对其的需求可能是遮羞蔽体，保暖御寒，后来消费者可能会更在意衣服的款式、颜色、时尚性等，而现在人们还需要品牌给人们带来的那种特殊的心理感受和情感的满足等。总之，随着经济的发展和社会的进步，消费者的消费水平、消费习惯和消费观念都会随之改变，品牌也应该适应消费者需求的改变而改变，甚至主动去引导消费者的需求。

3. 技术的发展

现代市场环境变幻莫测，新技术的发展日新月异，市场竞争日趋激烈，产品的平均寿命不断缩短。面对这样的外部市场环境，企业只有一个选择：如果不进步，就只有落后。品牌的技术创新是维系企业现有利益的有力武器，是市场变化的结果。强势品牌更应该不断地进行创新。美国里海大学艾科卡研究所所长罗杰·拉杰尔曾说，在未来全球化的世界经济中，技术将是企业获得竞争优势并形成显著区别的唯一因素。在微软、惠普、英特尔、IBM、通用、索尼、海尔等这样的公司里，技术创新与发展始终起着决定性的作用。

4. 企业的发展

企业要发展，必须提高品牌的综合实力，要提高企业品牌的综合实力，品牌就要有创新能力，因为创新不但可以提供超值的产品质量和服务，更能扩大企业的市场份额，影响企业在市场上的声誉和地位。拥有品牌的企业固然在市场上有良好的表现，有良好的财务报表，但是市场上的竞争是残酷的，你不前进就是在后退，强势品牌的企业也要努力促使企业不断的强大，才能跟上企业扩张的步伐，才能维持或加强企业的地位。

17.2.2 强势品牌的创新策略

1. 品牌科技创新

科技创新是强势品牌创新中最常见、运用最多的创新方式。世界是在不断开发新技术的过程中前进的，人类社会是在不断开发新技术的过程中发展的。谁拥有新技术，形成品牌的"先动优势"，谁就拥有了市场，从而也就拥有世界的未来。不断的科技创新使强势品牌保持着强烈的吸引力。自微软公司推出 Windows95 后，微软就成为视窗操作系统方面的强势品牌，但微软并没有故步自封，依然坚持科技创新，尔后推出更完美的 Windows98、Windows2000、WindowsXP 等操作系统，使得微软一直是消费者心目中视窗操作系统领域的经典品牌。技术创新是强势品牌维持其领先地位的重要方法，特别是在现代知识经济时代，科技知识的更新周期越来越短，强势品牌必须走在科技创新的前列，才能占据竞争优势。

技术的创新必须以关注消费者的体验、实现差异化的品牌价值为中心，即这种创新必须为消费者所关注和重视，它才有存在和推进的价值。比如格兰仕光波空调在品牌传播过程中宣传了很久，但始终没有让消费者真正地理解或者体验到这种新技术所带来的利益，那么这种技术创新没有推动品牌价值的创新也就在情理之中了。

案例　　　　**营销视点 17-2**

华为从 20 世纪 90 年代后期开始从中国走向国际市场，随着公司业务在全球各地的深入拓展，华为深知，唯有不断创新，掌握核心技术，才可能在全球的激烈竞争中保持领先地位，并持续生存、发展。

截止到 2012 年 7 月份，华为进行产品与解决方案的研究开发人员有 62000 多名（占公司总人数的 44%），并在德国、瑞典、英国、法国、意大利、俄罗斯、印度及中国等地设立了 23 个研究所。除此之外，华为还与领先运营商成立了 34 个联合创新中心，把领先的技术转化为客户的竞争优势和商业成功。

据悉，华为每年将销售收入的 12%投入研发，自 2000 年以来累计研发投入超过 150 亿美元，这些投入所产出的创新性产品，使全球三分之一的人口享受到了便捷、实惠的信息与通信服务。

华为在其 2011 年年报中表示，2011 年是其业务布局之年，新业务取得了蓬勃的发展，开启了向跨运营商网络、企业业务、消费者业务的端到端的 ICT 解决方案供应商转型。与此同时，华为加大了创新投入，优化了面向未来的业务架构和管理架构，为未来的长期持续发展奠定了基础。

与其大量的研发投入相应的是，华为在技术创新方面也取得了丰硕成果，并成为国内专利申请量最多的企业之一。到 2011 年底，华为累计申请中国专利 36344 件，国际 PCT 10650 件，外国专利 10978 件。共获得专利授权 23522 件，其中 90%以上为发明型专利。其中，在云计算相关技术上拥有中国专利 685 件、欧洲专利 226 件、美国专利 107 件，并积极参与到云计算的标准工作中，担任了国际标准组织 DMTF（分布式管理任务组）的 14 个董事成员之一，主导成立了 IETF（互联网工程任务组）云计算/数据中心领域的 ArDM 工作组并担任主席职位，广泛参与云计算标准相关组织。

这些技术成果，使得在别的企业还在亦步亦趋，企求用市场换技术而最终举步维艰的时候，华为已经悄然成长为国际知名通信企业。

2. 品牌产品创新

现代市场对品牌产品的要求越来越朝着多样化、个性化、审美化、多能化、微型化、简便化、舒适化、环境化、新奇化的方向发展。市场上每天都有新品上市，这对强势品牌产品构成了很大的挑战，强势品牌必须根据消费者的需求进行产品创新，才能保持竞争优势，才能稳定已有的市场和吸引更多的潜在消费者。强势品牌的产品创新主要包括以下几个方面。

1) *产品品质创新*

产品品质创新是指对创新产品的开发制造、产品质量的提高、产品性能的改进以及产品品种的增加等多方面的创新。可分为后向创新和前向创新。后向创新是指在运用新工艺的基础上，对原有的产品加以改进、完善，使之适应现在市场的需要，但不需要调整或改变生产体系，只是通过对生产技术和工艺的改变而达到创新的目的。康师傅在绿茶的成功之后，又推出了低糖绿茶、蜂蜜绿茶、红茶、柠檬红茶，就属此列。前向创新是指创造出一种全新的产品来满足和适应市场的需要。肯德基针对中国市场推出的榨菜肉丝汤、老北京鸡肉卷可以归为此类创新。通过产品品质创新，强势品牌不断地创造出差异性，保持其强劲有力的生命力和稳固的市场领导地位。

2）产品服务创新

服务是有形产品的延伸，它能够给消费者带来更大的产品效益和更好的、更强的产品满足以及目前它已经成为产品的一个重要组成部分。随着科学技术和企业管理水平的全面提高以及消费者购买能力的增强和需求趋势的变化，在国际市场的竞争中，服务因素已经取代了产品质量和价格，并成为竞争的新焦点。强势品牌要保持固有的优势，必须在服务方面不断创新，提出新的服务理念，以更好地服务消费者。

目前网络的普及，使拥有强势品牌的企业可以提供网上服务，而消费者也愿意通过网络进行咨询和订购。企业为强势品牌设置专门的服务专栏，聘请相关技术人员，在网上与消费者以互动方式进行交流，帮助消费者解决在产品使用过程中遇到的问题。这样强势品牌在消费者的心目中会留下一个既时尚又关心消费者的、服务大众耐心的、值得信赖的品牌形象，从而为维持固有的强势地位奠定稳固的基础。如戴尔针对消费者需求的多样性，实行有针对性的服务，如为大型的客户（证券交易所等）派遣专门技术服务人员，对一般客户开通网上问题解答和网上个性化订购服务等。戴尔在全球凭借其服务创新，在一个较短的发展时间内成为计算机强势品牌，并一直用服务创新保持着强势地位。

3. 品牌内涵创新

品牌的内涵创新是指修正或挖掘品牌定位和文化价值，使之始终适合市场的需求，并不断升华。这包括品牌定位创新和品牌理念创新。

1）品牌定位创新

品牌在其准确的定位后而逐渐转变成为强势品牌。但静态的市场是不存在的，品牌不是在真空的时间管道里生存，周围的环境在不断变化，消费者的品位在不断改变，新技术时时提出新的挑战，竞争者在不断地进入市场，强势品牌过去准确的定位会变得有些模糊或过时，强势品牌要恢复昔日的辉煌，需进行定位创新，给消费者以新的识别面貌。例如，娃哈哈在20世纪以准确定位儿童饮料市场而在儿童饮料市场取得强势品牌的地位。随着市场的变化及企业的发展，娃哈哈决定进行市场扩展。首先进行定位创新，将娃哈哈定位于"中国饮料大王"，由此生产茶饮料和水饮料系列产品。后来的实践证明，娃哈哈这一定位创新是一个成功的创新，并使其成功地完成了中国饮料强势品牌的塑造。

2）品牌理念创新

品牌的理念文化是品牌资产价值的基石。品牌理念的内涵需要随着人们理念的改变而不断地调整和修正，以创造出最能体现企业精神、最能征服消费者的品牌文化。虽然对品牌理念文化内涵的丰富、补充是一个十分艰辛的过程，但理念文化内涵的升级带给企业的效益是不可比拟的。因此，重视理念创新是品牌理念文化更新的基础。

4. 品牌的形象创新

形象创新是指对品牌形象所包含的名称、标志、包装等方面进行创新。它是品牌创新最直接的体现，是对消费者视觉冲击最大的因素。形象创新一直是强势品牌惯用的法宝，强势品牌形象创新主要体现在以下几个方面。

1）品牌名称创新

品牌名称是消费者识别产品的重要依据之一。强势品牌是不会轻易更改品牌名称的，因为它已经在消费者心目中有一定的知名度。通常强势品牌的做法是在不改变名称字符的情况下，赋予品牌名称新的解释。例如，TCL 公司（telephone communication limited）即电话通信公司。但如今 TCL 公司的产品不断延伸，已包括电话、电视、移动电话等。为了使品牌名称的寓意更宽，TCL 公司赋予 TCL 新的释义：今日雄狮（today China lion）。目前消费者已经接受了这个新的解释，TCL 成功地完成了品牌形象创新。

2）品牌包装创新

品牌包装创新也是品牌运营实践中提高品牌竞争力的一个有效举措，因为新包装下的产品数量以及包装本身视觉形象的改变，都是影响消费者需求的重要因素。百事可乐就曾几次借助包装更新手段来强化其强势品牌形象，进而提升并巩固了其市场地位。品牌形象不是固定不变的，它需要不断地进行只有起点而没有终点的螺旋式上升的创新，这样才能永葆强势品牌的青春，才能使强势品牌永远扎根于消费者的心目中。

5. 品牌经营方式创新

为了增强品牌资产价值，全球各大强势品牌都在进行品牌经营方式的创新，全球品牌经营策略出现了新的创新浪潮。品牌经营方式创新目前通用的方法有下列七种。

（1）事件营销。即通过或借助某一有重要影响的事件来强化品牌形象，扩大市场。比如目前最流行的赞助体育赛事。

（2）柔性营销。即企业适时地调整营销活动，适应并满足个性化需求。

（3）网上营销。即在互联网上开展营销活动。

（4）绿色营销。即企业通过开发绿色产品，开拓绿色市场，给企业创造新的发展机遇。

（5）亲情营销。即强调把消费者当"朋友"或"熟人"，而不是"上帝"；通过建立一种新型的亲情关系，把企业与消费者之间的距离最大限度地缩短；通过与消费者做"朋友"，而使得顾客成为企业永远的"朋友"。

 案例　　　营销视点 17-3

2006 年 11 月 17 日，第二届名人高尔夫慈善比赛成都站赛事在风景秀丽的牧马山高尔夫球场举办。参加本次比赛活动的名人由朱时茂担任领队，包括齐秦、巫启贤、尤勇、满文军、王姬、叶钊颖、谢东娜、金巧巧等众多名人在内的 120 多人参加了此次分组比赛活动。开杆仪式由中央电视台著名节目主持人孙正平主持。

本次比赛活动设立了 15 个奖项，其中最引人注目和价值最高的"一杆进洞"奖项是由东风悦达起亚成都顺吉 4S 店赞助提供的一辆价值 23.5 万元的起亚嘉华商务车，并由永安财产保险公司承保。在一杆进洞的 3 号球洞的比赛现场，众多名人和参赛选手对起亚嘉华商务车大气的外观、豪华的配置、舒适的乘坐空间以及强劲的动力系统发出了由

> 衷的赞叹，尤其对"商务生活何不两全"的定位理念给予了一致的认同。此次活动对提升起亚嘉华的品牌知名度起到了很好的展示作用。

（6）无缺陷营销。即在整个营销活动过程中不给消费者留下任何遗憾，包括产品无缺陷——100%的保证质量，销售无缺陷——100%的保证挑选，以及服务无缺陷——100%的保证满意。

（7）零库存营销。即采用先接订单后生产、库存为零的一种营销方式。采用这一方式的关键是要争取到足够的订单，因而加强产前订货就显得很重要了。

6. 品牌人才创新

强势品牌创新的第一推动力就是人才创新，即充分调动、激发人的主观能动性和创造性。品牌人才创新主要包括领导者的观念更新、员工素质的提高和人才适应的创新环境。

1）领导者的观念更新

强势品牌的创新需要在有新思想、新观念的领导者的鼓励和带领下进行。领导者观念的更新可以通过不断鼓励领导者接受新的营销观念，鼓励领导者精心研究政治环境的变化、探寻经济发展的大趋势来实现。领导者观念的更新能帮助企业发现新的市场机遇，能有激情鼓励企业的所有相关人员创新，能为强势品牌带来新的发展机遇。

2）员工素质的提高

员工是品牌创新中内部支持系统的主要因素，高素质的员工通常持有创新的意识，能保证创新活动的成功。员工素质主要包括专业素质和心理素质两个方面。过硬的专业素质是创新活动成功的前提；良好的心理素质能保证在创新活动的过程中勇敢面对失败而不言放弃，是创新活动最珍贵的财富。

3）人才适应的创新环境

要创新必须提供给人才以适应的创新环境，这里的环境主要指物质环境和精神环境。比如给员工的物质激励、荣誉激励、价值激励、目标激励、领导行为激励等。适应的环境可以同时营造出家庭式的氛围，从而鼓励人才进行创新，保持强势品牌的强劲生命力。

7. 品牌传播方式创新

1）网络的运用

信息时代的到来使人们有了更快接触信息的方式，这也为强势品牌拓展传播提供了更快、更好的方式——网络传播。强势品牌通常有悠久的历史，它们已经形成了固有的传播方式，但由于消费者对网络的狂热及网络营销的兴起，强势品牌要保持其原有的与消费者高度的接触面，必须进行网络传播，利用互联网进行营销。

2）整合营销传播

随着学术界和实践界对美国西北大学舒尔兹教授关于整合营销传播观念的广泛研究和运用，品牌传播又发现一个更有效的传播方式，即强势品牌可以通过整合各种传播方式进行品牌传播。该理论认为，品牌的真正价值在于该品牌进入消费者头脑中的知识网络，并抢占了消费者心目中的优势位置。所以，要想建立强势品牌，必须在消费者的心理上下功夫。

而要达到这个目标，必须了解消费者的关注点、信息的接触点及品牌关系等。传播者应在以消费者为中心的观念和统一目标的指引下，通过各种手段与消费者进行交流与互动沟通，实现与消费者之间的信息流转，从而使品牌信息在消费者的心目中留下深刻的印象，引起企业所期望的消费者反应。

17.2.3　强势品牌创新的障碍

凡是新生事物，必定会遭遇这样或那样的阻碍，品牌创新也是一样。在品牌创新的道路上，主要有下列三个因素阻碍其发展。

1. 品牌管理者满足现状

企业领导认为，强势品牌运行良好，没有必要进行品牌创新，或故意放慢创新的步伐。事实上，根据一些知名品牌的经验表明，如果没有提早进行创新活动以提升品牌形象，结果常常是消费者厌倦、市场占有率下降、品牌强势地位削弱。因为新的品牌产品会替代或挤压现有品牌及其市场。像 IBM 减缓小型计算机与工作站的发展，就是为了维护当时的大型主机市场。可结果是，IBM 因为过于保护大型主机计算机市场而失去了抢夺小型计算机市场的机会，使市场份额有所下降，丧失了其在计算机行业的老大地位。

2. 组织结构失调

组织是品牌创新的保证，一个运行良好的管理构架、组织结构，对品牌创新是有很大促进作用的。像微软这样的知名企业极力为员工打造一个适合创新的环境，结果微软常常推出新的产品，维持了在软件行业的"领头羊"地位。但组织过于庞大、管理不善、机构臃肿、信息沟通不顺畅，这些都会影响品牌的创新工作。IBM 和通用电气都是因为组织内部层层关卡的限制，延缓了品牌新产品的创新和上市速度，给了竞争对手以可趁之机，以致失去市场份额，丧失了在消费者心目中龙头地位的形象，其品牌的强势地位也受到一定程度的削弱。

3. 消费者抵制

对于强势品牌而言，一些经典的口味或款式能够吸引数代消费者，而且其中很大一部分消费者会拒绝接受新的产品，这往往对强势品牌的创新构成很大的障碍。因为他们是品牌的忠诚客户，必须有他们的支持，品牌才能保持青春常在。与这些消费者中的抵制者发生冲突是强势品牌的大忌，但强势品牌又不能因为这些消费者的抵制而放弃创新，因为市场总是在变化的，有一部分消费者的需求也在变化。此时，强势品牌可以通过产品延伸或推出新的品牌来创新。

　案例　　　打造强势品牌的启示

品牌作为市场的代名词，是一座取之不尽、用之不竭的富矿。在这场没有硝烟的世界商战中，拥有多少名牌已经成为衡量一个国家经济实力强弱的重要标志之一。然而，中国目前还是名副其实的"制造大国，品牌小国"。

那么，中国品牌的差距到底在哪里？

中国至今国际强势品牌不多，相比国外许多百年金字招牌，绝大多数中国品牌都处于成长期。

自改革开放以来，中国品牌从无到有，从少到多，大体经历了三个发展阶段。一是品牌启蒙期。改革开放初期，品牌作为市场经济的产物进入到中国人的视线中，那时的中国企业界和消费者对品牌还一知半解，由于当时中国的市场竞争并不是很激烈，所以谁有先知出钱做广告，谁就能脱颖而出。容声曾请香港明星汪明荃拍了一条电视广告："容声容声质量的保证"，结果容声冰箱当年的销售量就从几千万台猛增到2亿多台。

二是品牌发展期，覆盖20世纪90年代。这一时期企业界和消费者的品牌意识逐渐增强，许多企业对品牌塑造的专业性已经有了比较明确的认知，CI成为许多企业品牌导入采用的方式。

三是品牌国际化发展期，从2000年开始持续至今。"制造大国，品牌小国"的困境使我们深受其苦，中国政府和企业界已经深刻认识到创建自主品牌以及品牌国际化的重要性和紧迫性。海尔、联想、TCL、华为等企业已经迈出了国际化的步伐，勇敢地走向海外。然而，目前中国品牌国际化还处在初级阶段，真正能参与国际化竞争的中国品牌还凤毛麟角。

据统计，1995年国内家电品牌有200多个，到了2000年就只剩下20多个了，短短5年间90%的品牌夭折。

在市场的洗礼中，海尔、联想等许多知名品牌不断成长壮大，然而许多行业的知名品牌如秦池、爱多、旭日升、健力宝等"各领风骚两三年"，最终却都融入品牌的流星雨中。

中国品牌生命力这样脆弱，中国品牌同世界品牌的差距到底在哪里？中国品牌的悲壮不能不引发我们反思。

其一，品牌意识淡漠。赛迪顾问调查数据显示，中国企业品牌贡献率只有22%，大大低于国际企业87%的平均水平，"价格"成为中国企业最主要的动力指标。这一数据反映了中国企业品牌力不足的处境。中国企业最大的敌人不是竞争对手，而是企业自身贪图眼前利益的"短视"。

目前，中国称得上真正有品牌意识的企业家为数不多，大多数企业老板及营销团队都一直矢志不渝地把产品销售当成品牌经营。认为产品销售量上去了，市场占有率有了，品牌也就做好了。所以企业更关心的是搞定经销商、进店、促销、降价。

有些企业家虽然也认识到了品牌的重要性，但当碰到销量提升和品牌建设相矛盾的时候，他们往往去抓销量，企业生存的压力导致他们很难持之以恒地坚持对品牌的追求。

纵观世界上那些拥有卓越品牌的企业，它们在几十年或上百年的发展历程中，无不把品牌建设放在战略高度，一切以品牌为核心，这正是它们能够成功的关键。

其二，忽视品牌美誉度。许多企业把广告作为品牌成长的催化剂，然而单纯的广告往往只能提高品牌的知名度，许多企业在靠广告轰炸追求品牌知名度的同时，却忽视了企业应尽的责任，忽视了品牌对消费者承诺的兑现。有的企业急功近利，投机行为十分严重，还有的甚至不惜杀鸡取卵，做出欺骗消费者的事。

片面追求品牌知名度而忽视品牌美誉度、忠诚度，往往导致品牌畸形发展，生命力极其脆弱，一旦市场出现不利品牌的突发事件，便会很快夭折。

品牌要想获得消费者的喜爱和忠诚，首先要付出自己的忠诚。为什么可口可乐曾先后遭遇过七次灭顶之灾，但依旧岿然不动？苏丹红事件也曾给肯德基带来危机，但现在为何依然座无虚席？这是因为可口可乐和肯德基在品牌建设过程中已经积累了较高的美誉度、忠诚度，消费者对自己热衷的品牌往往能原谅它的过失。

其三，品牌缺乏创新精神。与时俱进地不断创新，是品牌永葆青春活力的秘诀。

与国际品牌相比，中国品牌的创新精神不容乐观。世界500强的研发投入占销售收入的比重平均为5%~10%，而中国企业在研发方面的投入过低，技术创新能力普遍不强。据统计，目前中国企业中真正有自主知识产权的只有万分之三，很多企业仍简单把品牌等同于名牌，只愿花大钱做广告，不愿花大力气搞研发创新，可持续发展能力严重不足。

以手机为例，国际品牌对产品研发投入巨大，比如苹果、三星等手机巨头除了在软件系统方面提升易用性和智能性，还针对不同的人群和定位，推出针对年轻人的音乐手机、针对老年人的低端易用手机以及女士手机等产品。而国内手机企业更关注短期市场利益，多数国产手机没有多少实质性的研发和创新，只会在手机外型、概念上做文章，这也导致国产手机在和国际巨头的博弈中难以最终取胜。

其四，品牌缺乏文化内涵。如果一个品牌成为某种文化的象征或者形成某种生活习惯的时候，它的传播力、影响力和销售力是惊人的。

国际品牌都非常注重品牌文化内涵的挖掘和培养，可口可乐之所以能渗透全球、经久不衰，就是因为它把美国人的精神和生活方式融入了品牌文化中，把品牌文化变成了人们生活中的一部分。

中国许多品牌虽然有很高的知名度，然而品牌文化内涵匮乏，更谈不上成为某种文化的象征。以服装品牌为例，中国品牌为什么不能像法国、意大利等国品牌那样领导服装潮流？就是因为品牌缺乏文化内涵。阿玛尼代表一种前卫、年轻的时尚；BOSS是年轻而保守的职业人的最爱；范思哲代表一种性感、反叛的精神；韩国诗美惠则张扬高贵、时尚、浪漫。而中国服装品牌要么文化内涵匮乏，要么一味模仿洋化，缺少独特又富有感染力的文化内涵，自然难以产生高附加值。

其五，品牌保护意识淡薄。品牌保护意识淡薄，是我国缺乏国际知名品牌的又一重要原因。

国外企业视品牌如同企业的生命，而在我国却有5万多个商标因为没能及时注册而失去注册商标专用权。我国许多著名品牌在境外注册商标的比率相当低，有关资料显示，在调查的5个国家（地区）中，我国50个著名的品牌商标未注册的比率高达53.2%。据不完全统计，我国企业在海外申请注册商标时，有近15%遇到了被抢注的尴尬局面。五粮液、红星、酒鬼、杜康等白酒品牌都曾被外国企业抢注过。

2005年3月，包括海信在内的10多个商标被西门子公司在欧洲抢注，最终海信不得不花费数百万欧元赎回海信商标。

品牌往往凝聚着企业几代人的心血和汗水，所以中国企业要迈出国际化步伐，首先要考虑在国际市场注册自己的商标，如果自己的商标被他人恶意抢注，就意味着品牌进入该地区的大门已经关闭了。

📽 案例思考题

1. 你认为该如何打造强势品牌？
2. 我国企业在打造强势品牌方面面临哪些问题？

本章小结

　　本章首先从三个方面阐释了强势品牌的内涵，在此基础上提出了强势品牌的概念，即强势品牌是企业在长期经营过程中积累起来的，在品牌知名度、美誉度、忠诚度、人格化、链动能力等方面建立了较大优势的一类品牌。

　　接着本章还论述了强势品牌的基本特征以及培育强势品牌的策略。具体策略包括：开发有竞争优势的产品和产品概念；建立准确而有力的品牌定位；持之以恒的品牌识别建设；建立有效的品牌营销网络；丰富品牌的文化内涵；精心管理品牌资产。

　　本章的重点在于强势品牌的创新。品牌资产的动态性决定了没有一成不变的品牌，强势品牌更是如此，只有在不断的变革中才能成长与完善。强势品牌创新的动力促使品牌的创新，在强势品牌创新的过程中人们关注的是创新的原则和策略。

关键术语

强势品牌	品牌链动能力	品牌识别	品牌内涵创新
品牌形象创新	品牌人才创新	整合营销传播	

思考题

1. 总结一下，人们习惯于从哪些方面认识和理解强势品牌，并归纳出你自己认为有道理的强势品牌的概念。
2. 强势品牌与非强势品牌相比有哪些特征？
3. 结合具体实例，谈谈建立强势品牌的策略。
4. 强势品牌为什么需要进行不断的品牌创新？
5. 结合具体案例，展开分析强势品牌创新的策略或者这些策略之间的组合。

参考文献

[1] 董小荣.宝马在中国进入品牌营销"精耕细作期"[N].中国经济时报，2013-05-07.
[2] 杨兴国.万科能多卖1500元？——浅谈房地产品牌的建立[J].中国品牌，2007(4).
[3] 黄兴利.华为：抢占技术创新的制高点[N].华夏时报，2012-07-05.
[4] 任聪.打造强势品牌的启示[J].东方企业文化，2009(5).

第 18 章 品牌国际化

📋 **本章提要**：国际化是成就世界名牌的必然选择。品牌国际化的过程也是与当地消费者沟通的过程。品牌国际化实际上是全球一体化与本地化的统一，变的是形式，不变的是品牌的核心价值。

本章主要介绍品牌国际化的背景、品牌国际化和本土化，以及品牌国际化的法律与协定。

引　例

"如果说前几年，中国彩电企业跟国外品牌相比还差着一个台阶，可现在随着智能化时代的到来，国产品牌正在缩小与国外品牌的差距，估计未来3~5年的时间，甚至将完成全面超越。"TCL集团股份有限公司董事长兼CEO李东生在"《钢铁侠3》中国之夜"活动现场上如是说。

作为"漫威《钢铁侠3》电视产品全球合作伙伴"，TCL 2013年火球新品也在"《钢铁侠3》中国之夜"现场耀眼登场，成为当晚最抢眼的中国元素。通过现场播放的《钢铁侠3》最新预告片看到，TCL电视和手机在该片中均有醒目展示。TCL的智能云电视产品成为影片中各位主演的重要道具，甚至有可能成为影响剧情的重要元素。业内人士表示："虽然品牌植入影视剧的做法已较为普遍，但能够与好莱坞顶级大片进行合作的中国品牌目前还是屈指可数。而能让自己的产品成为好莱坞大片主演的重要道具和情节逆转的重要元素，目前也只有TCL可以办到。"

李东生表示，TCL一直致力于打造品牌在娱乐营销领域的国际化操作能力，从《变形金刚3》、《复仇者联盟》、《蝙蝠侠》到《云图》，再到《钢铁侠3》，TCL用一系列最年轻、时尚的文化娱乐元素助力品牌的国际化。尤其在2013年初，TCL还冠名了好莱坞地标性建筑——好莱坞中国大剧院，打造中国影视文化界与美国同行交流的重要桥梁。同时他认为，企业国际化要趁早，早一点会更有利一些。任何投资都有风险，但是不做这个投资又会有另一些风险，这就需要企业有前瞻性的评估和判断。

18.1 品牌国际化的背景

随着经济和高新科技的发展，快捷的通信、高效的运输和全球间的资金流动已成为现实。这种客观条件的变化使国际市场的距离缩短，国际贸易活动日益活跃，在一个国家开发出的产品和品牌，如美国的肯德基、德国的奔驰、法国的LV以及中国的联想等品牌，它们同样得到了其他国家的接受甚至热烈欢迎。人们用这样的场景来描述企业国际化的现状和必要性：一位德国的企业家穿着意大利西装，在日本参观并会见英国朋友，然后回家，打开俄罗斯的伏特加酒，并看着美国产的电视……

1. 国内市场国际化

随着世界经济、科技的飞速发展，经济全球化已经成为现代世界发展的一种趋势，经济全球化主要体现为国家间相互依存的程度不断提高，国家间互为市场，经济全球化的发展促进了国内市场国际化程度的提高。

随着我国改革开放的不断深入，境外产品和品牌通过各种渠道开始进入我国市场，国内外品牌开始在市场上直接交锋。虽然有些行业的境外品牌基本上还没有介入（比如白酒、罐头、味精等）或者介入程度较低（比如家电等），但是国外企业通过多种形式的合资和合作，通过"三资"的形式在某些行业（比如电子产业、变压器、啤酒、造纸和轮胎等）占有了较大的市场份额。国内市场国际化程度的提高使得全球共同组成一个统一的大市场，市场的同质化为企业和品牌的发展奠定了良好的环境基础。

同时，从企业的角度考虑，世界500强企业凭借其经济实力和品牌形象在国际市场上鸣锣开道，这些强势品牌在全球范围配置它们的研究、生产和销售，在国际市场上获得超额利润。正是在这样的环境下，创建国际品牌的吸引力更大。这些企业无一例外都有一个共识：要创国际名牌，必须要立足国内，面向国际，实施国际化经营战略。所以，各国的品牌都在努力寻求合适的品牌国际化道路，都想使自己成为国际品牌，赚取更多的利润，在国际市场上创造更大的知名度。丰田、通用、壳牌石油、奔驰、IBM等无一不把国际化经营及战略作为品牌经营的重点。

2. 企业竞争方式的转变

企业的竞争方式是在经营管理活动中不断发展和建立起来的。第二次世界大战结束后不久以及在其后较长的时期内，对世界许多国家的企业来说，是一个资源严重缺乏的时期。在这个时期，企业通过改进生产工艺和降低成本以提供便宜产品来进行竞争，是属于产品供给量竞争。进入20世纪70年代后，许多企业在采取合理化措施的基础上，在降低成本方面取得了一定的经验和成绩，企业经营管理的重点逐渐转向产品的质量管理。这个时期，产品的质量逐步成为消费者最关注的问题，这阶段的竞争方式是产品质量竞争。80年代，企业仅仅依靠产品的质量，已难以维持自己的竞争优势。著名的战略管理学家迈克尔·波教授在这个时期提出了企业的一般战略，即企业必须在低成本和差异化方面建立自己的优势。这个时期企业的竞争方式是产品成本和差异化竞争。

90年代以后，随着全球媒体和计算机网络的普及，任何在世界某一角落的技术或者产品创新都会在很短的时间内被模仿或者超越。而消费者的嗜好也发生了很大的变化，追求多样性、个性化和时尚化成为一种发展趋势，消费者就是从具有独特个性的品牌中寻找自己需要的东西。企业为了实现竞争优势，纷纷开始塑造企业产品品牌，投入大额的广告或者赞助费用，极力打造企业的品牌形象。这一时期企业竞争的方式是品牌竞争。

21世纪，信息科技的发展使得国内市场国际化，大量的世界各地的品牌在同一市场上竞争，消费者的选择余地更大。国际品牌在消费者的心目中代表着更多的意义，它对消费者的吸引力比区域品牌的吸引力更大。企业为了弥补国内市场的丧失和吸引国内、国际消费者，就必须努力打造国际品牌，实现品牌的国际化。这一时期的竞争是通过品牌的国际化形象来竞争的，打造品牌国际化已成为企业的核心目标。

3. 企业生产能力的剩余

随着生产工艺的提高，企业的生产能力已经满足了国内市场的需求，而企业想赚取更多的利润，就必须寻找更大的市场。全球市场的同质化表现为全球消费者对同种产品有相同的需求，全球市场成为企业最好的市场扩展空间，企业利用在国内市场积累的经验走向国际市场，以在国际市场上创造品牌形象来解决企业的生产能力剩余问题。如我国温州的造鞋企业，在已经树立了良好的品牌形象的情况下，为解决企业要发展及生产能力过剩的问题，开始通过多种途径实现品牌走出去的策略，如出口成品、国外设置分厂等。这样既创造了国际品牌，又解决了生产能力剩余的问题。

4. 国际传媒的发展

国际传媒的增多，使品牌国际化的机会变大。但在以传统媒介为主的时代，一个企业创建的品牌多限定在国内市场，向其他国家传播的难度很大，与重新创建一个品牌所付出的努力没什么太大的差异，因而许多企业只是有设想而不会付诸实施。现在除全球电视频道外，还有了国际互联网，再加上专门的全球事件节目，如奥运会、世界一级方程式锦标赛等，使品牌国际化成为只要行动便有可能成功的事业。可口可乐、索尼、佳能、康帕利、马爹利等品牌都通过对奥运会的赞助而走进了拥有电视的家庭。现代传播媒介极大地促进了品牌国际化的发展。

5. 政府的大力支持

对国家而言，品牌是国家综合实力的一种象征。一般说来，哪个国家的世界品牌数量多，哪个国家的经济实力就强大。因此，政府为了增强国家的实力，对企业创品牌会给予大力支持。国家首脑出访亲自担任本国经贸"推销员"，一般都有大型商贸代表团随行，这为品牌实现国际化创造了有利的政治环境。如2011年南非总统雅各布·祖马访问中国时，约有250名南非商界人士陪同。而俄罗斯总统普京在2012年访问我国的行程中，俄罗斯总统新闻局更是声称"商界所有大人物的名字都在代表团名单中"。当然，我国领导人出访时，同样有众多商界人士随行。可见，在企业开拓国际业务、品牌国际化的进程中，政府是一个重要的推手。

6. 中国品牌危机重重

近几百年来，我们环顾世界市场，从"Made in China"的产品在国际市场上的知名度和占有率来看，真正具有高附加值、高技术含量并享有世界声誉的国际性品牌还不多。外国著名品牌在中国"跑马圈地"和中国企业在替人"作嫁衣裳"的严酷现实令我们不能漠视。中国企业必须担负起广大国人的期望，走出国门，创造国际性的品牌。

当今世界是一个开放的世界，经济全球化的潮流不可逆转，所有的企业都将不可阻挡地投入到全球性的竞争中去谋求生存和发展。为了将来的发展，每个企业都不得不在全球范围内竞争。品牌战略不能走自我封闭的道路，而应面向全球，走品牌国际化的道路，努力创造出世界名牌。

18.2 品牌国际化与本土化

18.2.1 品牌国际化要克服的障碍

2005年5月，联想通过"蛇吞象"式的收购跨出了我国企业品牌国际化的一大步，随后又开始实施一系列的整合措施。至2006年底，联想集团已两易主帅（总裁）。TCL通过收购德国的施耐德，以及与汤姆逊重组的方式将业务扩展到欧洲和美洲市场。然而两年过去后，TCL的国际化处境不仅没有出现良机，甚至还有继续恶化的趋势，欧洲市场已经基本退出，美国市场彩电占有率也在下降。海尔则通过品牌直接输出的方式在艰难地拓展国际市场。新兴市场国家大多也在收缩战线。与国内市场相比，品牌国际化要面临一些独特的问题，这些问题一部分来自目标国，另一部分来自本国。而这些问题都是品牌国际化过程中不得不考虑到的。

1. 目标国家的市场特征

1) 市场大小

包括现在和预期的市场大小。较小的市场，可选择低成本的、间接的进入模式，如非直接出口，通过代理、经销商出口、许可证和其他合同进入模式等；反之，销售潜力很大的市场，则应选择高回报的、直接的进入模式，如建立分支机构或子公司出口，或者在国外直接投资等。

2) 竞争结构

市场类型总是在分散型（许多不占主要地位的竞争者）到买主垄断型（少数占主要地位的竞争者）及垄断型（单一公司）之间变化。对于分散型市场，一般选择出口进入模式；对于买主垄断或垄断型市场，则常常要求采取对生产进行固定资产投资的进入模式，以增强企业对垄断型大公司的竞争能力。如果断定向目标国家出口或投资的竞争太激烈，企业也可以转而采用许可证或其他合同进入模式。

3) 目标市场基础条件的提供能力和质量

比如，在与当地的代理商、经销商和其他企业有一般联系或根本不存在联系的情况下，出口型企业可通过分支机构及子公司等直接进入模式，以达到自己的目标。

4) 生产规模经济

如果在生产上存在规模经济，并且这一规律又超出了主要国家的市场范围，则只要通过集中生产和全球竞争，企业就能够获得成本优势。有时纵向的科工贸一体化的优势也对获得全球生产的经济性十分关键，因为一个纵向一体化系统的有效规模大于某一个国家的市场。

2. 目标国家的环境因素

目标国家的环境包括政治、经济、社会文化特征以及自然环境等。这些环境因素对企业选择进入模式具有决定性的影响，特别是目标市场国有关外国企业经营的政策、法规的影响不容小视。首先便是限制进口政策。如提高关税、紧缩配额或其他贸易壁垒，使得企业放弃该进入模式而转向其他方式。如俄罗斯是我国黑龙江服装、鞋帽、纺织等劳动密集型产品的出口地，2006年前11个月这些商品占对俄罗斯出口额的70%以上。但自该年11中旬传出俄罗斯政府限制外国人介入零售业的消息后，黑龙江各口岸的出货量出现了急剧下降的反常情况。这些限制外国投资的政策迫使企业选择其他初级的进入模式，或者放弃独资而转向合资，放弃新建而转向兼并、收购等进入模式。

其次，目标市场国的产业政策也是对欲进入企业影响比较大的法规政策之一。目标国政府有很多目标，例如就业和收支平衡。这一方面有本国经济利益上的考虑，也有出于政治上的考虑。这些考虑可能对某个产业有着很重要的、直接的关系。如航天器、武器产品或者计算机的购买在很大程度上依赖于本国政府与买主政府之间的政治关系。此外，政府的产业政策能够发展成为企业的目标，政府还可以向企业提供研究与开发费用，并且在许多方面影响企业在全球竞争中的地位，同时，这些支持的结果也增加了企业退出产业的障碍。因此，企业要完全理解所在国的产业政策，研究世界市场上与本产业产品相关的政府之间的政治与经济关系。

 案例　　　　营销视点 18-1

从 2007 年 1 月 15 日起，限制外国劳务人员在俄罗斯从事零售业务法令在俄罗斯正式生效。这项由俄联邦政府总理签署的命令规定：从 2007 年 1 月 15 日起，不允许外国人在俄从事酒类（包括啤酒）、医药类商品的零售；从 2007 年 1 月 15 日至 4 月 1 日，外国人在俄市场内从事零售业和在商店之外从事其他零售经营者要减少到 40%；从 2007 年 4 月 1 日至 12 月 1 日要减少到零。这意味着包括中国人在内的从事零售业的外国人，迎来了零售经销的"严冬"。

据中国商务部的统计，目前在俄罗斯各地从事商业零售业的中国籍商人达 10 万人左右。此项法令的实施，意味着 10 万名中国商人将面临从俄零售市场出局的状况。

据黑龙江省黑河市一位主管对俄经贸的官员介绍，俄罗斯采取的这种措施，尤其是其中对在帐篷和露天市场从事商品零售业务的限制，对在俄罗斯的中国商人影响最大。

从 20 世纪 80 年代开始，中国人进入俄罗斯市场是从"倒爷"的形式开始的，一直发展到现在。目前俄罗斯和中国开展了正常的贸易往来，各种经商处、商务办有很多，从整体来看，从事零售业的中国商人占在俄中国人总数的近 25%。

中国人在俄罗斯外国务工者中属于少数，但由于俄罗斯轻工业产品比较缺乏，中国商品性价比高，弥补了这个空缺，因而近年来中国商品逐渐走俏俄罗斯，在俄罗斯市场中的中国商贩也因此越来越多。

> 业内人士指出，如果该项法令正式实施，那么很多中国商户就失去了在俄罗斯市场立足的根本，他们的出路只有一条，就是回国。据了解，在俄罗斯的中国商人层次差别很大，20世纪90年代赴俄的人中，大多已经成为当地的精英，在俄罗斯办厂建房，雇用独联体或俄当地人做员工，自己只负责从中国境内组织货源。但很多后来者则多以在俄罗斯各个市场"练摊"为主，这些人大都不想长期在俄罗斯搞投资，主要就是进行商品零售。因此，此次禁令对他们的影响最大。
>
> 而对替别人"看摊"的中国商贩来说，关闭市场只能意味着打道回府。在实行劳工配额之后，俄罗斯只招用技术含量比较高的移民，绝大多数华商因此而丧失了在俄罗斯工作的机会。

再次，目标国家的地理位置因素（自然因素）也会影响企业进入模式的选择。当距离目标国家很远时，由于运输成本高，增加了成本，出口产品竞争不过当地的产品，只得放弃出口进入模式而转向其他，以免带来更大的花费。在降低运费、大幅度降低运输成本的情况下，出口企业可能在目标国家建立综合运行系统，逐步实行向投资进入模式的转变。

3. 管理上的障碍

即使全世界市场上所销售的产品类别一样，其营销传播方式、销售方式和销售任务也应该有所区别。销售渠道的性质、销售媒介和消费者的支付能力因不同的国家而存在很大的差别。为了建立起全球化品牌，我国的许多企业开始了变革创新的历程，而首先就是变换标志，树立全球形象，实现与消费者之间的简单接触与沟通。例如，改版后的美的品牌蓝色环形，象征着全球形象；"Midea"的字母组合则可能唤起更广泛人群的联想（见图18-1）。海信则把原来由红蓝两色组成的圆球，改成代表绿色与活力的"Hisense"。

图18-1 美的的LOGO

企业的全球化策略实施的一个重要环节就是在世界各个市场上采取本土化策略，做到"到什么山上唱什么歌"、"看菜吃饭"、"量体裁衣"。要想在国际市场上成功，最根本的是将全球营销的标准化与当地市场的本土化有机结合起来。各国市场消费者行为并非完全不同，而是有一些共同点，由此可以实施营销的标准化，节约成本。各国消费者又存在一些差异，没有本土化，就不可能在当地市场上成功。例如，飞利浦没有很好遵从标准化原则，其意大利、法国、德国的分公司为每个市场生产和供应不同型号的洗衣机，致使研发、生产、原材料、营销成本高昂。当美国惠尔普公司收购飞利浦洗衣机业务后，发现意大利、法国、德国以及欧洲其他国家消费者存在共同的偏好，产品核心部分是相同的，只是在功能和外形上的爱好略有不同。因此，惠尔普主张开发一种产品平台，各国市场在此平台稍做改动，如此既节约成本，又满足了当地需要。

在国际市场上，我国企业要不断开拓，打进国际市场，就要不断在进入模式和品牌输出方面多做创新，努力创造中国自己的世界名牌。

4. 社会文化因素

社会文化因素主要是指本国和目标国在社会文化方面的差距。目标国与本国的价值观、语言、社会结构、生活方式的区别越明显，国际型企业进入目标国的有形和无形的障碍就越大。文化差距大，就会使获得信息及购买软件的成本上升，同时也限制了对目标国的非投资进入，而只能采取投资进入模式。文化差距还影响企业选择目标国的先后顺序，企业总是首先选择文化与本国相近的国家。

5. 来自本国的因素

本国的市场、生产和环境因素同样影响企业对目标国进入模式的选择。一个广大的国内市场使企业在国内有很大的发展余地，这样的国内市场状况使企业趋向于国内市场导向型，减弱了对各种形式的国际贸易的兴趣。反之，国内市场小的企业热衷于通过出口达到最佳的经济规模。本国的竞争态势也影响进入模式，卖方垄断工业企业倾向于仿效那些要增强竞争力量的国内对手。进一步讲，当一个企业想在海外投资时，其竞争对手也随之而至，因为垄断者不愿看到对手在出口和许可证贸易方面对自己构成威胁，他们的反应就是投资。另一方面，分散的工业企业更倾向于采用出口和许可证贸易模式进入国际市场。

品牌国际化需要全球消费者从心理上接受该品牌所包含的有形实体和无形要素。可是国际市场环境复杂多变，企业在跨出国门之前必须要对目标国市场进行充分了解和全面分析，克服障碍，选择和采取恰当的国际化途径。唯有如此，才能真正有利于企业国际化营销战略的制定和执行。

18.2.2　企业品牌国际化途径

实施品牌国际化战略，建立国际性品牌就是获取全球的竞争优势。而要获取竞争优势就要面临各种各样的障碍，这些障碍有经济方面的、制度方面的、环境方面的等等，企业应该根据自身的优势和所面临的障碍，选择合适的进入模式参与国际市场的竞争。总的来说，企业进入国际市场的基本模式有出口、许可生产、特许经营和直接投资四种。近些年来，我国不少企业（特别是国内经营成功的品牌）采用品牌收购的方式进入国际市场，目前这种进入模式越来越多地被理论界所关注。

1. 出口

这种形式适合于任何规模的企业，也是企业进行国际化经营的第一步。通过出口，企业可以规避已处于饱和状态的国内市场，或者为处于衰退阶段的产品重新找到市场或者使产品的销售条件变得更为有利。2005年，我国国内彩电的市场需求只有2500万台，而我国彩电行业的产能是8000万台。所以，国内家电企业呈现出更强的对海外市场的依存性。2005年1—8月份累计出口彩电2707万台，比上年同比增长56.2%。家电产品的出口不仅有效地缓解了国内市场竞争的压力，还促进了家电行业的快速发展。

选择出口途径的好处是风险较低，企业如能通过专业经销商进行出口，不但能获得良好的服务,而且能获得更加完整的信息。出口途经的缺点是当出口数量较大,同时出口采用的主要竞争方式是价格竞争时,出口扩张将受到其他国家的关注和抵制,甚至演变成我国与主要贸易伙伴之间的局部冲突(例如曾经发生在西班牙的焚烧中国鞋事件),也易导致进口国采取各种贸易补贴措施或建立贸易壁垒,对出口国企业扩展国际市场形成政策和法律障碍。

2. 许可生产

许可生产的模式是指通过签订许可证、收取使用费的方式让其他企业获得使用自己企业发明的、受专利保护的技术生产产品的权利。许可生产一般受时期限制,在超过专利保护期后,是否维持原许可证条件,这取决于双方的谈判能力。采取许可生产的方式,将企业的技术卖给国外,不但可以使自己企业的专利技术得到更广泛的应用,补偿技术研究开发的费用,还可以通过所提供的技术,特别是这些技术的后续发展,对受许方的生产经营进行控制。但是,采取许可生产形式可能会为企业自己培养出一个竞争对手;另外,将专利提供给缺乏专利保护法律的国家,可能会发生专利被侵权的情况。

3. 特许经营

特许经营是企业将自己的某一专利以合同的形式准许其他企业使用的一种经营方式。这种权利可以涉及很多方面,包括专利、技术秘密、商标与品牌、组装加工、管理模式等。受许方对这种权利的使用往往受到许可方规定的时间和区域的限制,同时许可方收取受许方一定的费用作为回报。

特许经营属于一种"双赢"的经营模式,对于许可方来说,不必投入大量的资金就可以快速地进入国际市场,快速"复制"成功的管理模式以及经营模式,在国际市场上拓展品牌知名度,使自身的经营特色发挥最大的经济效益和社会效益。如果特许协议要求受许企业必须使用许可企业提供的零部件和机器设备,更对许可企业的出口有利。而对于受许企业来说,也不必投入大量的精力和时间探索有特色的经营管理模式,而只需投入一定的资金就可以借助别人的先进技术和商标来增强企业自身的竞争力。

很多跨国公司都曾采用特许经营的方式开拓国际市场。比如快餐业中的麦当劳和肯德基就是通过特许经营连锁的形式造就了各自的全球品牌;可口可乐公司以"特约代营装瓶业务"的特许形式,保证了在不泄露原糖浆配方的前提下成功地向世界市场不断地扩张。

4. 直接投资

直接投资可以分为两种形式:在外国建立合资企业或在国外建立独资企业。前者是指两个或两个以上的企业共同拥有或控制合资企业,并且投资方中至少有一方位于合资企业的所在地。后者是指跨国企业在海外投资并完全控制所投资企业的活动。跨国企业可以通过两种方式在海外建立独资企业。第一,跨国企业在外国设立独立的企业实体。采取这种方式,跨国企业可以按照自己的需要安排独资企业的规模、技术、设施和企业所在地,在较小的阻力下将自己的管理方式应用于这个新企业,建立起适合跨国企业经营战略和目标的企业文化。第二,跨国企业购买当地已经存在并且已在经营的企业,获得对该企业的所有权。采取这种方式不仅能够迅速进入外国市场,而且在进入的同时还至少能消灭一个当地的竞争对手。

5. 兼并收购

兼并是指一个企业采取各种形式有偿接收其他企业的产权,使被兼并方丧失法人资格或改变法人实体的经济行为。采取兼并方式,跨国企业还可以利用企业中的留用人员协调两国之间由于社会、文化差异造成的管理矛盾。收购是指一个企业能够通过购买上市公司的股票而使该公司经营决策权易手的行为。企业兼并主要有承担债务式兼并、购买式兼并、吸收股份式兼并、控股式兼并四种形式。

目前,我国企业实施品牌国际化主要选择海外品牌兼并与收购。海外品牌兼并与收购是指通过收购国外具有知名度但经营不善的品牌,利用廉价劳动力成本在中国生产。通过收购与兼并国外企业,我国企业可以达到收购国外品牌的目的,收购后继续使用对方品牌也有助于我国企业开拓当地市场。在当今的国际市场,兼并与收购已成为跨国资本流动的最主要方式。兼并与收购也将是打通国际市场的主要手段,该种模式的典型代表是联想和TCL。

案例　　　　营销视点 18-2

2005年,TCL的日子似乎不好过,其处境有些不妙。2005年,TCL多媒体(1070.HK)净亏5.99亿港元;TCL通讯(02618.HK)亏损金额高达16.08亿港元;TCL集团(000100.SZ)实现销售收入516.8亿元,同比增长28%,净亏3.2亿元。由于TTE和TCT两大并购项目,TCL掌门人李东生没有完成"18个月扭亏"的任务。而2006年半年年报又爆出巨亏7.38亿! 怎一个亏字了得?

当然,在全球化的过程中,不可否认会出现一些错误,也要付出一定的代价。对于李东生的勇气和胆识,应该给予肯定,但是,TCL的"冲动的惩罚"也给我们带来了一些重要的思考。

一是企业自身的能力是否能够弥补被购对象的不足。陷入被收购境地的国际知名企业,肯定是有深层次原因的;否则,不至于陷入困境。尽管,收购也许为我们带来了技术,但是,它的包袱是否能够解脱,这可能是一个更致命的问题。中国本土企业虽然在国内市场能够称雄,但是,国际并购绝对不是一个简单的问题,使之陷入困境的病症是否能为企业现实能力所解决,这是必须弄清楚的,不然,只会把自己也拖下水,陷入同样的泥潭。

二是文化、市场、制度等因素是否能够为我所克服。显然,不同文化的融合非常重要,文化上的差异导致的矛盾与冲突绝非短期所能解决,它能深刻地影响被购企业与收购企业之间的配合、协调,甚至决定着收购的结局。而且,进行国际化的并购,还要面临市场与制度的差异。这样的差异可能使企业在本土市场获得的经验、资源等全部失去作用。

三是人力资源储备是否足够。国际化的人才同样深刻地影响着企业国际化的成效。本土人才在本土市场上的成功并不能被完全复制,甚至可能因为文化、制度等差异而导致失败。

> 四是资金是否足够。国际并购必须支付巨大的费用,而其背后的支付风险可能比收购费用更高,比如,支付更高的工资、福利等。另外,进行全球化运营,亏损有时也是不可避免的。那么,是否有支持亏损的能力,企业是否有实力熬到扭亏为盈,这些都必须有全盘考虑。

18.2.3 品牌国际化和本土化的关系

能创造出国际知名度的品牌,其背后肯定有特色卓越的产品作为支撑。而这些特色的最初形成和以后的逐渐成熟,绝对体现了母土特色。品牌在外国的分支机构应该而且必须保持这种母土特色,但也不能完全不变地"克隆",必须根据分支机构所在国的地理、人文状况做适当的调整,否则,很难在当地发展。这是因为,分支机构面对的消费者有别于母国的消费者。虽然说市场一体化的趋势不可阻挡,然而,消费者口味、消费者习惯、地方文化和风俗、政治经济体制等在相当长的时期内不可能实现趋同,采取本土化的营销战略是一种明智的经营思路。不过,趋于本土化并不意味着完全意义上的本土化,完全的本土化就是矫枉过正了。趋于本土化,指的是在保持、巩固母土产品基本特质内涵的前提下,对经营方式、产品等做适当的处理,以营造一种与所在国的自然、人文环境相近的经营氛围。趋于本土化的营销,妙就妙在变与不变之间,不变的是内在的精髓,变化的则是形式,如此才称得上是成功的国际化经营。

实施品牌国际化战略,应坚持全球化与本土化的统一。品牌国际化的过程实际上是与当地消费者进行沟通的过程。一味地追求全球一体化,会忽视地方市场的特殊性;一味地追求本土化,会分散使用资源,降低资源配置的水平和资源使用效率,也不利于品牌整体形象的形成。过分地追求本土化,只会有违实施品牌国际化战略的初衷。

1. 产品本土化

世界各地的消费者对产品的实际需求和潜在需求是不一样的。品牌进入当地市场后,要想方设法让自己的产品融入当地人的生活中。产品每跨一个地区,都要通过一系列的消费者测试调查研究,来确保产品满足消费者的不同需要。根据消费者的消费层次和消费习惯,拉近与消费者的距离,让消费者将品牌看作是身边的一个朋友。肯德基针对中国人的口味在市场上接二连三地推出中式口味的"劲爆鸡米花"、"榨菜肉丝汤"、"番茄鸡蛋汤"、"老北京鸡肉卷"等。肯德基在营造中国情,打造中国味。本土化的产品,由于其独特性与差异性,也会填补国际空白,而更具有国际化的意味。

2. 本土化经营方式

品牌进入外国市场后,所处的是截然不同的政治环境。当地政府对品牌的经营方式有各自不同的规定,而当地的消费者也有不同于本国消费的习惯和模式。品牌为了彻底融进消费者的心里,同时保证在当地市场上是一个遵纪守法的公民,就要改变原有的经营方式,实现经营模式的转变。只有这样,才能真正地实现品牌国际化。美国安利在中国政府禁止传销业务后,果断地转而实行"店铺销售加雇用推销员"的模式,成功地建立了具有中国特色的经营模式。这种经营模式既符合中国政府发布的传销禁令,又迎合了中国消费者的消费心理。

3. 促销活动本土化

品牌进入外国市场后，要根据当地的风俗人情，巧妙地设计促销方案、广告节目，主动融合本土观念，用当地的节日、重大的新闻事件等有利时机进行促销宣传。可口可乐从一味地追求全球一体化的误区中走出，在朝着其一直引以为荣同时也是品牌文化重要特色的国际目标努力时，强调"Think globally, act locally"（全球化思维，本地化经营）。可口可乐公司针对中国市场推出春节贺岁形式的广告片，同时利用北京申奥成功、中国入世、中国足球闯入世界杯等重大时机大做广告宣传，让广大消费者认为，可口可乐是中国的品牌，并已成功地实施品牌本土化的运营。

4. 注重品牌翻译，树立本土形象

品牌进入外国市场，由于语言的不同，首先要将产品原本的品牌名称转换为以当地语言表达的品牌。翻译要适应当地语言的内涵和寓意，这样才能被消费者认同，才能在市场上站住脚，进而逐渐拓展市场。因此，品牌翻译对于开发国际市场来说，是最为关键的一步。品牌翻译时必须兼顾消费者的文化、生活习惯以及审美心理，还要注意一些民族禁忌。

5. 品牌传播中融入当地的文化传统

国外强势品牌每到一个国家或地区，均将当地的文化传统科学地融入自己的品牌传播和自身的品牌思想中，以拉近与消费者之间的距离，挖掘消费者的文化心理，从而让当地人视品牌为生活的一部分。日本丰田汽车在中国的广告，就巧妙套用了中国人家喻户晓的俗语，"车到山前必有路，有路必有丰田车"的宣传语，获得亿万中国人的认同。

案例　　　　　营销视点 18-3

作为全球性的品牌，万宝路的广告主题根据各地的市场环境随机应变，迎合了消费者的口味。如 20 世纪 70 年代，万宝路广告开始向香港地区拓展。香港人对其优美的情景和音乐虽然持欣赏态度，但对于终日策马牧羊的牛仔形象却没什么好感，在香港人的心目中，牛仔是低下劳工，在感情上格格不入。这时，万宝路的广告魔术般地改变了：在香港电视上出现的不再是美国西部文身的牛仔，而是年轻、洒脱、事业有成的牧场主。广告宣传的侧重点放在"美国销量第一"这条信息上，并以"万宝路给您一个多姿多彩、包罗万象的动感生活"为广告标语。在日本，它的广告表现的是一个日本牧民，在没有现代化技术的情况下征服自然，过着田园诗般的生活。而在中国内地，万宝路广告展现了山丘、树林、海滨、沙滩，在这个场面上，每个人可以去遐想，去创造一个自己心目中的"万宝路世界"。

18.3 品牌国际化的法律与协定

18.3.1 《商标国际注册马德里协定》

《商标国际注册马德里协定》（简称《马德里协定》）于 1891 年 4 月 14 日在西班牙马德里签订。该协定曾先后修订过 7 次，最近一次是 1979 年 10 月 2 日在瑞典首都斯德哥尔摩修订的。该协定的宗旨是在协定成员国之间办理马德里商标国际注册。到 2012 年 9 月为止，共有 87 个成员国。我国于 1989 年 10 月 4 日正式成为该协定的成员国。从那时开始，我国企业可通过该协定在成员国之间办理商标的国际注册。这条注册渠道的主要特点是办理国际注册时省钱、省力、省时。企业可以根据自己的需要，在协定成员国中任意挑选自己需要注册的国家和地区。

1. 申请人资格

申请人资格是指什么人有权申请商标国际注册。协定规定成员国的国民，或在成员国有住所的自然人或设有总部的法人，或在成员国中设有真实有效的工商营业场所的，都有权利申请商标国际注册。在这三个条件中只需符合其中的一个条件就合乎申请人要求。

2. 注册的程序

凡是协定有关议定书缔约国的任何申请人，其商标在所属国向商标主管部门递交注册申请后，可就同一商标通过所属国的商标主管部门向世界知识产权组织的国际局申请商标国际注册。注册人选择法语或英语的其中一种，向国际局提出指定国家（必须是协定有关议定书的缔约国）的注册申请，并缴纳国际局规定的规费、注册费用或指定国家收取的单独规费。

（1）商标国际注册的申请日期，以成员国商标主管部门收到申请书件的日期为准。若商标主管部门认为申请手续齐备并按照规定填写申请书件的，则编定申请号，并在 30 天内将申请书件寄国际局。

（2）国际局收到转来的商标国际注册申请后，认为手续齐备，商品和服务类别及名称填写正确的，即予以注册；认为手续不齐备的，将暂缓注册，并通知成员国商标主管部门，商标主管部门在收到国际局通知之日起 15 天内通知申请人或代理人备齐手续。

（3）商标国际注册后，国际局即予以公告。商标国际注册申请时指定的各保护国家，将根据各自的国家法律决定是否予以保护。若驳回申请，则需向国际局声明该驳回及全部理由。协定书规定，声明驳回的时限最多为 1 年，也就是说，如果指定保护申请在 13 个月内未遭到驳回，则该申请自动得到保护（按议定书的规定，成员国可根据需要，将有权驳回时限延长至 18 个月）。

（4）国际局将注册文件直接寄给申请人。如果申请人指定了代理人的，则寄给代理人。商标所有人或其代理人在收到成员国驳回抄件后，若不服，可以按驳回国家的法定程序进行申诉。

经国际局注册的商标，其有效期为 10 年，期满可以请求续展，每次续展期也为 10 年。

3. 商标失效的约定

获准国际注册之日起 5 年之内，该商标在所属国已全部或部分被撤销而不再享受法律保护时，该商标在指定国家所获得国际注册也随之被全部或部分撤销。但在国际局撤销该商标之日起 3 个月内，商标所有人可以将该商标转换为有关国家的注册申请，并保留原国际注册日为该商标的申请日；如果该商标享有优先权日，则仍能享有优先权日。另外，如果从获得国际注册之日起满 5 年，该商标无论在所属国是否全部或部分被撤销，都将不再影响该商标国际注册所产生的权利，而独立地受到指定保护国的保护。

18.3.2 《保护工业产权的巴黎公约》

《保护工业产权的巴黎公约》（简称《巴黎公约》）于 1883 年 3 月 20 日在巴黎签订，1884 年 7 月 7 日生效。《巴黎公约》经过 7 次修订，现行的是 1980 年 7 月在日内瓦修订的文本。到 2013 年 9 月 21 日，公约已有 175 个成员。中国于 1984 年 12 月 19 日交存加入该公约 1967 年斯德哥尔摩修订文本的加入书，1985 年 3 月 19 日对中国生效。《巴黎公约》缔结时原本是想缔结一个统一的工业产权法，但由于各国利害关系不同，各国国内立法制度差别也较大，因而无法达成统一。最终《巴黎公约》成为各成员国制定有关工业产权时必须共同信守的原则，并可起到协调作用。

1. 保护的范畴

《巴黎公约》保护的对象是专利、实用新型、外观设计、商标、服务标记、厂商名称、货源标记、原产地名称以及制止不正当竞争。

2. 主要内容

（1）国民待遇原则。其成员的国民在保护工业产权方面享受与本国国民同样的待遇。如果非缔约国国民在一个缔约国领土内有永久性住所或真实有效的工商营业所，也享受与缔约国国民同样的待遇。

（2）优先权原则。缔约国的国民向一个缔约国提出专利申请或注册商标申请后，在一定期限内（发明、实用新型专利规定为 12 个月，外观设计、商标为 6 个月）享有优先权。即当向其他缔约国又提出同样的申请，则后来的申请视作是在第一申请提出的日期提出的。

（3）专利、商标的独立原则。各缔约国授予的专利权和商标专用权是彼此独立的，各缔约国只保护本国授予的专利权和商标专用权。

（4）强制许可专利原则。《巴黎公约》规定：某一项专利自申请之日起 4 年内，或者自批准专利之日起 3 年期内（两者以期限较长者为准），专利权人未予实施或未充分实施，有关缔约国有权采取立法措施，核准强制许可证，允许第三者实施此项专利。如在第一次核准强制许可特许满 2 年后，仍不能防止赋予专利权而产生的流弊，可以提出撤销专利的程序。《巴黎公约》还规定强制许可不得专有，不得转让，但可以连同使用这种许可的那部分企业或牌号一起转让。

（5）商标的使用。《巴黎公约》规定，某一成员国已经注册的商标必须加以使用，只有经过一定的合理期限，而且当事人不能提出其不使用的正当理由时，才可撤销其注册。凡是已在某成员国注册的商标，在一成员国注册时，对于商标的附属部分图样加以变更，而未变更原商标重要部分、不影响商标显著特征时，不得拒绝注册。如果某一商标为几个工商业公司共有，不影响它在其他成员国申请注册和取得法律保护，但是这一共同使用的商标以不欺骗公众和不违反公共利益为前提。

（6）驰名商标的保护。驰名商标如果被他人用于同类商品或类似商品上注册，商标权所有人有权自模仿注册之日起至少5年内，提出撤销此项注册的请求。对于以欺骗手段取得注册的人，商标权所有人的请求期限不受限制。

（7）商标权的转让。如果其成员国的法律规定，商标权的转让应与其营业一并转让方为有效，则只需转让该国的营业就足以认可其有效，不必将所有国内外营业全部转让。但这种转让应以不会引起公众对贴有该商标的商品来源、性质或重要品质发生误解为条件。

此外，《巴黎公约》还对专利、商标的临时保护，未经商标权所有人同意而注册的商标等问题做出规定。

18.3.3 《尼斯协定》及《维也纳协定》

在商标国际保护方面，为了便于当事人在不同国家之间的申请，有必要协调各国在商标审查、注册方面的形式标准，为此产生了《商标注册用商品和服务国际分类尼斯协定》（简称《尼斯协定》）及《建立商标图形要素国际分类维也纳协定》（简称《维也纳协定》）。

1.《尼斯协定》及其对商品和服务的分类

《尼斯协定》签订于1957年，曾于1967年、1977年、1979年进行过修正。截至2009年8月13日，有83个国家为该协定的成员国，这些国家组成了尼斯联盟。该协定仅对巴黎公约成员国开放，加入书或批准书应交世界知识产权总干事保存。中国是1994年5月5日加入的，协定于1994年8月9日对中国生效。尼斯协定的宗旨是建立一个共同的商标注册用商品和服务国际分类体系，并保证其实施。

协定成员国必须采用共同的商品和服务分类办理商标注册，并且按照《马德里协定》的规定，马德里协定成员国也必须采用共同的商品和服务分类办理国际注册。该协定专门编制有"商标注册用商品和服务国际分类（按类别排列）"和"商标注册用商品和服务国际分类（按字母顺序排序）"，两者共同构成尼斯分类表。尼斯分类表一般五年修订一次。表中没有的商品或服务名称，可以不受国际分类法的限制，暂列在某个分类之下，作为"分项"存在。

各个类别所列的商品和服务基本上是按照商品和服务的用途、原料划分的，但这并不排除不同类别的商品和服务的相同或类似，也不排除同一类中的商品和服务并不相同或类似的可能性。因此，适用尼斯分类表并进行在先权审查的国家，或者当有关机关受理有关申诉时，一般从商品和服务的用途、原料等方面判断商品和服务的相同类似，而不受商品和服务所属类别的限制。

2.《维也纳协定》

《维也纳协定》制定于1973年，1985年生效。截至2004年底，共有20个成员国，我国尚未加入。该协定对巴黎公约成员国开放，加入书应交世界知识产权组织总干事保存。

该协定对包括图形要素的商标按大类、小类及组分类的一览表进行了分类，并根据情况加以注释。各成员国的注册机构应在商标注册、公告等官方文件中标明此类商标的图形要素的分类号码。协定授权由成员国派员组成的专家委员会定期对分类进行修订。

《维也纳协定》建立的商标图形要素国际分类不涉及使用商品和服务项目，只涉及商标本身的构成要素，不包括那些不含图形要素的纯文字商标。如果采用文字组成图形，视为含有图形要素的商标。

商标图形要素国际分类是经过专家充分论证、修改、补充的，是比较系统的、完整的、科学的分类，也是进行商标检索、审查和建立科学档案管理的有力工具。没有图形要素的分类，不但检索困难，而且对图形商标是否相同或近似的审查也难以进行。商标国际注册马德里系统办理商标国际注册所采用的也是这一分类。

《维也纳协定》虽然规定了成员国商标主管部门应当在官方文件和出版物中按照商标图形要素国际分类标明注册商标的图形要素的编号，但是，该协定对其成员国并无硬性的约束力，可以将商标图形要素国际分类作为本国商标图形分类的主体，也可以将它作为本国商标图形分类的辅助或者补充。

18.3.4 《保护原产地名称及其国际注册里斯本协定》

该协定于 1958 年 10 月 31 日签订，1967 年 7 月 14 日在斯德哥尔摩修订，1979 年 10 月 2 日修改。

1. 关于原产地及原属国家的规定

在该协定中，原产地名称是指一个国家、地区或地方的地理名称，用于指示一项产品来源于该地，其质量或特征完全或主要取决于地理环境，包括自然和人为因素。原属国是指其名称构成原产地名称而赋予产品以声誉的国家或地区或地方所在的国家。

2. 保护的内容

原产地名称保护旨在防止任何假冒和仿冒，即使标明的系产品真实来源或者使用翻译形式或附加"类"、"式"、"样"、"仿"字样或类似的名称。根据协定规定的程序，一个在特别联盟国家受到保护的原产地名称，只要在原属国作为原产地名称受到保护，就不能在该国视为已成为普通名称。

3. 注册的规定

（1）原产地名称的国际注册，应经特别联盟国家主管部门请求，以按照所在国法律已取得此种名称使用权的自然人或法人（国有或私营业企业）的名义，在国际局办理注册。

（2）国际局应立即将该项注册通知特别联盟其他国家的主管部门并在期刊上公告。

（3）各国主管部门在收到注册通知之日起 1 年之内可以声明对通知注册的某个原

产地名称不予保护，并说明理由。声明不得影响该原产地名称所有人在有关国家依据协定要求享有的对原产地名称的其他形式的保护。

（4）在前款规定的1年期限期满后，本联盟成员国的主管部门不得提出此种声明。

（5）国际局应及时将另一国家主管部门提出的任何声明通知原属国。有关当事人的本国主管部门将其他国家的声明通知当事人后，当事人可以在其他国家采取其本国国民享有的任何法律或行政补救手段。

（6）一个原产地名称已在一国取得保护，如果该名称在通知前已为第三方当事人在该国使用，这个国家的主管部门有权允许该当事人在不超过2年的期限内结束其使用，条件是须在上述规定的1年期限届满后3个月内通知国际局。

18.3.5 《与贸易有关的知识产权协定》

《与贸易有关的知识产权协议》（TRIPs）作为关贸总协定（GATT）乌拉圭回合谈判的最后文件之一，于1994年4月15日由GATT成员在摩洛哥的马拉喀什签署，1995年1月1日生效。2005年进行过修正。下面主要讨论TRIPs对商标的有关规定。

1. 商标权的获得和维持

关于商标权的获得和维护，TRIPs第62条规定做了一般程序性要求。作为获得或维持工业产权的一个条件，成员方可以要求当事人遵循合理的程序和手续。任何授权或注册的程序必须具备合理的期限，使授权或注册能够得以进行。关于获得、维持、行政撤销和当事人之间的程序，如异议、无效和撤销，必须公平或公正，不得花费太高，或限定不合理的时限，或无正当理由地延误。就个案的是非做出的判决，最好采取书面形式，并应当向当事人各方就该证据提供陈述机会。对于行政的终局决定，应有机会提交司法或准司法复审。但是，只要有注册无效程序，对于某一注册的异议未成功的案件，可以免除司法复审义务。

2. 关于商标的许可与转让

关于商标的许可与转让，TRIPs第21条规定，各成员方可以确定商标许可与转让的条件，而"确定条件"应理解为不得采用商标强制许可制度；同时，注册商标所有人有权连同商标及其所属的企业一同转让，或者只转让商标不转让企业。

3. 关于注册原则与驰名商标保护

关于注册原则，TRIPs做出了明确规定：注册商标所有人应享有专用权，防止任何第三方未经许可而在贸易活动中使用与注册商标相同或近似标记去标示相同或类似的商品或服务，以造成混淆的可能。如果确将相同的标记用于相同的商品或服务，即应推定已有混淆之虞。上述权利不得损害已有的在先权利，也不得影响成员方依使用而确认权利效力的可能。这一规定肯定注册商标受到法律保护，注册商标所有人不必指出可能造成混淆之虞，只要有相同或近似的商标使用于同种或类似的商品或服务，就必须予以禁止。

案例 白象换标加速民族品牌国际化进程

随着中国企业对国际市场的重视，国内开始掀起民族品牌换标热潮。白象成为世界方便面理事单位后其国际化进程加速，悄然换标进行品牌升级，而所换的新 LOGO 也一改过去的本土化，以时尚现代的清新感同国际接轨。

在白象新 LOGO 的定位和设计中，以往 LOGO 中那个托着一碗方便面、憨厚可爱的小白象将被一个云彩状的橙色标志取而代之，新标识将给消费者以更时尚和现代的印象。未来白象的目标是成为世界食品工业十强，而换标则是为了民族品牌的国际化。

白象旧标志　　　　　　　　　　　　　　　　白象新标志

掀起民族品牌换标热潮

近年来，国内各大品牌迎来了新一轮换标潮，最为引人瞩目的是"吉利 360 万换标"事件，继而是中国汽车五大自主品牌相继换标；李宁服装、洽洽瓜子、白象方便面……民族品牌集体发力国际化市场已引起社会的高度关注。几乎各行业的龙头企业都在为提升品牌的国际形象而换标，其实背后隐藏的是各大企业角逐国际市场的雄心。

李宁旧标志　　　　　　　　　　　　　　　　李宁新标志

对于方便面行业龙头企业的换标，国内知名营销专家肖敏表示，中国方便面行业在市场需求拉动下不断发展壮大，产值已经连续 18 年实现稳定增长。中国目前已经成为方便面产销第一大国，但食品安全问题、生产技术瓶颈、品牌国际化等问题对我国方便面行业发展产生日益明显的阻碍作用。在这种情况下，急需方便面企业进行品牌升级。

白象早在 2009 年下半年就已全面启动集团新品牌计划，经过两年多的品牌梳理、研究、设计和品牌测试，2012 年 5 月才正式对外发布。而产品的 LOGO 更新，将在后续的时间段里相继开展。白象换标正是企业启动全球品牌战略的一项重要举措，未来白象将向多元化方向发展，全面与国际市场接轨。

据了解，白象 LOGO 外形上由中文"品"字演变而来，一是传达白象将以食品为主业，打造食品航母的寓意；二是传达白象未来生产高品质、放心食品的企业定位。LOGO 外形也酷似一朵云彩，传达中华传统云纹愉悦、大气、自然、包容多元的丰富内涵。

白象新品牌还为此提出了"乐健生活"的 SLOGAN，正是希望未来的白象在给消费者带来更多健康、安全的食品的同时，也能让消费者享受到快乐的生活。

国内知名品牌营销专家李天认为，中国方便面行业尽管 2011 年行业总产量已突破 500 亿元，但行业的总销量增幅放缓甚至波动下滑早已是方便面行业客观存在的事实。在这种行业现状下，康师傅、统一等企业无论是品牌力还是行业影响方面，都要优于白象，企业换标显得尤为重要。

邓敏表示，白象新 LOGO 之所以选择悄然切换，除了白象一贯的低调作风外，更多是出于集团品牌国际化战略进程的考虑。由于民族品牌国际化的进程中需要克服很多困难，因此需要企业从每一个细节上做到位，才能使民族品牌在国际市场上立于不败之地。

引领民族品牌走向国际化

尽管近年来白象在产品、渠道的优势非常明显，但此前距离国际知名食品品牌尚有一段距离，而品牌正是白象的关键短板，白象之所以悄然换标，正是不想引起竞争者的高度警觉。下一步白象可能会在品牌上投入巨大的资源和精力，通过换标等一系列动作逐步打造企业的品牌优势。

这些年白象方便面一直以低调、务实、实惠的印象得到了中国亿万消费者的认同，尤其是在二线市场，白象方便面的消费忠诚度很高。但随着行业竞争的加剧，消费者对产品的需求多样性越来越高，白象的品牌形象和定位要跟康师傅、统一竞争，就必须走出原有的形象，而多些时尚、现代的印象。

按照白象食品集团董事长姚忠良的说法，结合当前全球经济发展趋势，充分发挥中原经济区的区位优势和资源优势，白象集团不仅应着眼于国内市场，更要放眼全球市场，成为有一定规模的国际食品品牌。

值得注意的是，早在 2011 年，白象食品集团就已经启动了白象新 15 年战略规划，目标是围绕食品深加工相关产业，实现销售 2000 亿元，挺进世界食品行业十强。而全球新品牌战略正是白象启动新 15 年战略规划的重要组成。

业内专家认为，国内品牌走国际化道路，是外部环境和企业内部条件的客观需求，是中国企业面临全球经济竞争形势，寻求自身出路的必然选择，也是民族企业成熟的重要表现。民族企业只有走上国际大舞台，同台竞技，才有可能争得一席之地，也才有利于企业做强做大，而白象未来 15 年的规划和换标之举，必将成为行业的风向标，加速民族品牌国际化的进程。

案例思考题

1. 当前我国企业品牌国际化的背景是什么？
2. 你如何评价白象品牌国际化的前奏工作？

本章小结

本章从国内市场国际化、企业竞争方式的转变、企业生产能力的剩余、国际传媒的发展、政府的大力支持和中国品牌面临的危机等几个方面介绍了品牌国际化的背景，阐述了品牌国际化的外部环境以及品牌实施国际化战略目标的重要性。

本章还介绍了品牌国际化时应考虑的经济、文化环境状况，同时分析了品牌国际化和品牌本土化的辩证关系，即国际化是企业经营的战略目标，而本土化又是实施品牌国际化的终极目标和归宿。本章简要论述了品牌国际化的具体策略。最后介绍了品牌国际化的法律与协定。

关键术语

品牌国际化　　品牌本土化　　国际传媒　　进入模式　　许可生产
特许经营　　　直接投资　　　兼并收购　　国民待遇

思考题

1. 企业品牌为什么要进行国际化？企业品牌国际化的背景是什么？请展开详细说明。
2. 品牌国际化和品牌本土化是两种不同的品牌策略吗？它们之间的关系是什么？
3. 品牌国际化和品牌本土化的实施策略有哪些？请结合实例详细说明。
4. 请查阅资料看看品牌国际化还涉及哪些法律和协定，思考一下品牌国际化有哪些注意事项。

参考文献

[1] 巨天中. 品牌战略[M]. 北京：中国经济出版社，2004.
[2] 王海忠. "中国造"变脸　国际化生存[J]. 销售与市场，2001(1).
[3] 金朝力.国产彩电品牌国际化品牌需趁早[N]. 北京商报，2013-04-11.
[4] 谭力新，刘洁. 俄罗斯零售业限制外国人进入　中国对俄出口重创[N]. 中华工商时报，2007-01-22.
[5] 中国品牌国际化之旅[OL]. [2006-11-03]. http://www.drcnet.com.cn/Subject/chnp_gp.htm.
[6] 刘步尘. 内部人直指 TCL 国际化四大痛[OL]. [2007-04-29]. http://finance.ifeng.com/topic/tcl/news/200704/0429_1067-111815.shtml.
[7] 家电企业出口营销六大策略[OL]. [2006-07-01]. http://www.chinairn.com/doc/70310/26867.html.
[8] 范红杰．TCL巨亏7.38亿：冲动的惩罚 OR 全球化代价？[OL]. [2006 09-10]. http://manage.org.cn/article/200609/37822.html.
[9] 白象换标加速民族品牌国际化进程[J/OL]. [2012-07-03]. http://www.emkt.com.cn/news/food/2012-07-3/29686.html.

参考文献

[1] 麦可·梅尔德伦,马尔科姆·麦当诺. 营销诡计:45个最重要的营销概念[M]. 楼永坚,译. 呼和浩特:内蒙古人民出版社,1999.

[2] 菲利普·科特勒. 营销管理[M]. 10版. 梅汝和,等,译. 北京:中国人民大学出版社,2002.

[3] 菲利普·科特勒. 营销管理[M]. 11版. 梅清豪,译. 上海:上海人民出版社,2003.

[4] 林恩·阿普绍. 塑造品牌特征——市场竞争中通向成功的策略[M]. 戴贤远,译. 北京:清华大学出版社,1999.

[5] 凯文·莱恩·凯勒. 战略品牌管理[M]. 李乃和,等,译. 北京:中国人民大学出版社,2003.

[6] 里克·莱兹伯斯,巴斯·齐斯特,格特·库茨特拉. 品牌管理[M]. 李家强,译. 北京:机械工业出版社,2004.

[7] 斯图尔特·克莱纳,德·迪尔洛夫. 品牌:如何打造品牌的学问[M]. 项东,译. 西安:陕西师范大学出版社,2003.

[8] 保罗·斯图伯特. 品牌的力量[M]. 尹英,等,译. 北京:中信出版社,2000.

[9] 约翰·马里奥蒂. 品牌和打造品牌[M]. 时建,李克良,译. 上海:上海远东出版社,2002.

[10] 阿尔文·托夫勒. 第三次浪潮[M]. 朱志焱,潘琪,张焱,译. 北京:新华出版社,1996.

[11] 凯恩斯. 就业、利息和货币通论[M]. 商鸿业,译. 北京:商务印书馆,2005.

[12] 罗伯特·希斯. 危机管理[M]. 王成,等,译. 北京:中信出版社,2001.

[13] 大卫·艾克. 创建强势品牌[M]. 吕一林,译. 北京:中国劳动社会保障出版社,2004.

[14] 大卫·艾克. 管理品牌资产[M]. 奚卫华,董春海,译. 北京:机械工业出版社,2006.

[15] 斯科特·戴维斯. 品牌资产管理[M]. 刘营,李哲,译. 北京:中国财政经济出版社,2006.

[16] 凯特奥拉,格雷厄姆. 国际市场营销学[M]. 10版. 周祖城,等,译. 北京:机械工业出版社,2000.

[17] 埃里克·乔基姆塞勒,等. 品牌管理[M]. 北京新华信商业风险管理有限责任公司,译. 北京:中国人民大学出版社,2001.

[18] 尼古拉斯·因德. 塑造公司最优品牌[M]. 郭玉闪,译. 上海:上海人民出版社,2004.

[19] 詹姆斯·格雷戈里. 四步打造卓越品牌——品牌管理的革命[M]. 胡江波,译. 哈尔滨:哈尔滨出版社,2005.

[20] 余明阳. 品牌学[M]. 合肥:安徽人民出版社,2002.

[21] 陈云岗. 品牌管理[M]. 北京:中国人民大学出版社,2004.

[22] 李业. 品牌管理[M]. 广州:广东高等教育出版社,2004.

[23] 周朝琦,侯龙文. 品牌经营[M]. 北京:经济管理出版社,2002.

[24] 韩光军. 打造名牌：卓越品牌的培育与提升[M]. 北京：首都经济贸易大学出版社，2001.
[25] 苏勇，陈小平. 品牌通鉴[M]. 上海：上海人民出版社，2003.
[26] 兰德尔. 品牌营销[M]. 张相文，吴英娜，译. 上海：上海远东出版社，1998.
[27] 王永龙. 21世纪品牌运营方略[M]. 北京：人民邮电出版社，2003.
[28] 刘莉. 被编码的生活：广告[M]. 昆明：云南人民出版社，2004.
[29] 何建民. 创造名牌产品的理论与方法[M]. 上海：华东理工大学出版社，2002.
[30] 叶明海. 品牌创新与品牌营销[M]. 石家庄：河北人民出版社，2001.
[31] 岳文厚. 品牌魅力[M]. 北京：中国财政经济出版社，2002.
[32] 晓钟. 品牌资本运营之势[M]. 北京：经济管理出版社，1999.
[33] 白光. 品牌的故事[M]. 北京：企业管理出版社，1999.
[34] 万力. 名牌营销策划[M]. 北京：中国人民大学出版社，1997.
[35] 韩光军. 品牌设计与发展手册[M]. 北京：经济管理出版社，2002.
[36] 何建民，朱萍. 创造中国的名牌产品[M]. 上海：上海商业出版社，2000.
[37] 苏勇，金新民. 现代公司名牌战略[M]. 济南：山东人民出版社，1999.
[38] 荣剑英. 品牌，另一种制造：中国制造年代的品牌思考[M]. 北京：经济管理出版社，2006.
[39] 国际品牌标准工程组织. 国际品牌标准化手册[M]. 北京：人民出版社，2005.
[40] 周朝琦，等. 品牌文化：商品文化意蕴、哲学理念与表现[M]. 北京：经济管理出版社，2002.
[41] 乔春洋. 品牌文化[M]. 广州：中山大学出版社，2005.
[42] 朱立. 品牌文化战略研究[M]. 北京：经济科学出版社，2006.
[43] 刘光明. 企业文化[M]. 北京：经济管理出版社，2001.
[44] 汪涛. 现代广告学[M]. 武汉：武汉大学出版社，1998.
[45] 肖怡. 市场定位策略[M]. 北京：企业管理出版社，1999.
[46] 中国营销总监职业培训教材编委会. 品牌营销[M]. 北京：朝华出版社，2004.
[47] 李倩茹，李培亮. 品牌营销实务[M]. 广东：广东经济出版社，2002.
[48] 蒲楠. 打造品牌[M]. 北京：中国纺织出版社，2004.
[49] 李业. 品牌管理[M]. 广州：广东高等教育出版社，2004.
[50] 康丽. 88位世界富豪的成长记录[M]. 北京：中国戏剧出版社，2006.
[51] 余明阳，杨芳平. 品牌学教程[M]. 上海：复旦大学出版社，2005.
[52] 过宏雷. 企业与品牌形象设计[M]. 北京：建筑工业出版社，2005.
[53] 陈云岗. 品牌设计[M]. 北京：中国人民大学出版社，2004.
[54] 王静. 品牌有价：1995—2004中国品牌价值报告[M]. 北京：经济科学出版社，2005.
[55] 刘凤军. 品牌运营论[M]. 北京：经济科学出版社，2000.
[56] 余明阳，等. 品牌传播学[M]. 上海：上海交通大学出版社，2005.
[57] 黄静. 品牌管理[M]. 武汉：武汉大学出版社，2005.
[58] 韩中和. 品牌国际化战略[M]. 上海：复旦大学出版社，2003.
[59] 甘碧群. 国际市场营销学[M]. 2版. 武汉：武汉大学出版社，2005.
[60] 张冰. 品牌命名攻略[M]. 广州：南方日报出版社，2004.
[61] 叶明海. 品牌创新与品牌营销[M]. 石家庄：河北人民出版社，2001.
[62] 金鸣，张敏. 世界500强企业品牌创新之道[M]. 北京：北京出版社，2006.

[63] 杨光，赵一鹤. 品牌核变：快速创建强势品牌[M]. 北京：机械工业出版社，2003.

[64] 黄合水. 品牌建设精要：打造名牌之不二法门[M]. 厦门：厦门大学出版社，2004.

[65] 薛可. 品牌扩张：延伸与创新[M]. 北京：北京大学出版社，2004.

[66] 万后芬，周建设. 品牌管理[M]. 北京：清华大学出版社，2006.

[67] 张燚，张锐. 试论品牌学的概念框架及学科规范[J]. 华中科技大学学报(社会科学版)，2004(1).

[68] 王连森. 品牌资产及其衡量与创建[J]. 山东经济，2005(1).

[69] 刘文意. 中国企业品牌文化战略研究[D]. 哈尔滨：哈尔滨工程大学，2004.

[70] 颜迁武. 品牌文化的生成与构建[D]. 济南：山东师范大学，2003.

[71] 刘邦根. 品牌文化的研究[D]. 北京：北京交通大学，2006.

[72] 李婷. 论企业品牌文化建设[D]. 武汉：武汉大学，2005.

[73] 卢冰. 企业品牌危机管理研究[D]. 厦门：厦门大学，2002.

[74] 杨梅. 论危机处理和危机管理[D]. 北京：对外经济贸易大学，2002.

[75] King S. What Is a Brand?[M]. London：J. Walter Thompson，1970.

[76] Aaker，David A. Managing Brand Equity：Capitalizing on the Value of a Brand Name[M]. New York： Free Press，1991.

[77] Kevin Lane Keller. Strategic Brand Management: Building，Measuring and Managing Brand Equity[M]. New Jersey: Prentice Hall，Inc., 1998.

后　记

经过改革开放30多年的洗礼，中国人对什么是品牌已经是耳熟能详了。品牌的概念发端于西方发达国家，但对于善于学习的中国人来说，掌握品牌的概念并不难。我们知道了大卫·奥格威有关品牌形象的理论，也了解了菲利普·科特勒关于品牌的定义；我们掌握了产品品牌的概念，同时也理解了凡事皆品牌的道理。品牌渗透于我们生活的每个角落。

品牌对我们来说已变得越来越重要了

生活节奏越来越快，我们需要节省购物时间，品牌可以帮助我们实现愿望。物质生活的富足使我们有能力通过品牌来满足自我实现的欲望。

经济全球化使越来越多的世界品牌进入中国市场，市场国际化使我国企业在家门口遭遇跨国品牌的"围追堵截"。国内外的市场竞争越来越表现为品牌之争。因此，我国企业需要奋起直追，以品牌拼品牌，在世界市场上捍卫自己的一席之地。同时，我们需要更深入地了解品牌的知识，借鉴西方品牌成功的经验，探索品牌成功的奥秘。

品牌管理进入了我们的视野

现代企业管理越来越体现为品牌管理。良好品牌形象的塑造、品牌资产的保值增值、品牌危机的应对与预警，已成为企业管理的首要任务。看看耐克公司的"有毒球衫"事件、立邦公司的"立邦漆滑倒中国龙"广告及SK-II的质量危机，件件连接着品牌，事事影响着消费者对品牌的认知和情感，最终对品牌资产产生重大影响。品牌管理是指针对企业产品的品牌，综合运用企业资源，通过计划、组织、实施、控制来实现企业品牌战略目标的经营管理过程。品牌管理是提高企业竞争优势的重要途径。

本书的主要内容与逻辑

本书是一本关于品牌管理的教材，其内容共5篇18章。

第1篇是品牌管理导论，包括第1章和第2章。第1章为品牌管理概述，是全书的开篇，主要阐述了品牌管理的基本概念、特征和种类，以及品牌管理作为一门新兴学科所要研究的对象和主要内容。第2章阐述了品牌发展简史，包括中外品牌发展的历史以及呈现出的不同的特征。

第2篇是品牌的管理过程，包括第3章至第8章。第3章阐述了品牌的定位，对于品牌管理来说本章起到奠基的作用。第4章论述了品牌设计，这是品牌管理的初始阶段。第5章阐述了品牌形象，表明了品牌管理的目的。第6章阐述了品牌个性，涉及与品牌个性塑造相关的一系列问题，是品牌管理的具体目标。第 7 章阐述了品牌传播，介绍了品牌形象塑造的方法，即品牌的创立离不开传播。第 8 章阐述了品牌文化，重点介绍了品牌文化的构成、作用和特点，以及如何培育品牌文化。

第 3 篇论述了品牌战略部署，包括第 9 章至第 11 章。品牌战略是品牌管理沿着正确方向发展的保障。第 9 章阐述了品牌组合战略，分别是单一品牌战略、多品牌战略、主副品牌战略、联合品牌战略和自有品牌战略。第 10 章论述了品牌延伸战略，其内容涉及品牌延伸战略的概念、动因和缺点，以及如何进行品牌延伸。第 11 章论述了品牌管理模式，这是品牌管理的组织保障。

第 4 篇论述了品牌资产管理，包括第 12 章至第 16 章。第 12 章回答了什么是品牌资产，论述了品牌资产的构成要素、特征以及品牌资产的管理法则。第 13 章论述了建立品牌知名度、品牌品质认知、品牌联想和提升品牌忠诚度的方法和策略。第 14 章论述了评估品牌资产的方法和模型，回答了如何评估品牌资产的问题。第 15 章论述了品牌资产的保护手段，主要包括法律保护、经营保护和自我保护。第 16 章论述了品牌危机管理的理论和知识，以及在实践中处理危机的技能。

第 5 篇论述了品牌的发展趋势，包括第 17 章和第 18 章，本篇是本书的终结篇。第 17 章从时间上预测了未来品牌发展的趋势，即只有在不断的变革中才能成就强势品牌。第 18 章从空间角度预测了品牌国际化所面临的问题，进一步阐明国际化与本土化的统一是未来强势品牌的特征。

修订参编人员简介与各自的职责

本书的主编是中南财经政法大学工商管理学院丁桂兰教授和陈敏副教授，参编人员有中南财经政法大学工商管理学院刘晓峰副教授、上海财经大学企业管理专业博士生田启涛讲师、郑州升达经贸管理学院白朋飞讲师、郑州航空工业管理学院孙立讲师、浙江财经学院工商管理学院吴诗启副教授、河南邮政速递有限公司业务部项目经理王小丽。

具体分工是：第 1、3、6、15、16 章由丁桂兰和陈敏撰写与修订；第 2 章由刘晓峰修订；第 4、5 章由孙立撰写与修订；第 8、9、10、11 章由白朋飞撰写与修订；第 12、14 章由田启涛撰写与修订；第 7 章由吴诗启修订；第 13 章由陈敏修订；第 17、18 章由王小丽撰写与修订。邱萍与严华参与了第一版的写作。

本次修订在内容上做了更新，主要是更新了大量品牌管理案例与营销视点，增加了部分新内容。有些经典的案例予以保留，是因为其较好地反映了教材的内容，作者不舍剔除。

本书适合作为高校经济管理类本科生和研究生（包括 MBA）教材或参考教材，也适合工商企业的管理层阅读和参考。

本书在编写过程中参考了国内外大量宝贵文献资料，在此谨向文献资料的作者表示诚挚的敬意和衷心的感谢！由于品牌管理是一个较新的研究领域，同时也由于编者的学术水平的限制，书中难免会出现疏漏与不足，希望读者不吝指正。

编　者

2014 年 3 月

教学支持说明

"21世纪市场营销立体化系列教材"系华中科技大学出版社重点图书。

为了改善教学效果,提高教材的使用效率,满足高校授课教师的教学需求,本套教材备有与纸质教材配套的教学课件及相关教学资源。

为保证本教学课件及相关教学资料仅为教材使用者所得,我们将向使用本套教材的高校授课教师和学生免费赠送教学课件或者相关教学资料,烦请授课教师和学生通过电话、邮件或QQ号等方式与我们联系,获取"教学课件资源申请表"文档并认真准确填写"教学课件资源申请表"发给我们,我们的联系方式说明如下。

地址:湖北省武汉市东湖新技术开发区华工科技园华工园六路华中科技大学出版社有限责任公司营销中心

邮编:430223

邮箱:dux@hustp.com

电话:027-81339688 转 4086

QQ 群:723582764